Eckart Lohse
Die Täuschung

Eckart Lohse

DIE TÄUSCHUNG

Angela Merkel und
ihre Deutschen

dtv

Für Andrea, Juliane und Jasper

© 2024 dtv Verlagsgesellschaft mbH & Co. KG, München
Satz: Fotosatz Amann, Memmingen
Gesetzt aus der Minion Pro
Umschlaggestaltung: Hißmann, Heilmann, Hamburg
Druck und Bindung: CPI books GmbH, Leck
Printed in Germany · ISBN 978-3-423-28442-4

Inhalt

Einleitung 7

1. Merkel trifft auf Deutschland 19
  Das neue Jahrtausend und das Ende alter Gewissheiten 19
  Das Dogma: die schwarze Null 33
  Von der Bahn abgekommen 54
  Entrüstung – die kleingesparte Bundeswehr 62

2. Die Kanzlerin 87
  Die »Rede ihres Lebens« 87
  Ostdeutsche Kanzlerin aller Deutschen 100
  »Mein Land« 118
  Israel oder die bessere Bundesdeutsche 123

3. Machtgewinn und Machterhalt 130
  Ankommen im fremden System 130
  Aufstieg in der CDU – und gegen die CDU 147
  Wenig Frauen, fast keine Ossis – die Personalpolitik 170

**4. Gegen die eigene Überzeugung:
  der Atomausstieg** 179
  Gute Kernkraft 179
  Böse Kernkraft 186
  Zaghafter Widerstand 194

5. **Auf halbem Wege stecken geblieben: die Energiewende** 210
   Merkel und die Erneuerbaren 210
   Alles viel zu teuer 229

6. **Putin** 241
   »Heute sind die Russen keine Gefahr mehr« 241
   Hat Merkel Putin falsch eingeschätzt? 250

7. **Die Täuschung** 261
   Die Flüchtlingskrise entzweit die Union und rettet die AfD 261
   Merkels hässlicher Deal zeigt Wirkung 280
   Wagnis und Ende 300

8. **Wie es euch gefällt – eine Bilanz** 311

Dank 323

Anmerkungen 325

Verwendete Literatur und Gesprächspartner 334

Einleitung

Für einen Wimpernschlag der Zeitgeschichte kann Angela Merkel mit dem Ausscheiden aus dem Amt im Dezember 2021 hoffen. Hoffen, dass es bei dem Nachruf bleibt, man werde sie vermissen. Dieser Wimpernschlag dauert zweieinhalb Monate und endet am 24. Februar 2022. An dem Tag, an dem Wladimir Putin tut, was er seit Langem vorhat, was sich seit Jahren durch Aufrüstung und große Manöver abzeichnet, was man aber in Berlin wie in anderen Hauptstädten der westlichen Welt nicht wirklich wahrhaben will: Er überfällt die Ukraine mit dem Ziel, sie auszulöschen. Das ist der Moment, an dem auch Merkel-Anhänger anfangen zu fragen, was in ihrer Kanzlerschaft schiefgelaufen ist.

Der erste Einschlag im noch unfertigen Merkel-Denkmal erfolgt unmittelbar durch den Kriegsbeginn. Wie konnte die Frau, die so engen Zugang zu Putin hatte, die ihn so oft gesprochen hat, die sein Land länger und besser kennt als jeder deutsche Spitzenpolitiker, das übersehen haben? War man wirklich ahnungslos in Berlin? Oder wollte man nicht ans Schlimmste glauben?

Schnell folgt die nächste Frage: Warum hat sich Deutschland in Merkels Amtszeit so abhängig gemacht von russischen Gaslieferungen? Nach anfänglichem Rufen im Wald, es werde nicht so schlimm werden, weil Moskau doch in allen großen Krisen der zurückliegenden Jahrzehnte weiter Energie geliefert habe, kommen Zweifel auf. Sie erweisen sich als berechtigt. Putin dreht Deutschland den Gashahn zu. Und wieder richtet sich der ratlose Blick auf Merkel: Wieso hat die Kanzlerin so

EINLEITUNG

unbeirrt daran festgehalten, neben der bestehenden Ostseepipeline von Russland nach Deutschland eine zweite bauen zu lassen, und behauptet, dass es sich dabei keinesfalls um ein politisches, sondern um ein privatwirtschaftliches Projekt handelt? Warum wurden alle Warnungen und Mahnungen der Polen, der Balten, aber auch der Amerikaner, die Leitung nicht zu bauen, in den Wind geschlagen?

In der Folge geht es schon nicht mehr nur darum, in welchem Umfang die Fabriken in Deutschland ohne russisches Gas betrieben werden können und ob die Menschen in kalten Wohnungen durch den Winter kommen müssen. Es wird existenziell für das Land, denn wenn Putin militärisch nach Westen ausgreift, wo macht er halt? Kann Deutschland sich verteidigen, wenn russische Raketen Richtung Berlin fliegen oder Panzer über die Grenze rollen? Noch am ersten Tag des Überfalls gibt einer der ranghöchsten Bundeswehrsoldaten, der Generalleutnant und Heeresinspekteur Alfons Mais, eine ebenso klare wie niederschmetternde Antwort. Die Bundeswehr stehe »mehr oder weniger blank« da. »Wir haben es alle kommen sehen und waren nicht in der Lage, mit unseren Argumenten durchzudringen«, schildert er die zurückliegende Militärpolitik des größten Mitgliedslandes der Europäischen Union.

Schon die Auslandseinsätze der Bundeswehr auf dem Balkan und in Afghanistan waren ohne amerikanische Führung und Unterstützung undenkbar. Jetzt aber führt Wladimir Putin den Deutschen vor, dass sie ohne Washington nicht in der Lage sind, ihr in Gefahr geratenes Land zu verteidigen. Der Jubelschrei nach dem Zusammenbruch des Warschauer Paktes, man sei von Freunden umzingelt, ist von Angela Merkel und ihren Landsleuten weder durch Putins Annexion der Krim 2014 noch durch die Wahl des europakritischen Republikaners Donald Trump zum amerikanischen Präsidenten 2016 wirklich infrage gestellt worden.

EINLEITUNG

Wo infolge des russischen Überfalls auf die Ukraine über Abhängigkeit diskutiert wird, weitet sich die Debatte. Die Erkenntnis ist zwar nicht neu, dass die hinter vielen anderen Staaten zurückliegende Digitalisierung in Deutschland ohne chinesische Technologie nicht möglich wäre. Nur wenige Stimmen, vor allem die des Merkel-Kritikers Norbert Röttgen, haben während der Amtszeit der Kanzlerin gemahnt, man dürfe sich nicht vollständig vom chinesischen Konzern Huawei abhängig machen. Das hat aber nichts daran geändert, dass es bei dieser Abhängigkeit geblieben, ja, dass sie immer größer geworden ist.

Die Bilanz kurz nach dem Machtwechsel in Berlin bedeutet ein böses Erwachen. Deutschland hat es sich zu lange bequem gemacht mit billiger Energie aus Russland, billiger Hochtechnologie aus China und der unerschütterlichen Annahme, Amerika werde weiterhin für die Sicherheit der wirtschafts- und exportstarken Nation im Herzen Europas sorgen. Die Deutschen haben diese saturierte Geborgenheit in einer hässlichen Welt genossen. Sie haben es ihrer Kanzlerin mit viermaliger Wahl gedankt, dass sie sie in dem Glauben gelassen hat, dieses Modell sei auch weiterhin alltagstauglich. In der Hinsicht freilich hat Merkel die Menschen getäuscht, und sie haben sich gerne täuschen lassen. Es wäre unfair, Merkel vorzuwerfen, sie habe gegen den Willen der Wähler gehandelt. Auch nicht gegen den ihrer eigenen Partei oder den der CSU oder den der SPD. Im Gegenteil: Sie tat, was man ihrer Wahrnehmung nach von ihr erwartete. Was also Zustimmung versprach. Und was politisches Überleben versprach in einer für sie von Anfang an unwirtlichen, feindlichen Umgebung. In der CDU.

Das Ziel, ihren 80 Millionen Schutzbefohlenen möglichst wenig zuzumuten, versucht Angela Merkel nicht nur im Zusammenwirken mit diesen drei großen Themen und Staaten zu

EINLEITUNG

erreichen. Auch im Inland gilt dieses Prinzip. Besonders schwerwiegende Folgen hat das für die Infrastruktur. Obwohl sich längst abzeichnet, dass Straßen, vor allem Brücken und Autobahnen, sanierungsbedürftig sind, wird in den ersten beiden Jahrzehnten des 21. Jahrhunderts im Namen der Sparsamkeit viel von der Substanz gelebt. Das führt zu einem enormen Stau bei den Reparaturen. Zu Beginn der 2020er Jahre sind Gleise, Weichen, Bahnhöfe und Züge der Bahn in einem so verheerenden Zustand, dass Passagiere nicht besondere Verspätungen oder Zugausfälle zum Gegenstand von Anekdoten machen, sondern pünktliche Fahrten in einem funktionierenden Zug mit verfügbarer Toilette und geöffnetem Bordbistro. Was der Regelfall sein soll, ist zur Ausnahme geworden. Auf den Straßen sieht es nicht anders aus. Vor allem in den Ballungsgebieten der Republik sorgen Sanierungsarbeiten an Brücken und Autobahnen dafür, dass Stop-and-go zum hässlichen Standard für Millionen von Autofahrern wird. Doch es fehlt noch an vielen anderen Stellen. Der klimafreundliche Umbau von Wirtschaft und privater Welt ist auf halbem Weg ins Stocken geraten, die Digitalisierung zum Teil erst auf lächerlich niedrigem Niveau.

Wie konnte es so weit kommen? Die Antwort ist mehrschichtig. Erst einmal liegt es an den Deutschen selbst, die gelernt haben, Widersprüche zu ignorieren oder damit zu rechnen, dass Wunder immer wieder geschehen. Ihr Blick auf Russland ist nicht nur in Ostdeutschland viel weniger kritisch als der auf Amerika. Billiges russisches Gas, das durch eine Leitung direkt zu ihnen strömt, ist sympathischer als das Fracking-Gas aus Amerika oder gar aus dem heimatlichen Untergrund in Niedersachsen. Dass die Amerikaner dennoch für die Sicherheit Deutschlands sorgen, wird auch im frühen 21. Jahrhundert noch als Selbstverständlichkeit angesehen, da militärische Zurückhaltung, die man auch als zivilistische Behaglichkeit deuten kann, in Deutschland angesichts der eigenen Geschichte nach wie vor als Tugend gilt. Die Arglosigkeit China gegenüber wurzelt in der verloren gegangenen Bereitschaft, internationale Zusammenhänge als Kampf nationaler Interessen zu sehen. China wird als Markt wahrgenommen, der es Deutschland möglich macht, bei der Exportweltmeisterschaft vorn mitzuspielen. Dabei wird ignoriert, dass Peking seine Wirtschaftspolitik als Machtpolitik versteht.

Die Deutschen haben sich in eine liberale Spielart des Biedermeier zurückgezogen und fühlen sich wohl dabei, dass eine sich als schwäbische Hausfrau gebende Kanzlerin ihnen den Eindruck vermittelt, es sei alles in Ordnung, wie es ist. Das neue Jahrtausend hat schließlich wild und bedrohlich begonnen mit den Terroranschlägen auf das World Trade Center am 11. September 2001. In einer Zeit, da die Gewissheiten fallen wie die Dominosteine, da die Pleite der amerikanischen Investmentbank Lehman Brothers eine Weltfinanzkrise auslösen kann, die die deutschen Sparguthaben bedroht, da ein kleines Mitglied der Europäischen Union wie Griechenland die Eurozone in ein Erdbebengebiet verwandelt, ist die Sehnsucht groß, sich in der Wärmekammer der Weltgemeinschaft zu verschanzen und sich von der Kanzlerin in Sicherheit wiegen zu lassen.

Der andere Teil der Erklärung für die Entwicklung des Landes im beginnenden 21. Jahrhundert ist Angela Merkel selbst. Zum ersten Mal seit 1949 ist der Kanzler nicht ein Mann, der seine Macht in einer der Volksparteien der Bundesrepublik aufgebaut hat und aus dieser Tatsache das natürliche Selbstbewusstsein zieht, Anspruch auf die Führung des Landes zu haben. Zwar lebt Merkel schon eineinhalb Jahrzehnte in der Bundesrepublik, als sie Kanzlerin wird, hatte zwei Ministerämter inne und führt die CDU seit fünf Jahren. Aber die Selbstsicherheit eines Helmut Kohl oder Gerhard Schröder vor dem Sprung nach ganz oben hat sie nicht. Ihre westdeutschen Un-

EINLEITUNG

terstützer wie Konkurrenten sehen nicht, was sie wiederum mit eiserner Disziplin verbirgt: die aus ihrer DDR-Vergangenheit gespeiste Unsicherheit.

Noch im Juli 2021, bei ihrer letzten Sommerpressekonferenz vor den Berliner Journalisten, behauptet Merkel, sie sei mit sich und ihrer ostdeutschen Vergangenheit im Reinen. Diese Darstellung hält allerdings nur bis zum 3. Oktober desselben Jahres, als sie zum letzten Mal eine Rede als Regierungschefin am Tag der deutschen Einheit hält. Da lässt sie ihre Zuhörer tief wie nie zuvor in ihre Seele blicken und verrät, dass sie sich aufgrund ihrer ostdeutschen Vita als Bürgerin zweiter Klasse in der Bundesrepublik gefühlt hat und noch fremder offenbar in ihrer eigenen Partei. Ostdeutsche Zuhörer spüren die Sensation sofort. Westdeutsche wundern sich äußerstenfalls oder begreifen die Dimension der Äußerung nicht. Am Ende ihrer 16 Jahre währenden Kanzlerschaft ist Angela Merkels kritischer Blick auf das Verhältnis zwischen Ost und West der prominenteste Beleg dafür, dass Deutschland eine Generation nach dem Mauerfall viel weniger zusammengewachsen ist, als vor allem die Westdeutschen bis dahin geglaubt haben. Die Amtszeit einer ostdeutschen Kanzlerin endet nicht mit der Vollendung der Einheit, sondern macht die Kluft zwischen beiden Teilen des Landes deutlicher denn zuvor. Die große Zustimmung zur AfD gerade im Osten hat neben anderem ihren Grund auch in dieser Entfremdung.

Doch sind die Menschen im ganzen Land verunsichert durch die wilden Zeiten mit Kriegen, Terroranschlägen, Brexit und der Wahl Donald Trumps. Die durch die sozialen Medien vollkommen veränderte Kommunikationsstruktur tut ein Übriges. Über 16 Jahre klammern sich viele Deutsche an eine Kanzlerin, die weniger in sich ruht, als es äußerlich wahrnehmbar ist. Merkel dankt den Wählern für das viermal hintereinander in sie gesetzte Vertrauen damit, dass sie diesen keine gro-

EINLEITUNG

ßen Veränderungen zumutet, sondern die Herausforderungen minimalinvasiv bewältigt. Die Wirtschaft läuft über weite Strecken ihrer Amtszeit auf Hochtouren, der Staatshaushalt wird Jahr für Jahr stabiler, das Ziel der schwarzen Null wird erreicht und die Arbeitslosigkeit im Vergleich zum Beginn ihrer Kanzlerschaft etwa halbiert. Die Eurozone hält sie mit aller Kraft zusammen, die Europäische Union übersteht sogar den Austritt Großbritanniens ohne allzu große Erschütterungen. Viele Deutsche verehren ihre Kanzlerin. Im Ausland wird oft mit Bewunderung oder gar Neid auf das unter ihrer Führung stabile Land im Herzen Europas geblickt. Nur in der Flüchtlingskrise kann Merkel weder Deutschland noch Europa einen und verliert damit im Inland wie im Ausland einen erheblichen Teil des in sie gesetzten Vertrauens.

Die Schicksalsgemeinschaft, bestehend aus Merkel und ihren Deutschen, kommt auf diese Weise durch vier Legislaturperioden. Wo reagiert werden muss, wie bei den von außen aufgezwungenen großen Krisen, wird reagiert. Was durch Wegsehen noch eine Weile aufgeschoben werden kann, wird aufgeschoben. Roland Koch, der in Merkels erstem bundespolitischen Jahrzehnt ihr ur-christdemokratischer westdeutscher Gegenentwurf und Gegenspieler ist, beschreibt Merkels Regierungsstil im Gespräch mit dem Autor aus dem Rückblick des Jahres 2023 so: »Man kann nicht sagen, dass sie nicht sehen würde, wo sie Fehler gemacht hat. Ihre Haltung war, das Volk nicht mit Herausforderungen und Veränderungen zu konfrontieren, sondern stattdessen lieber ruhig an der Macht zu bleiben. Das würde sie weiter für richtig halten.«[1] Markus Söder, bayerischer Ministerpräsident und CSU-Vorsitzender, bringt es im Gespräch auf die knappe Formel: »Der Wunsch nach progressiver Veränderung wird von den wenigsten Menschen geteilt.«[2]

Dass man auch einen anderen Blick auf Merkels Beweglichkeit haben kann als Koch, zeigt die Einschätzung eines ihrer

EINLEITUNG

treuesten Vertrauten und Weggefährten. »Als führender Politiker können Sie Politik nur dann über längere Zeit erfolgreich gestalten, wenn Sie klare Überzeugungen und Prioritäten mit dem Gespür für die Notwendigkeit flexiblen Vorgehens und konstruktiver Kompromisse verbinden. Sonst laufen Sie sehr schnell vor die Wand«, sagt Peter Altmaier. Er war Merkels dritter Kanzleramtschef, zudem Umwelt- und am Ende Wirtschaftsminister. »Kein Politiker hat jemals völlig freie Hand in dem, was er tut.« Merkel habe das erkannt und gerade deshalb enorm viel bewegt, sagt Altmaier und stellt das Wirken der Kanzlerin neben das ihrer Vorgänger Konrad Adenauer und Helmut Kohl.[3]

Merkel hat sich schon früh darauf festgelegt, dass sie weder vom Wähler, viel weniger aber noch von ihrer Partei vom Hof gejagt werden will, so wie es ihren Vorgängern erging. Daher scheidet sie selbstbestimmt aus dem Amt, was keinem der bisherigen Kanzler gelungen ist. Zum Willen, selbst Regie zu führen, kommt die Erschöpfung nach 16 Jahren im kräftezehrendsten politischen Amt, das Deutschland zu bieten hat. Schon vor der Wahl 2017 überlegt Merkel intensiv, ob sie auf eine vierte Kandidatur nicht besser verzichten soll.

So selbstverständlich, wie der ewige Frieden und der ewige Wohlstand mithilfe von Amerikanern, Russen und Chinesen genommen wird, für so selbstverständlich scheinen die meisten Deutschen die ewige Demokratie zu halten. Als Angela Merkel 2005 als erste Frau Bundeskanzlerin wird, gilt das als Beleg dafür, dass Deutschland zu einer modernen und vitalen Demokratie geworden ist, die mit einer Regierungschefin den meisten anderen westlichen Staaten einiges voraus hat. Mit Ausnahme der britischen Premierministerin Margaret Thatcher haben die großen Demokratien Europas und Nordamerikas noch keine Frau an der Spitze einer Regierung vorzuweisen.

Allerdings sieht es auch hier am Ende der Ära Merkel weni-

EINLEITUNG

ger rosig aus als zu deren Beginn. Die Zustimmung zur Demokratie schwindet auch in Deutschland, das nach zwei Diktaturen im 20. Jahrhundert stolz sein sollte, stabil auf diese Weise regiert zu werden. Genau zur Hälfte ihrer 16 Jahre währenden Kanzlerschaft, bei der Bundestagswahl 2013, ist Merkel auf der Höhe ihrer Macht, hat in ihrer zweiten Koalition mit den Sozialdemokraten 80 Prozent der Stimmen im Bundestag und nur Grüne und Linkspartei als Opposition. Doch ist die erst wenige Monate zuvor gegründete Alternative für Deutschland nur knapp an der Fünf-Prozent-Hürde gescheitert und steht vor den gerade noch einmal zugesperrten Toren des Reichstags. Dass aus der von Kritikern der Euro-Währung gegründeten Partei schnell ein Schreckgespenst am rechten Rand des Parteienspektrums wird, mag mancher befürchtet haben. Schon bald wird die rechte Partei in einen Landtag nach dem anderen einziehen, bei der Wahl 2017 auch in den Bundestag.

Als Angela Merkel geht, hat sich zum ersten Mal seit 1949 eine konsequent rechte Partei, die sich immer mehr in Richtung Rechtsextremismus entwickelt, in den deutschen Parlamenten festgesetzt. Angesichts von Umfrage- und Wahlergebnissen von mehr als 20, zum Teil über 30 Prozent stellt sich zumindest in ostdeutschen Ländern bald die bange Frage, ob und wie noch dauerhaft ohne die AfD Regierungen gebildet werden können. Die äußerst rechte Partei sieht sich nicht nur als Konkurrenz zu anderen Parteien, die sie als »Altparteien« verunglimpft. Sie will das System dieser »Altparteien« überwinden.

Der Blick in andere Demokratien, in denen es längst populistische und extreme Parteien und Bewegungen gibt, zeigt, dass Deutschland spät dran ist. Als die Alternative für Deutschland 2013 gegründet wird, ist es schon elf Jahre her, dass der Rechtsextremist Jean-Marie Le Pen bei den französischen Präsidentschaftswahlen in die Stichwahl kommt. Eine Partei am äußersten rechten Rand, wie die AfD, wäre vermutlich auch

EINLEITUNG

ohne Angela Merkel entstanden. Dass sie jedoch mit dem Slogan »Merkel muss weg« und dem aggressiven Anrennen gegen die Flüchtlingspolitik der Kanzlerin erheblich an Zustimmung gewinnt und sich dadurch im politischen System der Bundesrepublik festsetzt, ist unbestreitbar.

Dieses Buch will an den zentralen Themen zeigen, wie durch das Zusammentreffen einer Gesellschaft, die sich weigert, die Herausforderungen des neuen Jahrhunderts mit der nötigen Schärfe zu sehen, und einer Politikerin, die im Bemühen um die Unterstützung durch die westdeutsch geprägte Mehrheitsgesellschaft deren tatsächliche oder auch nur vermeintliche Wünsche erfüllt, die Veränderung auf Gebieten ausbleibt, auf denen sie dringend geboten wäre. Im Rückblick wird betrachtet, wie sich Deutschland in den Merkel-Jahren entwickelt hat, was gelungen ist und was nicht. Zweitens soll erklärt werden, warum Merkel das eine tat und das andere unterließ. Mit ihrem Bekenntnis wenige Wochen vor dem Auszug aus dem Kanzleramt, als Ostdeutsche nicht wirklich in der Bundesrepublik angekommen zu sein, liefert Merkel den Schlüssel zur Erklärung ihres Handelns. Wenn ein einstiger Vertrauter Merkels sagt, sie habe schon viel damit zu tun gehabt, politisch zu überleben, und damit begründet, dass große Würfe wie die Westintegration unter Adenauer, die Ostpolitik unter Brandt, die NATO-Nachrüstung unter Schmidt und die Schaffung des Euro unter Helmut Kohl ausgeblieben sind, so ist das eine zutreffende Beschreibung.

Der Autor dieses Buches will gleich zu Beginn eine grundsätzliche Bemerkung in eigener Sache machen. Auch er hat als journalistischer Beobachter angesichts der Geschwindigkeit der Ereignisse manche Dinge nicht in der Schärfe erkannt und benannt, die sich aus dem Rückblick ergibt. Auch er war auf manchen Feldern im beschriebenen Sinne einer von Merkels Deutschen, die bestimmte Entwicklungen nicht gesehen, etwa die selbstzerstörerische Aggressivität des vom Diktator Putin geführten Russlands unterschätzt haben. Das sei gesagt, um den Eindruck zu vermeiden, es gehe um wohlfeile Besserwisserei, nachdem das Kind in den Brunnen gefallen ist. Einsichten und Erkenntnisse mit ein paar Jahren Abstand sind dennoch zulässig. Angela Merkel selbst lässt das zwingend erscheinen, weil sie es zumindest lange Zeit nach dem Ausscheiden aus dem Amt hat vermissen lassen, ihre Politik selbstkritisch zu reflektieren und Fehler einzugestehen.

1. Merkel trifft auf Deutschland

Das neue Jahrtausend und das Ende alter Gewissheiten

Als sich das 20. Jahrhundert allmählich seinem Ende entgegenneigt, haben die Deutschen allen Grund, glücklich zu sein. Die Westdeutschen halten Frieden, Demokratie und Wohlstand für selbstverständlich. Millionen von Babyboomern zwischen Bonn und Braunschweig, Sylt und München gehen auf die 30 zu, kaufen ihren ersten BMW und erobern langsam die Anwaltskanzleien, die Arztpraxen, die Unternehmen, die Lehrerzimmer und die politischen Parteien. Ein bisschen Geduld noch, und die Welt wird ihnen gehören. Sie sind viele, sie sind gesund, sie sind gut ausgebildet, wohlhabend und selbstverständlich gewillt, die Führung im Land zu übernehmen. Krieg und Hunger kennen sie nur aus den Erzählungen ihrer Eltern oder Großeltern, Auschwitz immerhin aus dem Geschichtsunterricht, dem Film oder als Chiffre. Dem einen oder der anderen mag es ein bisschen langweilig sein, weil politisch so wenig passiert in diesem Leben. Aber Sonnenbaden auf Teneriffa und Skilaufen in Kitzbühel sind auch nicht schlecht.

Dann kommt der 9. November 1989, die Mauer fällt. Für die Westdeutschen wird aus einer ruhigen Wohlstandsdemokratie ein wiedervereinigtes Land. Der Warschauer Pakt ist in die Knie gezwungen, die Sowjetunion haucht bald ihr Leben aus,

1. MERKEL TRIFFT AUF DEUTSCHLAND

übrig bleibt ein geschwächtes Russland. Die Geschichte hat einen Sieger und der glaubt, dass sein Sieg endgültig ist. Der amerikanische Politikwissenschaftler Francis Fukuyama veröffentlicht sein Buch »Das Ende der Geschichte«, in dem er die These vertritt, dass Liberalismus, Demokratie und Marktwirtschaft sich endgültig durchsetzen werden. In der westlichen Welt, auch in Deutschland, hat die Einschätzung Hochkonjunktur, man sei »von Freunden umzingelt«. Man wähnt sich nicht nur im Glück, sondern erwartet Sicherheit, Frieden, Demokratie und Wohlstand bis ans Ende aller Tage.

Plötzlich sind nicht nur Italien und Spanien leicht zu erreichende Reiseziele, sondern auch osteuropäische Nachbarländer wie Polen, Tschechien, Ungarn, aber auch die Nachfolgestaaten der Sowjetunion – Russland, das Baltikum, Georgien. Wer neugierig ist, reist dorthin, wer es nicht ist, kann getrost im Münsterland weiter Rad fahren oder von Stuttgart aus nach Frankreich reisen. Alles geht, nichts muss. Aus westdeutscher Sicht ist das Leben ein Paradies.

Für die Schwestern und Brüder in der ehemaligen DDR sieht es erst mal auch gut aus. Die Mauer ist weg, die Freiheit da. Wer genug Geld hat, kann nach San Francisco fliegen, wer nicht ganz so liquide ist, nach Mallorca, mindestens aber ist ein Ausflug nach München drin mit einem der Gebrauchtwagen, die ihren Dienst im Westen getan haben und nun im Osten des Landes ein zweites Leben finden. Allerdings bringen die Veränderungen für die Ostdeutschen weit mehr Herausforderungen mit sich als für die Alt-Bundesrepublikaner. Neben neuer Freiheit, neuen Autos und neuen Reisezielen gibt es neue Gesetze, neue Geldscheine, eine neue Regierung. Vor allem aber verlieren viele ihren Arbeitsplatz und damit die Gewissheit, ihren Lebensunterhalt verdienen zu können. Und auch die Mehrheitsgesellschaft ist eine neue. Das Ende von Diktatur und Stasi, die neue Freiheit und neue materielle Möglichkeiten lassen das Gefühl, der Verlierer zu sein, erst einmal nicht aufkommen. Jedenfalls nicht massenhaft. Aber mancher, der Freiheit und Leben riskiert hat, um die zweite Diktatur auf deutschem Boden niederzuringen, ist enttäuscht, dass nicht viel übrig bleibt von den Reformideen, die einige am Ende der Deutschen Demokratischen Republik hatten. Überhaupt bleibt nicht viel von ihr übrig außer der Band »Karat« und dem grünen Rechtsabbiegerpfeil an der Verkehrsampel.

Viele Westdeutsche übersehen, dass sie die Sieger im eigenen Land sind und jeder Sieg Verlierer mit sich bringt. Das sind zumindest diejenigen Ostdeutschen, die sich nicht mit Begeisterung in die neue gesamtdeutsche Wirklichkeit stürzen und darin erfolgreich sind. Der Begriff »Jammer-Ossi« wird vielfach benutzt von Menschen, die durch die Wiedervereinigung nichts ändern müssen. Wenn sie es tun, dann weil sie sich einen Vorteil davon versprechen. Schließlich mag der ein oder andere Wessi in Rostock doch leichter in eine Führungsposition kommen als in Köln.

Von weit größerer Bedeutung sind aber andere blinde Flecken in den Augen der zufriedenen Westdeutschen. Der nächstliegende ist Russland. Nicht nur die DDR hat schließlich den Systemwettbewerb verloren und das Kräftemessen mit dem Westen. Viel mehr noch die Vormacht des Sowjetimperiums. Die Westdeutschen, vor allem die zur Boomer-Generation gehörenden, sind nicht nur überzeugt, dass sie selbst ihre Lektion in Sachen eigener Geschichte gründlich gelernt haben, sondern hängen dem Irrglauben an, dass auch andere die Konsequenz aus den deutschen Verbrechen und ihren Folgen gezogen haben. Dass nämlich der Zweite Weltkrieg die letzte Erfahrung dieser Art war, die die Menschheit mindestens auf der nördlichen Halbkugel brauchten, um auf ewig in Frieden zu leben. Die Welt soll nicht nur im Schlechten, sondern auch im Guten am deutschen Wesen genesen.

1. MERKEL TRIFFT AUF DEUTSCHLAND

Dass man das in Moskau anders sehen könnte, will niemand wahrhaben. Und Wladimir Putin tut zunächst alles, damit dieser Trugschluss weiterleben kann. So spricht der russische Präsident am 25. September 2001 vor dem Bundestag. »Für unser Land, das ein Jahrhundert der Kriegskatastrophen durchgemacht hat, ist der stabile Frieden auf dem Kontinent das Hauptziel«, sagt der Mann, der diesen Frieden 13 Jahre später mit der Besetzung der Krim ins Wanken bringen wird und weitere acht Jahre später durch den Überfall auf die gesamte Ukraine zerstört. Die Deutschen wollen ihm 2001 nur zu gerne glauben. Hätte man damals die Abgeordneten gefragt, ob sie Putins Überfall auf die Ukraine am 24. Februar 2022 für möglich hielten, wäre die Antwort ein überzeugtes Nein gewesen.

Schon deswegen wollen die Deutschen an die Friedfertigkeit Putins glauben, weil ihr Weltbild zwei Wochen vor dessen Rede in Berlin in einer Weise einen Riss bekommen hat, wie seit Gründung der Bundesrepublik nicht mehr. Islamistische Terroristen, von denen einige sogar in Hamburg gelebt haben, verüben den spektakulärsten Terroranschlag der Geschichte, indem sie Passagierflugzeuge kapern und ins World Trade Center in Manhattan steuern. Wie der Rest der Welt erleben die Deutschen den Zusammenbruch dieser Kathedrale der westlich-kapitalistischen Welt mit Tausenden Toten live vor dem Fernseher. Dass Islamisten schon acht Jahre zuvor versucht haben, dieses Wahrzeichen amerikanischer Größe zum Einsturz zu bringen, indem sie in der Tiefgarage des World Trade Centers 700 Kilogramm Harnstoffnitrat zur Explosion brachten, hat zumindest in der Breite der deutschen Gesellschaft und Politik nicht dazu geführt, den islamistischen Terrorismus als Bedrohung zu betrachten. Wie die Besetzung der Krim im Jahr 2014 nicht ausreichen wird, die Deutschen in Alarmstimmung zu versetzen, so ist es auch mit dem ersten Anschlag in New York 1993.

DAS NEUE JAHRTAUSEND UND DAS ENDE ALTER GEWISSHEITEN

Der Terror des 11. September ist ein Weckruf für die friedensverwöhnten Bundesbürger, die überhaupt erst durch den Kosovokrieg gelernt haben, dass Krieg auf europäischem Boden wieder möglich ist. Aber die Ereignisse in New York lösen einen viel größeren Schrecken aus als die Waffengänge auf dem Balkan. Es ist ein Sozialdemokrat, der gleich zwei Tabus bricht. Bundeskanzler Gerhard Schröder verspricht dem angegriffenen NATO-Partner USA »uneingeschränkte Solidarität«. Die Bilder aus New York und Washington, wo das Pentagon getroffen wird, machen diesen Satz erträglich auch für die vor allem auf der Linken beheimateten Deutschen, die Amerika gegenüber zumindest kritisch eingestellt sind. Auch der zweite Tabubruch wird durch den Schock erleichtert. Als die Amerikaner beschließen, als Reaktion auf die Anschläge in Afghanistan einzumarschieren, ist die Bundeswehr ab Januar 2002 dabei. Wie wenig das mit einem neuen Amerikabild in Deutschland zu tun hat, zeigt sich daran, dass Schröder im selben Jahr einen erfolgreichen Wahlkampf in erheblichem Maße auf lautstarken Widerstand gegen den Irak-Feldzug Washingtons aufbauen wird. Mit Kritik an den »Amis« kann man auch im frühen 21. Jahrhundert noch eine Bundestagswahl gewinnen.

Die Methode, unschöne Wahrheiten zu übersehen, wenden die Deutschen auch im Umgang mit China an. Zwar wird bei China-Reisen der politischen Prominenz brav darauf hingewiesen, dass man die Menschenrechtsverletzungen in dem Einparteienstaat stets im Blick hat. Doch sind wirtschaftliche Interessen wichtiger als politische Rücksichten. Kein Kanzlerflugzeug, das nicht mit den Bossen der deutschen Wirtschaft vollgepackt wäre. Auch als längst erkennbar ist, dass das System in Peking nicht nur autoritärer, ja diktatorisch wird, sondern in sehr langen Linien denkt und weit nach Europa und Deutschland ausgreift, tut man in Berlin so, als sei China nichts als ein großer Markt. Vor allem beim Aufbau einer digitalen

1. MERKEL TRIFFT AUF DEUTSCHLAND

Infrastruktur setzt die Bundesrepublik viel zu sehr auf die preiswerten chinesischen Produkte, statt eigene, europäische zu entwickeln.

Das ist die Lage zu Beginn des 21. Jahrhunderts, als Angela Merkel CDU-Vorsitzende wird und damit den Anspruch auf die Kanzlerkandidatur verbindet. Die Welt und auch Deutschland befinden sich in einem ungeheuren Umbruch, auf vielen Ebenen.

Europa bekommt eine einheitliche Währung, den Euro. Die Westdeutschen konnten fünf Jahrzehnte mit der D-Mark leben, bis sie sich an neue Scheine und Münzen gewöhnen müssen, die Ostdeutschen haben gerade seit einem Jahrzehnt die ersehnte Westwährung im Portemonnaie und müssen sich schon wieder umstellen. Der Euro bedeutet eine Umgewöhnung auf mehreren Ebenen. Das Umrechnen, verbunden mit dem Gefühl, plötzlich weniger Geld zu haben, ist das eine. Die Sorgen, die Währung könnte im weltweiten Wettbewerb nicht stabil sein, ist das andere, das sowohl Banken als auch Unternehmen, aber ebenso Privatpersonen beschäftigt. Dann gibt es aber noch eine emotionale Herausforderung. Die Währung ist eines der wichtigen nationalen Identitätsmerkmale. Da mag die Aufgabe für die an den Wechsel gewöhnten Deutschen sogar noch eine geringere sein als die für Franzosen, Italiener oder andere, deren Währungen über mehr als 100 oder gar 200 Jahre selbstverständlicher Teil ihres Lebens waren.

Doch die politischen und wirtschaftlichen Veränderungen bedeuten für das Alltagsleben der Menschheit wenig im Vergleich zu der technischen Revolution, die an der Jahrtausendwende mit noch nie da gewesener Geschwindigkeit eindringt: das Internet. Von der Erfindung des Rades bis zu dem Moment, an dem es ein Großteil der Menschen zur täglichen Fortbewegung nutzt, vergehen Jahrtausende. Der Buchdruck wird im 15. Jahrhundert erfunden, noch heute gibt es selbst in hoch

DAS NEUE JAHRTAUSEND UND DAS ENDE ALTER GEWISSHEITEN

entwickelten Gesellschaften wie der deutschen Millionen Menschen, denen diese Weltsensation fremd bleibt, weil sie des Lesens nicht mächtig sind.

Die Kommunikation über das Internet wird dagegen innerhalb weniger Jahre selbstverständlicher Bestandteil des Lebens weitester Teile der Menschheit. Als Merkel 2005 Kanzlerin wird, nutzen 55 Prozent der mehr als 14 Jahre alten Deutschen das Internet. Als sie abtritt, sind es 91 Prozent. Findet diese Art des Austauschs von Nachrichten in den 1990er Jahren zunächst nur über fest installierte Computer auf einzelnen Schreibtischen in Büros und Wohnungen statt, gehört sie schon wenige Jahre nach der Jahrtausendwende zum beruflichen und privaten Alltag einer schnell steigenden Zahl von Menschen. Doch das ist nur der Anfang der Revolution. Richtig Fahrt nimmt diese Entwicklung auf, als Merkel bereits seit zwei Jahren Bundeskanzlerin ist.

Unter den zahlreichen 9. Novembern, an denen die deutsche Geschichte positive und negative Einschnitte erlebt, gilt der des Jahres 1989 als der wichtigste für Angela Merkel. Tatsächlich wäre sie ohne den Mauerfall nicht die erste Kanzlerin eines wiedervereinigten Deutschlands geworden. Doch ist für ihre Arbeit als Regierungschefin der 9. November 2007 von noch größerer Bedeutung. Das ist der Tag, von dem an das iPhone in Deutschland verkauft wird. Es kostet 399 Euro. Nun dauert es nicht mehr lange, bis die sozialen Netzwerke wie Facebook, Twitter, Instagram oder TikTok von immer mehr Menschen zu jeder Tages- und Nachtzeit genutzt werden.

Das Motto ihres Vorgängers Schröder, er brauche zum Regieren nur »Bild, BamS und Glotze«, also die Boulevardblätter des Springer-Verlags und das Fernsehen, klingt mit der immer weiter verbreiteten Nutzung der sozialen Netzwerke wie der Nachhall aus einer alten Welt. Angela Merkel ist nicht nur die erste Frau und die erste Ostdeutsche im Kanzleramt, sie ist

1. MERKEL TRIFFT AUF DEUTSCHLAND

auch die Erste, die Deutschland unter völlig neuen und weitgehend anarchischen Kommunikationsbedingungen führen muss. Bis zum Jahr 2007 brauchen Politiker den Zugang zu etablierten Medien, um ihre Botschaften unters Volk zu bringen. Das geschieht mithilfe von Pressesprechern. Bei den Absendern wie bei den Empfängern gibt es also professionelle Überprüfungen der Nachrichten, die in Umlauf gebracht werden.

Mit der zunehmenden Nutzung sozialer Netzwerke ändert sich das. Jede und jeder – Abgeordneter, Minister oder Kanzlerin, Erika Mustermann ebenso wie Otto Wutbürger, Aktivistin und Terrorist – kann allein verantwortlich verbreiten, was sie beziehungsweise er will, verschlüsselt oder nicht, von Blase zu Blase. Stimmungen können geschürt werden und wachsen, bevor es eine größere Öffentlichkeit erfährt. Wenn sie dann vermeintlich aus dem Nichts auftauchen, ist das Erstaunen oder Erschrecken oft groß. Das wird nicht erst problematisch, wenn es sich um Rechtswidriges handelt. Auch politische Meinungsbildung entzieht sich dem bisherigen Regelwerk.

In Merkels Regierungszeit wird die massenhafte Kommunikation über die sozialen Netzwerke in zwei Fällen besonders wichtig. Die in ihrer Zeit entstehende Alternative für Deutschland hat durch ihre bald hart rechte und sogar rechtsextreme Ausrichtung schnell Schwierigkeiten, ihre Ideen in den etablierten Medien zu platzieren. Das kompensiert sie durch professionelle Nutzung der sozialen Netzwerke. Auch hier nach dem Motto: von Blase zu Blase. Der andere Fall ist der Flüchtlingszustrom seit 2015. Zweifellos hätten weniger Menschen den Weg nach Deutschland eingeschlagen, wenn das Bild vom gelobten Land nicht derart intensiv über das Netz verbreitet und die Navigation dorthin erleichtert worden wäre.

Die Menschen, die in Deutschland ankommen, haben oft nicht viel mehr als ihre Kleidung am Leib und eine Tasche dabei. Viele kommen ohne Pass, was nicht unbedingt heißt, dass

DAS NEUE JAHRTAUSEND UND DAS ENDE ALTER GEWISSHEITEN

sie ihn verloren haben. Wer keine Papiere dabeihat, kann weniger leicht identifiziert und damit auch nicht zurückgeschickt werden. Aber eines haben fast alle Migranten dabei: ihr Smartphone. Mit diesem können sie bezahlen und sich orientieren, sie können Bilder und Videos aufnehmen, nach Hause schicken und damit nicht nur Kontakt zu ihren Familien und Freunden halten, sondern Hoffnungen und Sehnsüchte wecken. Für den Verlauf des Flüchtlingszustroms Richtung Deutschland seit dem Jahr 2015 ist das Smartphone von elementarer Bedeutung. Zum Sinnbild eines freundlichen Empfangs in Deutschland ist das Foto geworden, das der aus Syrien geflohene Anas Modamani 2015 mit Merkel in einer Flüchtlingsunterkunft in Spandau macht.

Um die Jahrtausendwende finden auch erhebliche gesellschaftspolitische Veränderungen statt. Bisherige Werte verlieren ihre Allgemeingültigkeit, neue erfahren zunehmend Akzeptanz. Ein Beispiel ist der Umgang mit Homosexualität. In der ersten Hälfte der 1980er Jahre reichte die – falsche – Behauptung, der Bundeswehrgeneral Günter Kießling sei homosexuell, dafür aus, ihn als Sicherheitsrisiko einzustufen, weil er damit erpressbar sei. Die Krise nahm große Ausmaße an und beschäftigte nicht nur die Bundeswehr, sondern auch den Bundestag und Kanzler Helmut Kohl. Kießling wurde vorzeitig in den Ruhestand geschickt. Weil sich die Mutmaßungen nicht beweisen ließen, beendete Kohl die Kontroverse um den hochrangigen Offizier. Der wurde schließlich zurück in den Dienst geholt und gleich darauf ehrenhaft mit einem Großen Zapfenstreich entlassen. Dennoch war sein Ruf dauerhaft beschädigt.

Die Angelegenheit sagt viel über die gesellschaftspolitische Wirklichkeit aus, kurz bevor Angela Merkel in Bonn Ministerin wird. Erst 1994 wird der Paragraf 175, der sogenannte Schwulen-Paragraf, aus dem Strafgesetzbuch gestrichen. Homo-

1. MERKEL TRIFFT AUF DEUTSCHLAND

sexuell zu sein, ist von da an zwar nicht mehr strafbar. Aber sich öffentlich dazu zu bekennen, ist nicht selbstverständlich. Weitere sieben Jahre später sorgt der Berliner Sozialdemokrat Klaus Wowereit für großes Aufsehen, als er den zu Berühmtheit gelangten Satz sagt: »Ich bin schwul, und das ist gut so.« Das geschieht wenige Tage vor seiner Wahl zum Regierenden Bürgermeister der Hauptstadt. Ein Zeichen entspannten Umgangs mit dem Thema durch Spitzenpolitiker ist das allerdings nicht. Vielmehr geht Wowereit in die Offensive, weil er befürchten muss, dass die Boulevardpresse aus seiner Homosexualität eine Skandalgeschichte macht. Dem will er zuvorkommen. Von da an ist es leichter, mit Homosexualität umzugehen, nicht nur, aber eben auch für Prominente. Kurz bevor Angela Merkel Bundeskanzlerin wird, nutzt der FDP-Vorsitzende Guido Westerwelle ihre Geburtstagsfeier, um seinen Lebensgefährten der Öffentlichkeit zu präsentieren. Die Entwicklung in diesen beiden Jahrzehnten bedeutet zwar nicht das Ende der Homophobie. Aber immerhin muss ein Politiker nicht mehr um sein Amt fürchten, wenn er schwul ist und das bekannt wird.

Was viele Menschen als einen großen gesellschaftlichen Fortschritt betrachten, seien sie nun homosexuell oder nicht, ist zugleich die Beschleunigung einer Entwicklung, die nicht alle gleichermaßen begrüßen. Als Merkels Nachfolger eineinhalb Jahrzehnte später ein Selbstbestimmungsgesetz auf den Weg bringt, das es trans-, intergeschlechtlichen und nichtbinären Personen erleichtern soll, ihren Geschlechtseintrag ändern zu lassen, führt das zu einer politischen und gesellschaftlichen Kontroverse. Manch einem scheint die Entwicklung weg von der bisher für normal gehaltenen Welt allzu schnell zu gehen.

Auch für weniger tief in den Emotionshaushalt eindringende Themen trifft das zu: Sind Flugreisen in ferne Länder,

DAS NEUE JAHRTAUSEND UND DAS ENDE ALTER GEWISSHEITEN

Autos mit PS-starken Verbrennungsmotoren oder große Steaks auf dem Grill in den 1990er Jahren noch Statussymbole eines erfolgreichen Bürgertums, so muss man sich nach der Jahrtausendwende immer mehr dafür erklären oder sogar entschuldigen. Stellen einen die eigenen Kinder zur Rede, mag das noch gehen. Aber viele Menschen fühlen sich bevormundet von der Politik. Um die Jahrtausendwende ist diese an der Spitze des Landes rot-grün.

Zu dieser Zeit geschehen drei wichtige Dinge in kurzer Zeit. Erstens beschließt die linke Bundesregierung unter dem sozialdemokratischen Kanzler Gerhard Schröder und dem grünen Außenminister Joschka Fischer die Einführung der doppelten Staatsbürgerschaft. Das soll gut integriert in Deutschland lebenden Ausländern die Möglichkeit geben, mit einem zweiten, dem deutschen, Pass am öffentlichen Leben besser teilzuhaben, indem sie zur Wahl gehen. Noch 20 Jahre später feiert die SPD-Parteizeitung »Vorwärts« den Beschluss: »Damit wurde das Bild vom Deutschsein grundlegend verändert.«[1]

Doch was in der politischen Linken als Fortschritt angesehen wird, empfinden nicht nur die konservativen Mitglieder und Anhänger der CDU als Bedrohung der deutschen Identität. Als Reaktion auf das rot-grüne Vorhaben startet die hessische CDU vor der Landtagswahl 1999 eine Unterschriftenkampagne gegen das Gesetz. Diese sieht sich schon bald dem Vorwurf ausgesetzt, es gehe darum, wo man »gegen Ausländer« unterschreiben könne. Das nehmen die Organisatoren billigend in Kauf. Machtpolitisch ist die Kampagne erfolgreich für die CDU. Deren Spitzenkandidat Roland Koch geht als Ministerpräsident aus der Wahl hervor.

Schaut man sich Aufnahmen aus dem hessischen CDU-Wahlkampf damals an, so wird deutlich, warum AfD-Anhänger sich heute mit dem Argument verteidigen, sie hätten sich überhaupt nicht verändert und sagten einfach nur das, was

1. MERKEL TRIFFT AUF DEUTSCHLAND

sie früher schon gesagt haben. Da wird selbstverständlich »Deutschland den Deutschen« gefordert von jemandem, der nicht mit hasserfülltem Gesicht einen Galgen zeigt oder mit schwarzer Kapuze auf einer Demonstration brüllt. Vielmehr ist es eine ältere Dame, die an einer CDU-Versammlung teilnimmt.

Zwar wird im aufgeheizten öffentlichen Streit über den Doppelpass eine solche Äußerung in den Medien thematisiert. Aber niemand würde auf die Idee kommen, die Frau wahrzunehmen als Anhängerin einer extremistischen Partei, die verboten werden muss. 14 Jahre später, als die AfD gegründet ist, würde man sie nur aufgrund einer solchen Äußerung vermutlich dieser neuen Partei mit alten Inhalten zuordnen. Ohne dass das 1999 schon klar ist, wird der Streit um das neue Staatsangehörigkeitsgesetz im endenden 20. Jahrhundert zu einer der letzten großen Polarisierungen zwischen den beiden Volksparteien CDU und SPD. Diese Polarisierung hat immer wieder hässliche Auswüchse gehabt. Aber sie hat seit 1949 dazu beigetragen, zu verhindern, dass eine rechtsextreme Partei in Deutschland dauerhaft groß wird.

Das zweite Ereignis hat nichts mit der Auseinandersetzung um den Doppelpass zu tun. Kurz nach dem Ende der Ära Kohl wird bekannt, dass die CDU – Bundespartei wie hessische Landespartei – in großem Umfang illegale Spenden angenommen hat. Die Affäre stürzt die Partei in die schwerste Krise ihrer Geschichte. Der ehemalige Bundeskanzler Kohl ist ebenso belastet wie sein Nachfolger im Parteivorsitz, Wolfgang Schäuble, und Roland Koch, der eben noch strahlende Wahlsieger in Hessen.

Das ist der Moment, an dem die junge, ostdeutsche CDU-Generalsekretärin zeigt, dass sie in zehn Jahren bundespolitischer Lehrzeit die Machtmechanismen der Parteiendemokratie erlernt hat. Angela Merkel veröffentlicht in der »Frankfurter

DAS NEUE JAHRTAUSEND UND DAS ENDE ALTER GEWISSHEITEN

Allgemeinen Zeitung« einen Brief, in dem sie die CDU aufruft, sich von Helmut Kohl zu trennen. Wenige Monate später wird sie zur Vorsitzenden gewählt. Sie steht nun an der Spitze einer Partei, in der es Mitglieder und Meinungen gibt, wie sie der Bundestagsabgeordnete Martin Hohmann vertritt. Hohmann sagt etwa über das Gesetz zur doppelten Staatsbürgerschaft, wenn man Rot-Grün das durchgehen lasse, werde die Bundestagswahl im September 1998 die letzte freie Wahl in Deutschland gewesen sein. Von ihm kommt auch die Aufforderung, sich vom »Schuldwahn« zu befreien. Die Deutschen seien im 20. Jahrhundert »mindestens ebenso Opfer wie Täter« gewesen. Er begründet seine Haltung damit, dass es neben der CDU keine »demokratische rechte Partei« geben dürfe. Merkel schaut sich das eine Weile an. Dann aber sorgt die Vorsitzende der Unionsfraktion des Bundestages dafür, dass Hohmann 2003 aus dieser ausgeschlossen wird, später auch aus der CDU. 2017 kehrt er als AfD-Abgeordneter ins höchste deutsche Parlament zurück.

Wenn Überzeugungen sich derart rasch wandeln wie an der Wende vom 20. zum 21. Jahrhundert, ist es für Politiker doppelt hilfreich, die bisherigen Gewohnheiten und Einstellungen genau zu kennen und zu wissen oder doch zu ahnen, welche Änderungen möglich und welche schwierig sind. Für Merkel ist das eine besondere Herausforderung. Als die Mauer fällt und sie fast ohne Vorlaufzeit auf die höchste Ebene der westdeutschen Politik gespült wird, muss sie erst mal erhebliche Teile ihrer inneren Festplatte löschen. Anschließend muss sie lernen, wie ein konservatives Mitglied der hessischen CDU denkt und fühlt. Auch die Mechanismen, die erforderlich sind, um sich in einer sozialistischen Diktatur zu bewegen, unterscheiden sich fundamental von denjenigen in Bonn. Musste sie in der DDR eigene Überzeugungen, sofern sie nicht zufällig und punktgenau der herrschenden Linie im Einparteien-

1. MERKEL TRIFFT AUF DEUTSCHLAND

staat entsprachen, möglichst verbergen, so gilt es in der westdeutschen Parteiendemokratie, Mehrheiten zu suchen und zu organisieren, um sich durchzusetzen. Diejenigen, die sich von Jugend an in ihrer Partei bewegen und dort einen festen Stand haben, können dabei größere Risiken eingehen, ohne gleich befürchten zu müssen, kaltgestellt zu werden. Wer jedoch ohne dieses Fundament daherkommt, wie Merkel, muss vorsichtiger sein und ständig darauf achten, auf der Seite der Mehrheit zu stehen.

Als Merkel erstmals das Kanzleramt ansteuert, glaubt sie, die Unterstützung ihrer Partei nur durch einen wirtschaftsliberalen Kurs sichern zu können. Dafür bekommt sie auf dem Leipziger CDU-Parteitag 2003 viel Beifall. Doch sie verschätzt sich fundamental. Nicht nur die Sozialdemokraten, auch wichtige Mitglieder ihrer Partei sind skeptisch, wenn es um radikale Reformen geht. Symptomatisch für die Fehleinschätzung ist die Auswahl des Heidelberger Hochschullehrers Paul Kirchhof für das Schattenkabinett im Wahlkampf. Der Wissenschaftler will einen harten Kampf gegen Steuermissbrauch führen, statt die Mehrwertsteuer zu erhöhen. Auch in der Rentenpolitik strebt er radikale Reformen an. Dass Volksparteien – ob SPD oder CDU – immer die soziale Gerechtigkeit im Auge haben müssen, ist ihm offenkundig nicht klar genug. Der sozialdemokratische Bundeskanzler Gerhard Schröder nimmt den Elfmeter, den Merkel ihm auf diese Weise verschafft, gerne an. Er wirft Kirchhof vor, die Rente wie eine KFZ-Versicherung zu behandeln. Das sei ein Menschenbild, das bekämpft werden müsse. Als Schröder Kirchhof den Titel der »Professor aus Heidelberg« gibt, drückt er Merkel und der von ihr geführten CDU damit den Stempel der sozialen Kälte auf. Am Ende kann Merkel die vorgezogene Wahl 2005 gegen den wegen der Hartz-Reformen angeschlagenen Schröder nur um Haaresbreite gewinnen. Dieser Schock prägt ihre gesamte Regierungszeit. Es trifft sich, dass sie gezwungen ist, eine große Koalition mit der SPD zu bilden. Sie versucht, eine möglichst breite Mehrheit in der Mitte zu finden.

Das Dogma: die schwarze Null

Als Angela Merkel 2005 das Kanzleramt übernimmt und ihre erste große Koalition zusammenführt, stehen zwei Dinge oben auf ihrer Prioritätenliste. Die zentralen Begriffe des Koalitionsvertrages lauten Arbeitslosigkeit und Staatsverschuldung. Der Abbau von Arbeitslosigkeit wird als »zentrale Verpflichtung« der Regierungspolitik von Schwarz-Rot bezeichnet. Nur wenige Zeilen weiter heißt es: »Das hohe strukturelle Defizit des Staatshaushalts und der Schuldendienst begrenzen die Handlungsfähigkeit des Staates.« Um Deutschlands öffentliche Finanzen auf eine solide Basis zu stellen, seien die Haushalte von Bund, Ländern und Gemeinden »in einer gemeinsamen Anstrengung« zu konsolidieren. »Wir werden: sanieren, reformieren und investieren und dabei die Lasten gerecht auf alle Schultern verteilen.« Und weiter: »Wir werden mutig sparen und Subventionen abbauen. Das hat Vorrang.« Ohne Steuererhöhung sei die für das Land wichtige Konsolidierung allerdings nicht zu schaffen. Man merkt: Der angestammte Koalitionspartner der Union, die FDP, ist nicht an Bord.

Was diese Regierung sich unter Führung der ersten Frau im Kanzleramt als Programm gegeben hat, klingt nicht nach Gestaltung, sondern nach Reparatur. Das liegt zum einen an den Umständen. Der Grund, aus dem Angela Merkel sich schon 2005, ein Jahr vor dem regulären Termin, bei den Wählern um das Kanzleramt bewerben kann, ist vor allem die Arbeitslosigkeit. Merkels Entdecker und Lehrmeister hat viel für das Land getan. Aber eine solide Arbeitsmarktreform ist Helmut Kohl

1. MERKEL TRIFFT AUF DEUTSCHLAND

den Deutschen schuldig geblieben. Sein sozialdemokratischer Nachfolger Gerhard Schröder muss in seiner ersten Legislaturperiode eine Beteiligung Deutschlands am Krieg auf dem Balkan begründen. Das ist schon eine große Kröte, die seine Genossen zu schlucken haben, mehr aber noch sein grüner Koalitionspartner. Spätestens zu Beginn seiner zweiten Legislaturperiode kann Schröder aber am dringenden Reformbedarf in der deutschen Arbeitsmarktpolitik nicht mehr vorbeischauen. Die Zahl der Arbeitslosen liegt zum Jahrtausendbeginn bei 3,8 Millionen Menschen. 2002, in dem Jahr, in dem Schröder zum ersten Mal wiedergewählt werden will, hat sie die Vier-Millionen-Marke übersprungen.

Der drohende Horrorwert von fünf Millionen Menschen ohne Arbeit erinnert fatal an die frühen 1930er Jahre. Schröder tut das, was beim Pokern »All in« genannt wird. Er ist der richtige Typ dafür. Die SPD kennt er lange genug, um zu wissen, dass seine Agenda 2010, die den Menschen etwas abverlangt, bevor sie Sozialleistungen bekommen, auf großen Widerstand stoßen wird. So wie für die damaligen Grünen beim Krieg hört für die Sozialdemokraten der Spaß beim Sozialstaat auf.

Der Widerstand in der SPD gegen die Arbeitsmarktreformen des eigenen Kanzlers baut sich in einem solchen Maße auf, dass der Kanzler nicht bis zum regulären Wahldatum im Herbst 2006 warten will, um für eine dritte Amtszeit anzutreten. In einem Hals-über-Kopf-Manöver holt er die Deutschen ein Jahr früher in die Wahllokale. Das ist noch viel mehr »All in« als seine Arbeitsmarktreform selbst. Das Manöver scheitert nur um Haaresbreite. Wäre es gelungen, hätte Schröder die Früchte seines Mutes selbst ernten können. So aber kann das seine Nachfolgerin tun, der er noch am Wahlabend 2005 auf den Kopf zusagt, sie werde nicht Kanzlerin werden. Er irrt.

Angela Merkel hat eine sehr hohe Lernfähigkeit. In den ersten Jahren in Bonn hat sie vor allem von Kohl gelernt, wie die

Bundespolitik funktioniert. Doch nach dem Ende Kohls hört sie nicht auf mit dem Lernen. Sie sieht sich genau an, in welcher Lage Schröder was gemacht und welche Folgen das hat. Die Erkenntnis ist eine zweifache. Erstens: Eine der größten Wirtschaftsmächte der Welt darf es nicht zulassen, dass von ihren 80 Millionen Einwohnern fünf Millionen im arbeitsfähigen Alter keinen Job haben. Sonst entsteht Unruhe. Zweitens: Sich in einer zentralen Frage gegen die Interessen der eigenen Partei zu stellen, ist gefährlich und kann einen Kanzler die Macht kosten.

Später wird Merkel Schröder ausdrücklich danken. Er hat nicht nur das drängendste Problem Deutschlands zu Beginn des neuen Jahrtausends angepackt und einer Lösung zugeführt. Er hat ihr noch dazu den Weg ins Kanzleramt geebnet. Es ist Angela Merkels wertvollstes Erbe. Sie hütet es. Als sie ihr Büro in der siebten Etage des Kanzleramts bezieht, gibt es in Deutschland 4,86 Millionen Arbeitslose. Fortan fällt die Zahl von Jahr zu Jahr kontinuierlich. Nur zweimal, 2009 und 2013, steigt sie minimal gegenüber dem Vorjahr. Ansonsten hält die erfreuliche Talfahrt bis 2019 an. Nur noch 2,27 Millionen Deutsche sind ohne Arbeit. Die Pandemie führt zu einer leichten Erhöhung auf 2,7 Millionen Arbeitslose im Jahr 2020. Doch als Merkel ihren Schreibtisch ein Jahr später räumt, ist sie schon wieder gesunken auf 2,61 Millionen.

So wichtig wie der Kampf gegen die Arbeitslosigkeit ist derjenige gegen die Schulden. Die Passage zu den Staatsfinanzen in Angela Merkels erstem Koalitionsvertrag ist nicht nur konkret. Sie liest sich dramatisch. Die Lage der Haushalte von Bund, Ländern, Kommunen und Sozialversicherungen habe sich seit Mitte der 1990er Jahre ständig verschlechtert. »Die öffentlichen Haushalte befinden sich derzeit in einer außerordentlich ernsten Lage.« Die laufenden Ausgaben lägen zum Teil dramatisch über den regelmäßig fließenden Einnahmen.

1. MERKEL TRIFFT AUF DEUTSCHLAND

»Der daraus erwachsende Konsolidierungsbedarf ist enorm und kurzfristig nicht zu bewältigen«, schreiben Schwarze und Rote auf und bauen damit schon mal für den Fall vor, dass es mit dem Konsolidieren nicht so schnell klappt wie gewollt.

Der Hintergrund der Bemühungen um solide Staatsfinanzen ist klar. Es geht der Kanzlerin darum, das »gesamtwirtschaftliche Wachstum zu steigern«, wie es in der Vereinbarung der Koalitionäre heißt. »The economy, stupid«, sagte James Carville, Wahlkampfstratege von Bill Clinton, im amerikanischen Präsidentschaftswahlkampf 1992, also: Die Wirtschaft ist entscheidend. Clinton gewann die Wahl. Für Merkel ist das Thema nicht nur beherrschend, weil die deutsche Wirtschaft dringend wieder in Schwung kommen muss. Die CDU-Vorsitzende, die viele ihrer Unionsfreunde – vor allem aus Baden-Württemberg, Hessen und Bayern – noch 2002 nicht als Kanzlerkandidatin haben wollten, hat sich zwar als machtbewusst und zielstrebig erwiesen, hat sich als Umweltministerin profiliert. Doch dass sie wirtschaftlich kompetent ist, hat die in einem sozialistischen System aufgewachsene Frau noch nicht unter Beweis gestellt.

Angela Merkels ökonomischer Kompetenznachweis findet vor einem Hintergrund statt, der für viele politische Entscheidungsträger im Deutschland des beginnenden 21. Jahrhunderts fast religiöse Dimensionen hat. Vor allem ihre eigene Partei und die FDP, aber zu Beginn des Jahrtausends auch viele Sozialdemokraten sehen die schwarze Null, also einen schuldenfreien Staatshaushalt, der Überschüsse erwirtschaftet, als Goldenes Kalb an. Anders jedoch als Moses in der biblischen Erzählung zerstört Merkel dieses Kalb nicht, sondern tanzt von Anfang an und bis zum Ende ihrer Kanzlerschaft eifrig mit den anderen drumherum.

Der Ökonom und Politikwissenschaftler Lukas Haffert hat die Sehnsucht nach ausgeglichenen Haushalten gründlich untersucht. Um die Jahrtausendwende hätten einige westliche Demokratien mehrjährige Haushaltsüberschüsse erzielt. Im Durchschnitt der zurückliegenden Jahrzehnte hätten die westlichen Industrienationen »etwa ein Fünftel« der Zeit Haushalte mit Überschüssen gehabt. Regierungen, die ein Defizit in einen Überschuss verwandelt hätten, würden fast immer wiedergewählt, hat Haffert herausgefunden. Finanzminister, denen ein solcher Wandel gelungen sei, hätten damit häufig den Grundstein für den späteren Aufstieg an die Regierungsspitze gelegt.[2]

Doch sieht Haffert besondere deutsche Gründe für das Festhalten am ausgeglichenen Haushalt, den Angela Merkel geadelt hat mit dem Begriff der »schwäbischen Hausfrau«, die schließlich auch nicht dauerhaft über ihre Verhältnisse leben könne, so wie auch der Staat nicht. Wie so oft finden sich tiefere Ursachen für die Haltung der Deutschen in ihrer Geschichte im Ende und Untergang der Weimarer Republik. »Im historisch nicht sehr präzisen Erinnerungsvermögen vieler Deutscher vermengt sich die Erinnerung an die Hyperinflation mit der Massenarbeitslosigkeit der Weltwirtschaftskrise in den frühen 1930er Jahren zu einer einzigen, allumfassenden Weimarer Krisenerzählung«, schreibt Haffert. Dabei werde jedoch übersehen, dass die Weltwirtschaftskrise keine Inflations-, sondern eine Deflationskrise gewesen sei, angetrieben von der Politik des Reichskanzlers Heinrich Brüning. Gerade die Sparpolitik Brünings habe den Aufstieg der NSDAP unterstützt.[3]

Aber Erzählungen, die sich einmal festgesetzt haben, sind in der Regel nicht so leicht durch historische Aufklärung zu korrigieren. Das gilt besonders für das Weimar-Trauma der Deutschen, das die politische Instabilität der scheiternden jungen Demokratie mit ökonomischer Instabilität – also einem zu hoch verschuldeten Staat – zu verbinden pflegt. Angela Merkel, die aus einem nicht zuletzt ökonomisch gescheiterten Staat kommt und den Westdeutschen zeigen will, dass sie die Lehren

1. MERKEL TRIFFT AUF DEUTSCHLAND

aus der gesamten deutschen Geschichte gelernt hat, ist nicht geeignet, diese Erzählung infrage zu stellen.

Doch neben diesen begründeten oder eben nicht begründeten Lehren aus dem tiefen Dunkel der deutschen Geschichte kommt für sie etwas anderes hinzu. Lange vor der Einführung der Schuldenbremse, die der staatlichen Kreditaufnahme enge Grenzen setzt, aber auch Ausnahmen zulässt, kann der Staat über die gesetzlich festgeschriebenen Grenzen hinaus nur dann Schulden machen, wenn eine »Störung des gesamtwirtschaftlichen Gleichgewichts« festgestellt wird. Von Merkels Eintritt in die deutsche Spitzenpolitik 1990 bis zum Beginn ihrer Kanzlerschaft im Jahr 2005 werden acht Haushalte, also die Hälfte aller Etats, nur mithilfe dieser Ausnahme verfassungskonform. Merkel hat zwar in ihren beiden Ministerämtern ebenso wie als CDU-Vorsitzende und Oppositionsführerin fast nichts mit dieser Entwicklung zu tun. Sie kann aber aus der Nähe beobachten, wie schwierig es ist, einen ausgeglichenen Haushalt aufzustellen.[4]

Nach dem Ende von Merkels Kanzlerschaft trennen sich die meisten Sozialdemokraten von der Fixierung auf einen ausgeglichenen Haushalt. Bundeskanzler Olaf Scholz, in Merkels viertem Kabinett Finanzminister und Vizekanzler, ist einer der letzten prominenten Genossen, der noch an dem Ziel festhält. Doch viele Sozialdemokraten und Grüne in der Ampelkoalition versuchen, nun offen zutage liegende Versäumnisse der Merkel-Jahre damit zu begründen, dass unter CDU-Führung zu starr an den Schuldenregeln festgehalten worden sei, sodass wichtige Investitionen nicht hätten getätigt werden können, ohne dass die SPD eine Schuld trifft. Der SPD-Parteitag, der im Dezember 2023 stattfindet, wird zu einem Großangriff fast aller Delegierten auf die Schuldenbremse. Der Eindruck entsteht, erst wenn diese reformiert oder besser gleich abgeschafft wäre, könnten die großen Probleme Deutschlands gelöst werden.

DAS DOGMA: DIE SCHWARZE NULL

Das ist eine schon als dreist zu bezeichnende Geschichtsklitterung. Denn die Sozialdemokraten sind in den Merkel-Jahren beim Wettlauf zur ersten schwarzen Null mithilfe der Schuldenbremse vorne dabei. Noch entschlossener zeigt sich allerdings die CDU. Als 2014, neun Jahre nach Merkels Amtsantritt, erstmals seit 1969 ein ausgeglichener Bundeshaushalt steht, feiern das noch Abgeordnete der SPD (etwa Martin Gerster und Thomas Oppermann) ebenso wie Christdemokraten als historische Erfolge. Als es dann zum dritten Mal gelingt, entwickelt besonders die CDU einige Fantasie beim Triumphieren. »Nicht nur der FC Bayern München kann Triple, sondern auch die unionsgeführte Bundesregierung«, prahlt etwa CDU-Generalsekretär Peter Tauber.[5]

Entschiedenster Kämpfer für die schwarze Null ist aber Merkels langjähriger Finanzminister Wolfgang Schäuble. Das ist nicht nur wegen des von ihm verantworteten Ressorts wichtig. Niemand hat über die gesamte Strecke von Merkels Kanzlerschaft eine vergleichbare Bedeutung für die Verbindung zwischen ihr und der CDU. Schäuble wäre selbst gern Kanzler geworden, hat aber spätestens mit der Parteispendenaffäre einsehen müssen, dass dieser Zug für ihn abgefahren ist. Anschließend ist er zwar bisweilen unbequem, aber stets loyal zu Merkel. Sein Wort hat über all die Jahre großes Gewicht in der CDU. Die Kanzlerin weiß, dass Schäuble für sie ein sehr wichtiges Bindeglied zur Partei ist. Er wird sogar im Wahljahr 2021 noch die entscheidende Person in der CDU sein, als es um die Bestimmung des Kanzlerkandidaten Armin Laschet geht, der Anlauf nimmt, Merkel zu folgen.

Doch anders als etwa in der Krise im Euroraum oder in der Flüchtlingspolitik, wo die beiden zumindest streckenweise unterschiedlicher Meinung sind, gibt es beim Ziel eines ausgeglichenen Haushalts keine Differenzen. Angela Merkel hat aus ihren ersten drei Lebensjahrzehnten in der DDR keine gefes-

1. MERKEL TRIFFT AUF DEUTSCHLAND

tigten programmatischen Vorstellungen mitgebracht. Als Umweltministerin hat sich ihre Neigung zum ökologischen Mainstream der Mitte gefestigt, sieht man ab von ihrer Überzeugung, dass die Atomstromerzeugung eine vernünftige Sache ist. Auf dem Weg zur Kanzlerschaft bleibt sie inhaltlich beweglich. Einen ausgeglichenen Haushalt als hehres Ziel an sich zu bezeichnen hilft ihr, programmatische Defizite zu kompensieren. »Die ›schwarze Null‹ ist das ideale politische Projekt eines inhaltlich erschöpften Konservatismus, weil sie ein politisches Instrument, den Haushaltssaldo, zum eigentlichen politischen Ziel erklärt«, schreibt der Politikwissenschaftler Thomas Biebricher. Der Genfer Wirtschaftswissenschaftler Lukas Haffert weist darauf hin, dass derjenige, der sich darauf beschränke, nicht mehr auszugeben, als eingenommen werde, Debatten darüber vermeide, wofür denn Geld ausgegeben werden solle.[6]

Das passt zur CDU-Vorsitzenden Merkel auf dem Weg ins Kanzleramt, insbesondere da ihr erster groß angelegter Versuch, ökonomische Trittsicherheit zu dokumentieren, auf dem CDU-Parteitag 2003 in Leipzig fast schlimme Folgen zeitigt. Merkel hält sich an die Erkenntnis, dass man mit marktradikalem Kurs als Volkspartei keine Mehrheit bekommt. Eine 180-Grad-Wende kommt für die Kanzlerin dennoch nicht infrage. Aber da es ohnehin Rücksicht zu nehmen gilt auf den sozialdemokratischen Koalitionspartner, geht sie einen Mittelweg. Angesichts der »dramatischen Ausgangslage« werde es »trotz mutiger Konsolidierungsschritte« im nächsten Jahr nicht möglich sein, die Regelgrenze für die Verschuldung oder die Maastricht-Kriterien einzuhalten, ohne zugleich die wirtschaftliche Erholung zu gefährden, heißt es im Koalitionsvertrag. Ab der Mitte der Legislaturperiode, also vom Jahr 2007 an, werde die Verschuldungsgrenze nach Artikel 115 GG wieder eingehalten, im Haushaltsvollzug sogar wieder unterschritten.

DAS DOGMA: DIE SCHWARZE NULL

Auch an die Regeln des europäischen Stabilitäts- und Wachstumspakts will man sich nach einer Pufferzeit von zwei Jahren wieder halten. Merkels Regierung nimmt sich eine Haushaltspolitik vor, die »konsequent sparsam« ist. Alle Ausgaben stünden auf dem Prüfstand. »Bei der Haushaltskonsolidierung werden zunächst alle Einsparpotenziale auf der Ausgabenseite geprüft.« Dann geht es um Einnahmeverbesserungen, soweit erforderlich auch durch Steuererhöhungen. Auch hier wird deutlich, dass die FDP nicht an Bord ist. Das Konsolidierungsvolumen wird auf 35 Milliarden Euro beziffert. Um dem beginnenden Aufschwung Zeit zur Entfaltung zu geben, soll die Mehrwertsteuer auch erst 2007 um drei Prozentpunkte auf 19 Prozent angehoben werden.

Das alles soll die Investitionstätigkeit wiederbeleben. Das sei der Schlüssel für neues Wirtschaftswachstum, kündigen Union und SPD an. Ausdrücklich genannt werden die Verkehrsinvestitionen, die man deutlich erhöhen will. 4,3 Milliarden Euro sollen in der Legislaturperiode bis 2009 zusätzlich zur Verfügung gestellt werden. »Damit ist es möglich, das Verkehrsnetz in seiner Leistungsfähigkeit zu verbessern, weiterhin bedarfsgerecht auszubauen und zukunftsfähig zu gestalten.« Man kann also nicht sagen, Merkel habe nicht erkannt, dass in Schienen und Straßen investiert werden muss. Nur handelt sie viel zu wenig nach dieser Erkenntnis.

Merkels erster Finanzminister ist Peer Steinbrück, ein Sozialdemokrat, der beim Thema Verschuldung der CDU deutlich näher steht als großen Teilen seiner Partei, vor allem dem linken SPD-Flügel. Im Wissenschaftlichen Beirat seines Ministeriums sitzt damals schon Clemens Fuest, der später Präsident des ifo Instituts für Wirtschaftsforschung werden wird. Im Januar 2006, als Merkel gerade richtig mit dem Regieren beginnt, veröffentlicht er einen Aufsatz im Wirtschaftsmagazin »Capital«, der die Koalition in Sachen Sparen unter Druck

1. MERKEL TRIFFT AUF DEUTSCHLAND

setzt. Fuest kritisiert das von der großen Koalition beschlossene Ausgabenprogramm in Höhe von 25 Milliarden Euro.

Es sei zwar verständlich, dass »neu gewählte Politiker sich mit vermeintlichen Wohltaten profilieren« wollten. Doch richte das in der aktuellen Lage großen Schaden an. Das Argument der Regierung, neben den gesunden Staatsfinanzen dürfe man den Aufschwung nicht kaputtsparen, sei nur auf den ersten Blick vernünftig, tatsächlich aber eine »gefährliche und irreführende Leerformel«, weil man mit ihr »so ziemlich jede Finanzpolitik« rechtfertigen könne. Fuest wettert gegen zu hohe konsumtive Staatsausgaben und gegen die geplante Mehrwertsteuererhöhung. Es sei »ernüchternd«, dass trotz dieser Steuererhöhung mit einer Rückkehr zu »auch nur annähernd ausgeglichenen« Haushalten nicht zu rechnen sei. Fuest sieht solide Finanzen als Voraussetzung dafür an, dass der Staat sich auf seine Kernaufgaben konzentrieren könne. Dabei nennt er die Bereitstellung öffentlicher Infrastruktur und stabiler sozialer Sicherungssysteme. Konsumtive Staatsausgaben seien »rigoroser als bisher« auf Kürzungsmöglichkeiten zu überprüfen. Das ist die Tonlage zu Beginn von Merkels Kanzlerschaft.[7] Sparen und ein solider Haushalt: Das sind die Glaubenssätze jener Zeit. Für Merkel, die (auch) in der Finanzpolitik keine eigenen Glaubenssätze im Gepäck hat, ist damit klar, wo die Reise hingeht.

Der entscheidende Hebel in Richtung ausgeglichener Haushalte und schwarzer Null ist die Schuldenbremse. Die Bundeskanzlerin lässt von Anfang an keinen Zweifel aufkommen an ihrer Entschlossenheit, eine solche einzuführen. Im November 2007, sie ist gerade zwei Jahre im Amt und die durch den Zusammenbruch der Investment Bank Lehman Brothers ausgelöste Weltfinanzkrise noch zehn Monate entfernt, nennt sie die Schuldenbremse ein wichtiges Projekt für die zweite Hälfte der Legislaturperiode. Kurz darauf, im Januar 2008, zeigt sie sich vor einem Treffen von Kanzleramtsminister Thomas de Maizière mit Teilen des Kabinetts, Bundestagsabgeordneten und Politikern aus den Ländern hoffnungsvoll, dass es zu einer Einigung kommt. »Das wäre wirklich eine großartige Sache, wenn Bund und Länder sich auf Regeln für eine Nicht-Neuverschuldung einigen könnten.« Als es Ende des Monats in den Verhandlungen hakt, drängt auch der sozialdemokratische Vizekanzler Steinmeier auf einen Beschluss zur Schuldenbremse. Merkel verspricht, sich in der Sitzung der Föderalismuskommission für das Thema starkzumachen. Bei den Altschulden werde sich der Bund den Ländern gegenüber solidarisch zeigen. Wenige Tage später bezeichnet die Kanzlerin eine Obergrenze für Kreditaufnahmen als unverzichtbar und zeigt sich »fest entschlossen«, die Schuldenbremse ins Grundgesetz zu schreiben.

Die Föderalismuskommission wird vom christdemokratischen Ministerpräsidenten Günther Oettinger und dem Vorsitzenden der SPD-Bundestagsfraktion, Peter Struck, geleitet. Auch hier also: große Koalition, die keinen nennenswerten Gegenwind erlebt. Als es im Februar des Wahljahres 2009 zu vereinbaren gelingt, dass die Länder und Gemeinden vom Jahr 2020 an nur noch in konjunkturellen Notfällen neue Schulden aufnehmen dürfen, ist der Jubel über die Parteigrenzen hinweg groß. Merkel spricht von einer »fundamentalen Weichenstellung, die die Handlungsfähigkeit des Föderalismus zeigt«. Struck erkennt gar eine »Sternstunde des kooperativen Bundesstaates«, der bayerische Ministerpräsident und CSU-Vorsitzende Horst Seehofer einen »echten Durchbruch«. Für die FDP-Fraktion sagt deren Parlamentarischer Geschäftsführer Ernst Burgbacher, man habe es mit einem »wesentlichen Beitrag zu einer nachhaltigen und generationengerechten Finanzpolitik zu tun«.

Nachdem das große Schuldenbremsmanöver erst einmal begonnen hat, gibt es für Merkel kein Halten mehr. Sie und ihr

1. MERKEL TRIFFT AUF DEUTSCHLAND

sozialdemokratischer Finanzminister Peer Steinbrück verkünden schon im Februar 2009, die Schuldenobergrenze von 0,35 Prozent des Bruttoinlandsproduktes, die für den Bund ins Grundgesetz geschrieben werden soll, werde dieser bereits 2016 einhalten. Ausnahmen sind nur für Naturkatastrophen und bei einer schlechten konjunkturellen Lage vorgesehen. Und weil es in Deutschland gerade läuft, verlangt die Kanzlerin schon im März 2009, beim bevorstehenden Gipfel der Europäischen Union sollten die Mitglieder über ein »Ausstiegsszenario« aus der Schuldenwirtschaft sprechen. Ein Aufweichen der europäischen Stabilitätskriterien lehnt Merkel ab. Der Stabilitäts- und Wachstumspakt sei das »Fundament«, auf dem die Wirtschaftspolitik der EU ruhe.

Im Juni 2009, nur wenige Monate vor der Bundestagswahl, bei der Merkel wiedergewählt werden will, stimmt auch der Bundesrat für die Verankerung der Schuldenbremse im Grundgesetz. Es sei ein »guter Tag für die Generationengerechtigkeit«, sagt Merkel. Die Staatsverschuldung Deutschlands beträgt zu diesem Zeitpunkt mehr als 1500 Milliarden Euro, zwei Drittel davon hat der Bund zu bewältigen.

Manche Bundeskanzler haben es gleich nach dem Amtsbeginn mit großen Krisen zu tun. Merkels Vorgänger Schröder muss die Deutschen als frisch gewählter Regierungschef mit der hässlichen Wahrheit konfrontieren, dass die Bundeswehr sich am Kosovokrieg beteiligt. Seine Koalition bringt das schon nach wenigen Monaten an den Rand des Abgrunds, weil der grüne Koalitionspartner auf einem Sonderparteitag nur haarscharf zustimmt. Die Führungsfigur der damals noch stark pazifistischen Grünen, Außenminister Joschka Fischer, wird gar mit einem Farbbeutel beworfen. Merkels Nachfolger Olaf Scholz bekommt es, kaum im Amt, noch mit einer deutlich größeren Dimension des europäischen Krieges zu tun, als Putin Russland überfällt.

Angela Merkel hat es besser. Sie kann sich eineinhalb Jahre einarbeiten. 2007 wirft die erste der Krisen, die Merkels Kanzlerschaft begleiten und prägen werden, ihre Schatten auch auf Deutschland. Die Banken- und Finanzkrise, die in Amerika begonnen hat, erreicht die IKB Deutsche Industriebank, die Sächsische Landesbank, dann die Bayerische Landesbank und die WestLB in Nordrhein-Westfalen. Noch gibt es in Deutschland keine Szenen wie in Großbritannien, wo die Menschen in langen Schlangen vor den Geldautomaten stehen, um ihr Erspartes zu retten, nachdem der Northern Rock, einer der größten Hypothekenbanken des Landes, Milliardenverluste drohen.

Im Rückblick wollen die Verantwortlichen in Deutschland die Gefahr umgehend erkannt haben. So sagt Finanzminister Peer Steinbrück, ihm sei »sofort« bewusst gewesen, dass »solche Bilder von Menschenansammlungen vor den Filialen deutscher Kreditinstitute zu einer weitaus dramatischeren Situation« führen würden. Wieder wird die Vergangenheit bemüht. Die Deutschen seien traumatisiert von der mehrfachen Vernichtung ihrer Sparguthaben im 20. Jahrhundert, sagt Steinbrück. Damit mag er seine Hellsichtigkeit in ein etwas zu positives Licht gerückt haben, denn im Laufe des Jahres 2007 dauert es noch ein bisschen, bis die Bundesregierung die Dimension der Herausforderung erkennt. Aber Steinbrücks Rhetorik verschärft sich schon. So warnt er beispielsweise vor staatlich kontrollierten Fonds in China, Russland und den Golfstaaten, die 2500 Milliarden Euro bewegten. »Da wird man doch wohl nach den Anlagestrategien fragen dürfen. Schließlich könnten manche dieser Fonds spielend ein Dutzend Dax-Konzerne kaufen.« Als »sträflich« bezeichnet es Merkels Finanzminister, würde man sich nicht mit dem Einfluss Chinas auf die Private-Equity-Branche befassen. Ein Problembewusstsein hinsichtlich der Macht Pekings ist also schon vorhanden.[8]

1. MERKEL TRIFFT AUF DEUTSCHLAND

Doch tatsächlich ist das Jahr 2007 für Merkel und ihre große Koalition nur eine Aufwärmübung in Sachen Krisenbewältigung. Erst im Spätsommer 2008, als die Kanzlerin den Blick schon auf die ein Jahr später anstehende Bundestagswahl und ihre Bestätigung im Amt richten muss, droht aus der Krise am Banken- und Finanzmarkt eine Katastrophe für Deutschland zu werden. Die amerikanische Regierung weigert sich, die taumelnde Investmentbank Lehman Brothers zu retten. Die Aussichten für das wirtschaftlich stärkste Land der Europäischen Union wirken so dunkel, dass Merkel und Steinbrück den deutschen Sparern am 5. Oktober vom Kanzleramt aus pauschal die Zusage geben, ihre Guthaben seien sicher. Sie wollen verhindern, dass es einen Massenansturm auf die Geldautomaten zwischen Kiel und Kempten gibt. Es ist der Versuch einer massenpsychologischen Einflussnahme nicht gekannten Ausmaßes. Eine Wette. Ein Bluff. Tatsächlich können die beiden Politiker weder garantieren, dass niemand ihrer Schutzbefohlenen einen Euro verliert, wenn alle gleichzeitig losrennen. Noch können sie erzwingen, dass es nicht zur Panik kommt. Aber die Sache endet gut. Der große Sturm auf die Banken bleibt aus.

Volker Kauder, jener baden-württembergische CDU-Politiker, der erst hilft, Merkel 2002 als Kanzlerkandidatin zu verhindern, dann aber einer ihrer engsten Vertrauten und langjähriger Chef der Unionsfraktion im Bundestag wird, sieht in diesem Ereignis einen Beleg dafür, wie sehr die Menschen der Kanzlerin vertraut hätten. »Merkel hat die Leute nicht eingelullt, wie Kritiker behaupten, sondern hat den Menschen durchgehend Sicherheit gegeben«, sagt Kauder im Gespräch mit dem Autor. Als die Kanzlerin und ihr Finanzminister gesagt hätten, die Ersparnisse seien sicher, »sind die Menschen genau deswegen nicht massenhaft zu den Geldautomaten gerannt«. Das habe Merkel psychologisch genau erkannt. »Die

Menschen haben Merkel geglaubt, anderen hätten sie nicht geglaubt.« Ob tatsächlich gegenüber anderen Politikern in dieser Situation weniger Vertrauen geherrscht hätte, lässt sich nicht sagen. Aber die Deutschen haben nach fast drei Jahren Amtszeit schon oft genug spüren können, dass Merkel ihnen nichts aufzwängen will, sondern tut, was sie sich mehrheitlich wünschen. Das dürfte zur Vertrauensbildung beigetragen haben, vielleicht auch in dieser Extremsituation.

So also ist die Stimmung in der ersten Legislaturperiode der ersten deutschen Bundeskanzlerin. Das alles dominierende Thema sind die wackeligen Finanzen in Deutschland und der Welt. Der lässige Umgang Amerikas mit Schulden, das freihändige Vergeben von Hausbaukrediten an Menschen, die diese nicht bedienen können, drohen die westliche Welt mit ihrem krachenden ökonomischen Selbstbewusstsein in einen Abgrund zu stürzen. Wie so oft ziehen auch hier die dunkelsten Schatten der deutschen Geschichte herauf. Erinnerungen an die Weltwirtschaftskrise der Dreißigerjahre des 20. Jahrhunderts mit ihren mörderischen Folgen werden wach. Die Fratze eines großen Krieges grinst die Welt wieder einmal böse an.

Im Kanzleramt sitzt eine Frau, die nicht nur ohne nennenswerte ökonomische Kompetenz ins Amt gelangt ist. Sie hat erlebt, wie der Staat, in dem sie dreieinhalb Jahrzehnte gelebt hat, zusammenbricht, wie das sowjetische Imperium mit seinen Satellitenstaaten zerfällt, weil es den wirtschaftlichen Wettlauf mit der freien westlichen Welt verloren hat. Und nun gerät eineinhalb Jahre nach ihrem Amtsantritt Amerika, die Führungsmacht des Westens, finanziell ins Wanken, die Staatsverschuldung der größten Volkswirtschaft der Erde wächst ins Gigantische. Das ist handlungsleitend.

Andere Krisen sind dagegen noch weit weg. Die Ereignisse des Annus horribilis 2016, in dem die Briten für das Ausschei-

1. MERKEL TRIFFT AUF DEUTSCHLAND

den aus der Europäischen Union stimmen, die Amerikaner den aggressiv nationalistisch, ausländerfeindlich, antiaufklärerisch und europakritisch auftretenden Republikaner Donald Trump zum Präsidenten wählen, sind unvorstellbar. Dass der russische Präsident Wladimir Putin sich zur ernsthaftesten Gefahr für den europäischen Frieden seit Adolf Hitler entwickeln wird, glaubt man nirgendwo im Westen, auch nicht in Berlin. Die Eroberung der ukrainischen Krim durch Russland liegt in weiter Zukunft, vom Angriff auf die gesamte Ukraine ganz zu schweigen. Corona ist eine weltweit bekannte mexikanische Biersorte. Dass es dereinst der Name eines Virus sein wird, das eine Pandemie auslöst, kommt niemanden in den Sinn.

Kurzum: Bundeskanzlerin Angela Merkel kann sich voll und ganz auf die Bewältigung der Banken- und Finanzkrise konzentrieren. Dabei ist sie umringt von Parteifreunden, die zu einem guten Teil an ihrer ökonomischen Expertise zweifeln und von denen viele eine kinderlose, ostdeutsche Protestantin im Kanzleramt überhaupt nur für akzeptabel halten, weil sie für die Union die Bundestagswahl gewonnen und viele Ämter zu verteilen hat. Weil sie also CDU und CSU nach nur sieben Jahren Opposition zurückgeführt hat in jene Welt, die ein Christdemokrat für die natürliche hält: die des Regierens. An ihrer Seite hat sie noch dazu einen sozialdemokratischen Koalitionspartner, der sich auch dem Kampf gegen die Schulden verschrieben hat. Das gilt jedenfalls für die führenden Köpfe in Berlin. Das Rumoren in der Tiefe der Partei lässt noch auf sich warten. Der Aufstand gegen die Schuldenbremse ist in ganz weiter Ferne.

So ist es kein Wunder, dass Angela Merkel eisern an schwarzer Null und Schuldenbremse festhält. Es gibt allerdings Zeiten, in denen das schwieriger ist als in anderen. Ausgerechnet im Oktober 2009 zeigt die Kanzlerin sich skeptisch. Da scheint sie gerade endgültig zur Erbin Kohls und Adenauers geworden zu sein, jedenfalls was die Regierungskonstellation angeht. Sie hat die über Jahrzehnte selbstverständliche Regierungsmehrheit der Union zurückerobert. CDU/CSU und FDP haben bei der Bundestagswahl Ende September 20 Sitze mehr erhalten, als für die Mehrheit im Parlament erforderlich ist, und können komfortabel eine Regierung miteinander bilden. Zu diesem Zeitpunkt ahnt jedoch noch niemand, dass das keine Rückkehr zu alten Zeiten sein wird, sondern vielmehr ein endgültiger Abschied von der schwarz-gelben Normalität der alten, westdeutschen Bundesrepublik.

Knapp vier Wochen nach der Wahl spricht Merkel zur Unionsfraktion und macht den Abgeordneten klar, dass es zumindest anfangs schwierig werde, die gerade im Grundgesetz verankerte Schuldenbremse einzuhalten. Grund ist die schlechte Haushaltslage. Schon in den Gesprächen über die Bildung einer Koalition haben Schwarze und Gelbe die Schuldenbremse zu umgehen, indem sie ein Sondervermögen oder einen Schattenhaushalt beschließen. Ausgerechnet Union und FDP stellen also infrage, was Merkel mit tatkräftiger Unterstützung der Sozialdemokraten in ihrer ersten Regierung beschlossen hat.

Aber das bedeutet keine Abkehr vom grundsätzlichen Sparwillen der Kanzlerin. Als die neue Regierung die ersten zweieinhalb Monate im Amt hinter sich hat, nennt Merkel zwar Steuersenkungen ein wichtiges Ziel. Doch macht sie gleich klar, dass die Schuldenbremse die Spielräume der Finanz- und Haushaltspolitik einenge. Trotz der Bankenkrise, die sich zu einem Beben im Euroraum ausweitet, entwickelt sich die deutsche Wirtschaft gut. Das wird weite Teile der Regierungszeit Merkels prägen und ihre Position stabilisieren. Der Schluss, den sie daraus zieht, ist, den Kampf gegen die Staatsschulden weiter zu intensivieren. Mitte 2012 – die nächste Bundestagswahl ist nur noch etwas mehr als ein Jahr entfernt – macht Merkel eine spektakuläre Ankündigung. Vor einer Kreisdele-

1. MERKEL TRIFFT AUF DEUTSCHLAND

giertenkonferenz der CDU sagt sie, wegen der guten Wirtschaftslage werde die Bundesregierung das Ziel eines ausgeglichenen Haushalts zwei Jahre früher als geplant erreichen. Nicht erst 2016, sondern schon Anfang 2014. Ihr Wirtschaftsminister, der FDP-Mann Philipp Rösler, hatte das bereits gefordert.

Ein knappes halbes Jahr später setzt sich die Kanzlerin dafür ein, auch die Länder sollten, wie der Bund, die Schuldenbremse in ihren Verfassungen verankern. Auf einem Landesparteitag der thüringischen CDU unterstützt sie einen entsprechenden Vorstoß der Christdemokraten des Landes und wird grundsätzlich. Wenn Politik gestalten wolle, sei »ein Maß an finanzieller Unabhängigkeit« unabdingbar. Es müsse alles darangesetzt werden, dass die öffentlichen Haushalte aus der Schuldenfalle herauskämen. Die Verschuldung sei eines der großen Probleme der Industriestaaten, nicht nur in Europa, sagt Merkel. Da ist vielen Deutschen noch sehr bewusst, dass die Bankenund Finanzkrise, die schließlich in die Krise im Euroraum mündet, vom schuldenfreudigen Amerika ausgegangen ist. Genau dieses wird Merkel mit den Ländern außerhalb Europas als Erstes meinen. Die selbstverständlich positive Haltung der größten Wirtschaftsmacht der Welt zum Schuldenmachen ist der ostdeutschen Kanzlerin fremd. Sie weiß sich damit in großer Gemeinschaft mit vielen ihrer Landsleute.

Lange Zeit trägt auch die SPD den eisernen Sparkurs mit. Während ihrer zweiten Amtszeit muss Merkel ohnehin nicht allzu große Rücksicht auf die oppositionellen Sozialdemokraten nehmen. Doch die sozialdemokratischen Vorkämpfer der Schuldenbremse, Peter Struck und Peer Steinbrück, haben nicht dauerhaft das Sagen. Struck stirbt 2012, Steinbrück scheitert bei der Wahl 2013 gegen Merkel, unter deren Führung die Union fast 15 Prozentpunkte vor der SPD landet und sensationelle 41,5 Prozent der Wählerstimmen bekommt. Die SPD ringt sich zwar ein weiteres Mal durch, mit Merkel zu regieren,

DAS DOGMA: DIE SCHWARZE NULL

aber die Linksverschiebung ist unübersehbar. Davon bleibt auch die Haltung zur schwarzen Null nicht unberührt.

Der Konflikt bricht sich Bahn, als die Folgen des großen Flüchtlingszustroms die deutsche Gesellschaft zunehmend belasten. Allein im Jahr 2015 werden knapp 500 000 Asylanträge gestellt, da nicht alle nach Deutschland Geflohenen einen Antrag stellten oder erst später, lag die Zahl der tatsächlich Gekommenen noch darüber. Schnell ist klar, dass die organisatorische Bewältigung des Ansturms nicht das größte Problem ist. Vielmehr fühlen sich viele Deutsche benachteiligt durch die große Konzentration auf die Migranten, die Turnhallen belegen, Sozialleistungen bekommen und an deren baldiger Integration Zweifel bestehen.

Die finanziellen Belastungen für Bund, Länder und Kommunen sind enorm. Merkel verkündet Anfang des Jahres 2016 zwar, dass das Ziel eines ausgeglichenen Haushalts bestehen bleibe, schränkt jedoch ein, dass die wirtschaftliche Entwicklung nicht genau vorhersehbar sei, insofern gehe es um »ein gewisses Bemühen«, das Ziel zu erreichen.

Der SPD-Vorsitzende Sigmar Gabriel ist da schon in einer anderen Richtung unterwegs. »Man kann nicht die Integration und den Zusammenhalt in der Gesellschaft dadurch gefährden, dass einem die schwarze Null wichtiger ist als zum Beispiel die Einstellung von Lehrern, die Sanierung von Schulgebäuden und vieles andere mehr.« Der DGB-Vorsitzende Reiner Hoffmann sekundiert Gabriel: »Die schwarze Null darf nicht zum Dogma erhoben werden.«

Dogma oder nicht: Der Streit spitzt sich zu. Merkel bleibt strikt auf Kurs schwarze Null. Die Kanzlerin führt die Demografie als gewichtiges Argument an. In einem Land mit alternder Bevölkerung will sie den kommenden Generationen nicht zu hohe Schulden überlassen. Fest an ihrer Seite weiß sie ihren Finanzminister Wolfgang Schäuble. Gabriel dagegen wen-

1. MERKEL TRIFFT AUF DEUTSCHLAND

det sich ab von der schwarzen Null, wirbt auf dem Höhepunkt der Flüchtlingskrise im Frühjahr 2016 für ein »Solidarprojekt«, von dem nicht nur die Asylbewerber profitieren sollten, sondern alle Menschen in Deutschland. Die SPD will Milliarden für Kitas, Sozialwohnungen und die Aufstockung von geringen Renten. Merkel wiederum nennt die Sorge, dass nur noch Geld für Flüchtlinge ausgegeben werde, »völlig unbegründet«. Sie beteuert, dass man auch sozialpolitische Vorhaben wie etwa die solidarische Lebensleistungsrente für Kleinrentner nicht aus den Augen verliere. Schäuble wiederum nennt die Integration von Hunderttausenden von Flüchtlingen die »größte gesellschaftspolitische Herausforderung seit der Wiedervereinigung«. Diese zu finanzieren habe Priorität.

2016, als die Zahl der täglich nach Deutschland kommenden Asylsuchenden gegenüber dem Vorjahr nochmals dramatisch wächst und an dessen Ende eine Dreiviertelmillion Menschen einen Asylantrag gestellt haben werden, will der SPD-Vorsitzende die gesellschaftliche Unruhe dadurch dämpfen, dass er den Einheimischen die Sorge nimmt, wegen der Flüchtlinge kämen sie zu kurz. Dafür ist er bereit, von der Disziplin beim Schuldenmachen abzuweichen. Merkel und Schäuble halten selbst in dieser Situation noch an ihrem Ziel eines ausgeglichenen Haushalts fest. Dabei wäre die finanzielle Belastung durch die große Zahl von Migranten, die zunächst vor allem Kosten verursachen und in der Mehrzahl noch nicht steuerzahlende Arbeitskräfte sind, durchaus ein Grund, eine finanzielle Sonderbelastung festzustellen. Doch für Merkel wäre das doppelt brisant. Sie würde nicht nur kurz vor dem erhofften Erreichen des Ziels, das ihren Parteifreunden so wichtig ist, aufgeben. Vielmehr müsste sie sich den Vorwurf gefallen lassen, dass ihre Flüchtlingspolitik die Ursache für dieses finanzpolitische Scheitern sei. Das will sie auf jeden Fall verhindern.

DAS DOGMA: DIE SCHWARZE NULL

Angela Merkel hält durch. Ganz gleich, welche finanziellen Herausforderungen sich auftun, an der schwarzen Null lässt sie bis zum Schluss keinen Zweifel aufkommen. Als gegen Ende ihrer Amtszeit unübersehbar ist, dass die Energiewende sich festgefahren hat und nicht annähernd mit dem erforderlichen Tempo vorankommt, das nach dem Verzicht auf die Atomkraftwerke und dem geplanten Ausstieg aus der Kohleverstromung erforderlich wäre, will Merkel auch für den Fall von Mehrausgaben für den Klimaschutz nicht vom Ziel der schwarzen Null weichen. Sie habe nie einen Zweifel daran gelassen, sagt etwa ihr Regierungssprecher Steffen Seibert im August 2018.

Nicht einmal als der Sachverständigenrat zur Begutachtung der wirtschaftlichen Entwicklung, das wichtigste ökonomische Beratungsgremium der Bundesregierung und der Kanzlerin, Ende 2019 Zweifel an der schwarzen Null äußert, lässt Merkel sich davon beeindrucken. Die sogenannten Wirtschaftsweisen betonen bei der Vorstellung ihres Jahresgutachtens, in Zeiten der Überauslastung habe die schwarze Null als Ziel ihren Sinn. Da man sich aber in einer Konjunkturflaute befindet, nennen sie das Ziel sogar gefährlich. Sie argumentieren damit, dass das Sparen bei abnehmender wirtschaftlicher Dynamik den Abschwung schlimmstenfalls sogar beschleunigen könne. Sie weisen darauf hin, dass die Schuldenbremse im Abschwung ein Defizit zulasse, weil es Spielräume schaffe, die die Konjunktur stabilisierten. Die Kanzlerin reagiert darauf mit einem typischen Merkel-Satz: »Wir haben mit Interesse Ihre Ausführungen über die Schuldenbremse verfolgt, die uns sicherlich Spielräume gibt. Aber Sie sagen auch ganz klar – so verstehe ich es jedenfalls –, ein ausgeglichener Haushalt und viele Investitionen sind wichtig.«[9]

Merkel hat die Notwendigkeit von Investitionen nie bestritten. Doch sie hält zeit ihrer Kanzlerschaft an dem Glaubenssatz

1. MERKEL TRIFFT AUF DEUTSCHLAND

fest, dass diese auch mit einem ausgeglichenen Haushalt möglich seien. Ein Eingeständnis, sie habe nicht für ausreichende Investitionen gesorgt, ist von ihr nicht zu hören. Der Blick auf die großen Baustellen des Landes nach dem Ende ihrer Amtszeit macht klar, dass an vielen Stellen nicht im erforderlichen Maß investiert worden ist. Die Verkehrs- und die digitale Infrastruktur, die Landesverteidigung, die Energiewende, die Bildung, der Bau von Wohnungen – alles Beispiele von Versäumnissen. Eklatanter Versäumnisse.

Niemand wird Angela Merkel das intellektuelle Vermögen absprechen, die Defizite erkannt zu haben. Vom Ziel eines ausgeglichenen Staatshaushalts will sie keinesfalls lassen. Wie in anderen Fällen, so muss man auch bei diesem Thema unwillkürlich an ihr Eingeständnis denken, dass sie sehr störrisch sein könne, wenn es ums Grundsätzliche gehe.[10] Diese Charaktereigenschaft hat das Festhalten am ausgeglichenen Haushalt erleichtert, ist aber nicht der inhaltliche Grund. Dieser liegt tiefer. Sie, die aus den Trümmern eines auch ökonomisch gescheiterten Systems in die Freiheit gelangt ist, setzt sich an die Spitze der christdemokratischen und lange auch der sozialdemokratischen Schuldengegner. Sie will ihren Parteifreunden und ihren Deutschen zeigen, dass diese mit ihr an der Spitze nicht fürchten müssen, es komme zu finanzieller Instabilität.

Von der Bahn abgekommen

Deutschland im Jahr 2023. Eine Bahnfahrt von Berlin nach Köln. Ein Routineereignis in der viertgrößten Wirtschaftsnation der Erde, dem Land der Ingenieure, der Ordnung und Organisationskunst. Wer die Entfernung googelt, erhält zur Überwindung der 574 Kilometer auf dem Routenplaner vier Vorschläge: Man kann 123 Stunden zu Fuß gehen, 32 Stunden mit dem Rad fahren, 6:13 Stunden mit dem Auto quer durchs Land rollen oder vier Stunden mit der Bahn reisen.

Das klingt nach einer klaren Angelegenheit. Von Bahnhof zu Bahnhof, also vom Herzen einer Millionenstadt ins Herz der anderen, in vier Stunden, das toppt sogar noch den aus ökologischen Gründen in Verruf geratenen Inlandsflug, der mit seinen langen An- und Abfahrten zum und vom Flughafen kaum Zeitgewinn verspricht. Also vier Stunden lesen, schlafen, arbeiten, Füße vertreten und einen Cappuccino im Bordrestaurant trinken. Ein schönes, entspanntes Erlebnis.

Wenn der Zug denn fährt. Wenn nicht eine spontane Umbuchung stattfindet. Wenn er nicht verspätet startet und noch viel verspäteter ankommt. Wenn nicht die Klimaanlage ausfällt und man entweder schwitzt oder aber den reservierten Platz nicht einnehmen kann, weil der Waggon sich so aufgeheizt hat, dass das Personal ihn für unbenutzbar erklärt und die Passagiere bittet, sich anderswo einen Platz zu suchen. Oder der Zug auf dem Weg von der Hauptstadt in die Domstadt in Hagen anhält und zwanzig Minuten Pause macht, damit die Passagiere das WC aufsuchen können. Weil alle Toiletten im Zug außer Funktion sind. Alle.

Die Deutschen sind ein reisebegeistertes Volk und scheuen nicht zurück vor großen Entfernungen. Neuseeland? Südamerika? Naher Osten? Kein Problem. Mallorca ist längst ein Naherholungsgebiet, in dem das Ferienhaus für ein verlängertes Wochenende regelmäßig genutzt wird. Tagestrips nach London oder Madrid, beruflich oder privat, sind selbstverständlich. Aber eine Bahnfahrt quer durchs Land ist in den letzten Jahren zum Abenteuer geworden. Wer einen wichtigen Termin einhalten muss, ist gezwungen, mehrere Stunden Zeit zusätzlich einzuplanen. Nicht nur die Verspätungen, auch die häufige Änderung der Wagenreihung sind eine Zumutung für alle, vor allem aber für ältere Reisende.

1. MERKEL TRIFFT AUF DEUTSCHLAND

Die Klagen über die Bahn sind nicht neu. Es gab sie auch schon vor der Zeit, in der Angela Merkel das Land regiert hat. Das Institut für Demoskopie Allensbach zitiert im Oktober 2023 sogar aus einem Aufsatz, der die Diskussion im Preußischen Ministerium für öffentliche Arbeiten im Jahre 1914 schildert. Es ging um notorische Unpünktlichkeit der Bahn, die einem immer dichter werdenden Zugverkehr geschuldet sei und dem Bemühen, die Wartezeiten für die Reisenden möglichst kurz zu halten. Dadurch seien die Fahrpläne nur noch unter günstigen Verhältnissen einzuhalten.[11]

Aber auch die Allensbacher kommen zu dem Befund, dass die gegenwärtige Unzufriedenheit der Deutschen mit der Bahn deutlich über bisherige Klagen hinausgeht. Das zeigten aktuelle Umfragen. »Sie lassen nur den Schluss zu, dass die Missstände bei der Bahn nicht nur gefühlt, sondern auch tatsächlich zugenommen haben«, heißt es in dem in der »FAZ« veröffentlichten Bericht. Kurz nach dem Beginn der Kanzlerschaft Merkels hatte das Institut ebenfalls die Meinung zur Bahn abgefragt. Die fehlende Pünktlichkeit und die hohen Preise waren auch zu jener Zeit Grund zur Unzufriedenheit. Gerade mal gut die Hälfte, 55 Prozent, der Bahnkunden zeigten sich alles in allem zufrieden mit dem Transportunternehmen Bahn.

Doch was ist das für ein spektakulär guter Wert im Vergleich zu heute. Nur noch 28 von 100 Befragten zeigen sich zufrieden mit der Bahn. Zwar schwankt dieser Wert über die Jahre, schreibt Allensbach. »Doch insgesamt gibt es seit zwei Jahrzehnten eine eindeutig sinkende Tendenz.« Der Befund knapp zwei Jahre nach dem Ende der Ära Merkel ist verheerend. 88 Prozent aller Befragten verbinden mit der Bahn Unpünktlichkeit, 73 Prozent hohe Preise, 70 Prozent Unzuverlässigkeit. Klafften diese Werte früher zwischen den regelmäßigen Nutzern, die sich meistens positiver äußerten, und den Nicht-Nutzern, die kritischer auf die Bahn blickten, auseinander, so

VON DER BAHN ABGEKOMMEN

sind sie mittlerweile annähernd deckungsgleich zwischen beiden Gruppen. Der Ruf der Bahn ist gründlich ruiniert.

Die Erlebnisse der Passagiere erklären leicht die Skepsis gegenüber dem Bahnfahren. 73 Prozent der von Allensbach Befragten berichteten, sie hätten wegen Überfüllung des Zuges schon auf dem Gang stehen müssen, 68 Prozent wussten von verdreckten Bahnhöfen zu berichten, 64 Prozent haben wegen Verspätungen Anschlusszüge verpasst, 62 Prozent kannten das Erlebnis unbenutzbarer Toiletten, immer noch deutlich mehr als die Hälfte der Passagiere hatten mindestens einmal erlebt, dass ihr Zug gar nicht fuhr. Fast die Hälfte musste schon den Ausfall von Heizungen oder Klimaanlagen hinnehmen. Immerhin ein knappes Drittel war in Fernzügen unterwegs, in denen es nichts zu essen oder zu trinken gab.

Zwischen den Bekenntnissen der Politik, man wolle mehr Verkehr auf die Schiene verlegen, und der Attraktivität dieses Angebots klaffte in den zurückliegenden zwei Jahrzehnten also ein großes Loch. Das schlägt sich in der Unzufriedenheit der Passagiere nieder. Nur 42 von 100 Befragten sagten dem Institut für Demoskopie Allensbach, dass sie gerne mit der Bahn führen.[12]

Gut ein Jahr nach dem Ende der Ära Merkel, im März 2023, verschickt die Deutsche Bahn einen »Netzzustandsbericht« an ihre Aufsichtsratsmitglieder. Es ist ein katastrophales Zeugnis zum Zustand des 33 000 Kilometer langen Schienennetzes. Es gibt Noten, ähnlich wie in der Schule. Die Bahn gibt sich für den Zustand der Strecken und Anlagen die Bewertung 2,93. Was an ein schulisches Befriedigend erinnert, wird im Ranking der Bahn als »mittelmäßig« gewertet. Ausbuchstabiert steht das für: »Relativ kurze voraussichtliche Restlebensdauer.«

Dem Bericht zufolge sind mehr als 30 000 Weichen in einem solchen mittelmäßigen oder noch schlechteren Zustand. Mehrere Zehntausend Kilometer Gleise gelten als instandsetzungs-

1. MERKEL TRIFFT AUF DEUTSCHLAND

bedürftig. Vor allem aber werden in dem internen Bericht 3270, mithin mehr als die Hälfte aller Stellwerke als mittelmäßig oder schlechter bewertet. Das sei die »Hauptursache für die schlechten Pünktlichkeitswerte« der Bahn. Das Staatsunternehmen warnt, es sei »nur noch für einen begrenzten Zeitraum möglich«, die Bahnanlagen in einem »ausreichenden Zustand« zu erhalten. Für die besonders intensiv für Güter- und Personenverkehr genutzten 3500 Kilometer der Gleise gilt das naheliegenderweise noch mehr. Der Blick in die Nachbarländer ist ernüchternd. Die Anlagen der Deutschen Bahn seien in einem »deutlich schlechteren Zustand« als die der Bahnen in Österreich und der Schweiz. Die Bahn nennt in dem Bericht für ihren Aufsichtsrat eine Summe, die für die Instandsetzung des Netzes gebraucht wird: 89 Milliarden Euro. Im Bundesverkehrsministerium heißt es, bis 2029 würden 86 Milliarden bereitgestellt.[13]

Das Urteil, das der Verein Allianz pro Schiene mit einem Jahr Abstand zum Ende der Ära Merkel fällt, ist ebenso vernichtend. Das von Unternehmen, Umweltverbänden, Gewerkschaften, Fahrgastorganisationen und Hochschulen getragene Bündnis, das mehr Verkehr auf die Schiene bringen will, nennt die Infrastruktur »marode und nicht ausreichend«. Seit 1995 sei das Schienennetz um 15 Prozent geschrumpft, während der Personenverkehr um 40, der Güterverkehr um 80 Prozent gewachsen sei.[14]

Im ersten Jahr der Corona-Pandemie sind 80 von 100 Fernzügen pünktlich. Das spricht dafür, dass die Probleme mit Pünktlichkeit und Zuverlässigkeit durch zu hohe Auslastung einer zu schwachen Infrastruktur entstehen. 2020 sind wegen der Pandemie deutlich weniger Menschen auf Reisen als sonst. Als sich das Passagieraufkommen wieder normalisiert, fahren nur noch 65 Prozent der Fernzüge pünktlich. Die Nachbarländer schneiden wieder besser ab. In Österreich sind 80 von

100 Zügen im Zeitplan, in der Schweiz sogar 90. Dabei haben die Eidgenossen sogar strengere Regeln als die Deutschen. Als pünktlich gilt ein Zug, wenn er weniger als drei Minuten hinter dem Zeitplan liegt. In Deutschland sind es sechs Minuten. Im Jahr 2022 ist der Abendzug von Stuttgart nach Hamburg nur in 40 von 100 Fällen pünktlich. Schon in Frankfurt liegt die Verspätung im Schnitt bei einer knappen Viertelstunde, in Hamburg dann bei 24 Minuten.[15]

Misst man diese Bilanz der 16 Merkel-Jahre an dem, was die frisch gewählte Kanzlerin sich zu Beginn ihrer Regierungszeit vorgenommen hat, so bleibt nur diese eine Bewertung: gescheitert. Deutschland brauche eine »leistungsfähige, moderne Schieneninfrastruktur, heißt es im Koalitionsvertrag aus dem November 2005, damit der Verkehrsträger Schiene seiner wichtigen Funktion »in einer integrierten Verkehrspolitik« gerecht werden könne. Doch schon im zweiten Satz wird auf die Fortsetzung des »Konsolidierungskurses« der Bahn hingewiesen, den der Bund unterstützen werde, damit die Leistungs- und Wettbewerbsfähigkeit sowie die Kundenfreundlichkeit gestärkt würden.

Zwar nehmen sich Union und SPD vor, das Wachstum im Schienenverkehr zu fördern. Doch tatsächlich geht es dann vor allem um den »diskriminierungsfreien Netzzugang der Wettbewerber der Bahn«, um den Börsengang und um »Kapitalmarktgesichtspunkte«. Der zunächst für das Jahr 2008 vorgesehene Börsengang klingt im großkoalitionären Regierungsplan viel ambitionierter als das Bemühen um das Wohl der Passagiere. Vorausschauend wird versprochen, die Entschädigungen der Reisenden für Verspätungen und Zugausfälle mit einem Gutachten zum Verbraucherschutz »verbindlich« festzuschreiben. Dass der Börsengang später im Strudel der weltweiten Finanzkrise scheitern wird, ist 2005 nicht absehbar.

1. MERKEL TRIFFT AUF DEUTSCHLAND

Die Koalitionäre erkennen für den gesamten Verkehr, nicht nur den auf der Schiene, hohen Handlungsbedarf. Die Verkehrsprognosen des Bundesverkehrswegeplanes gingen für den Zeitraum 1997 bis 2015 von »massiven Steigerungen der Verkehrsleistungen« aus, heißt es im Koalitionsvertrag. Diese würden im Personenverkehr in diesem Zeitraum um 20 Prozent, im Güterverkehr um 64 Prozent steigen. Die Planungen von Union und SPD bleiben vage. Der »bedarfsgerechte Erhalt und Ausbau« von Straßen, Schienen und Wasserstraßen soll gewährleistet werden. Zur Gewährleistung eines Mindestbedarfs für die Erhaltung und den Ausbau der Verkehrsinfrastruktur soll in der 16. Legislaturperiode die »Investitionslinie« der Bundesverkehrswege »deutlich erhöht und verstetigt« werden. Die Verkehrsträger werden als gleichwertig beschrieben, das Geld solle dorthin fließen, wo Handlungsbedarf bestehe. Versprochen wird den Deutschen, dass die Investitionen verstetigt werden, damit Planungssicherheit bestehe. Das klingt nach grundsätzlichen Bekenntnissen, nicht nach einem einigermaßen präzisen Plan.

Die Verkehrspolitik gehört nicht zu den Themen, um die Angela Merkel sich besonders kümmert. Nach der ersten Legislaturperiode, in der der Sozialdemokrat Wolfgang Tiefensee das Ressort führt, reißt die stets an die Interessen Bayerns denkende CSU das Thema an sich, und Merkel lässt es geschehen. Dass die Kanzlerin nicht besonders viel Kraft aufwendet, sich in der Verkehrspolitik durchzusetzen, wird bei dem skurrilen Projekt einer PKW-Maut deutlich. Der CSU-Vorsitzende Horst Seehofer hat sie sich als Wahlkampfschlager für die Bundestagswahl 2013 ausgeguckt. Ausländer sollen sie zahlen, deutsche Autofahrer dagegen verschont werden. Europarechtliche Bedenken wegen fehlender Gleichbehandlung wischt er beiseite.

Merkel, die in Brüssel fast so zu Hause ist wie in Berlin, kann von Anfang an keine Zweifel gehabt haben, dass die Angelegenheit nicht durchzusetzen ist. Wenige Wochen vor der Bundestagswahl 2013 versucht sie es mit Entschiedenheit und behauptet in einem Fernsehduell, eine solche Maut werde es mit ihr nicht geben. Kurz darauf steht sie im Koalitionsvertrag. Die Amtszeiten der christsozialen Verkehrsminister Alexander Dobrindt und Andreas Scheuer werden von dem widersinnigen Unterfangen beherrscht. Am Ende scheitert es im Sommer 2019 vor dem Europäischen Gerichtshof – wie zu erwarten war. Außer einem Schaden von Hunderten Millionen Euro und viel Spott bleibt nichts übrig.

Auf den deutschen Straßen staut sich unterdessen der Verkehr auf immer dramatischere Weise. In Merkels erstem Kanzlerinnenjahr werden 360 000 Kilometer Stau auf deutschen Autobahnen gemessen. Im Jahr 2018, als sie den CDU-Vorsitz abgibt und ankündigt, sich nicht um eine fünfte Amtszeit als Kanzlerin zu bewerben, liegt der Wert bei mehr als dem Vierfachen: 1,53 Millionen Kilometer Blechlawine. Da Staus häufig durch Baustellen entstehen, könnte zur Erklärung angeführt werden, dass es auch deswegen so voll auf den Straßen sei, weil diese beständig instand gesetzt würden. Unter Fachleuten wird daher für den Zustand des Straßennetzes deren Wert herangezogen, das sogenannte Nettoanlagevermögen. Neue Straßen in gutem Zustand gehen in diese Berechnung mit einem höheren Wert ein als alte in schlechtem Zustand. Die Bilanz der Merkel-Jahre: Der Gesamtwert des deutschen Straßennetzes hat sich von 2005 bis 2019 von 415,2 auf 415,9 Milliarden Euro minimal verändert. Der Wert des Schienennetzes hat sich in diesem Zeitraum um 1,7 Prozent gesteigert. Eine Umfrage des Weltwirtschaftsforums belegt, dass Entscheider in der Wirtschaft die Straßen und Schienen in Deutschland als immer schlechter ansehen. Dabei ist die Infrastruktur ein wichtiges Investitionskriterium.[16]

1. MERKEL TRIFFT AUF DEUTSCHLAND

Entrüstung – die kleingesparte Bundeswehr

Franz Josef Jung ist der erste Verteidigungsminister Angela Merkels. Er ist ein Vertrauter des Merkel-Konkurrenten Roland Koch. Konservative hessische CDU. Jung kennt sich in den christdemokratischen Innereien gut aus, war hessischer Minister für Bundes- und Europaangelegenheiten. Außen- und Sicherheitspolitik gehören nicht zu den Fachgebieten des bei Amtsantritt 56 Jahre alten Jung. Ein Spezialist für Rüstungsfragen ist er schon gar nicht. Zumindest in dieser Hinsicht ähnelt er seiner neuen Chefin, die ebenfalls auf dem Weg zur Kanzlerschaft keine besondere Neigung hat erkennen lassen, sich mit militärischen Fragen zu befassen.

So viel aber ist auch Jung klar: Ein deutscher Verteidigungsminister tut gut daran, sich rasch in Washington blicken zu lassen. Und so beginnt Jung wenige Tage vor dem Weihnachtsfest 2005 eine Reise nach Dschibuti und Pakistan mit einem weiten Schlenker Richtung Westen, um sich beim amerikanischen Verteidigungsminister Donald Rumsfeld vorzustellen. Rumsfeld ist in Deutschland vor allem durch seinen Spruch bekannt geworden, dass man aufhören solle zu graben, wenn man in einem Loch sitze. Das sagte er auf dem Höhepunkt des Streits mit Merkels Vorgänger Gerhard Schröder, als dessen Regierung sich nach dem Wahlkampf auf dem Rücken der deutsch-amerikanischen Beziehungen wieder an die Führung in Washington annähern wollte.

Dass Rumsfeld grundsätzlich gerne austeilt, muss dann auch Jung erfahren. Wann Deutschland gedenke, endlich seinen Verteidigungshaushalt auf zwei Prozent seines Bruttoinlandsprodukts (BIP) zu erhöhen, will er von dem Gast aus Berlin erfahren. Auch wenn der nach der Begegnung beteuert, dass es ein gutes Gespräch gewesen sei, so weiß Jung jetzt aus erster Hand, was die Amerikaner als größter NATO-Staat und militärische Schutzmacht Europas von dessen wirtschaftsstärkstem Land erwarten. Sie sollen endlich einen angemessenen Teil der Lasten tragen.

Sollte Angela Merkel oder irgendjemand sonst in Berlin gedacht haben, das sei eine Marotte der auf das Militärische fixierten republikanischen Politiker auf der anderen Seite des Atlantiks, so ist das ein Irrtum. Als auf den Republikaner George W. Bush der Demokrat Barack Obama folgt, knöpft dessen Verteidigungsminister Robert Gates sich die Deutschen wegen ihrer geringen Verteidigungsausgaben ebenso vor, wie es anschließend der Republikaner Donald Trump – selbstverständlich besonders rustikal – tun wird.

Sollte wiederum irgendjemand in Washington gedacht haben, dass das die größte Wirtschaftsmacht der Europäischen Union und das mit nur gut 80 Millionen Einwohnern ökonomisch viertstärkste Land der Erde ausreichend beeindruckt, ist das genauso ein Irrtum. Erst neun Jahre nach ihrem Amtsantritt, kurz nachdem Russland die Krim erobert und mit dem militärischen Vordringen in die Ostukraine begonnen hat, wird sich Berlin auf dem NATO-Gipfel in Wales dazu durchringen, das Ziel mitzutragen, »jedes Absenken des Verteidigungshaushalts zu stoppen« und »sich innerhalb von zehn Jahren auf den Richtwert von zwei Prozent zuzubewegen«. Noch weicher hätte es sich kaum formulieren lassen. Als Merkel sich sieben Jahre später nach vier Legislaturperioden aus dem Kanzleramt verabschiedet, hinterlässt sie ihrem Nachfolger und ehemaligen Finanzminister Olaf Scholz das ungelöste Zwei-Prozent-Problem, das die beiden miteinander durch die Zeit getragen und nur mit spitzen Fingern angefasst haben.

Wer den Koalitionsvertrag von Merkels erster Regierung

1. MERKEL TRIFFT AUF DEUTSCHLAND

mit dem Suchbefehl »Rüstung« durchstöbert, stößt als Erstes auf »Nachrüstung«. Es geht dabei um Partikelfilter für Kraftfahrzeuge. Die nächsten drei Treffer lauten »Rüstungsexport«, »Abrüstung« und »Rüstungskontrolle«. Dann erst nähern die Koalitionäre sich dem, was die Amerikaner erwarten. »Die Bundesregierung wird alle Möglichkeiten nutzen, um die europäische Rüstungskooperation unter Erhalt der Kernfähigkeiten der deutschen wehrtechnischen Industrie sowie deren internationaler Wettbewerbsfähigkeit voranzutreiben.« Das ist allerdings auch eher eine wirtschaftspolitische als eine militärische Absichtserklärung. Ähnlich ökonomisch ausgerichtet klingt die nächste Erwähnung: »Die Rüstungsplanung berücksichtigt im Rahmen der Zielsetzung, die Einsatzfähigkeit der Bundeswehr zu gewährleisten, den Erhalt entsprechender industrieller Kernkompetenzen.« Anschließend geht es wieder nur um Abrüstung. Sucht man nach dem Begriff »Waffen«, geht es um die Abschaffung von Massenvernichtungswaffen, aber nicht um die vermehrte Anschaffung von eigenen. Begriffe wie »Panzer«, »Kampfflugzeug« oder »Rakete« finden sich überhaupt nicht. Die Bundeswehr taucht ohnehin erst ganz am Schluss auf.

Das heißt nicht, dass die Regierung Merkel sich nicht zu ihrer Verantwortung bekennt. Die Bundeswehr diene der »internationalen Konfliktverhütung und Krisenbewältigung, der Unterstützung von Bündnispartnern, der Landesverteidigung, der Rettung und Evakuierung, der Partnerschaft und Kooperation sowie den Hilfeleistungen im Inland«, heißt es im Koalitionsvertrag. Die Landesverteidigung unter veränderten Bedingungen wird weiter als Kernauftrag der Bundeswehr beschrieben. Deutschland, so heißt es, richte seine sicherheitspolitischen Strukturen darauf aus und sei bereit, »einen seiner Größe und Bedeutung angemessenen Beitrag zur Stärkung der internationalen Sicherheit« zu leisten. Auch die EU wird in

ENTRÜSTUNG – DIE KLEINGESPARTE BUNDESWEHR

die Pflicht genommen. Deren sicherheitspolitische Fähigkeiten müssten »im Rahmen einer glaubwürdigen Europäischen Sicherheits- und Verteidigungspolitik konsequent gestärkt« werden, schreiben sich Union und SPD als Ziel für die kommenden vier Jahre auf. Deutschland werde sich »im Rahmen seiner Möglichkeiten« auch zukünftig an der Weiterentwicklung und Bereitstellung notwendiger Fähigkeiten beteiligen.

Nur scheint Merkels Truppe diese Möglichkeiten geringer einzuschätzen, als man sich das in Washington wünscht. Und als es angemessen wäre, wie die russische Besetzung der Krim weniger als ein Jahrzehnt später belegt. Ein Eingeständnis aber, dass die bisherigen Leistungen unzureichend sind, sucht der Leser des Koalitionsvertrags vergebens. Deren Verfasser klingen nicht selbstkritisch, sondern zufrieden. Die »seit der deutschen Einheit kontinuierlich durchgeführte Weiterentwicklung der Bundeswehr« werde so fortgeführt, dass die Streitkräfte ihre Aufgaben im sicherheitspolitischen Umfeld des 21. Jahrhunderts erfolgreich wahrnehmen könnten.

Wirklich? Im Jahr des Mauerfalls, als sich der Weg für Angela Merkel in den Westen, in die Freiheit, in die Demokratie öffnet, gibt es fast eine halbe Million Bundeswehrsoldaten. Doch mit dem Zusammenbruch des Warschauer Pakts halten die Deutschen die Wahrscheinlichkeit, ihr Vaterland verteidigen zu müssen, für stark gesunken. Daher lassen sie auch die Zahl von Bundeswehrsoldaten sinken. Noch unter Kanzler Kohl verringert sich der Umfang im Jahr 1995 auf knapp 345000 Mann (Frauen dürfen uneingeschränkt erst nach der Jahrtausendwende zur Truppe). Als Merkel im Jahr 2000 CDU-Vorsitzende wird, sind es schon weniger als 320000.

Ein Jahr später applaudieren die Abgeordneten immer wieder dem russischen Präsidenten Wladimir Putin, der vor dem Bundestag spricht. Er sagt Sätze wie: »Russland ist ein freundlich gesinntes europäisches Land.« Vier Jahre später wird

1. MERKEL TRIFFT AUF DEUTSCHLAND

Merkel die erste Kanzlerin, und die Bundeswehr verfügt noch über etwas mehr als 250 000 Soldaten, inzwischen vermehrt auch Soldatinnen. Fünf Jahre später sind es noch einmal 6000 weniger. Spätestens mit der Beteiligung Berlins am Afghanistaneinsatz dominiert im politischen Diskurs die Überzeugung, dass Deutschland eine kleine, hochmobile Truppe von weltweit einsetzbaren Spezialisten braucht.

Zusätzlich zu diesem kontinuierlichen Abbau der Personalstärke kündigt sich für die Bundeswehr am 26. Mai 2010 ein schwerer Schlag an. Verteidigungsminister Karl-Theodor zu Guttenberg, CSU-Mitglied und Gipfelstürmer aller Beliebtheitsumfragen, leitet in einer Rede an der Hamburger Führungsakademie der Bundeswehr vor den Kommandeuren der Streitkräftebasis das Ende der Wehrpflicht ein. Dass die Koalitionäre Union und FDP erst wenige Monate zuvor mit Bildung der Regierung Merkel II beschlossen haben, die Wehrpflicht zwar auf sechs Monate zu verkürzen, »im Grundsatz« aber an ihr festzuhalten, stört ihn nicht.

Im Zuge der Haushaltsaufstellung müssen alle Ressorts mit Ausnahme des Bildungsministeriums Sparvorschläge unterbreiten. Eineinhalb Wochen nach dem Auftritt Guttenbergs sollen die Ministerinnen und Minister liefern. CSU-Mann Guttenberg, ein großer Freund der noch größeren Pose, argumentiert nicht etwa sicherheitspolitisch zugunsten des eigenen Ressorts, begründet nicht, warum im Namen der Sicherheit Deutschlands Einsparungen beim Wehretat ein Fehler wären. Vielmehr gibt er den Spar-Streber, der besser als die anderen Kabinettsmitglieder dastehen will. Das sagt er sogar ausdrücklich, wie so oft im schwülstig-selbstverliebten Ton, als er den Grund für seinen Vorstoß nennt. »Den offenen Diskurs zu suchen und möglicherweise auch mit dem Blick auf andere Kabinettsmitglieder und auf die gesamte Bundesregierung vielleicht ein Beispiel dahingehend zu setzen, dass man auch seiner Verantwortung versucht, gerecht zu werden.« Wie der Rest der Regierung es findet, dass Guttenberg damit zumindest infrage stellt, ob außer ihm noch jemand »seiner Verantwortung« gerecht wird, sei dahingestellt.

Guttenberg jedenfalls stellt das Sparen über inhaltliche Belange. »Der mittelfristig höchste strategische Parameter, quasi als Conditio sine qua non, unter dem die Zukunft der Bundeswehr gestaltet werden muss, ist die von mir schon apostrophierte Schuldenbremse, ist das global-ökonomisch gebotene und im Verfassungsrang verankerte Staatsziel der Haushaltskonsolidierung, ein Ziel, das uns immer mittelbar und unmittelbar auch trifft«, sagt er vor den Kommandeuren in Hamburg. Dort verkündet er noch nicht das Ende der Wehrpflicht. Er äußert sogar die Erwartung, dass es bei den vereinbarten sechs Monaten bleibe, auch wenn der Haushaltsplan stehe. Das klingt aber schon nach Zweifeln. Schließlich sagt er, dass er aufgefordert sei, acht Milliarden Euro über die kommenden vier Jahre einzusparen. Daher müsse er die Zahl der Zeit- und Berufssoldaten um 40 000 verringern. Daraus zieht der Minister den Schluss, dass in einer derart geschrumpften Truppe die Wehrpflicht mit ihrem hohen Personalbedarf für die Ausbildung nicht aufrechterhalten werden kann.

Das passt zum Kurs der Kanzlerin, die vom ersten Tag an für einen ausgeglichenen Haushalt kämpft. Im Verlauf der weiteren Diskussion macht sie zwar klar, dass das Sparen allein kein Grund für das Ende der Wehrpflicht sein dürfe. Aber während Guttenbergs Parteivorsitzender Horst Seehofer sich noch querstellt, wird schnell deutlich, dass Merkel den Verteidigungsminister grundsätzlich gewähren lässt. Sie verpackt den Plan Guttenbergs in das Ziel einer »groß angelegten Streitkräftereform«, fordert ihn aber auf, die geplante Verringerung der Truppenstärke um 40 000 Soldaten zu begründen. Intern hat der Minister seine Leute sogar ausrechnen lassen, wie eine Verringerung um 100 000 Soldaten zu bewerkstelligen wäre. Jedenfalls macht Guttenberg kein Geheimnis daraus, dass er im Namen des Sparens Einschnitte bei den Fähigkeiten der Bundeswehr anstrebt, beim Betrieb und den Strukturen, bei den Umfängen. Auch Standortschließungen stehen auf seinem Plan.[17]

Weil immer weniger junge Männer eines Jahrgangs als Wehrpflichtige eingezogen werden, die Koalition daher die Pflichtzeit schon verkürzt hat, ist das Denkmal Wehrpflicht bereits vor Guttenbergs Blitzkrieg gegen diese Institution, die viele Deutsche für eine Säule ihrer Demokratie hielten und ohne die sie sich vor einer Rückkehr zur Militarisierung der Politik fürchten würden, ins Wanken geraten. Sogar in der Union ist der Widerstand nur halbherzig. Merkel, die nicht zum Personenkult neigt, lässt sich von Guttenberg beeindrucken. Auch in ihrem engsten Umfeld ist eine gewisse Begeisterung für ihn deutlich zu spüren.

Im März 2011 ist es dann um die Wehrpflicht geschehen, der Bundestag beschließt ihre Aussetzung. Immerhin nicht ihre Abschaffung. Vier Jahre später dienen nicht einmal mehr 180 000 Männer und Frauen in der Bundeswehr. Trotz aller Gesprächsbemühungen und Verhandlungen gewöhnt man sich an den Gedanken, dass Russland sich die Krim einverleibt hat, im Osten der Ukraine militärisch aktiv ist und viel weiter gehende Pläne hat. Dass der stärkste Staat der Europäischen Union kontinuierlich seine Armee schrumpft, kann den russischen Präsidenten nur freuen.

Im Sommer 2023, als auch dem letzten Gutgläubigen klar geworden ist, dass die Bundeswehr viel zu klein ist, um sich gegen Russland zu wehren, als zwar die meisten Politiker in Berlin sich gegen eine einfache Wiederbelebung der einstigen Wehrpflicht aussprechen, aber intensiv darüber nachgedacht wird, wie außer mit flotten Werbesprüchen mehr Personal für

ENTRÜSTUNG – DIE KLEINGESPARTE BUNDESWEHR

die Truppe gewonnen werden kann, schildert Horst Seehofer im Gespräch mit dem Verfasser in einer Selbstverständlichkeit die Vorgänge in den Jahren 2010 und 2011, als sei es um einen halben Punkt Mehrwertsteuer gegangen und nicht um eine Säule der deutschen Verteidigungsfähigkeit. Als Vorsitzender der CSU war er für die Kanzlerin der wichtigste Ansprechpartner auch in dieser Angelegenheit. Sie musste wissen, ob er in der Schwesterpartei der CDU das Abschlachten der heiligen Kuh Wehrpflicht würde durchsetzen können.

Guttenberg habe »zwei starke Argumente« für das Ende der Wehrpflicht gehabt, sagt Seehofer im Rückblick. »Wir zogen nur noch einen sehr kleinen Teil aller Jahrgänge ein, und die Bundeswehr erfüllte ihren Auftrag vor allem im Ausland.« Dabei seien kaum Wehrpflichtige eingesetzt worden. »Das sah auch Merkel so.« Zudem habe Finanzminister Wolfgang Schäuble »ein bisschen sparen« wollen. Merkel habe dann zu Guttenberg gesagt: »Fahr' in die CDU-Landesverbände und erkläre denen das.« Zuerst habe sie ihn nach Hessen geschickt. Offenbar erwartete sie von dort besonders viel Widerstand.

Tatsächlich fällt der Rückblick des einstigen hessischen Ministerpräsidenten Roland Koch etwas kritischer aus. Nach wildem Widerstand klingt es jedoch auch nicht. »Man war damals so fasziniert von der Friedensdividende«, sagt Koch 2023 im Gespräch mit dem Verfasser. »Den Impuls, man müsse vielleicht auch mal das Land verteidigen, gab es nicht mehr. Die Aussetzung der Wehrpflicht durch Guttenberg war die bittere Folge.«

Auch wenn man in Rechnung stellt, dass damals der Auslandseinsatz der Bundeswehr das wichtigste und aktuellste Kriterium für deren Struktur war, so hätte es andere Möglichkeiten gegeben, damit umzugehen, dass nur noch ein geringer Teil eines jeden männlichen Jahrgangs eingezogen wurde und die Wehrgerechtigkeit im klassischen Verständnis nicht mehr ge-

1. MERKEL TRIFFT AUF DEUTSCHLAND

geben war. Schon als Merkel im Jahr 2000 CDU-Vorsitzende wird, liegt der Bericht der von der Regierung Schröder beauftragten sogenannten Weizsäcker-Kommission vor. Die Mehrheit der Mitglieder wendet sich wegen der zu erwartenden Schwierigkeiten beim Rekrutieren von genügend qualifiziertem Personal gegen eine reine Freiwilligenarmee. Vielmehr empfiehlt sie eine Mischform. Es werden so viele Wehrpflichtige eingezogen, wie von den Streitkräften benötigt. Wer den Dienst ableisten muss, bekommt einen höheren Wehrsold und Hilfe beim Einstieg in Studium oder Ausbildung.

Es gibt keinen Hinweis darauf, dass Merkel ihren Verteidigungsminister ernsthaft mit solchen oder anderen alternativen Überlegungen versucht hat, von seinem Plan abzubringen. Ihr Umgang mit dem Thema ist exemplarisch für ihren Regierungsstil. Spätestens nach dem Wechsel von Ostberlin in die Bonner Politik ist ihr klar, dass die Wehrpflicht zum Tafelsilber der Bundesrepublik gehört. Als die Westdeutschen nach dem Krieg beschlossen, wieder eine Armee aufzubauen, hielten sie das nur für denkbar, wenn diese tief in die Bevölkerung integriert wäre. Eine Berufsarmee, die von Politikern in den Krieg geschickt werden könnte, ohne dass sich sofort ein Großteil der Menschen angesprochen fühlte, schien viel zu riskant.

Noch mehr als für den Großteil der Bevölkerung gehörte die Wehrpflicht zum Wertekanon von CDU und CSU. Als ostdeutsche Frau, die mit Mitte dreißig in die Bundesrepublik kam, hatte Merkel selbst nie Grund, sich mit der Frage auseinanderzusetzen, wie sie es persönlich mit dem militärischen Pflichtdienst der Bundesrepublik hält. Auch Söhne, die hätten eingezogen werden können, hat sie nicht. Sie hat also keinen emotionalen Bezug zum Thema, sondern betrachtet die Wehrpflicht funktional und machtpolitisch. Guttenberg kommt mit seinen Einsparargumenten zu einem Zeitpunkt, da Deutschland unter den Folgen der Finanzkrise leidet. Das passt gut in

ENTRÜSTUNG – DIE KLEINGESPARTE BUNDESWEHR

die Bemühungen der Regierungschefin, einen ausgeglichenen Haushalt aufzustellen. So hat sie am Ende nur eine Frage: Lässt sich eine Aussetzung in der CDU und der CSU durchsetzen?

Da Karl-Theodor zu Guttenberg im Jahr 2010 auf dem Höhepunkt seiner Popularität ist und nicht nur den Deutschen, sondern auch den Unionsparteien so ziemlich alles verkaufen kann, sieht Merkel kein Problem mehr. Die Aussetzung der Wehrpflicht ist besiegelte Sache. Nicht weil Merkel das wollte, sondern weil sie die Dinge hat laufen lassen, solange sie der Auffassung war, dadurch keinen machtpolitischen Schaden zu nehmen. Mit einer sicherheitspolitischen Strategie hatte das nichts zu tun. Merkel hat die Truppe nicht durch ihr Handeln geschwächt, sondern durch ihr Nichthandeln. Dabei war sie nicht treibende Kraft, sondern – wie es der Journalist Robin Alexander im Fall der Migrationskrise nennt – eine Getriebene.[18]

Einmal auf 180 000 Soldaten geschrumpft, behält die Bundeswehr auch unter Guttenbergs Nachfolger Thomas de Maizière und den Ministerinnen Ursula von der Leyen und Annegret Kramp-Karrenbauer zu Merkels Zeiten diese Größenordnung. Der geringe Personalumfang kollidiert mit den vollmundigen Anmeldungen Berlins von Kampfverbänden bei der NATO. Ende 2020 und Anfang 2021 bezweifelt der Sozialdemokrat Hans-Peter Bartels, der bis zum Frühjahr 2021 Wehrbeauftragter des Bundestages war, dass Deutschland seine Zusagen einhalten könne. Bis 2023 soll eine voll ausgestattete Kampfbrigade mit 5000 Soldaten zur Verfügung stehen, bis 2027 sogar eine Division, die drei Brigaden umfasst. Mit Bezug auf Heeresinspekteur Alfons Mais sagt Bartels, Deutschland könne noch nicht einmal eine einzige deutsche Brigade als Speerspitze der NATO Response Force voll und modern ausrüsten.[19] Immerhin kann Bartels' Parteifreund Olaf Scholz nach dem Überfall

1. MERKEL TRIFFT AUF DEUTSCHLAND

Russlands auf die Ukraine im Sommer 2022 ankündigen, Deutschland werde 3000 Soldaten zu der Brigade an der NATO-Ostflanke beisteuern. Zum Vergleich: Das amerikanische Heer hat zehn einsatzbereite Divisionen mit jeweils vier Brigaden und noch acht Reservedivisionen. Auch Frankreich und Großbritannien können mit mehreren Heeresdivisionen aufwarten.[20]

Die Bundeswehr ist nicht nur personell geschrumpft. Auch Bewaffnung und sonstige Ausrüstung entwickeln sich nach dem Urteil vieler Fachleute in den ersten beiden Jahrzehnten des 21. Jahrhunderts so weit zurück, dass die Kampfkraft nicht mehr den Anforderungen genügt. Das liegt nicht nur daran, dass die Truppe sich ganz auf Auslandseinsätze konzentriert. Etwas anderes kommt hinzu: Je häufiger es zu Cyberattacken kommt, desto mehr verfestigt sich die Überzeugung, dass der Krieg der Zukunft in erheblichem Maße am Bildschirm und in Serverräumen statt im Schützengraben stattfindet. Bilder eines an den Ersten Weltkrieg erinnernden, geradezu archaischen Stellungskrieges, wie sie nach Putins Überfall auf die Ukraine seit dem Februar 2022 zu sehen sind, hat man lange in Europa für kaum möglich gehalten.

Schon als der in Deutschland so beliebte amerikanische Präsident Barack Obama verkündet, er strebe eine Welt ohne Atomwaffen an, löst das in Berlin pazifistisches Entzücken aus. Vor allem die SPD will nun endlich die sogenannte atomare Teilhabe beenden, also die Stationierung amerikanischer Atombomben in Deutschland, die von deutschen Flugzeugen abgeworfen werden sollen. Der abrüstungsbegeisterte SPD-Abgeordnete Rolf Mützenich hält die Stationierung taktischer Atomwaffen der Amerikaner in Deutschland »militärisch wie bündnispolitisch für überflüssig«. Auch der sozialdemokratische Außenminister Frank-Walter Steinmeier kündigt an, er wolle mit Washington über einen möglichen Abzug reden.

ENTRÜSTUNG – DIE KLEINGESPARTE BUNDESWEHR

Merkel dagegen zeigt sich zurückhaltend, und die Unionsfraktion sperrt sich gegen eine verfrühte Diskussion.[21]

Auch Panzer hält man nicht mehr für besonders wichtig. Wenn überhaupt mal der Gedanke aufkommt, schwere Panzer wie einen Leopard 2 in Afghanistan einzusetzen, wird darauf bestenfalls mit Kopfschütteln reagiert. Von den einst 5000 deutschen Kampfpanzern sind nach dem Ende der Amtszeit Angela Merkels noch 300 übrig. Der »FAZ«-Verteidigungsfachmann Peter Carstens schreibt im November 2019: »Während Frankreich und Großbritannien neben Atomwaffen immerhin noch über einigermaßen weltweit einsatzfähige Streitkräfte und auch jeweils Flugzeugträger verfügen, hat Deutschland in den vergangenen Jahrzehnten 90 Prozent seiner Panzer und 75 Prozent seiner Kriegsschiffe verkauft oder verschrottet, Luftwaffe und Luftverteidigung stark reduziert und die Wehrpflicht ausgesetzt. Kurzum, es fehlt an Personal und Material.«[22]

Was die finanzielle Ausstattung der Truppe angeht, so droht Merkel mehr noch als zur Getriebenen zu einer Zerriebenen zu werden. Während Washington von ihrem ersten Tag als Kanzlerin an Druck macht, Berlin solle endlich mehr Geld für die Verteidigung ausgeben, stellt der sozialdemokratische Koalitionspartner sich quer. Im Spätsommer 2008, als die erste von drei großen Koalitionen auf die Zielgerade einbiegt, fordert jener SPD-Abgeordnete Hans-Peter Bartels, der am Ende der Amtszeit Merkels die unzureichende Ausstattung der Bundeswehr immer wieder beklagen wird, Deutschland solle statt wie geplant 68 in der dritten Tranche nur 34 Kampfflugzeuge vom Typ Eurofighter kaufen. Die Union trifft das überraschend.

Die Lage spitzt sich ausgerechnet zu einem Zeitpunkt zu, da die Kanzlerin den Höhepunkt ihrer Macht erreicht hat. 2013 gewinnt sie zum dritten Mal die Bundestagswahl. Kurz sieht es so aus, als könnte die Union eine absolute Mehrheit erzielen.

1. MERKEL TRIFFT AUF DEUTSCHLAND

Jedenfalls reicht es für eine Koalition mit der SPD, aber ebenso mit den Grünen. Diese winken schon nach kurzem Sondieren ab. Die Sozialdemokraten haben auch keine Lust. Rechnerisch könnten sie ein rot-grün-rotes Bündnis mit der Linkspartei bilden, politisch lehnen sie das aber ab. Also lassen sich die Genossen noch ein zweites Mal von Merkel in die staatspolitische Pflicht nehmen und handeln die nächste große Koalition aus. Allerdings holen sich die Unterhändler der SPD von ihren Parteimitgliedern die Zustimmung zum abermaligen Bund mit der CDU. Obwohl die Mehrheit im Parlament riesig ist, weil die FDP nicht mehr und die AfD noch nicht im Bundestag sitzen, hat es die Kanzlerin mit einem sperrigen Partner zu tun, der spätestens bei der nächsten Wahl aus der Umarmung der Union entkommen und sich selbst wirkungsvoller profilieren will.

Wie schon in der ersten schwarz-roten Regierung gehen auch in der zweiten großen Koalition die Meinungen der Partner darüber auseinander, wie viel Geld für die Verteidigung ausgegeben werden soll. Wie ein Vorgeschmack auf die Diskussion, die nach dem Überfall Russlands auf die Ukraine im Jahr 2022 stattfinden wird, setzt auch nach der Einnahme der Krim durch die Russen im Jahr 2014 in Berlin das Wehklagen ein, in welch schlechtem Zustand die Bundeswehr sei. Doch wie sehr beide Koalitionspartner in Berlin die Entschlossenheit des russischen Präsidenten Wladimir Putin, die Ukraine von der Landkarte verschwinden zu lassen, verkennen, zeigt die Diskussion über die Höhe des Verteidigungshaushalts. Merkels Partei weist darauf hin, dass das »in die Jahre gekommene Material« erneuert werden und neues beschafft werden müsse. Spätestens ab 2016, so fordert es der verteidigungspolitische Sprecher der Unionsfraktion, Henning Otte, brauche die Bundeswehr mehr Geld für die Erfüllung all ihrer Aufgaben. Doch schon das geht der SPD zu weit. Deren Verteidigungspoliti-

ENTRÜSTUNG – DIE KLEINGESPARTE BUNDESWEHR

ker Rainer Arnold ist gerade noch bereit zuzugestehen, dass das »Einfrieren« des Etats wie in den letzten Jahren nicht fortgesetzt werden dürfe. Vielmehr müsse man »perspektivisch Wert« auf einen »moderaten Anstieg des Verteidigungshaushalts« legen. Doch nennt er es »abenteuerlich, die vermeintliche Gunst der Stunde zu nutzen«, um mehr Geld für die Truppe zu fordern. Wichtige Beschaffungen scheiterten nicht am Geld.[23]

Mit dem Wissen des Jahres 2022 ist allerdings das Einzige, was abenteuerlich wirkt, die Naivität dieser Diskussion. Was wäre passiert, wenn jemand damals in einer Glaskugel die Szene vom Sonntag, dem 27. Februar 2022, also nur acht Jahre später, gesehen hätte, als ein sozialdemokratischer Bundeskanzler den überrumpelten Parlamentariern mitteilt, dass er von ihnen über den regulären Verteidigungshaushalt hinaus 100 Milliarden Euro für die Aufrüstung der Bundeswehr haben will? Das hätte niemand für möglich gehalten. Am ehesten vielleicht noch Verteidigungsministerin Ursula von der Leyen, eine Parteifreundin der Kanzlerin. Sie fordert Anfang des Jahres 2016, bis 2030 sollten zusätzlich zum regulären Haushalt 130 Milliarden Euro in die Modernisierung der Bundeswehr gesteckt werden. Da weisen die Erkenntnis des Bedarfs und die Größenordnung der Finanzierungslücke zumindest in eine Richtung, die sich der Wirklichkeit annähert. Doch auch damit stößt sie auf den Widerstand der Sozialdemokraten.

Also geht der Streit über das Geld für die Truppe weiter. Zumindest in dieser Hinsicht kommt der SPD die Wahl des Republikaners Donald Trump im Herbst 2016 zum amerikanischen Präsidenten zupass. Für die Genossen ist es nun allzu verlockend, sich mit antiamerikanischen Tönen zu profilieren. Denn Trump sagt zwar nichts grundsätzlich anderes als seine Vorgänger, die ebenfalls höhere Verteidigungsausgaben von Berlin verlangten. Aber seine rhetorische Rohheit und seine ständi-

1. MERKEL TRIFFT AUF DEUTSCHLAND

gen Entgleisungen machen ihn in Deutschland zum politischen Antichristen. Auf keinen Politiker der westlichen Welt lässt sich leichter einschlagen als auf Donald Trump. Die Bereitschaft, seine unverschämte Rhetorik zu trennen von inhaltlichen Vorstellungen, ist in Deutschland gering ausgeprägt. 2017 wird ein neuer Bundestag gewählt. Und hatte nicht Parteifreund Schröder 2002 den Widerstand gegen den Irak-Krieg der Amerikaner erfolgreich im Wahlkampf eingesetzt?

Außenminister und Vizekanzler Sigmar Gabriel und Kanzlerkandidat Martin Schulz sind auf dem Weg zur Wahl besonders laut. Gabriel, der nur zwei Jahre später, also noch während der Amtszeit Trumps, zur Überraschung vieler Präsident der um das gute Verhältnis zwischen Deutschland und Amerika bemühten Atlantik-Brücke wird, wettert schon zu Beginn des Wahljahres gegen das Zwei-Prozent-Ziel, dass es kracht. Dieses sei »unrealistisch«, er wünsche sich etwas weniger Aufgeregtheit. Der Außenamtschef will, dass auf die zwei Prozent auch Mittel für Krisenprävention, Krisenbewältigung, Entwicklungshilfe oder die Unterbringung von Flüchtlingen angerechnet werden. Jedenfalls dürfe man sich nicht in eine »Aufrüstungsspirale« treiben lassen. Deutschlands Verteidigungsausgaben betragen 2017 gerade mal 1,2 Prozent des Bruttoinlandsprodukts. Dass sein Parteifreund Frank-Walter Steinmeier drei Jahre zuvor beim NATO-Treffen in Wales zusagte, Deutschland werde das Zwei-Prozent-Ziel anstreben, und dass er die Vereinbarung des Gipfels ausdrücklich lobte: Was stört das einen Mann wie Sigmar Gabriel?

Auf einer sicherheitspolitischen Tagung der SPD-Fraktion gibt Gabriel ein halbes Jahr vor der Bundestagswahl einen tiefen Einblick in die sicherheitspolitische Traumwelt der Sozialdemokraten. Der inhaltlich wendige ehemalige SPD-Chef ist dabei vermutlich weniger von tiefer Überzeugung getrieben als von der Hoffnung, mit einer solchen Erzählung Wähler zu gewinnen. Das Zwei-Prozent-Ziel sei »keine apodiktische Festsetzung«, vielmehr ein »gigantisches, in der Konsequenz falsches Ziel«, das »sicherheitspolitisch nicht zu begründen« sei. Drei Jahre nach der Besetzung der Krim wirbt er nicht etwa für eine starke deutsche Armee zur Verteidigung des eigenen Landes und der noch näher an Russland liegenden NATO-Partner, allen voran des Baltikums. Vielmehr schürt er die Angst vor einem militarisierten Deutschland. Höhere Militärausgaben würden nicht automatisch zu mehr Sicherheit führen.

Folgte man dem Zwei-Prozent-Ziel, so der Außenminister, läge der Verteidigungshaushalt Deutschlands in acht Jahren bei 70 Milliarden Euro. Er sei sich »nicht ganz so sicher«, ob das die Nachbarn auch als Steigerung ihrer eigenen Sicherheit empfinden könnten. Für diejenigen, die noch nicht verstanden haben, welches Weltbild er für die sicherheitspolitischen Entscheidungen des größten EU-Landes als Grundlage nimmt, sagt Gabriel: »Manchmal wünscht man sich ein bisschen mehr ›Bonner Republik‹«.[24]

Mehr Bonner Republik! Sigmar Gabriel, ein westdeutscher Instinktpolitiker der obersten Spielklasse, wirbt mehr als ein Vierteljahrhundert nach der Entscheidung, die deutsche Hauptstadt wieder nach Berlin zu verlegen, mit der Bonner Republik. Mit der alten Heimeligkeit, in der es sich die Bundesdeutschen außen- und sicherheitspolitisch so bequem hatten machen können, weil stets das Argument zur Hand war, man dürfe mit einer übermäßigen Militarisierung nicht alte Ängste wecken.

Seit fast zwanzig Jahren steht das Kanzleramt zu diesem Zeitpunkt nicht mehr am Rhein, sondern an der Spree. Das Auswärtige Amt hat seinen Sitz am Werderschen Markt, ohne dass tagein, tagaus daran erinnert wird, wie von hier aus einst die Reichsbank die Aufrüstung und Kriegsführung Deutschlands in der Nazizeit finanziert hat. Das Finanzministerium der EU-Wirtschaftsmacht Nummer eins ist in jenem Gebäude

1. MERKEL TRIFFT AUF DEUTSCHLAND

an der Wilhelmstraße ansässig, in dem einst Hermann Göring das Reichsluftfahrtministerium führte. Doch auch diese dunkle Vergangenheit interessiert die Partner Berlins nicht, sondern vielmehr dessen Führungsrolle in Europa zum möglichst großen Nutzen der anderen EU- und NATO-Partner.

Zwar machen die Populisten in Frankreich, Polen oder Griechenland immer wieder mit antideutschen Ressentiments Stimmung für sich und lassen dabei die alten Naziklischees nicht aus. Aber tatsächlich hat in Paris, Warschau oder Athen wohl kaum jemand Angst vor einem Wiederaufleben deutscher Welteroberungsgelüste, sondern vielmehr davor, dass Berlin sich vor seiner internationalen Verantwortung drückt. Vor allem die Länder des Baltikums sind darauf angewiesen, dass Deutschland im Zweifel militärisch hilft. Das gilt besonders für die Jahre 2017 bis 2021, als Donald Trump regiert und die Daseinsberechtigung der NATO in Zweifel zieht. In Tallin, Vilnius, Riga, Warschau, noch mehr in Kiew hat man einen klareren Blick auf die Bedrohung durch Russland. Zwar brieft in Berlin der Bundesnachrichtendienst längst regelmäßig zu den enormen Aufrüstungsanstrengungen der Russen, die seit drei Jahren auf der Krim stehen, die Ostukraine infiltriert haben und gigantische Manöver nahe der NATO-Ostflanke abhalten. Aber die SPD glaubt immer noch, mit pazifistisch-antiamerikanischen Argumenten Wählerstimmen gewinnen zu können. Im Februar und März liegen die Sozialdemokraten in den Umfragen noch dicht bei der Union, beide überwiegend im unteren Dreißigerbereich. Vom April ins Frühjahr hinein trennen sich dann die Wege, und CDU/CSU ziehen der SPD davon.

Am 1. Juli 2017 sieht das Umfrageinstitut Emnid die Union bei 39 Prozent, die SPD bei 24. An jenem Tag erscheint ein Artikel des immer weiter abgeschlagenen SPD-Kanzlerkandidaten Martin Schulz gleichzeitig in »Die Welt« und in der »New

ENTRÜSTUNG – DIE KLEINGESPARTE BUNDESWEHR

York Times«. In dem langen Beitrag erwähnt Schulz die autoritär geführten Staaten China und Russland in nur einem kurzen Satz. Beide hätten kein Interesse daran, dass die Demokratien in Europa und den Vereinigten Staaten weiter stark und erfolgreich seien. Über die vom Trump-geführten Amerika ausgehende Gefahr breitet sich Schulz dagegen ausführlich aus.

Zwar sei es in der »unruhiger gewordenen Welt« umso wichtiger, dass Europa und Amerika die Probleme gemeinsam lösten. Doch sieht der Mann, der nächster Bundeskanzler werden will, offenbar keinerlei Bedarf, den Rückstand Deutschlands auf dem Gebiet der eigenen Verteidigungsfähigkeit zu verringern. »Sollte ich Bundeskanzler der Bundesrepublik Deutschland werden, würde ich mich zum Beispiel den Forderungen des US-Präsidenten nach einer massiven Aufrüstung Deutschlands und Europas politisch widersetzen.« Würde Deutschland seinen Verteidigungshaushalt auf zwei Prozent der Wirtschaftsleistung »aufblähen«, wäre die Bundeswehr in der Mitte des nächsten Jahrzehnts die größte Armee Europas, mahnt Schulz. »Das kann niemand wollen.« Statt um »zügellose Aufrüstung« sollte es nach der Auffassung des Sozialdemokraten um die Bekämpfung von Konfliktursachen, um bessere Ausrüstung und um mehr Effizienz in der militärischen Zusammenarbeit in Europa, mit Amerika und in der NATO gehen.[25]

Und Merkel? Sie hält sich lange zurück. Nicht, dass sie offen Zweifel am Zwei-Prozent-Ziel äußert. Aber die Wucht, mit der die Sozialdemokraten im Wahlkampf dagegen anrennen, lässt sie in der umgekehrten Richtung vermissen. Gut einen Monat vor der Wahl greift Vizekanzler Gabriel seine Chefin wegen deren Festhaltens am Zwei-Prozent-Ziel ruppig an. Ihre Haltung sei für ihn »eine Unterwerfung unter den US-Präsidenten, wie ich sie noch vor Kurzem nicht für möglich gehalten hätte«. Als zu allem entschlossener sozialdemokratischer Wahl-

1. MERKEL TRIFFT AUF DEUTSCHLAND

kämpfer behauptet Gabriel nicht nur, dass Merkel zu viel für die Verteidigung ausgeben wolle, sondern unterstellt der Union, dass sie stattdessen am Sozialetat kürzen wolle. Als er das behauptet, sehen die Umfragen seine Partei fast 20 Prozentpunkte hinter der Union.

Merkel nimmt Mitte August erstmals ausführlich zum Zwei-Prozent-Streit Stellung. Im Sender Phoenix weist sie die Vorwürfe der Sozialdemokraten zurück und erinnert daran, dass 2014 auch der zur SPD gehörende Außenminister Steinmeier in Wales dabei war, als man sich auf die zwei Prozent einigte. Dann ein sanfter Merkel-Satz: »Dort hat sich die Koalition insgesamt verpflichtet, dass wir, wie alle anderen NATO-Mitgliedstaaten, bis 2024 – und jetzt kommt es – unsere Verteidigungsausgaben in Richtung zwei Prozent entwickeln wollen.« Wenn eine Regierung solche Zusagen mache, solle sie die nicht in derselben Legislaturperiode wieder zurücknehmen, sagt Merkel. Wem das noch nicht zurückhaltend genug ist, für den fügt die Kanzlerin hinzu, dass die Union die Ausgaben für Entwicklungshilfe in gleichem Maß erhöhen wolle wie die für die Verteidigung. Und noch eine Beruhigung hinterher: Verteidigungsausgaben müssten »nicht notwendigerweise« nur für die Bundeswehr ausgegeben werden. Deutschland könne mit dem Geld auch verstärkt Missionen der Vereinten Nationen unterstützen.[26]

Der Umgang mit dem Verteidigungshaushalt und damit der Bundeswehr ist typisch für Angela Merkel. Sie hält am Zwei-Prozent-Ziel fest, schon weil ihre eigene Partei dafür wirbt. Sie benimmt sich also keineswegs sozialdemokratisch, so wie ihre Kritiker ihr das gerne unterstellen. Sonst wäre sie auf den Kurs der SPD eingeschwenkt. Aber Merkel kämpft auch nicht dafür, dass die von ihr in Wales gemachte Zusage Wirklichkeit wird. Nicht die Stärke, mit der sie ein falsches Ziel durchsetzt, ist ihr Problem. Es ist die Schwäche, die Unentschlossenheit, mit der

ENTRÜSTUNG – DIE KLEINGESPARTE BUNDESWEHR

sie das richtige Ziel verfolgt. Sie versucht nicht einmal, sich durchzusetzen. Dass ihr, die sich nach der Krim-Besetzung mit kaum einem außenpolitischen Thema so intensiv beschäftigt wie mit diesem, die Einsicht gefehlt hätte, dass Europa und somit auch Deutschland es mit einer ernsten Bedrohung durch Russland zu tun haben, mag man der im internationalen Geschäft so erfahrenen Politikerin nicht absprechen. Aber sie bringt nicht den Mut und die Entschlossenheit auf, sich gegen eine Stimmung durchzusetzen, die sie für verbreitet hält. Nachweislich in der SPD und mutmaßlich in der Bevölkerung.

Zwar ist es 2017 schon zwölf Jahre her, dass sie gegen Gerhard Schröder um Haaresbreite eine Bundestagswahl verloren hätte, die für die Union kaum zu verlieren war. Und es sind bereits 15 Jahre vergangen, seit sie zusehen konnte, wie Schröder nicht nur durch die richtige Reaktion auf die Oderflut, sondern mit harter, hemmungsloser Kritik an Amerika eine Wahl gewonnen hat. Die einstige DDR-Bürgerin, die der staunenden Öffentlichkeit am Ende ihrer Kanzlerschaft offenbart, wie sehr es ihr trotz aller Macht und allen Erfolgs an letztem Selbstbewusstsein beim Bewegen in der Bundesrepublik gefehlt hat, scheut sich, den Deutschen die überfällige Ertüchtigung ihrer Streitkräfte zuzumuten.

Wäre der sozialdemokratische Kanzler Helmut Schmidt zu Beginn der Achtzigerjahre derart zögerlich mit dem NATO-Doppelbeschluss umgegangen, wäre er vielleicht länger an der Macht geblieben. Aber der Warschauer Pakt hätte länger durchgehalten. Das hätte sich auch auf Merkels Leben nachteilig auswirken können. Ihre Freiheit gründet zumindest auch auf der Entschlossenheit eines SPD-Politikers, militärische Stärke gegenüber Russland zu zeigen.

Dass nicht nur die meisten Bundesbürger, friedensgewohnt seit Jahrzehnten, wenig Begeisterung für Militärausgaben aufbringen können und die SPD diese Stimmung bereitwillig auf-

1. MERKEL TRIFFT AUF DEUTSCHLAND

greift, ist das eine. Doch macht auch Merkels Partei nach der Besetzung der Krim nicht den Druck auf die Kanzlerin, der sie möglicherweise zu einer entschlosseneren Haltung treiben könnte. Noch im Rückblick auf jene Zeit zeigen Merkels Kritiker ebenso wie ihre Vertrauten auf die SPD, die ein anderes Vorgehen unmöglich gemacht habe. »Vielleicht« habe Merkel die Faszination durch die Friedensdividende nach 2014 anders gesehen, sagt Roland Koch. »Aber es ließ sich mit der SPD kein anderer Kurs durchsetzen.«[27] Ähnlich äußert sich der CDU-Mann und langjährige Chef der Unionsfraktion Volker Kauder. Er sei überzeugt gewesen, dass Deutschland eine starke Bundeswehr brauche. »Wir haben das Zwei-Prozent-Ziel nicht eingehalten, weil die SPD nicht mitgemacht hat.«[28]

Von harten Kämpfen der Kanzlerin im Namen dieses Ziels ist jedoch nichts bekannt. Dabei wird sie auch in kleineren Runden immer wieder angesprochen auf den schlechten Zustand der Bundeswehr, auf die offensichtlichen Mängel. Merkel sagt dann, sie könne zwar mit der SPD sprechen, das bringe aber nichts. Anschließend sagen auch die Leute um sie herum nichts mehr. Merkel will nichts riskieren. Schon gar nicht ihre politische Existenz. Schon gar nicht für die Bundeswehr.

An dieser Konstellation ändert sich in Merkels vierter und letzter Legislaturperiode nichts. Nach dem späten Scheitern der langen Verhandlungen mit Grünen und FDP gelingt es Merkel nur unter Aufbietung aller Kräfte und mit Hilfe ihres langjährigen Außenministers, des Bundespräsidenten Frank-Walter Steinmeier, die Sozialdemokraten doch noch einmal in eine Koalition zu holen. Kaum ist nach einem quälend langen halben Jahr die dritte große Koalition unter Führung von Kanzlerin Merkel gebildet, geht der Streit über die Rüstungsausgaben genau da weiter, wo er mit der Wahl aufgehört hat. Die SPD-Vorsitzende Andrea Nahles wettert gegen eine »Aufrüstungsspirale« und weist die Vorwürfe der christdemokratischen Verteidigungsministerin von der Leyen zurück, der Wehretat sei zu niedrig. Die Sozialdemokraten kritisieren den Zustand der Bundeswehr. Dabei sei Geld genug vorhanden, aber die Strukturen stimmten nicht. Die Genossen stellen sich hinter die Planung ihres Parteifreundes Olaf Scholz, der als neuer Finanzminister immerhin dafür gesorgt hat, dass sich der Haushalt von 38,5 Milliarden Euro im Jahr 2018 auf 41,5 Milliarden für das darauffolgende Jahr erhöht.

Nur einer zeigt Weitsicht. Es ist der Vorsitzende der angeblich unverbesserlichen Friedenspartei Bündnis 90/Die Grünen. Robert Habeck sagt zum Wehretat: Deutschland fährt auf Verschleiß. Er wird es auch sein, der vor allen anderen Waffen für die Ukraine fordert. Schon im Mai 2021, neun Monate vor dem Überfall Putins auf die Ukraine, äußert der Grünen-Co-Vorsitzende Verständnis dafür, dass Kiew sich alleingelassen fühlt.[29] Er erntet viel Kritik, unter anderem von Marie-Agnes Strack-Zimmermann, jener FDP-Politikerin, die nach Putins Angriff im Februar 2022 gar nicht laut genug für schnelle Waffenlieferungen an die Ukraine werben kann. Es gebe keinen Grund, diese Diskussion jetzt zu führen, »nur weil die Grünen sich verirrlichtert haben«, sagt sie.[30]

Auch Merkel macht zu Beginn ihrer vierten Amtszeit weiter wie zum Ende der dritten. Sie hält am Zwei-Prozent-Ziel fest, zeigt sich aber gleich nach ihrer Wiederwahl besorgt, dass Deutschland dieses von der NATO für 2024 ins Auge gefasste Ziel verfehlen werde. Immerhin habe man 1,5 Prozent bis dahin angemeldet. Das sei ein »starkes Versprechen«. Finanzminister Scholz sorgt für kleine Aufwärtsschritte beim Wehretat. So steigt der vom Jahr 2018 zum darauffolgenden Jahr um vier auf knapp 43 Milliarden Euro. Scholz, der grundsätzlich einsieht, dass die Truppe mehr Geld braucht, muss sich gleichwohl zurückhalten, weil der inzwischen zum Fraktionsvorsitzenden aufgestiegene Parteifreund und große Abrüstungs-

1. MERKEL TRIFFT AUF DEUTSCHLAND

befürworter Rolf Mützenich auch die kleinen Schritte noch zu groß findet.

Er sei froh, dazu beitragen zu können, dass die Bundeswehr bekomme, was sie brauche, sagt der Finanzminister. Wegen der Schuldenbremse, also der im Grundgesetz festgeschriebenen Obergrenze für Verschuldungen des Bundeshaushalts, plane er aber sehr vorsichtig. Der Wehrexperte der Grünenfraktion Tobias Lindner assistiert: Wolle man das Zwei-Prozent-Ziel erreichen, scheitere der ausgeglichene Haushalt. Das wolle aber niemand. Merkel zeigt sich weiter ohne jeden Kampfeswillen. Im November 2019, zwei Jahre vor dem Ende ihrer Kanzlerschaft, behauptet sie, Berlin werde bis zu den Dreißigerjahren zwei Prozent der deutschen Wirtschaftsleistung für Verteidigung ausgeben. Darauf könne man sich verlassen.

Im Mai 2020, als seine Amtszeit endet und er kein Blatt mehr vor den Mund nehmen muss, nennt der sozialdemokratische Wehrbeauftragte Hans-Peter Bartels eine ungeheure Zahl. Bis 2031 würden mehr als 200 Milliarden Euro für eine Vollausstattung der Bundeswehr gebraucht. Er warnt vor Putin, will an der nuklearen Teilhabe festhalten und befürchtet, dass der in fünf Jahren von 32 auf 45 Milliarden Euro gewachsene Verteidigungshaushalt wieder sinkt. Die Antwort ist nicht etwa eine Besinnung der SPD. Vielmehr schlägt Mützenich Bartels nicht für eine weitere Amtszeit als Wehrbeauftragter vor.

Die Kanzlerin lässt alles geschehen. Nicht, dass sie sich vorher für die Bundeswehr verkämpft hätte. Aber inzwischen ist sie so erschöpft, dass sie für den Wehretat nichts mehr tut, außer das Zwei-Prozent-Ziel weiter für 2030 in Aussicht zu stellen. Die Armee des wirtschaftlich stärksten europäischen NATO-Partners ist bestenfalls bedingt abwehrbereit zu einem Zeitpunkt, an dem man erkennt, dass nicht nur eine hoch bewegliche Hightechtruppe für Auslandseinsätze gebraucht wird, sondern eine starke Verteidigungsarmee, die über eine längere Zeitdauer einem russischen Aggressor standhält. Wie in anderen Fällen will Merkel auch beim Militär nicht das Falsche. Vielmehr ist sie zu unentschlossen, das Richtige durchzusetzen.

Die Verkehrsinfrastruktur und die Bundeswehr sind keineswegs die einzigen Gebiete, auf denen in den Merkel-Jahren zu wenig investiert wird und die in schwer sanierungsbedürftigem Zustand zurückbleiben. Das gilt genauso für den Wohnungsbau oder die Digitalisierung. Die Energiewende bleibt auf halbem Weg stecken, die Abhängigkeit von Gas aus dem Ausland, insbesondere Russland, ist ungesund hoch.

Kaputtgespart – so lautet eine häufig zu hörende Erklärung für den Zustand der öffentlichen Infrastruktur. Das ist einerseits unbestreitbar, reicht andererseits als Erklärung nicht aus. Die festgestellten Defizite haben zwar alle auch etwas mit zu geringen Investitionen zu tun, aber häufig kommt anderes hinzu. Lars-Hendrik Röller, von 2011 bis zum Ende ihrer Kanzlerschaft Merkels wichtigster Wirtschaftsberater, gibt etwa in einem Interview im September 2023 zu bedenken, dass man beim Klimaschutz »von den zähen Strukturen ausgebremst« worden sei. Er gibt die Verantwortung weiter an die Grünen. »So wie es möglicherweise ein Sozialdemokrat sein musste, um die Agenda 2010 zu beschließen, hilft es, wenn eine Umweltpartei nur dafür sorgt, dass nicht mehr jede bedrohte Vogelart einen Windpark verhindert.« Was den Zustand der Bahn angeht, so räumt Röller ein, dass diese »über viele Jahre chronisch unterfinanziert« gewesen sei. Das habe jedoch nichts mit der Schuldenbremse zu tun, man habe Jahr für Jahr Geld übrig gehabt im Haushalt. Doch seien »parteipolitisch ... teils andere Prioritäten gesetzt« worden.[31]

Zur Mitte ihrer Amtszeit werfen vor allem die Kritiker aus der AfD Merkel vor, sie verrate Deutschland und seine Werte.

1. MERKEL TRIFFT AUF DEUTSCHLAND

Damit zielen die Politiker von der äußersten Rechten insbesondere auf die Flüchtlingspolitik. Das ist schon deswegen absurd, weil Angela Merkel kein höheres Ziel hat, als zu zeigen, dass sie wie keine Zweite für die Werte der Bundesrepublik Deutschland steht, auch wenn sie die ersten dreieinhalb Jahrzehnte ihres Lebens nicht in ihr leben konnte. Ihr Handeln als Kanzlerin ist nur vor diesem Hintergrund zu verstehen. Deshalb soll im Folgenden dargelegt werden, in welchem Maße sich Merkel als Ostdeutsche empfindet und wie sehr sie die erste Hälfte ihres Lebens in der DDR geprägt hat.

2. Die Kanzlerin

Die »Rede ihres Lebens«

Angela Merkel ist 35 Jahre alt, als die Mauer fällt und der Weg nach Westen frei für sie ist. Damit beginnt ein in der Bundesrepublik einmaliger politischer Aufstieg. Gut ein Jahr nach dem Mauerfall, noch vor dem Weihnachtsfest 1990, ist sie Bundestagsabgeordnete, wenige Wochen später Bundesministerin für Frauen und Jugend, eine Legislaturperiode später bekommt sie das gewichtigere Amt der Umweltministerin. Spätestens seit sie im Jahr 2000 den Vorsitz der über die Spendenaffäre ins Schleudern geratenen CDU übernommen hat, ist sie eine Top-Prominente.

Fünf Jahre später, im Alter von 51 Jahren, ist sie im Olymp der deutschen Politik angekommen: im Kanzleramt. Es ist gelegen in der Willy-Brandt-Straße 1 inmitten Berlins, nur wenige 100 Meter westlich von jenem Streifen, auf dem die Berliner Mauer die Stadt, das Land, Europa und weite Teile der Welt getrennt hat. Aus dem nach Osten weisenden Fenster ihres Büros schaut Merkel auf den Reichstag und weiter in den Ostteil Berlins. Auf die deutsche Geschichte also und ihre eigene, die sie zu erheblichen Teilen in der Hauptstadt der DDR verbracht hat. Kurz vor dem Ende ihrer Kanzlerschaft wird sie berichten, dass sie Gästen in ihrem Büro gelegentlich beim Blick aus dem Fenster zeigt, wo sie nach ihrem Studium gewohnt habe: hinter den S-Bahn-Gleisen in der Marienstraße. Von dort ist sie entlang der Mauer nach Adlershof zur Arbeit gefahren.

2. DIE KANZLERIN

Viele Deutsche fragen sich 2005: Kann die das? Bei den meisten, an männliches politisches Spitzenpersonal gewöhnten Wählern dürfte sich das vor allem darauf beziehen, dass Angela Merkel eine Frau ist. Trotz der Achtundsechzigerbewegung, Emanzipation und steigender Aufmerksamkeit für Frauenrechte ist die Politik in der Bundesrepublik männlich, vor allem in den Führungsetagen.

Für Merkel gibt es eine noch größere Frage: Kann ich mich als Ostdeutsche in dieser zutiefst westlich geprägten Republik behaupten? Dass sie das Thema bewegt, ist naheliegend. In welchem Ausmaß das der Fall ist, lässt sich in voller Tiefe allerdings erst nach 16 Jahren Kanzlerschaft und 30 Jahre nach ihrer Ernennung zur Bundesministerin erkennen.

Es ist der 3. Oktober 2021, der Tag der Deutschen Einheit. Sie ist noch Kanzlerin, aber die Bundestagswahl ist vorüber, ihr sozialdemokratischer Vizekanzler Olaf Scholz ist der Wahlsieger, bereitet die Regierungsbildung vor. Merkel hat die Wahl nicht verloren, sie ist gar nicht mehr angetreten, verloren hat der CDU-Kandidat Armin Laschet, ein rheinisch-katholischer, westdeutscher Mann.

In Halle an der Saale hält Merkel die Festrede zum Einheitstag. Es wird ihre letzte große Rede als Kanzlerin sein. Zugleich ist es ihre persönlichste Rede. Nie hat sie das Publikum so tief in ihre Seele blicken lassen. Man kann Angela Merkel nicht verstehen ohne diese Rede.

Eigentlich wäre sie gar nicht dran. Die Verfassungsorgane wechseln sich ab mit dem Reden am Tag der Einheit. Merkel hat schon im Jahr zuvor in Potsdam gesprochen. Die Einheit sei »im Großen und Ganzen« gelungen, sagt sie 2020 am 3. Oktober. Sie spricht von der »historisch beispiellosen Leistung eines ganzen Volkes, in diesen 30 Jahren die Wiedervereinigung im Äußeren und Inneren zu vollziehen«. Was sie wirklich denkt über die Einheit, über den Beitrag der Ostdeutschen

DIE »REDE IHRES LEBENS«

einerseits und den der Westdeutschen andererseits, verbirgt sie dem Publikum. Sie hat noch ein Jahr Kanzlerschaft vor sich und macht weiter auf Ost-West-Harmonie wie in den Jahren und Jahrzehnten zuvor. Nur die Formulierung, dass die Einheit im »Großen und Ganzen« gelungen sei, kann überhaupt eine gewisse Unzufriedenheit erahnen lassen. Muss aber nicht. Noch bleibt Merkel in der Deckung.

Nun aber, im Herbst 2021, da es bald vorbei sein wird mit dem Regieren, soll auch Schluss sein mit der Zurückhaltung. Reiner Haseloff hat das rotierende Amt des Bundesratspräsidenten inne. Im Gespräch mit dem Autor erinnert er sich. Er sei zu Merkel gegangen und habe sie gefragt, ob sie nicht am 3. Oktober beim zentralen Festakt zum Tag der Deutschen Einheit sprechen wolle. Es war klar, dass es die letzte Möglichkeit als Kanzlerin wäre. Man habe sich »in Absprache mit den anderen Verfassungsorganen« darauf verständigt, dass man es so machen wolle. Auch sie will.[1]

In der Vorbereitung der Rede entsteht zunächst eine Standardfassung. Die wird in der Fachabteilung des Kanzleramts geschrieben, ein »klassischer Entwurf«, wie es jemand beschreibt, der die Abläufe gut kennt. Diese Fassungen seien so angelegt, dass die Kanzlerin sie »zur Not auch mit 40 Grad Fieber« halten könnte, sollte es zwingend sein, dass sie es selbst tut.

Doch dabei will es Merkel nicht belassen, sie hat mehr vor. Die entscheidenden, weil persönlichen Passagen der Rede will sie schreiben. Das können die Mitarbeiter in der Fachabteilung nicht. Etwa zwei Wochen vor dem 3. Oktober geht sie zu Beate Baumann, ihrer Büroleiterin und engsten Vertrauten, und weiht sie ein. Später wird auch Steffen Seibert, der Regierungssprecher, hinzugezogen. Im Rückblick wird jemand, der es beurteilen kann, sagen, das sei »die Rede ihres Lebens« gewesen.

2. DIE KANZLERIN

Merkels Ehemann ist dabei

Am 2. Oktober, dem Vorabend des Auftritts, sitzt Merkel mit viel politischer Prominenz in der Leopoldina in Halle zum Abendessen. Die »Deutsche Akademie der Naturforscher Leopoldina e. V.« ist die älteste naturwissenschaftlich-medizinische Gelehrtengesellschaft im deutschsprachigen Raum und die älteste dauerhaft existierende naturforschende Akademie der Welt. Ein Ort wie gemacht für die Naturwissenschaftlerin im Kanzleramt. Die Bierzelte und Parteitagshallen nimmt sie nur mäßig begeistert in Kauf als Teil des politischen Geschäfts.

Auch ihr Mann, Professor Joachim Sauer, ist abends am 2. Oktober dabei. Merkel macht es spannend. Sie lässt in Einzelgesprächen anklingen, dass sie am kommenden Tag etwas Besonderes sagen wird. Mindestens zweien der anwesenden Ministerpräsidenten steckt sie das.

Erst mal tritt am 3. Oktober Reiner Haseloff ans Mikrofon. Für den Ministerpräsidenten von Sachsen-Anhalt, einen Parteifreund Merkels, sind es die letzten Tage als Bundesratspräsident, bevor am 8. Oktober der thüringische Regierungschef Bodo Ramelow von der Linkspartei übernimmt. Haseloff ist wie Merkel Jahrgang 1954, geboren in Sachsen-Anhalt, man kennt sich gut und vertraut sich.

Weil Merkel mit ihrer Rede für einige Aufmerksamkeit sorgen wird, zumindest im Osten, wird diejenige Haseloffs wenig bemerkt. Dabei weist sie bereits in die Richtung, die die scheidende Kanzlerin kurz darauf einschlagen wird. Der historisch beschlagene Haseloff erinnert daran, dass 1989 keine Wende, sondern eine Revolution stattgefunden habe. »Die friedliche Revolution taugt durchaus zum Gründungsmythos des vereinigten Deutschlands«, beschreibt er die Bedeutung, die er dem Handeln der Ostdeutschen beimisst. Während sich für die meisten Menschen in der alten Bundesrepublik kaum etwas geändert habe, sei es in den Biografien vieler Ostdeutscher zu »nachhaltigen Veränderungen und Brüchen« gekommen. Diese wirkten bis heute nach, sagt Haseloff. »Enttäuschungen über die soziale Marktwirtschaft und die politischen Institutionen der alten Bundesrepublik blieben nicht aus.«

Um im System der Bundesrepublik erst als Ministerin, dann als CDU-Vorsitzende und dann als Kanzlerin zu überleben, musste Merkel die soziale Marktwirtschaft wie ein Heiligtum behandeln. Und nun weist ein sehr um das Zusammenwachsen Deutschlands, aber eben auch um die politische Stabilität Ostdeutschlands bemühter Christdemokrat darauf hin, dass das in der früheren DDR nicht alle Menschen so sehen, weil viele nicht von der sozialen Marktwirtschaft profitiert haben oder es zumindest nicht so empfanden. Über diese Empfindungen Ostdeutscher sei »viel zu wenig« gesprochen worden, sagt Haseloff. Viele Menschen hätten das als »Entwertung ihrer Biografien« und »mangelnden Respekt gegenüber ihren Lebensleistungen« empfunden. Nach wie vor gebe es große politische Unterschiede zwischen Ost und West. Die Einheit sei »mental und strukturell« noch nicht vollendet.

Immerhin sagt Haseloff, dass die Bilanz der Einheit nach 31 Jahren positiv ausfalle. Das schreibt er auch der Leistung Merkels zu. Es sei gut gewesen, dass in den »entscheidenden Zeiten« in Deutschland und Europa 16 Jahre lang eine Regierungschefin in Verantwortung gewesen sei, »die diese ostdeutschen Erfahrungen in den Gesamtentscheidungsprozess mit einbringen konnte«.

2. DIE KANZLERIN

Die Kanzlerin ist aufgeregt

Merkel scheint nicht so positiv auf diese Zeit zu schauen. Vor ihr ist am 3. Oktober die gesamte politische Elite versammelt: Bundespräsident Frank-Walter Steinmeier, der scheidende Bundestagspräsident Wolfgang Schäuble, der Präsident des Bundesverfassungsgerichts, Stephan Harbarth, Merkels Vizekanzler und designierter Nachfolger, Olaf Scholz, Parteivorsitzende, Ministerpräsidenten. Ganz überwiegend westdeutsche Männer. Nicht dieses Auditorium, das sie gewohnt ist, lässt sie aufgeregt sein. Es sind die Sätze, die sie über sich selbst sagen wird.

Merkel spricht über ihre ostdeutsche Herkunft. »Müssen nicht Menschen meiner Generation und Herkunft aus der DDR die Zugehörigkeit zu unserem wiedervereinigten Land auch nach drei Jahrzehnten deutscher Einheit gleichsam immer wieder neu beweisen, so als sei die Vorgeschichte, also das Leben in der DDR, irgendwie eine Art Zumutung?«[2] Schäuble, der aus Baden, dem äußersten Südwesten Deutschlands stammende CDU-Doyen, sitzt vor ihr und blickt grimmig drein, wie nur wenige deutsche Spitzenpolitiker grimmig dreinblicken können. Er scheint zu ahnen, dass er sich auf etwas gefasst machen muss.

Ist dieser Satz der Kanzlerin noch allgemein gehalten, so wird es anschließend persönlich. »Ich möchte Ihnen dazu ein Beispiel aus meinem Leben erzählen«, fährt sie fort. Sie zitiert aus einem Buch, das die der CDU nahestehende Konrad-Adenauer-Stiftung im Jahr zuvor herausgegeben hat. Eigentlich also ein Werk, in dem die so erfolgreiche CDU-Kanzlerin gelobt werden müsste. Umso mehr scheint Merkel zu verletzen, was dort »über mich« zu lesen ist. »Sie, die als 35-Jährige mit dem Ballast ihrer DDR-Biografie in den Wendetagen zur

DIE »REDE IHRES LEBENS«

CDU kam, konnte natürlich kein von der Pike auf sozialisiertes CDU-Gewächs altbundesrepublikanischer Prägung sein.«

Merkels Stimme ist die Erregung anzumerken, was sonst bei ihren Reden nach jahrzehntelanger Routine nicht vorzukommen pflegt. Doch zugleich scheint sie das Staunen ihres Publikums zu genießen. Nun dürften alle das Besondere des Moments begriffen haben. Merkel zitiert den Duden, der unter dem Begriff Ballast eine »schwere Last« verstehe, die in der Regel »als Fracht von geringem Wert zum Gewichtsausgleich mitgeführt« werde oder als »unnütze Last, überflüssige Bürde« abgeworfen werden könne.

Sie erzähle das nicht, um sich zu beklagen, sagt Merkel. Vermutlich will sie dem Verdacht vorbeugen, beleidigt zu sein. »Denn ich bin nun wirklich die Letzte, die Grund hätte, sich zu beklagen – so viel Glück, wie mir persönlich in meinem Leben beschieden ist.« Sie erzähle es auch nicht als Bundeskanzlerin. »Ich möchte es vielmehr als Bürgerin aus dem Osten erzählen, als einer von gut 16 Millionen Menschen, die in der DDR ein Leben gelebt haben, die mit dieser Lebensgeschichte in die deutsche Einheit gegangen waren und solche Wertungen immer wieder erleben – und zwar als zähle dieses Leben vor der deutschen Einheit nicht wirklich.«

Es mag sein, dass Merkel sich tatsächlich nicht »beklagen« will. Sie weiß, dass das absurd wäre. Die erfolgreichste Frau der deutschen Politik, die 16 Jahre lang die Geschicke des Landes lenken darf, weltweite Bekanntheit und vielfache Verehrung genießt, ausgerechnet Ende des Jahres 2015 auf dem Höhepunkt des deutschen Streits über ihre Flüchtlingspolitik vom »Time Magazine« zur Person des Jahres gekürt und als »Kanzlerin der freien Welt« bezeichnet wird, die die wichtigste Stimme der Europäischen Union ist, mit den Regierungschefs und Präsidenten dieser Erde auf Augenhöhe spricht, die den Weltstar Barack Obama ans Telefon bekommt, einfach wenn sie es will: Diese Frau jammert, weil sie nach mehr als drei Jahrzehnten in der Bundesrepublik immer noch an ihrer ostdeutschen Vergangenheit zu tragen hat?

Erinnerung an Joschka Fischer

Bemerkenswert. Aber abwegig ist es nicht. Es erinnert an Joschka Fischer. Geboren in Gerabronn als Kind von Ungarndeutschen, die nach dem Krieg ihre Heimat hatten verlassen müssen, kämpft sich der hochpolitische und begabte Grünen-Politiker ohne Abitur und höheren Bildungsabschluss bis auf den Posten des deutschen Außenministers empor. Ein »uphill battle«, wie er harte politische Auseinandersetzungen gerne nennt. Ein Kampf gegen einen Gegner, der weiter oben steht auf dem Berg. Fischer ist nie Vorsitzender der Grünen, wohl aber über Jahre die dominante Figur. Er führt die Grünen erstmals in eine Bundesregierung, wird 1998 Vizekanzler und ist zu diesem Zeitpunkt schon längst ein Medienliebling. Selbst seine während der Ministerjahre wieder thematisierte Zeit als Steine werfender Straßenkämpfer, die Debatte darüber, wie nahe er dem Terrorismus stand, kann seine Popularität nicht zerstören. Im Bundestag kann er sich sogar Witze erlauben über das Steinewerfen.

Dennoch bleibt Fischer im Kreis der selbstbewussten, bisweilen sicher auch arroganten Diplomaten, die vielfach auf Eliteschulen Abitur gemacht, im Ausland studiert und Prädikatsexamina abgelegt haben, ein Aufsteiger ohne die klassischen Insignien des bildungsbürgerlichen Lebenslaufs. Wenn auch in einem kleineren Kosmos als im Falle Merkels, ist das Spannungsverhältnis zwischen Fischer und den Diplomaten deutlich zu erkennen. Grundsätzlich passen diese sich den jeweiligen politischen Spitzen des Hauses an, so wie Generäle das tun. Dass aber ausgerechnet Fischer sechs Jahrzehnte nach dem Ende des Zweiten Weltkriegs die nationalsozialistische Vergangenheit des Auswärtigen Amts durch eine unabhängige Historikerkommission untersuchen lässt, führt zu einem offenen Zerwürfnis zwischen einem Teil des Hauses und dem Minister. In einem Interview mit der »FAS« spricht Fischer mit nur oberflächlich kaschierter Herablassung vom »Kastendenken« im Auswärtigen Amt.³ Die Auseinandersetzung über die Nazivergangenheit dürfte nicht nur dem Impetus des linken Politikers und Achtundsechzigers geschuldet sein. Es hat auch den Charakter einer Abrechnung.

Merkels Klage: Für die Westdeutschen hat sich wenig geändert

Merkel ist noch nicht fertig an jenem 3. Oktober 2021. Dass in Reden über die Wiedervereinigung der Mut der DDR-Bewohner und deren Anteil am Ende der Diktatur in Ostberlin erwähnt wird, ist nichts Ungewöhnliches. Die scheidende Kanzlerin geht aber einen Schritt weiter. Sie spricht den Westdeutschen ihr Verdienst am Zusammenwachsen Deutschlands rundheraus ab. »Bis heute – davon bin ich überzeugt – wird zu wenig gesehen, dass die Wiedervereinigung für die allermeisten Menschen in Westdeutschland im Wesentlichen bedeutete, dass es weiterging wie zuvor, während sich für uns Ostdeutsche fast alles veränderte: Politik, Arbeitswelt, Gesellschaft.«

Als Merkel anschließend noch ein Beispiel aus ihrem Leben erzählt, muss auch dem letzten vor ihr sitzenden Zuhörer klar sein, dass es um etwas Persönliches geht. Sie zitiert aus einem Artikel der »Welt am Sonntag«, in dem der Verfasser – »ein im Übrigen von mir sehr geschätzter Journalist und Autor« – sich auf eine Pressekonferenz von ihr am 15. September 2015 bezieht. Der Flüchtlingszustrom erreichte damals einen Höhepunkt. Merkel hatte gesagt, wenn man sich dafür entschuldi-

2. DIE KANZLERIN

gen müsse, in der Flüchtlingskrise ein freundliches Gesicht gezeigt zu haben, »dann ist das nicht mein Land«. Der Verfasser des Zeitungsartikels wertete das so, dass Merkel damit getan habe, was keiner ihrer Vorgänger getan habe. »Sie distanzierte sich einen Atemzug lang von der Republik, deren zweite Dienerin sie doch war.« Und weiter: »Da blitzte einen Moment lang durch, dass sie keine geborene, sondern eine angelernte Bundesdeutsche und Europäerin ist.«[4]

Angela Merkel zeigt sich in Halle empört. »Keine geborene, sondern angelernte Bundesdeutsche? Keine geborene, sondern angelernte Europäerin? Gibt es zwei Sorten von Bundesdeutschen und Europäern – das Original und die Angelernten, die ihre Zugehörigkeit jeden Tag aufs Neue beweisen müssen und mit einem Satz wie dem in der Pressekonferenz durch die Prüfung fallen können?« Merkel stellt sich selbst die rhetorische Frage, ob sie sich mit ihrer Antwort auf eine Reporterfrage in der Pressekonferenz »tatsächlich von meinem Land« distanziere. Im Kern gehe es doch darum: »Wer entscheidet, wer die Werte und Interessen unseres Landes versteht und wer das nicht tut, beziehungsweise eben nur, um das Wort noch einmal aufzugreifen, in ›angelernter‹ Weise?« Welches Bild von Wiedervereinigung da denn sichtbar werde? Die einen, die seit jeher Bundesdeutsche seien, und die Hinzugekommenen, die sich »durch Übung« etwas aneignen müssten?

Der Auftritt der scheidenden Bundeskanzlerin gibt wie keine andere öffentliche Äußerung Merkels zuvor Einblick in ihr politisches Gefühlsleben. Nach 18 Jahren CDU-Vorsitz und 16 Jahren Kanzlerschaft scheidet die in Hamburg geborene, aber als Kleinkind in die DDR gekommene und dort über dreieinhalb Jahrzehnte sozialisierte Angela Merkel erkennbar mit Verletzungen aus dem Amt. Eine Generation nach dem Mauerfall schleudert sie westdeutschen Spitzenpolitikern wie Frank-Walter Steinmeier und Wolfgang Schäuble letztlich die

Klage entgegen, als Ostdeutsche nicht die gebührende Wertschätzung bekommen zu haben. Steinmeier wird kurz darauf bei der Verabschiedung der Kanzlerin Bezug auf diese Rede nehmen und damit zeigen, dass er verstanden hat, was Merkel meint.

Dass sie so tut, als mache sie das nicht im eigenen Namen, sondern spreche für die Millionen von DDR-Bürgern, denen nicht die erforderliche Anerkennung entgegengebracht worden sei, ist ein leicht zu durchschauendes Konstrukt. Letztlich ist sie selbst offenkundig enttäuscht von ihrem wiedervereinigten Land, was in diesem Fall bedeutet: von dessen Westen. Jedenfalls bestätigen enge Vertraute nach ihrem Ausscheiden aus dem Amt die Bedeutung des Auftritts in Halle. »Die Rede, die sie am 3. Oktober 2021 gehalten hat, war komplett Angela Merkel«, sagt ihr letzter Kanzleramtschef, Helge Braun, im Gespräch mit dem Autor. »Es war schon eine besondere Rede.«[5]

Es sei eine gute Entscheidung gewesen, Merkel sprechen zu lassen, sagt Reiner Haseloff, denn »sie hat eine wunderbare Rede gehalten«. Haseloff ist wohl derjenige von den Spitzenpolitikern in der CDU, der Merkel zumindest in ihrem Ostdeutschsein am besten versteht. Haseloff ist 1954 nur wenige Monate vor Merkel im sachsen-anhaltischen Städtchen Zahna-Elster im Landkreis Wittenberg geboren. Die Wurzeln der väterlichen Familie sind in Wittenberg bis ins 15. Jahrhundert zurückzuverfolgen. Haseloff ist Katholik, Merkel stammt aus einem protestantischen Pfarrhaus. Er hat wie sie Physik studiert, ist – ebenfalls wie sie – an religiösen und historischen Zusammenhängen interessiert. Haseloff ist ein stolzer Sachsen-Anhalter. In seiner Regierungsmannschaft verlässt er sich gleichwohl gerne auf Westdeutsche. 2023 haben fünf seiner acht Minister eine westdeutsche, nur drei eine ostdeutsche Herkunft.

2. DIE KANZLERIN

»Ihr Ostdeutschen seid doch auch bloß Migranten«

Haseloff ist erfreut, aber nicht inhaltlich erstaunt über das, was Merkel zum Verhältnis von Ost und West sagt. »Was Angela Merkel in ihrer Rede in Halle Persönliches gesagt hat, war unter den Ostdeutschen der normale Duktus«, sagt er. »So haben wir untereinander geredet, wir haben das aber nicht dauernd öffentlich gesagt.« Merkel habe die Gefühlswelt geschildert, die die Ostdeutschen bis heute erlebten. »Manche aus dem Westen sagen zu uns Ostdeutschen, ihr seid doch auch bloß Migranten.« Viele Menschen aus Ostdeutschland dächten, »die aus dem Westen nehmen uns nicht ganz für voll, weil wir nicht von Anfang an dabei waren«.[6]

Das ist die etwas rustikalere Formulierung, entspricht aber vollkommen der Darstellung Merkels. Haseloff sieht das nicht nur als Kränkung. Er erkennt darin auch eine Ursache für das bis heute nicht vollendete Zusammenwachsen von Ost und West. Viele Ostdeutsche fühlten sich wegen dieser Wahrnehmung vielleicht »erst ihrer Stadt oder Gemeinde verbunden und manche auch eher dem Osten als dem geeinten Deutschland«.[7]

Angesichts eines solchen Befundes ist es besonders schwer zu verstehen, dass Angela Merkel nicht wenigstens mit dem Erreichen des Höhepunkts ihrer Macht, mit der Unverwundbarkeit ab der Mitte ihrer Kanzlerschaft nach außen erkennbare Bemühungen unternommen hat, dem Zusammenwachsen von West und Ost mehr Aufmerksamkeit zukommen zu lassen. Sie hätte es da längst machen können, ohne in den Verdacht zu geraten, eine Kanzlerin für Ostdeutschland zu sein.

Haseloff verteidigt sie. »Manche haben Angela Merkel gefragt, warum sie nicht mehr für den Osten und die Ostdeutschen tue. Das trifft so nicht zu.« Zwar habe sie stets die Mehrheiten im Westen berücksichtigen müssen, aber die Ostdeutschen hätten sich immer darauf verlassen können, dass sie die Dinge im Osten im Blick habe, etwa bei den Unternehmensgründungen. Auch die Entscheidung für die Unterstützung der Ansiedlung zweier großer Chipfabriken der Firma Intel in der Nähe von Magdeburg sei noch in Merkels Amtszeit vorbereitet worden. Merkels letzter Kanzleramtschef Braun weist darauf hin, dass sie bei den Finanzbeziehungen zwischen Bund und Ländern »immer viel für Ostdeutschland« getan habe.[8]

Dass es sich in Halle nicht um einen großen, einmaligen Seufzer handelte, den Merkel Jahre und Jahrzehnte unterdrückt hat, zeigt sich spätestens zwei Jahre danach. Es naht wieder einmal der Einheitstag, doch die Altkanzlerin wird nicht im Kreise der politischen Prominenz sprechen. Stattdessen gibt sie rechtzeitig vor dem 3. Oktober 2023 dem ZDF ein Interview. Bevor die Staatsspitzen sich am Feiertag selbst äußern, gibt der Sender bereits das Interview frei. Merkel wiederholt nicht nur die Klagen von 2021, sie verstärkt sie. Zu lesen, ihre DDR-Vergangenheit sei ein »Ballast«, sei damals wie ein »kleiner Schlag in die Magengrube« gewesen. Sie habe es erst gar nicht glauben können, sagt Merkel dem Interviewer. Sie habe sich »entkernt« gefühlt. »Ich war einfach baff. Da muss man erst mal drauf kommen.«

Ihr Auftritt in Halle hatte zwar in Ostdeutschland für große Aufmerksamkeit gesorgt, im Westen dafür weniger. Offenbar will Merkel, dass das dieses Mal anders wird. Deswegen mixt sie einen Themencocktail, von dem sie weiß, dass er auch im Westen wahrgenommen wird. Sie vergleicht das Fremdheitsgefühl der Ostdeutschen mit dem von Migranten, was an Haseloffs Bemerkung erinnert. Das sei ähnlich bei Menschen mit Minderheitenbiografien. In den vorigen Jahren seien viele

2. DIE KANZLERIN

Menschen ins Land gekommen, »die dauerhaft in unserem Land leben und noch nicht immer hier gelebt haben«. Deutschland umfasse alle. »Ich plädiere immer für Vielfalt.« Noch mehr hätte sich die Kanzlerin nicht als Fremde im eigenen Land darstellen können.

Ostdeutsche Kanzlerin aller Deutschen

Für Merkels Handeln als Bundeskanzlerin ist diese Erkenntnis der entscheidende Schlüssel. Sie ist in die Bundesrepublik geradezu gestürmt, begeistert, nun endlich in einem freiheitlichen System leben und arbeiten zu können. Daran will sie noch im Jahr 2004, als sie schon fast anderthalb Jahrzehnte Erfahrungen in der bundesdeutschen Politik in zwei Ministerämtern und als CDU-Vorsitzende gesammelt, aber noch nicht die Härte der Kanzlerschaft erlebt hat, keinen Zweifel lassen. In einem Gesprächsband mit dem Journalisten Hugo Müller-Vogg sagt sie auf die Frage, was sie nach der Maueröffnung erwartet oder auch befürchtet habe: »Ich war uneingeschränkt froh.« Bedenken von Freunden, nun werde es nichts mehr mit einem dritten Weg, alles laufe auf eine schnelle Wiedervereinigung hinaus, bei der der Osten vom Westen domestiziert werde, will sie nicht geteilt haben. »Meine Gedanken waren das nicht«, sagt sie.[9]

Es folgen über Seiten begeisterte Bekenntnisse zur Bundesrepublik West, die auch durch fast 15 Jahre Leben und Wirken in dieser nicht getrübt zu sein scheinen. Dass die Wiedervereinigung schnell erfolgen musste, steht für Angela Merkel auch in Jahr 2004 fest. »Wer in der DDR wenigstens lesen und schreiben gelernt hatte, wäre doch in den Westen gegangen, wenn es keine schnelle Einheit gegeben hätte.« Für Merkel ist es »völlig klar, dass die Abwanderung nur zu stoppen gewesen wäre,

OSTDEUTSCHE KANZLERIN ALLER DEUTSCHEN

wenn man auch im Osten im Grundsatz Westverhältnisse hätte herstellen können«.

Auch mit vielen Jahren Erfahrung als Bundesbürgerin und in der Hoffnung, bald als Kanzlerin das Land führen zu können, lässt Merkel keinen Zweifel daran, dass es nach dem Mauerfall das einzig Richtige war, die DDR dem Orkus der deutschen Geschichte zu überantworten. »Wir im Osten Deutschlands haben uns freiwillig entschieden, nach Artikel 23 dem Geltungsbereich des Grundgesetzes beizutreten.« Die Gründe seien »einfach und überzeugend« gewesen, sagt Merkel im Gespräch mit dem Journalisten. »Weil die wirtschaftliche und politische Ordnung der alten Bundesrepublik ungleich erfolgreicher, effizienter und vernünftiger war und freiheitlicher obendrein.« Einer solchen Ordnung habe man ohne Wenn und Aber beitreten können, »danach konnten wir Verbesserungsvorschläge machen«.

Schon gar nicht wollte Merkel von veränderungswilligen Westbürgern vereinnahmt werden. Es habe sie, so gibt sie 2004 zu Protokoll, sogar »empört, wenn Leute, die seit Jahren versuchten, die Bundesrepublik zu verändern, nun hofften, mit den DDR-Bürgern so eine kritische Masse und damit eine Mehrheit zu bekommen, die sie in der alten Bundesrepublik nie bekommen hätten«. Sie habe nicht zum »Experimentierobjekt« für unzufriedene Westdeutsche werden wollen und nicht das Ziel gehabt, als ersten Schritt ihrer aktiv ausgeübten Staatsbürgerschaft erst mal die Bundesrepublik »umzukrempeln«. Ein Jahr bevor sie zur ersten deutschen Kanzlerin gewählt wird, lässt sie von den im Herbst 2021 geäußerten Enttäuschungen nichts erkennen. Aber ist das die Wahrheit und ihr tiefstes Empfinden? Oder ist es eine Verschleierungstaktik? Eine Täuschung? Die Bundestagswahl steht bevor, und Merkel will von allen Deutschen gewählt werden. Da wäre es keine gute Idee, sich den westdeutschen Wählern als nörgelnde Ostalgikerin zu präsentieren.

2. DIE KANZLERIN

Deutlich frühere Äußerungen enthalten einen noch kritischeren, geradezu vernichtenden Blick auf die DDR. Kaum ist sie nach dem Mauerfall in der Bundesrepublik und in Bonn angekommen, lässt die junge Bundesfrauenministerin sich auf die Teilnahme an einem Langzeitprojekt der Fotografin Herlinde Koelbl ein. Diese porträtiert bekannte Politiker und andere Prominente, die noch nicht ganz oben angekommen sind, denen Koelbl das aber offenbar zutraut, über viele Jahre, um zu zeigen, wie sie sich verändern. Koelbl führt dabei auch Interviews. Ein besonders aussagekräftiges entsteht im Oktober 1991 in Bonn, Merkel ist gerade ein Dreivierteljahr Ministerin. Sie kann in der Gewissheit sprechen, dass es noch Jahre dauern wird, bis ihre Worte das Licht der Öffentlichkeit erblicken. Erstmals wird das Interview nach dem Ende der Ära Kohl in einem Bildband im Jahr 1999 veröffentlicht, ein weiteres Mal in einem Buch, das nur Merkel gewidmet ist, im Jahr 2021, als die erste Kanzlerschaft einer Frau in Deutschland beendet ist.

Merkel nennt die DDR »verkommen«

»Sie wissen ja, woher ich komme«, sagt die frischgebackene Bundesministerin 1991 zu Koelbl. »Mir dürfen Sie ruhig glauben, dass es mir vor allem darum geht, aus dieser manchmal verkommenen und verkorksten Gesellschaft im Osten irgendetwas zu machen.« Verkommen? Verkorkst? Etwas draus machen? Sie will sich – was über 30 Jahre kaum zu erkennen sein wird – doch besonders um Ostdeutschland kümmern.

Doch das ist noch nicht alles. Merkel schildert, dass ihre Mutter Bedenken gehabt habe, aus Hamburg wieder zurück in die DDR zu gehen, wo ihr Mann eine Pfarrersstelle angenommen hatte. »Für sie war es schwer, meinem Vater in die DDR zu folgen, da sie die Sorge hatte, dass wir als Kinder dort geistig veröden.« Im weiteren Verlauf des Gesprächs schwärmt Merkel von den Westjeans, die ihre Tante mitgebracht oder geschickt habe. Daran »hing unsere ganze Hoffnung«. Kleidungsstücke aus der DDR habe sie »fast nie« getragen.

Auf die Frage, ob sie eine DDR-Identität entwickelt habe, antwortet Merkel: »Die hatte ich nie«, und fügt gleich an: »Ich habe niemals DDR-Fernsehen gesehen, mit Ausnahme von Sportsendungen. Und ich habe die DDR niemals als mein Heimatland empfunden.« Dass sie die DDR nicht als »dauernde und totale Bedrückung« empfunden habe, sei den »Nischen« zu verdanken, die sie immer gehabt habe. Über ihrer Kindheit habe kein Schatten gelegen. Später habe sie sich so verhalten, dass sie mit diesem Staat nicht dauernd im Konflikt habe leben müssen. Schließlich: »Mich verband mit diesem Land überhaupt nichts und ich dachte mir: Wenn ich hier nicht mehr leben kann, lasse ich mir wegen dieses Systems mein Leben nicht verderben, egoistisch, wie ich bin. Dann gehe ich in den Westen.«[10] All das sagte Angela Merkel im geschützten Gesprächsraum mit der Fotografin, in der Gewissheit also, dass daraus nicht am nächsten Tag eine Schlagzeile werden würde.

War das die wirkliche Angela Merkel? Oder waren die Worte so hart gewählt, weil die anpassungsfähige und schnell lernende Frau aus Ostberlin dachte, sie komme besser in der Bundesrepublik an, wenn sie sich von ihrer ostdeutschen Vergangenheit distanziert? Und wenn es in einem Interview ist, das erst später erscheinen soll. Vermutlich trifft beides zu: frühe Begeisterung für die neue Freiheit, die sich bei ihr mit ungeheuren beruflichen Möglichkeiten verbindet, und zugleich eine in der DDR gelernte Vorsicht vor falschen Bekenntnissen. Als dritte Möglichkeit kommt infrage, dass im Laufe der Jahre die Distanz gegenüber dem bundesrepublikanischen Staat und dessen Gesellschaft gewachsen ist.

Angela Merkel wird jedenfalls von ihrem ersten Tag in der politischen Schaltzentrale der Bundesrepublik an klar gewesen

2. DIE KANZLERIN

sein, dass selbst vorsichtig positive Bezüge zu der gerade untergegangenen DDR schlecht ankommen würden in einem Land und einer politischen Mannschaft, die gerade Milliardenbeträge mobilisiert, um den am Sozialismus gescheiterten Teil Deutschlands zum neuen Osten der Bundesrepublik zu machen. Jemand, der mit dem Verfasser dieses Buches über die ganz frühe Zeit Merkels im Bonner Politikbetrieb gesprochen hat, über die ersten Tage und Wochen, der jedoch nicht namentlich genannt werden möchte, sagt, dass Angela Merkel von Anfang an vermieden habe, ihre DDR-Vergangenheit zu thematisieren. Der »FAS«-Journalist Ralph Bollmann, der 2021 die erste umfassende Biografie nach dem Ende der Kanzlerschaft Merkels vorgelegt hat, weist darauf hin, dass sie schon ein Jahr nach der Wiedervereinigung über zu wenig Verständnis vieler Westdeutscher für DDR-Biografien geklagt habe. Merkel habe schnell gelernt, sich mit Erzählungen über ihre Vergangenheit zurückzuhalten.[11] Thomas de Maizière beschreibt, was sie nicht sagte, was aber doch: »Merkel hat nicht viel über sich geredet. Über ihre ostdeutsche Herkunft schon gar nicht, wohl aber intern über ostdeutsche Befindlichkeiten und westdeutsche Ahnungslosigkeit.«[12]

Beim Ausscheiden aus dem Amt macht der Teil ihres Lebens, den Angela Merkel in der DDR verbracht hat, immer noch mehr als die Hälfte aus. Die Widersprüchlichkeit, mit der sie auf diese Zeit blickt, springt einen dadurch geradezu an, dass die abfälligen Bemerkungen über die DDR und die Distanzierung, die sie 1991 ausspracht, nicht nur in dem Koelbl-Bildband von 1999, sondern auch in dem von 2021 noch einmal veröffentlicht werden, in dem Jahr also, in dem Merkel in Halle ihr Plädoyer für die Anerkennung von Ost-Lebensläufen hält.

Für jemanden, der zwei so unterschiedliche Leben geführt hat, ist ein wechselhafter Blick nichts Überraschendes. Sie habe, so ist in Merkels Umfeld schon vor Jahren zu hören, immer Kanzlerin aller Deutschen sein wollen. Sie habe ihre ostdeutsche Seite »sehr bewusst« eingebracht. Öffentlich hält sie sich allerdings zurück. Zugeben wird sie das erst spät. Zunächst bestreitet Merkel, dass sie zurückhaltend mit ihrem Ostdeutschsein umgehe. 1998 spricht sie mit Koelbl zwar nicht grundsätzlich und ausgiebig über ihre DDR-Vergangenheit, macht aber zahlreiche Bemerkungen. Etwa dass die »Mätzchen«, die »die halbe deutsche Presse« wegen ihres Haarschnitts gemacht habe, nicht entstanden seien, weil sie eine Frau sei, sondern weil sie aus dem Osten komme. Thomas de Maizière, Merkels erster Kanzleramtschef und langjähriger politischer Weggefährte, bestätigt das. »Häme wegen ihrer ostdeutschen Herkunft hat sie sehr getroffen«, sagt er 2023 im Gespräch mit dem Verfasser dieses Buches. »Anfangs spielte ja sogar ihre Frisur eine Rolle.«[13]

Auf die Frage Koelbls, was sie nach zwei Amtszeiten als Ministerin auf ihrem »Plus-Konto« verbuchen könne, antwortet sie, dass sie in der Bundesrepublik ihre Leistungsgrenzen habe austesten können. »In der DDR war man ja nicht gefordert. Da durften Sie sich nie ausleben. Sie haben auch nie testen können, wie weit Sie es bringen können.« Da biete die Demokratie »hinreichend Gelegenheit«.[14]

Aus Opportunismus in der FDJ

Hat Merkel etwas zu verbergen aus ihrer DDR-Vergangenheit? Bislang ist zumindest nichts bekannt, was zu einer ernsthaften Belastung oder gar Gefährdung ihrer politischen Laufbahn hätte werden können oder ihr sogar jetzt noch auf die Füße fallen könnte. Als sie zu Beginn der 1990er Jahre noch hie und da offener über ihre Zeit in der DDR spricht, gibt sie einmal zu, gerne in der FDJ gewesen zu sein. Allerdings sei 70 Prozent Opportunismus im Spiel gewesen. Ihr einstiger Kollege am

2. DIE KANZLERIN

Zentralinstitut für Physikalische Chemie der Akademie der Wissenschaften Hans-Jörg Osten erinnert sich, dass Merkel in der FDJ-Gruppe des Instituts »Sekretärin für Agitation und Propaganda« gewesen sei. Merkel selbst spricht von der Funktion einer Kulturbeauftragten und will sich nicht daran erinnern, agitiert zu haben. Grundsätzlich stellt sie fest, dass es für jemanden aus den westdeutschen Bundesländern schwer sei, aktive Mitgestaltung des sozialistischen Systems von notwendiger Anpassung zu unterscheiden.[15]

Merkel versucht nicht, sich als organisierte Widerstandskämpferin oder Bürgerrechtlerin darzustellen, sie habe sich aber doch in einer »stetigen und stetig zunehmenden, sehr kritischen Auseinandersetzung mit der DDR befunden«.[16] Der Publizist Ralf Georg Reuth schreibt in einem 2021 erschienenen Aufsatz, dass Merkel sich im September 1989 dem Demokratischen Aufbruch (DA) zugewandt habe, der sich dem »demokratischen Sozialismus« verschrieben habe. Im Gespräch mit Gästen ihres Vaters aus der Bundesrepublik habe sie gesagt, wenn die DDR reformiert würde, dann »nicht im bundesrepublikanischen Sinne«. Eine nachprüfbare Quellenangabe findet sich jedoch nicht.[17]

Im Mai 2013 wird Angela Merkel vom »Stern« gefragt, warum sie so ungern über ihre DDR-Vergangenheit rede. Damals ist sie seit fast acht Jahren Bundeskanzlerin und hat gute Aussichten, bei der im Herbst anstehenden Wahl wiedergewählt zu werden. Sie windet sich. Bestreitet, dass sie nicht über die ersten 35 Jahre ihres Lebens rede. Wenn sich jemand »wirklich« für sie interessiere, dann werde er sehen, dass sie in den zurückliegenden 20 Jahren viel von ihren Erinnerungen an das Leben in der DDR berichtet habe.

Dann erzählt Merkel jedoch eine Episode, die die Beobachtung Ralph Bollmanns bestätigt, dass sie gelernt habe, vorsichtig zu sein mit Äußerungen über ihre Zeit im Sozialismus.

1991 habe sie in Schwerin von ihrer Marxismus-Leninismus-Abschlussarbeit im Rahmen ihrer Promotion berichtet. Das Thema habe gelautet »Was ist sozialistische Lebensweise?« Die Arbeit sei zu DDR-Zeiten kritisiert worden, weil sie die Arbeiterklasse gegenüber den Bauern zu wenig berücksichtigt habe. Nachdem sie das erzählt habe, hätten Journalisten »wie wild« nach dieser Arbeit gesucht, in der Annahme, dort »Gott weiß was für einen Skandal« zu finden. Die Arbeit sei in den Akten der Akademie der Wissenschaften allerdings nicht mehr zu finden gewesen. Den damals erhobenen Vorwurf, sie wolle die Arbeit nicht der Öffentlichkeit zugänglich machen, versucht Merkel mehr als 20 Jahre später mit dem Argument zu entkräften, sie selbst habe doch überhaupt erst von der Arbeit berichtet bei ihrem Auftritt in Schwerin.

Liefert sie (ungewollt?) mit dieser Anekdote schon einen ersten Beleg für die Beobachtung, dass sie ungern über ihre DDR-Vergangenheit spricht, folgt der nächste auf dem Fuß. Mit Blick auf ihre Zeit bei der FDJ zitieren die Journalisten eine Äußerung Merkels, dass sie nichts zu verbergen habe, es aber offenbar »unheimlich schwer« sei, »heute zu verstehen und begreiflich zu machen, wie wir damals gelebt haben«. Die Kanzlerin bekräftigt daraufhin, dass es »nicht so einfach« sei, andere Lebenswege zu verstehen, was in beide Richtungen gelte. »Ich beispielsweise habe eine Weile gebraucht, bis ich das Lebensgefühl und die Bedeutung der 68er Generation in Westdeutschland einigermaßen nachvollziehen konnte.« Als über die Vergangenheit Joschka Fischers als Straßenkämpfer berichtet worden sei, habe sie ihm empfohlen, »er solle Buße tun«. Darüber hätten manche Sozialdemokraten und Grüne nur gelacht.

2. DIE KANZLERIN

Schröder verhöhnt Merkel

Das ist am 17. Januar 2001 im Bundestag zu beobachten. Obwohl Fischer, der damals Außenminister ist, sagt, er habe »Unrecht getan«, will Merkel ihn belehren, dass er eine »verquere Sicht« auf die von Willy Brandt regierte Bundesrepublik gehabt habe. Es sei eben keine Diktatur, sondern ein liberales Land gewesen. In der Regierungsbank sitzen Kanzler Schröder und Minister Fischer und feixen. Ihr Gesichtsausdruck spricht Bände: Mädchen, was weißt du denn schon. Schröder fasst es dann in Worte: »Ich werfe Ihnen nicht vor, dass Sie damals nicht dabei sein konnten.«[18] Brutaler, herablassender hätte der Bundeskanzler der CDU-Vorsitzenden nicht sagen können, dass sie seiner Meinung nach keine Ahnung von der jüngsten Vergangenheit der bundesrepublikanischen Gesellschaft habe. Da wurde es ihr also auch von links entgegengeschleudert: eine angelernte Bundesdeutsche.

Merkel erklärt das im Rückblick aus dem Jahr 2013 so, dass die westdeutsche Linke es als anmaßend empfunden habe, wie sie, die sie die Studentenbewegung nicht erlebt habe, über diese Zeit urteile. Sie folgert daraus: »Wer über Lebenswege anderer redet, braucht Einfühlungsvermögen, und er muss den geschichtlichen Zusammenhang verstehen.« Die Diskussionen seien aber »viel toleranter« als noch vor ein paar Jahren.[19]

Noch einmal sechs Jahre später hält Angela Merkel den Zeitpunkt für gekommen, ganz offen über ihre DDR-Vergangenheit zu sprechen. Sie sucht sich dafür eine Journalistin aus, von der sie weiß, dass sie zu den nicht allzu zahlreichen Berlin-Korrespondenten der großen Medienhäuser gehört, die eine ostdeutsche Vergangenheit haben und diese auch noch offen thematisieren. Cerstin Gammelin schreibt damals noch für die »Süddeutsche Zeitung«, das Interview führt sie zusammen mit

Büroleiter Nico Fried. Drei Jahre später wird sie Sprecherin des sozialdemokratischen Bundespräsidenten Frank-Walter Steinmeier. Auch wenn die meisten Leser nicht um Gammelins ostdeutsche Herkunft wissen dürften, merken sie sofort, dass da zwei Frauen miteinander sprechen, die mit kurzen Bemerkungen und Hinweisen der anderen etwas anfangen können, wie es kein Westdeutscher könnte.

Merkel sagt, dass zwar häufig Gäste aus der »alten Bundesrepublik« in ihrem Elternhaus zu Gast gewesen seien. Sie habe gleichwohl ein »vom Osten geprägtes Leben« geführt. »Und vom Westfernsehen?« – »Ja, natürlich.« Die Erinnerungen fliegen hin und her, an Indianerfilme aus dem Osten mit dem dort populären Schauspieler Gojko Mitić an Für-Dich-Schnittbögen, an die DDR-Frauenzeitschrift Sibylle. Da hat man zum ersten Mal das Gefühl, dass Merkel nicht wohlüberlegt, Wort für Wort auf die Fragen westdeutscher Interviewer zu ihrer Vergangenheit antwortet, sorgfältig bedacht auf die Wirkung, sondern sich leicht und heiter mit jemandem der alten Zeiten erinnert, die auch ihr Gutes gehabt zu haben scheinen, zumindest ihr Heiteres.[20]

Als Angela Merkel dieses Interview gibt, liegt der Anfang vom Ende ihrer politischen Laufbahn schon ein Jahr hinter ihr. Sie ist noch Kanzlerin und wird es bis zum Jahr 2021 bleiben. Aber den CDU-Vorsitz hat sie bereits ein knappes Jahr zuvor an Annegret Kramp-Karrenbauer übergeben, eine Saarländerin mit zutiefst westdeutscher CDU-Prägung. Zwar wackelt die Autorität Kramp-Karrenbauers längst, Merkel kann also nicht beruhigt annehmen, dass sie die Macht in Partei und Staat einigermaßen geordnet übergibt. Aber dennoch scheint die Loslösung von der Macht schon so weit fortgeschritten zu sein, dass sie offen über ihre ostdeutsche Vergangenheit und bundesdeutsche Gegenwart sprechen kann und will.

2. DIE KANZLERIN

Der unterdrückte Teil ihres Lebens

Dabei wird deutlich, wie lange sie den Teil ihres Lebens, der in der DDR stattgefunden hat, unterdrückt hat. Gefragt, ob sie es vermisst habe, dass sie nicht gelegentlich mit jemandem den Stoßseufzer austauschen konnte »Ach, diese Wessis wieder«, verneint sie. Bis zum offenen Wessi-Bashing in Halle wird es noch zwei Jahre dauern. Gefragt, ob es jemanden gebe, der sie verstehe, wenn sie Begriffe einstreue, die nur ein Ostdeutscher kenne, Codewörter also, nennt sie den Namen ihrer letzten Familienministerin, Franziska Giffey. Mit der gebe es manchmal »witzige Momente«. Es falle ein Wort und beide müssten lachen. Die ein Vierteljahrhundert nach Merkel in Frankfurt an der Oder geborene Sozialdemokratin ist also die Einzige, die Merkel einfällt, wenn es um den kleinen, augenzwinkernden Austausch mit Ostdeutschen in ihrem Alltag in der Spitzenpolitik geht.[21]

In diesem Gespräch mit der »Süddeutschen Zeitung« löst Merkel auch das Rätsel auf, ob ihre positiven Schilderungen des Mauerfalls, der Wende und der Bundesrepublik, gepaart mit den sehr kritischen Bemerkungen über die DDR, echtem Empfinden entsprangen oder vor allem Schutzbehauptungen waren, um nicht als Jeanne d'Arc der Ostdeutschen dazustehen. Letzteres wird auch eine Rolle gespielt haben, aber nicht die entscheidende. Als mit Mitte dreißig die Tür in die Freiheit aufging, war sie wirklich begeistert, optimistisch. Drei Jahrzehnte später ist sie mindestens ernüchtert, wenn nicht enttäuscht. »Bei manchem, von dem man gedacht hat, dass es sich zwischen Ost und West angleichen würde, sieht man heute, dass es doch eher ein halbes Jahrhundert oder länger dauert.« Nach zehn oder zwanzig Jahren habe man die Hoffnung gehabt, dass es schneller gehe. »Aber dreißig Jahre haben schon etwas fast Endgültiges.« Die weltweite Zunahme nationalistischer und protektionistischer Tendenzen sorge für einen stärkeren »nationalen Blickwinkel«, sodass verstärkt auf die Unterschiede zwischen alten und neuen Bundesländern geschaut werde.[22]

Diese Bemerkung ist zugleich ein Beleg für die besondere, ostdeutsche Sichtweise Merkels auf die jüngere deutsche Geschichte. Gerade in der CDU wurde die DDR nicht als eigene Nation angesehen, sondern als ein der deutschen Nation vorübergehend abhandengekommener Teil im Osten des Landes. Und noch eine Bemerkung ist auffallend. Sie will erklären, warum viele Menschen aus Ostdeutschland auch im Rückblick bekümmert seien. Was sie in der DDR gekonnt hätten, sei plötzlich nicht mehr gefragt gewesen. Doch was sie dann als Beispiel anführt, taugt ausschließlich als Beleg dafür, wie wichtig es war, sich in einer Mangelwirtschaft zu orientieren, ist also das Gegenteil von auch nur ansatzweiser Aufhellung des DDR-Bildes. So hätten damals viele Menschen schnell erkennen können, ob es »Tomatenketchup oder Zellstofftaschentücher in der Kaufhalle gab«. Das sei eine »echte Fähigkeit« gewesen, Menschen anzusprechen und zu fragen, wo der Stand dieser Waren sei, »und hinzurennen, damit man ankam, bevor er leer war«. Westdeutsche wissen angesichts solcher Schilderungen nicht, ob sie lachen oder weinen sollen. Als romantisierender Rückblick auf die DDR taugt das im Schwarzwald, im Münsterland oder an der Nordseeküste jedenfalls nicht.[23]

Je näher das Ende ihrer Kanzlerschaft rückt, desto offener wird Merkel im Umgang mit ihrer Vergangenheit. Es ist, als ob sie die Rede in Halle Schritt für Schritt vorbereitet. Das wird jedoch vom breiten Publikum noch nicht als Hinführung zum Finale furioso verstanden. Bei ihrer letzten Sommerpressekonferenz als Kanzlerin sagt sie am 22. Juli 2021, sie erwarte

2. DIE KANZLERIN

von ihrem Nachfolger »Respekt« für die besondere Lebensgeschichte von Menschen in der DDR. Zu diesem Zeitpunkt liegt der unglückliche Lacher von Unions-Kanzlerkandidat Armin Laschet gerade fünf Tage zurück, der Wahlkampf vor der Bundestagswahl im Herbst hat Fahrt aufgenommen. Merkel sagt, sie wünsche sich, wenn jetzt jemand aus der alten Bundesrepublik Bundeskanzler werde, dass einfach ein großes Interesse für DDR-Biografien vorhanden sei. Sie mag ahnen, dass der Sozialdemokrat Olaf Scholz, der tatsächlich mit dem Versprechen des Respekts vor den Menschen in den Wahlkampf geht, ihr Nachfolger wird. Allerdings zielt dessen Respektsversprechen bestenfalls auch auf die Ostdeutschen, sicher aber nicht in erster Linie.

Bei jenem Auftritt in dem gut gefüllten Saal der Bundespressekonferenz in Berlin lässt sich aber nicht ahnen, welche Verletzung sie wenige Monate später offenbaren wird. Merkel wünscht sich zwar mehr Menschen mit ostdeutscher Biografie in Führungspositionen. Aber das klingt doch recht allgemein. Insgesamt tut sie vor den Hauptstadtjournalisten so, als gebe es das Problem, das sie kurz darauf so deutlich darstellen wird, gar nicht. »Aber ich bin mit mir, meinem Leben und meiner Biografie sehr im Reinen und glaube, dass diese Biografie gute Möglichkeiten bietet, Beiträge zum gesamtdeutschen politischen Leben zu leisten.« Manchmal sei es gar nicht einfach herauszufinden, was jemanden prägt. Sie erwähnt ihre naturwissenschaftliche Ausbildung, aber auch ihre DDR-Biografie. »Das jetzt alles aufzudröseln ist schwierig«, sagt Merkel. Kurz darauf begibt sie sich ans öffentliche Aufdröseln in Gegenwart der deutschen Politprominenz.

Als sie wenige Tage nach dem 3. Oktober 2021 von Jana Hensel in der »Zeit« als »ostdeutsche Kanzlerin aller Deutschen« bezeichnet wird,[24] gefällt ihr das. Im Gespräch mit der »Frankfurter Allgemeinen Sonntagszeitung« zitiert sie knapp sechs

OSTDEUTSCHE KANZLERIN ALLER DEUTSCHEN

Wochen vor ihrem letzten Tag als Regierungschefin die Formulierung von Hensel sogar. Ihr Anspruch sei gewesen, Kanzlerin aller Deutschen zu sein. Als sie als »ostdeutsche Kanzlerin aller Deutschen« bezeichnet wurde, »fand ich das sehr berührend und zugleich ein wenig schade, dass ich nicht selbst darauf gekommen war.« Die Deutschen in Ost und West könnten einander noch viel besser zuhören, könnten interessierter an den unterschiedlichen Lebenswegen sein und könnten mehr Respekt vor den jeweiligen Lebenswegen zeigen.[25]

Viele Menschen scheint das Thema zu bewegen. Auf die Rede in Halle, so sagt es jemand, der es wissen muss, bekommt Merkel sehr viel positive Resonanz. So viele Reaktionen habe sie das letzte Mal bekommen, als sie im Dezember 1999, vier Monate vor ihrer Wahl zur CDU-Vorsitzenden, in der »FAZ« jenen Artikel veröffentlichte, in dem sie die Loslösung der Partei von Helmut Kohl forderte. Damals, der Mauerfall war gerade zehn Jahre her, war alles nach vorne gerichtet.

Die »Zonenwachtel« zitiert sie nicht

Doch erst, als alles vorüber ist, als Merkel schon mehr als ein halbes Jahr lang nicht mehr Bundeskanzlerin ist, lässt sie die Katze ganz aus dem Sack. Sie kommt auf die Rede in Halle zu sprechen, macht klar, dass sie noch deutlicher hätte werden können. »Ich hätte zum Beispiel die ›Zonenwachtel‹ noch zitieren können, mit der ich mal tituliert wurde«, sagt sie in Anspielung auf einen der CSU zugeschriebenen Schmäh gegen die ostdeutsche Ministerin.[26] Offenbar sitzt dieser Stachel noch.

Mehr als drei Jahrzehnte nach ihrer ersten Begegnung mit der politischen Führungsetage der Bundesrepublik wischt Angela Merkel alle Behauptungen vom Tisch, sie habe doch über ihre ostdeutsche Vergangenheit berichtet, das habe man

2. DIE KANZLERIN

sehen können, wenn man nur interessiert gewesen sei. Sie habe die Rede in Halle gehalten in dem Bewusstsein, bald das Amt zu verlassen. »Denn ich habe damit eine Verletzlichkeit gezeigt. Vorher hatte ich die Sorge, mich damit angreifbar zu machen.« Das Amt verlange, kein Mitleid oder besondere biografische Erfahrungen zum Thema zu machen. Als eine der letzten Schülerinnen von Helmut Kohl habe sie dessen Leitsatz beherzigt, »Entscheidend ist, was hinten rauskommt.«[27]

Es ist also wie so oft im Leben: Am Ende stimmt doch der erste Verdacht. Um ihre Position nicht von Anfang an zu schwächen, hält Merkel mit ihrer Vergangenheit hinterm Berg. Sie ahnt früh, dass im Westen zwar viel von den Brüdern und Schwestern im Osten die Rede ist und dem Glück der Wiedervereinigung, das aber schnell kippen wird, wenn nach dem ersten Rausch der Begeisterung die Rechnung auf den Tisch kommt für das Aufblühen der vernachlässigten Landschaften. Wie westdeutsch geprägt ihr politisches Zuhause, die CDU, erst recht aber die CSU ist, wird die auffassungsschnelle Merkel nach kürzester Zeit begriffen haben. Aus Angst vor Nachteilen überlässt sie, die spätestens nach ihrer zweiten Wiederwahl mit einer großen Mehrheit für die Union im Jahr 2013 quasi unverwundbar ist, das ausdrückliche Eintreten für die Menschen in Ostdeutschland ihrem Nachfolger. Diese Angst überwiegt die Einsicht, dass etwas zu tun ist. Auf fachlichen Gebieten ist dieses Verhalten in ihrer Kanzlerschaft vielfach zu beobachten. Sie täuscht zumindest die Westdeutschen. Am Ende zeigt sie sich von diesen enttäuscht, aber auch viele Merkel-Fans sind das von ihr, als sie sehen, was alles an inhaltlichen Herausforderungen liegen geblieben ist.

Während auch drei Jahrzehnte nach dem Mauerfall Angela Merkels Blick auf die DDR und ihre eigene Zeit dort nur mühsam aus einzelnen, über Jahre, vor allem die späten Jahre verteilten öffentlichen Äußerungen zu rekonstruieren ist, hat schon vor einigen Jahren eine breitere Debatte begonnen. Es erscheinen Bücher, deren Autoren kritisch reflektieren, wie es eine Generation nach dem Mauerfall um die Integration des östlichen Teils Deutschlands in die Bundesrepublik bestellt ist.[28]

Vor allem das Buch des Leipziger Literaturwissenschaftlers Dirk Oschmann »Der Osten: eine westdeutsche Erfindung« liest sich wie eine sehr scharfe Langversion von Merkels Vortrag in Halle. Passenderweise hält der 13 Jahre nach Angela Merkel in Gotha geborene Wissenschaftler wenige Monate vor Merkels Einheitsrede ebenfalls in Halle und ebenfalls an einem für Deutschland geschichtsträchtigen Datum, dem 17. Juni, einen Vortrag über die Integration der ostdeutschen Länder in die Bundesrepublik. Oder vielmehr über deren fehlende Integration. Daraus wird später ein Artikel in der »FAZ«, 2023 dann ein Buch.[29] Zum Zeitpunkt der Veröffentlichung des Buches ist schon klar, dass Merkels Rede in Halle nicht das ausgelöst hat, was man eine gesamtdeutsche Resonanz nennen kann. Oschmann, der als Professor weit weniger öffentliches Gewicht entfalten kann als eine Bundeskanzlerin, gibt gleichwohl alles, um mit möglichst viel Wucht auf ein schweres Defizit des nun mehr als dreißigjährigen deutschen Einigungsprozesses hinzuweisen. »Statt auf Differenzierung und Relativierung setze ich auf Zuspitzung, Schematisierung und personifizierende Kollektivsprechweise, damit etwas klar erkannt werden kann, was sonst bestenfalls unscharf, wenn nicht gar unsichtbar bleibt.«[30]

Oschmann macht deutlich, dass er keinerlei nostalgisch verklärenden Blick auf die DDR hat. Ihm geht es darum zu zeigen, wie seiner Beobachtung nach der Westen der Bundesrepublik den Diskurs über den Osten führt: »zynisch, herablassend, selbstgefällig, ahistorisch und selbstgerecht«.[31] Das hätte eine Bundeskanzlerin, selbst eine scheidende, in dieser Schärfe

2. DIE KANZLERIN

nicht sagen können. Dennoch klingt es im Kern wie das, was Merkel in Halle beklagt.

Oschmann spitzt immer wieder provokativ zu, aber er liefert zahlreiche Fakten, die seine kritische Sicht belegen. »Der Anteil Ostdeutscher in Spitzenpositionen in Wissenschaft, Verwaltung, Jurisprudenz, Medien und Wirtschaft beläuft sich derzeit auf durchschnittlich 1,7 Prozent!« Die Zahl der im Osten sozialisierten Firmenvorstände liege seit Langem und noch im Jahr 2022 bei weniger als einem Prozent.[32] Der Literaturwissenschaftler, der analog zu Merkel sagt, als Professor habe er persönlich gar keinen Grund zu klagen, will darauf aufmerksam machen, wie wenig die Menschen aus den ostdeutschen Ländern gleichberechtigt und prozentual einigermaßen gleichgewichtig zum Teil der Bundesrepublik geworden sind, nicht nur hinsichtlich der Führungsfunktionen, auch angesichts der schlechteren Bezahlung.

Als bis ganz nach oben aufgestiegene Ostdeutsche nennt Oschmann neben den Fußballspielern Michael Ballack und Matthias Sammer vor allem Joachim Gauck und Angela Merkel. Beide Politiker sieht er jedoch als problematische Beispiele. Beiden sei dieser Aufstieg erst infolge aktueller Krisen gelungen. Gauck sei nach dem Scheitern von Bundespräsident Christian Wulff in dieses Amt gekommen, Merkel aus der Dynamik der CDU-Spendenaffäre zur Kanzlerin geworden.

Zudem merkt Oschmann kritisch an, dass Gauck sich mit der Bezeichnung »Dunkeldeutschland« für den Osten in höchstmöglichem Maß von diesem distanziert habe. Merkel habe ihre ostdeutsche Herkunft »weitgehend beschwiegen«.[33] Erstaunlicherweise erwähnt er den Werdegang der Kanzlerin nur an einigen Stellen und wenig ausführlich. Sie habe erst ganz am Ende ihres politischen Wirkens die »Beschädigungen und Diskriminierungen« thematisiert, die sie aufgrund ihrer ostdeutschen Herkunft habe erfahren müssen. Später schreibt er von den »erlebten Demütigungen« aufgrund ihrer »Ost-Zuschreibung«.³⁴ So wie er kaum Vorschläge macht, wie die aus der Dynamik des Mauerfalls und anschließend der Wiedervereinigung heraus entstandene Situation sich für die Ostdeutschen weniger ungerecht und unbefriedigend hätte entwickeln können, verzichtet Oschmann auf einen Hinweis, dass Angela Merkel in 16 Jahren Kanzlerschaft die Möglichkeit hatte, die Lage ihrer Landsleute im Osten zumindest zu problematisieren, wenn nicht zu verbessern. Sie tat es nicht.

Vier Jahre vor Oschmanns erscheint das Buch des 1968 in Rostock geborenen und in der DDR aufgewachsenen Soziologen Steffen Mau, das nach der Rostocker Plattenbausiedlung Lütten Klein benannt ist. Er kommt zu ähnlichen Befunden wie Oschmann. »Der Preis des Beitritts war der Verlust der Option, gemeinsam einen gesellschaftlichen Entwicklungspfad auszuhandeln und die eigenen Interessen stärker einzubringen.« Das sei ein »recht hoher Preis«, wenn man bedenke, wie sensibel Gesellschaften zuweilen darauf reagierten, wenn ihnen von außen etwas diktiert werde. Die Bürger der ehemaligen DDR als »Teilgesellschaft« hätten sich »untergebuttert« und von wichtigen Entscheidungen ausgeschlossen gefühlt, zur »Hinnahmebereitschaft verdammt«.³⁵

Dirk Oschmann nennt Merkel als Beispiel für Menschen aus der DDR, die »gegen alle Widerstände und Wahrscheinlichkeiten« erfolgreich geworden seien und sich etabliert hätten. Viele von ihnen gestünden ein, »ihre Herkunft verschwiegen oder nur zur Not thematisiert zu haben, weil ihnen klar war, welche Stigmatisierung damit einhergeht«. Unabhängig davon, was man an relativierenden Argumenten gegen diese These vorbringen kann, gibt es doch drei Jahrzehnte nach dem Mauerfall einen Befund. Drei Ostdeutsche, die erfolgreich genug dafür sind, dass man ihnen zuhört, fühlen sich dennoch gedemütigt. Sie behaupten, für ihre Landsleute aus dem Osten

2. DIE KANZLERIN

zu sprechen, was erstens den Vorwurf entkräften soll, aus ihrer Perspektive klinge das doch wie ein Luxusproblem, was zweitens aber für viele tatsächlich zutreffen dürfte.

Entscheidend ist jedoch, dass Angela Merkel es zum Ende ihrer Kanzlerschaft selbst eingesteht. Es stellt sich also die Frage, inwieweit ihr Bemühen, als Ostdeutsche nicht nur nicht aufzufallen, sondern auf keinen Fall zu scheitern, ihr Handeln als Kanzlerin beeinflusst hat. Hätte sie nicht nach der ersten, spätestens der zweiten Wiederwahl die Möglichkeit und die Pflicht gehabt, diese Angst vor dem Scheitern als handlungsleitendes Motiv ihrer Politik abzulegen? Hat sie zu oft gefragt: Was will die westdeutsche Mehrheitsgesellschaft, was also stabilisiert meine Position in der Wählerschaft am besten? Hätte sie nicht selbstbewusster nach der Maßgabe entscheiden können, ja müssen, was für das gesamte Land am besten wäre? Auch wenn das aus der Rückschau leichter zu erkennen ist, so wissen wir heute: ja, sie hätte.

»Mein Land«

Die Frage, welches ihr Land sei, hat Angela Merkel immer sehr beschäftigt. Kurz nach der Rede in Halle entsteht das Projekt, diese in Buchform zu veröffentlichen. Der Aufbau-Verlag will es machen. Obwohl ein schmales Format gewählt und die Seiten luftig bedruckt werden, füllt eine einzige, nicht einmal besonders lange Rede kein Buch. Damit überhaupt ein bisschen Volumen zwischen die Buchdeckel kommt, wählt Merkel noch zwei weitere Reden aus. »Was also ist mein Land?« So nennt sie die Zusammenstellung. Es ist ein erstes Vermächtnis, ein Hinweis darauf, wo sie die Akzente setzen will, bevor sie das große Buch über ihr Leben, das sie mit ihrer langjährigen Vertrauten Beate Baumann schreibt, veröffentlichen wird.

»MEIN LAND«

Die Auswahl der beiden anderen Reden ist damit interessant. Bei der zweiten handelt es sich nicht um eine Rede im eigentlichen Sinne. Vielmehr sind es Merkels einleitende Worte bei ihrer alljährlichen Sommerpressekonferenz vor den Hauptstadtjournalisten in Berlin am 31. August 2015. Die Überschrift, die sie dafür in ihrem Büchlein auswählt, macht sofort klar, worum es ihr geht. »Wir schaffen das!«[36] Für die letzten sechs Jahre ihrer Kanzlerschaft sind die Worte zum Kampfbegriff im Streit über Merkels Flüchtlingspolitik geworden. Ihre Kritiker interpretieren die Formulierung als Ausweis der Verharmlosung einer Überforderung Deutschlands. Statt die Probleme zu benennen und zu bekämpfen, die die Massenzuwanderung in kurzer Zeit mit sich bringt, tut Merkel ihrer Auffassung nach so, als sei alles eine Kleinigkeit, die mit etwas gutem Willen in den Griff zu kriegen ist, wenn nur alle der Überzeugung folgen, dass es sich um eine gute Sache handelt.

Liest man ihre Äußerungen von damals noch einmal, so ist man geneigt zu glauben, was später in Merkels Umfeld verbreitet werden wird. Die Aussage »Wir schaffen das!« war nicht als programmatische Überschrift geplant, sondern wurde dazu. In ihrer gewohnt nüchternen Art listet Merkel in der Bundespressekonferenz auf, worum es operativ beim Umgang mit den Asylsuchenden geht: Die Verfahren müssen beschleunigt werden, es muss also schnell geklärt werden, wer eine Bleibeperspektive hat und wer nicht. Mehr Erstaufnahmeeinrichtungen müssen her, Bundesliegenschaften müssen unbürokratisch zur Verfügung gestellt werden, praktische Fragen zu Brandschutzanforderungen und Immissionsschutzgesetzen sind zu beantworten. Es geht um die Kostenverteilung, Integrationsanstrengungen für Asylsuchende mit guter Bleibeperspektive, schließlich um langfristige Wohnungs- und Arbeitsperspektiven. Mitten in ihrer Einführung zwischenbilanziert die Kanzlerin: »Ich sage ganz einfach: Deutschland ist ein starkes Land.

2. DIE KANZLERIN

Das Motiv, mit dem wir an diese Dinge herangehen, muss sein: Wir haben so vieles geschafft – wir schaffen das! Wir schaffen das, und dort, wo uns etwas im Wege steht, muss es überwunden werden, muss daran gearbeitet werden.« Der Bund werde mit Ländern und Kommunen alles in seiner Macht Stehende tun, um genau das durchzusetzen. Gleich darauf folgt die Forderung, dass »Europa als Ganzes« sich in der Flüchtlingspolitik bewegen müsse.

Das alles klingt nicht nach ideologisch motivierten Vorstellungen von einer heilsbringenden Flüchtlingspolitik. Nur den Artikel 1 des Grundgesetzes über die unantastbare Würde des Menschen wird sie später ins Feld führen. Schon sehr bald beginnt sie damit, ein Abkommen mit der Türkei auszuhandeln, das zur Begrenzung und Steuerung der Flüchtlingsströme dienen soll, nach langen Verhandlungen wird es 2016 beschlossen. Im September 2016 versichert sie der Unionsfraktion im Bundestag, eine Situation wie im Sommer 2015 werde sich nicht wiederholen.

Als Merkel Jahre später ihr Handeln im Sommer 2015 verteidigt, sagt sie: »Im Übrigen war es doch auch ein ganz großes und allgemeines Empfinden in Deutschland.« Sie hatte sich offenkundig nach diesem Empfinden richten wollen, hatte geglaubt zu tun, was die Mehrheit der Deutschen ihrer Auffassung nach wollte. Doch daran müssen ihr schnell Zweifel gekommen sein. Sonst hätte sie nicht zwei Wochen nach ihrer »Wir-schaffen-das-Pressekonferenz« gesagt, wenn man in der Flüchtlingskrise nicht ein freundliches Gesicht zeigen dürfe, sei das nicht ihr Land. Das zeigt eine tiefe Verunsicherung, die in die wiederholte Beteuerung mündet, so etwas werde nicht wieder vorkommen.

Angela Merkel macht sich mit dem Fall der Mauer, dem Erlangen der neuen Freiheit und dem politischen wie (zunächst jedenfalls) geografischen Weg nach Westen sehr grundsätzliche

Gedanken darüber, welchen Stand sie im wiedervereinigten Deutschland hat, welches ihre Rolle im politischen System der Bundesrepublik ist. Wie sich zum Ende ihrer Kanzlerschaft zeigt, war sie dabei viel unsicherer, als man der für viele Jahre mächtigsten Frau Europas zugetraut hätte.

Kohl und Schröder hätten die Frage nie gestellt

Das unterscheidet sie fundamental von ihren männlichen Vorgängern. Als Helmut Kohl oder Gerhard Schröder in einem ähnlichen Lebensalter (Kohl ist 52 Jahre, Schröder 54) wie Merkel (mit 49 Jahren) das Kanzleramt übernehmen, haben sie einen über Jahrzehnte in der bundesdeutschen Politik und deren Parteiensystem gewachsenen Machtanspruch entwickelt, der ihre Rolle definiert. Auch wenn Kohl als Regierungschef die Wiedervereinigung selbst aufs Gleis gesetzt hat und Schröder Deutschland als Kanzler von der Bonner in die Berliner Republik geführt hat, so wäre ihnen die unsichere Frage, was denn ihr Land sei, nicht in den Sinn gekommen. Schon gar nicht nach ihrer Kanzlerschaft.

Mein Land – das ist für Merkel ein großes Thema, wie sie zum Ende ihrer Zeit als Regierungschefin sehr deutlich macht. Als wolle, als müsse sie sich und anderen immer wieder zeigen, dass sie jene vollwertige Bundesdeutsche ist, als die sie sich ausweislich ihrer Rede in Halle auch nach 16 Jahren Kanzlerschaft nicht wahrgenommen fühlt. Die angeblich in CSU-Kreisen entstandene Schmähung »Zonenwachtel« ist weit mehr als ein böser Spottname für Merkel. Sie trifft sie an ihrer empfindlichsten Stelle. Im engsten Kreis um Merkel wird darauf hingewiesen, dass weniges sie so sehr verletzt wie die Reduktion auf ihre DDR-Vergangenheit. Schon weil sie sich dagegen nicht wehren kann.

2. DIE KANZLERIN

Merkels Kanzlerschaft erinnert in dieser Hinsicht an die Präsidentschaft Barack Obamas. Für viele Amerikaner war die Wahl eines schwarzen Politikers zum amerikanischen Präsidenten ein großer Schritt nach vorn in Richtung Gleichberechtigung und Moderne. Doch wie sich früh erahnen lässt und dann zeigt, sehen ebenfalls viele Wähler es gerade andersherum, manche sogar als Sündenfall. Ein Schwarzer, noch dazu ein Demokrat, im Weißen Haus passt nicht in ihr Weltbild. Merkel und Obama haben ein gutes Verhältnis zueinander. Obama ärgert Merkel nicht etwa wie Russlands Präsident Wladimir Putin mit der Anwesenheit seines Hundes oder massiert ihr unaufgefordert und wohl kaum zu ihrem Vergnügen die Schultern wie sein Vorgänger George W. Bush, sondern fragt sie sogar, ob er ihren Vornamen deutsch oder englisch aussprechen soll.[37] Beide, Merkel wie Obama, haben einen enormen und über die individuelle Bestenauslese hinausgehenden Teil ihres politischen Erfolges schon mit der Wahl ins Amt an sich erreicht.

Dass Merkel nicht nur die erste Ostdeutsche, sondern auch die erste Frau ist, die das Kanzleramt erobert, ist ebenfalls eine Sensation. Aber für sie scheint das weniger Bedeutung zu haben als ihre ostdeutsche Herkunft. Gefragt, ob es Frauen schwerer falle, »die Aura der Macht« auszustrahlen, antwortet Merkel: »Ich denke, diese Ausstrahlung hat etwas mit Reife, Lebenserfahrung und Selbstbewusstsein zu tun. Das ist nicht geschlechtsspezifisch.«[38] Da westdeutsche Frauen es zu Beginn der 1990er Jahre auch nicht gerade leicht in der Politik haben, weiß sie sich in einer großen – je nach Perspektive – Leidens- oder Solidargemeinschaft mit der Hälfte der Bevölkerung. Als sie in Halle auf ihre Kanzlerjahre zurückblickt, spielt es keine Rolle, dass sie eine Frau ist. Sie thematisiert nur ihre DDR-Vergangenheit als problematisch.

Israel oder die bessere Bundesdeutsche

Die dritte für das schmale Bändchen von Merkel ausgesuchte Rede hat jenes Thema zum Gegenstand, das für jeden in der zweiten Hälfte des 20. und am Beginn des 21. Jahrhunderts lebenden Deutschen das schwierigste ist: der Umgang mit Israel. »Die Staatsräson meines Landes« ist jener Teil überschrieben, der die Rede Merkels vor der Knesset am 18. März 2008 in Jerusalem dokumentiert.[39]

Angela Merkel hat damit einen Text ausgesucht, in dem sie genau das bekräftigt, was sie noch in der für den Anfang des Buches ausgewählten Rede vom 3. Oktober 2021 mit bitterem Unterton bestreitet. Vor der Knesset macht sie deutlich, worin ein Ballast ihrer DDR-Vergangenheit besteht. Nachdem sie gesagt hat, dass der beispiellose Zivilisationsbruch der Schoah Beziehungen zwischen Israel und Deutschland zunächst unmöglich gemacht zu haben schien, gesteht sie ein: »Umgekehrt habe ich selbst die ersten 35 Jahre meines Lebens in einem Teil Deutschlands, in der DDR, gelebt, der den Nationalsozialismus als westdeutsches Problem betrachtete.« Auch den Staat Israel habe die DDR bis kurz vor ihrem Ende nicht anerkannt. So habe es mehr als 40 Jahre gedauert, bis sich ganz Deutschland sowohl zu seiner historischen Verantwortung als auch zum Staat Israel habe bekennen können.

Welcher Ballast könnte noch größer sein? Während ihre späteren politischen Mitstreiter und Gegner als junge Menschen im Elternhaus, auf der Schulbank und in den demokratischen Parteien, denen sie angehören, mühsam mit dem schweren Erbe der deutschen Geschichte umzugehen lernen, lebt Angela Merkel in einem Staat, der bestreitet, mit diesem

2. DIE KANZLERIN

Erbe etwas zu tun zu haben. Nun gehört sie nicht zu denjenigen, bei denen dieses Defizit zu Ignoranz und Dumpfheit führt. Ganz im Gegenteil. Merkel kompensiert dieses Manko. Sie überkompensiert es sogar. Es ähnelt ihrer sehr proamerikanischen Haltung zum Irakkrieg Anfang 2003 und einem zu wirtschaftsliberalen Kurs der CDU auf dem Parteitag im selben Jahr. Auch das waren Überkompensationen.

Vor der Knesset erinnert sie an das erste Treffen des israelischen Premierministers David Ben-Gurion mit dem deutschen Bundeskanzler Konrad Adenauer im Jahr 1960. Merkel war damals ein in der DDR lebendes sechs Jahre altes Mädchen. Sie nennt Adenauer in ihrer Rede aber nicht den ersten Kanzler der Bundesrepublik Deutschland, sondern den ersten Bundeskanzler »meines Landes«. Das wirkt so, als habe es für sie nie ein anderes Land als die Bundesrepublik gegeben. So gründlich, wie solche Reden vorbereitet werden, wird diese Formulierung kein Zufall gewesen sein. Sie könnte, so sagt Merkel in Jerusalem, »heute nicht als Bundeskanzlerin der Bundesrepublik Deutschland, die in der ehemaligen DDR aufgewachsen ist«, an dieser Stelle sprechen, wenn es nach dem Zweiten Weltkrieg in der damaligen Bundesrepublik nicht Politiker wie Konrad Adenauer, Willy Brandt und Helmut Kohl gegeben hätte. »Sie haben an die Kraft der Freiheit, an die Kraft der Demokratie und an die Kraft der Menschenwürde geglaubt. Sie haben es so vermocht, das scheinbar Unmögliche möglich zu machen: die Vollendung der Einheit Deutschlands in Frieden und Freiheit und damit die Versöhnung des europäischen Kontinents.« Sogar in Israel ist die Wiedervereinigung ihr Topthema.

Selbstverständlich erwähnt sie nicht Walter Ulbricht, Willi Stoph oder Erich Honecker, die DDR-Herrscher. Aber dennoch ist die entschiedene Einseitigkeit, mit der sie das Glück ihres Landes und damit ihr eigenes ausschließlich mit dem Wirken westdeutscher Politiker verbindet, bemerkenswert. Gerade an diesem Ort, an dem für eine deutsche Kanzlerin jedes Wort, jede Silbe zur Vergangenheit des Landes von solchem Gewicht sind, gibt es von Merkel nicht die kleinste positive Erwähnung des Landes, in dem sie bis zum Mauerfall gelebt hat. 13 Jahre später in Halle wird das ganz anders klingen. Da wird der Blick auf den westdeutschen Teil Deutschlands kritischer sein, der Hinweis auf die Kraft, den Freiheitswillen und die Verdienste der ostdeutschen Gesellschaft wird klar und deutlich sein.

Merkel will eine lupenreine Bundesrepublikanerin sein

Als Angela Merkel mit dem Kanzlerinsein beginnt, will sie mit aller Deutlichkeit zeigen, dass sie eine Bundesrepublikanerin ist, die die Verantwortung für alle Deutschen völlig unbeschadet ihrer ostdeutschen Vergangenheit tragen kann. Das wirkt nicht so, als sei es bloße Taktik, weil sie nicht in den Verdacht geraten will, als Ostdeutsche Politik vor allem für Ostdeutschland zu machen. Das wirkt wie das ehrliche Bemühen, jeden Zweifel an ihrer Trittsicherheit auf dem Parkett der Bundesrepublik von Anbeginn an zu zerstreuen. Angela Merkel will eine lupenreine, eine mustergültige Bundesrepublikanerin sein.

Wie kann man das besser beweisen als am Umgang mit Israel? Der von ihr selbst vor der Knesset thematisierte Befund lautet, dass der DDR-Staat die dunkle deutsche Geschichte nicht aufgearbeitet habe. Nun also ist Merkel als Kanzlerin in Israel. Jede Bundesregierung und jeder Bundeskanzler vor ihr seien der »besonderen historischen Verantwortung Deutschlands für die Sicherheit Israels verpflichtet« gewesen, sagt sie. Und weiter: »Diese historische Verantwortung Deutschlands ist Teil der Staatsräson meines Landes.« Das bedeute, die Si-

2. DIE KANZLERIN

cherheit Israels sei für sie als Kanzlerin niemals verhandelbar. »Und wenn das so ist, dann dürfen das in der Stunde der Bewährung keine leeren Worte bleiben.« Damit zielt sie vor allem auf die atomare Bedrohung Israels durch Iran. Berlin setze mit seinen Partnern auf eine diplomatische Lösung. »Die Bundesregierung wird sich dabei, wenn der Iran nicht einlenkt, weiter entschieden für Sanktionen einsetzen.« Das klingt allerdings nicht mehr ganz so entschlossen wie die Formulierung zur Staatsräson.

In seinem 2023 erschienenen Buch »Über Israel reden – eine deutsche Debatte« analysiert der in Frankfurt lebende israelische Historiker und Pädagoge Meron Mendel die Bedeutung von Merkels Äußerung.[40] Schon im August 2006, als sie noch kein Jahr Kanzlerin ist, habe Merkel in einem Interview mit der »Welt am Sonntag«[41] über das Existenzrecht Israels als Teil der deutschen Staatsräson gesprochen. Dann noch einmal ein Jahr später vor der Generalversammlung der Vereinten Nationen. Doch erst mit der Rede vor der Knesset sei die Formel von der Sicherheit Israels als Teil der deutschen Staatsräson zum »Signum« der deutschen Politik geworden. Mendel weist darauf hin, wie sie »von verschiedenen Amtsträgern routiniert wiederholt« wird. Die Ampelparteien schrieben sie sich 2021 sogar in ihren Koalitionsvertrag. »Die Sicherheit Israels ist für uns Staatsräson.« Außenministerin Annalena Baerbock trägt das bei ihrem Antrittsbesuch in Israel wie selbstverständlich vor.

Mendel lässt uns allerdings auch wissen, dass Merkels Darstellung, bei dieser Feststellung handele es sich um eine Selbstverständlichkeit, die von jedem Kanzler vor ihr vertreten worden sei, nicht zutreffe. Merkels Äußerung sei vielmehr »ein Novum« in den deutsch-israelischen Beziehungen gewesen.[42] Mendel wundert sich sogar darüber, dass die Kanzlerin auf den Begriff der Staatsräson abhebe. Mit Hinweis auf Niccolò Machiavelli, der die Staatsräson schon im frühen 16. Jahrhundert definiert habe, schreibt er, dass diese grundsätzlich dem Rechtsstaatsgedanken entgegenstehe, weil sie die Durchsetzung der Interessen, also auch der Machtinteressen eines Staates, meine, selbst wenn dadurch Gesetze und Rechte einzelner Bürger verletzt würden. Daher sei in »bundespolitischem Zusammenhang« in Deutschland lange nicht die Rede von der Staatsräson gewesen.

Helmut Schmidt sagt Angela Merkel, wie Deutschland funktioniert

Nicht einmal, als es im »Deutschen Herbst« um den Umgang mit den Erpressungsversuchen der terroristischen Rote-Armee-Fraktion dem Staat gegenüber gegangen sei, sei die Staatsräson bemüht worden. Einer von Merkels Vorgängern, der Sozialdemokrat Helmut Schmidt, habe die Darstellung Merkels, dass Deutschland für Israels Sicherheit mitverantwortlich sei, als »gefühlsmäßig verständliche, aber törichte Auffassung, die sehr ernsthafte Konsequenzen haben könnte«, bezeichnet. Merkels Bekenntnis sei eine »Übertreibung«, zitiert Mendel den Altkanzler.[43] Der mehr als 90 Jahre alte Schmidt, dessen Selbstverliebtheit beim Verbreiten von Welterklärungen allerdings damals ein erhebliches Ausmaß hat, sagt also der im Amt befindlichen Bundeskanzlerin, wie Deutschland funktioniert.

Bis in die Anfänge der Bundesrepublik blickt Mendel zurück. Er zitiert aus der Regierungserklärung Konrad Adenauers vom 27. September 1951. Dort sagt der CDU-Politiker, der so oft gelobt wird, weil er Deutschland in den Kreis der zivilisierten Mächte zurückgeführt hat, die Verbrechen an den Juden seien »im Namen des deutschen Volkes« verübt worden, was reichlich distanziert klingt. Die Deutschen aber hätten in »überwiegender Mehrheit die an den Juden begangenen Verbrechen verabscheut«.[44]

2. DIE KANZLERIN

Merkel, die ohnehin nicht zum Schwadronieren neigt, wird ihre Worte vor der Knesset mit besonderer Sorgfalt gewählt haben. Es liegt nahe, dass sie sich bei ihrem Auftritt sehr wohl bewusst ist, die Erste zu sein, die die deutsche Politik so eng mit dem Überleben Israels verbindet, auch wenn sie den Eindruck erweckt, das sei nur die Fortsetzung einer langen Linie. Nachdem sie 35 Jahre in einem Staat gelebt hat, der die Verantwortung für das Leiden der Juden geleugnet und nach Westen abgeschoben hat, will sie zeigen, dass sie die Lehren aus dem Holocaust besonders gut gelernt hat. Für ganz Deutschland. Für ihr Land.

15 Jahre später wird sich zeigen, dass Deutschland von Merkels Festlegung nicht wegkommt, ganz gleich, ob sie nun plausibel ist oder nicht. Am 7. Oktober 2023 überfällt die islamistische Hamas Israel und tötet an einem Tag so viele Juden, wie seit der Schoah nicht mehr in derart kurzer Zeit ermordet wurden. Daran wird in Deutschland in den auf den Terroranschlag folgenden Tagen und Wochen immer wieder hingewiesen. Und das Merkel-Diktum wird stets wiederholt: Israels Sicherheit ist deutsche Staatsräson. Die Frau aus Ostdeutschland, die so unsicher scheint im Umgang mit »meinem Land«, hat genau dieses an seiner sensibelsten Stelle geprägt und gebunden.

Wer den Einfluss hat, so etwas zu bewirken, dürfte sich getrost als prägende Kraft des Landes fühlen. Angela Merkels bemerkenswerter Blick zurück auf ihre Zeit in der Bundesrepublik Deutschland, in »ihrem Land«, deutet jedoch darauf hin, dass alle äußeren Zeichen dieser prägenden Kraft am Ende nicht gereicht haben, um sie vollkommen in sich ruhen und zufrieden auf 16 Jahre Kanzlerschaft im vereinigten Deutschland zurückblicken zu lassen.

Es findet sich hier ein auffallender Unterschied zu ihren beiden Vorgängern. Die satte Selbstzufriedenheit eines Helmut Kohl oder Gerhard Schröder, die weder durch die Parteispendenaffäre noch durch die Blindheit gegenüber Wladimir Putin erschüttert wurde, fehlt Angela Merkel. Ihre Weigerung, Fehler auf dem Feld der operativen Politik einzugestehen, steht dabei in krassem Kontrast zu der wiederholten Klage, dass das über 40 Jahre geteilte Land auch drei Jahrzehnte nach dem Mauerfall und nach 16 Jahren ostdeutscher Führung nicht so zusammengewachsen ist, wie es zu erhoffen gewesen wäre. Allerdings lässt Merkel auch hier den Blick auf ihre eigenen Fehler vermissen. Sie beschreibt vielmehr dieses Defizit, als hätte sie selbst nichts damit zu tun.

Eine entscheidende Ursache für Merkels Unwohlsein zum Ende ihrer Kanzlerschaft spielt die Partei, mit deren Hilfe sie groß wurde, die ihr aber auch so viel an Macht zu verdanken hat. Das zeigt sich schon daran, dass Merkel im Gegensatz zu anderen Spitzenpolitikern nach dem Ende ihrer Amtszeit nicht mehr versucht, Einfluss auf die Linie der CDU zu nehmen. Vielmehr zieht sie sich schnell zurück. Zur Familie ist ihr die Christlich Demokratische Union Deutschlands nie geworden.

3. Machtgewinn und Machterhalt

Ankommen im fremden System

Angela Merkels eigener Blick auf ihre Ankunft im politischen Bonn ist gut dokumentiert. Die acht langen, sehr persönlichen Interviews, die sie der Fotografin Herlinde Koelbl gegeben hat, sind nicht Gespräche im Stil einer Ministerin oder gar einer späteren Kanzlerin. Dort spricht die Privatperson Angela Merkel über ihr politisches Leben. In dem Wissen, dass die Interviews erst Jahre nach ihrem Entstehen veröffentlicht werden, redet Merkel offen. Die Interviews leben gerade davon, nicht für den aktuellen Medienbetrieb gedacht zu sein. Hier geht es nicht um eine aktuelle Äußerung zu einem Aufregerthema, die zu einer Meldung der Nachrichtenagenturen oder einer Schlagzeile auf der Titelseite einer Zeitung wird. Hier wird grundsätzlicher, offener und deswegen interessanter gesprochen. Nicht dass die beiden Frauen ein besonderes Vertrauensverhältnis hätten. Aber Angela Merkel hat Koelbl zugesagt. Also hält die pflichtbewusste Protestantin durch und macht bis zum Ende mit.

Nicht nur auf Fragen nach ihren Back- und Kochkünsten antwortet Merkel, prahlt etwa, dass »niemand auf der Welt« so gut Kartoffelsuppe kochen könne wie sie. Auch zum Zusammenleben mit ihrem Partner und späteren Ehemann, Joachim Sauer, äußert sie sich. »Was die Politik angeht, spielt er eine ganz wichtige Rolle schon dadurch, dass er mir mitteilt, wie eine bestimmte Entwicklung oder eine bestimmte Entscheidung auf einen normalen Menschen wirkt, der die Sache von außen sieht.« Zudem gebe ihr die Beziehung zu ihm Sicherheit, sagt Merkel. Man sehe sich am Wochenende, das am »Sonnabend um 17 Uhr« beginne, oder auch in der Woche, wenn sie mal in Berlin sei.

Es wird noch privater. Ob sie sich vorstellen könne, ihn zu heiraten, Kinder zu kriegen und dabei aktive Politikerin zu bleiben, wird die 37 Jahre alte Ministerin gefragt. »Nein, zusammen mit der Politik kann ich es mir nicht vorstellen.« Eine Heirat würde ihr Leben nicht ändern. »Aber ein Kind würde nach meinem Verständnis bedeuten, dass ich die Politik aufgebe.« Das sei derzeit jedoch kein Thema. »Vielleicht wird es auch keines mehr.« Als sie ein Jahr später gefragt wird, ob Sauer immer noch Verständnis dafür habe, dass er sie nur am Wochenende sehe, sagt Merkel: »Jetzt haben wir uns erst einmal darauf verständigt.« Auch über ihre motorischen Probleme in der Kindheit spricht sie. Sie sei »ein kleiner Bewegungsidiot« gewesen, habe mit fünf Jahren noch nicht einen Berg hinuntergehen können. Stattdessen habe sie im Laufstall »gethront« und ihren kleinen Bruder rumkommandiert.[1] So private, ja intime Details wird Merkel in den kommenden 30 Jahren kaum mehr verraten. Mit der Macht wächst ihr Misstrauen.

Wer so offen über so Privates spricht, dem darf unterstellt werden, dass auch der Blick auf das Berufsleben einigermaßen ungeschönt ist. Nach einem knappen Jahr im Amt der Bundesfrauenministerin korrigiert sie die Aussage Koelbls, dass sie ins Licht der Öffentlichkeit gerückt sei. »Gerückt worden!«, sagt Merkel stattdessen. Ihre steile Karriere verdanke sie »eher den glücklichen Umständen«. Wäre sie mit ihren Eigenschaften in der Bundesrepublik aufgewachsen, wäre ihr dieser Aufstieg vermutlich nicht gelungen. Damit stellt sie sich als ost-

3. MACHTGEWINN UND MACHTERHALT

deutsche Quotenfrau dar. Die anfangs große Freundlichkeit ihr gegenüber habe schon nachgelassen, sagt sie zum Jahresende 1991. Wenn jemand schneller aufsteige, als es gewöhnlich der Fall sei, stellten sich leicht Neid und Missgunst ein.

Möglicherweise ist es Koketterie oder Tiefstapelei. Aber Merkel behauptet, lediglich Mitglied im ersten gesamtdeutschen Parlament zu werden sei ihr Wille gewesen. »Es war sicher nicht mein Ziel, ein Amt nach dem anderen zu bekommen.« So habe sie weder Ministerin noch stellvertretende CDU-Vorsitzende werden wollen. »Da frage ich mich manchmal, ob das alles zusammen nicht zu viel für mich ist.«

Merkel beschreibt Bonn als »glattes Pflaster«, bezeichnet das Durchsetzungsverhalten einiger männlicher Politiker als unangenehm. »Manche Leute blähen sich innerlich richtig auf und versuchen, sich gegenseitig zu übertönen, wenn sie etwas durchsetzen wollen.« Sie fühle sich davon »fast körperlich bedrängt«. Sie habe ständig Angst, dass ihr Amt sie demoliere, fürchte den »Hohn« der Gesellschaft und sorge sich, sie könnte erst hochgejubelt und dann »verdammt« werden.

Oft ist Angela Merkel in ihrer langen politischen Karriere vorgeworfen worden, sie gehe nicht mit einer festen Haltung in eine politische Entscheidungssituation, sondern laviere so, dass sie am Ende eine Mehrheit hinter sich habe und damit ihre Position nicht gefährdet sei. Das kann man als Pragmatismus in der Demokratie bezeichnen, als politischen Überlebensinstinkt. Man kann es auch dahingehend kritisieren, dass es Merkel immer nur darum gegangen sei, an der Macht zu bleiben. In der sozialistischen Diktatur war es jedenfalls für alle diejenigen, die nicht im Widerstand waren, ratsam, sich auf der Seite der Mehrheit, also des herrschenden Systems, einzuordnen, selbst wenn man nicht Mitglied der SED war und nicht in und mit dieser Karriere machen wollte. Das bisschen Bewegungsspielraum, das zu haben war, ließ sich nur so retten.

Merkel muss das Abtreibungsrecht neu regeln

Mit diesen Erfahrungen kommt Merkel in die Bundesrepublik. In ihrem ersten Spitzenamt hat sie es sehr bald mit einem Thema zu tun, das zu den umstrittensten in der gesellschaftspolitischen Debatte der Bundesrepublik gehört: dem Abtreibungsparagrafen 218. Im Gepäck hat sie eine Erfahrung aus der DDR, die der Bundesrepublik noch bevorsteht. Im März 1972, Merkel ist noch nicht einmal 18 Jahre alt, wird in Ostberlin eine Abtreibungsregelung eingeführt, die es Frauen ermöglicht, ohne förmlichen Antrag und ohne Offenlegung ihrer Motive bis zur zwölften Woche eine Schwangerschaft abzubrechen. Auch nach Ablauf dieser Frist war ein Schwangerschaftsabbruch noch unter einigermaßen weit gefassten Bedingungen möglich.

Mit der Wiedervereinigung gilt das liberale Abtreibungsrecht der DDR nur noch für eine Übergangszeit. Der Einigungsvertrag hat dem gesamtdeutschen Gesetzgeber den Auftrag gegeben, bis Ende 1992 eine Neuregelung zu beschließen. Eine zentrale Rolle dabei spielt die Frauenministerin, eine ostdeutsche, kinderlose, unverheiratete Frau. In der Christlich Demokratischen Union der frühen 1990er Jahre ist das eine höchst schwierige Konstellation. Insofern nimmt man Merkel ab, wenn sie Ende 1992 sagt, dass dasjenige, was sie am meisten belastet habe, die Neuregelung zum Paragrafen 218 gewesen sei.

Merkel ist tatsächlich in einer komplizierten Lage. Als junge Frau habe sie für das Selbstbestimmungsrecht der Frauen kämpfen wollen, als Ostdeutsche für die Interessen der an die gesetzliche Regelung der ehemaligen DDR gewöhnten Menschen, beschreibt Merkel-Biograf Gerd Langguth das Di-

3. MACHTGEWINN UND MACHTERHALT

lemma.[2] Zu entscheiden ist damals zwischen mehreren Möglichkeiten für die gesetzliche Regelung eines Schwangerschaftsabbruchs. Das vollständige Verbot hat nicht einmal in der Unionsfraktion eine Mehrheit. Die meisten Abgeordneten von CDU und CSU sind für eine strenge Indikationslösung, bei der ein Arzt feststellt, ob ein Schwangerschaftsabbruch angebracht ist. Eine kleine Gruppe um die CDU-Abgeordnete und Bundestagspräsidentin Rita Süssmuth ist für eine Beratungslösung mit anschließender Entscheidung der Schwangeren. Für diese Lösung hegt Merkel Sympathie. Sie lässt ihr Ministerium einen entsprechenden Gesetzentwurf ausarbeiten, wohl wissend, dass die Mehrheit der Unionsfraktion dagegen ist. Am Ende bekommt ein Antrag die Mehrheit, der von den Oppositionsfraktionen von SPD und Grünen, aber auch von der mit der CDU regierenden FDP mitgetragen wird. Er sieht eine Fristenlösung vor. Das entspricht zwar Merkels Wünschen, doch sie macht sich in den eigenen Reihen weniger angreifbar, indem sie sich der Stimme enthält. Eine Klage von Unionsabgeordneten vor dem Bundesverfassungsgericht heißt sie zwar gut, sagt aber, sie werde sich nicht daran beteiligen. Später behauptet sie, das doch getan zu haben. Ihr Name steht aber nicht auf der Klageschrift.[3]

Das ist also die Methode Merkel, die später oft von ihren Kritikern bemängelt wird. Sie legt sich nicht fest, wartet ab, steuert nach, schaut, wohin sich der Wind dreht. Am Ende bekommt sie sehr oft, was sie will. Sie bezeichnet sich als jemanden, der lieber an einem Kompromiss arbeite, »als mit einer bestimmten Auffassung in die Öffentlichkeit zu gehen«. Nach eigener Darstellung belastet es sie, dass sie in der Debatte über die Abtreibung »nur« auf Menschen gestoßen sei, die eine »klare, eindeutige Meinung« vertreten hätten. Innerhalb der CDU sei die Auseinandersetzung besonders heftig gewesen, blickt sie Ende 1992 auf das Jahr zurück. »Während der ganzen

Auseinandersetzung war der Druck von allen Seiten, auch der öffentliche Druck, so stark, dass ich am Schluss kaum noch wusste, was ich selber will«, gibt Merkel zu. Dann beschreibt sie die Methode, mit der sie verhindert hat, dass sie strauchelt. »Ich habe viele enttäuscht. Aber sie konnten mich nicht richtig angreifen, weil ich mich um einen Diskussionsstil bemüht habe, der auch den Gegenpositionen Raum lässt.« Die Methode Merkel hat ihren bis dahin härtesten Test bestanden. Gut zur Kompromissfindung, schlecht zur Durchsetzung einer entschiedenen Position.[4]

Bei weniger sensiblen Themen, so sagt Merkel, mache ihr jedoch die scharfe parlamentarische Auseinandersetzung Spaß, auch wenn es mal laut werde. Dabei behauptet sie im Januar 1994, nach drei Jahren im Amt also, dass sie sich nicht vorstellen könne, ihr restliches Leben werde so ablaufen wie derzeit. Bei einem solchen »Nomadenleben« gehe einem etwas verloren, sie sei manchmal sehr erschöpft, an der Grenze ihrer Belastbarkeit. Immerhin habe sich eine gewisse Routine eingestellt, sie schaffe es, mehr Abstand zu halten.

Merkel macht keinen Hehl daraus, dass ihre Stellung in der Unionsfraktion zunächst nicht gefestigt ist. Für viele Frauen, die älter als sie seien, sei es nicht leicht, ihre Art, Frauenpolitik zu machen, zu akzeptieren. Sie hätten zehn oder 15 Jahre »geackert und gekämpft«, dann komme plötzlich die deutsche Einheit und sie sitze »auf dem Sessel der Frauenministerin«. Das sei »eines der Hauptprobleme«. Über den »Zonenwachtel«-Spott lachen anfangs sogar Westdeutsche, die Merkel nahestehen. Sie brauchen einen Moment, um zu merken, wie sehr der Schmäh sie verletzt. Doch nicht nur die Männer schauen misstrauisch auf Merkel. Die Frauen, denen sie in die Quere kommt und dabei vorführt, dass es noch andere Lebensentwürfe als die westdeutschen gibt, tun das mindestens genauso.

3. MACHTGEWINN UND MACHTERHALT

Keine Feministin

Die Welt, aus der Angela Merkel nach Bonn kommt, erscheint dem einen Teil der westdeutschen Frauen als fortschrittlich, etwa hinsichtlich der Berufstätigkeit von Frauen oder eben der Gesetzgebung zum Schwangerschaftsabbruch. Das ist der moderne oder feministische Teil. Sie sind vielfach Mitglieder der Grünen oder der SPD. In der CDU und CSU finden sie sich zwar auch, aber dort überwiegen die Befürworterinnen traditioneller Lebensentwürfe. Merkel selbst sagt zur Mitte der Neunzigerjahre, dass sie nicht aus der »Feministinnenszene« komme, sondern der Auffassung sei, dass es den Frauen mehrheitlich um sehr pragmatische Dinge gehe, etwa den Rechtsanspruch auf einen Kindergartenplatz.

Sie passt weder ganz in die eine noch in die andere Richtung. Einerseits kämpft sie für Frauenrechte. Andererseits ist sie unideologisch. Eine Quote lehnt sie damals ab, mit einer solchen wolle sie »nichts zu tun haben«. Frauen hätten sie nicht nötig, sie habe etwas »Degradierendes und Ehrenrühriges«. Gleichzeitig gibt sie unumwunden zu, dass sie »zum Teil auch nur deshalb« Karriere gemacht habe, »weil ich eine Frau bin und damals gerade eine Frau gebraucht wurde.« Erst zum Ende ihrer Kanzlerschaft, knapp drei Jahrzehnte später, wird sie eine Quote befürworten, nachdem auch die lange Zeit mit einer Frau als Regierungschefin nichts daran geändert hat, dass Frauen nicht nur in Führungspositionen, sondern auch in der CDU unterrepräsentiert sind.

Schritt für Schritt tastet Merkel sich in die westdeutsche politische Kampfarena vor. Sie muss den Umgang mit den Medien erst lernen, stellt fest, dass die Konkurrenz oft die eigene Position durchzusetzen versucht, indem sie diese nach außen trägt. Sie habe den Fehler gemacht, sich nicht an die

Öffentlichkeit gewandt zu haben, stattdessen zu vertraulich mit den Leuten umgegangen zu sein, sagt sie 1995. »Das hat sich nicht bewährt. Denn eigentlich gewinnt immer der, der sich nicht an die Spielregeln hält.« Das klingt nach Lehrgeld, das sie zahlen musste. Dass sie eine Ostdeutsche ist, merkt sie daran, dass über Witze und scherzhafte Bemerkungen, die im Osten bekannt waren, im Westen kaum jemand lacht.[5]

Im März 1996, als Merkel auch im zweiten Ministeramt fest im Sattel sitzt, hat sie das Gefühl, die »Mechanismen in der Politik besser zu durchschauen«. Sie redet mit den großen Jungs, nicht nur in den eigenen Reihen, auch bei der SPD. Mit Oskar Lafontaine und Gerhard Schröder etwa. Sie spürt bei den Männern, die sie umgeben, dass sie einer jungen Frau im Amt der Umweltministerin nicht zutrauen, sich auszukennen. Und sie gibt zu, dass es ein Problem ist, gegen die »physische Größe« und die Stimme der Männer, von denen sie umgeben ist, anzukommen.

Tränen mögen nicht als planbares Mittel zur gezielten Durchsetzung des eigenen Willens einer Ministerin taugen, die gegen kräftige Männerstimmen anzukämpfen hat. Aber sie können Wirkung entfalten. So mag es im Mai 1995 sein, als die Umweltministerin versucht, Fahrverbot und Tempolimit im Kampf gegen hohe Ozonwerte durchzusetzen. Da Deutschland immer schon ein Land der Autobauer und Autofahrer ist, stößt Merkel im Kabinett auf den Widerstand nicht nur von Kanzler Helmut Kohl, sondern ebenso einiger Ministerkollegen. Es kommt zu einem der bekannteren Tränenausbrüche in der bundesdeutschen Politikgeschichte. Später wird Merkel sagen, sie hätte vielleicht besser »geschrien und nicht geheult«, so wie Männer es gemacht hätten.

Da der Vorfall aber bekannt wird, sorgt er für Aufmerksamkeit, die den Druck erhöht, eine Einigung zu finden. Es kommt zu einem reichlich dürftigen Kompromiss: einer Sommersmog-

3. MACHTGEWINN UND MACHTERHALT

regelung als Feldversuch in einem Bundesland. Immerhin mit Tempolimit. Merkel ist der Auffassung, ohne den »kleinen Eklat« wäre es nicht zu einer Einigung gekommen. Sie lernt bereits in den ersten Ministerjahren, wie heikel es ist, im Land der »freien Fahrt für freie Bürger« das Autofahren einzuschränken. Zu einem allgemeinen Tempolimit wird es auch nach 16 Jahren Kanzlerschaft Merkels nicht gekommen sein.

Nach einem guten halben Jahrzehnt in Bonn fühlt Merkel sich nicht wohl mit dem Bild, das man in der Öffentlichkeit von ihr hat. Es verwundere und betrübe sie, dass sie als »traurig, spröde und trocken« wahrgenommen werde. Dabei rede und lache sie doch sehr viel. Diese Wahrnehmung werde gepaart mit der Behauptung, als Ostdeutsche habe sie keine Erfahrung mit der Demokratie.[6] Da scheint kurz auf, was sie ein Vierteljahrhundert später zum Ende ihrer Kanzlerschaft beklagen wird: den Vorwurf der Westdeutschen, die Ostdeutschen verstünden nichts von demokratischer Politik. So empfindet sie also früh in ihrer Laufbahn. Nur dass sie diese Empfindung nach außen nicht zeigt. Sie gärt in ihr, aber sie unterdrückt sie mit großer Selbstdisziplin.

Kein Verständnis für DDR-Nostalgie

In der westdeutschen Männerdemokratie schießt sie dagegen immer mal wieder einen Pfeil in Richtung derjenigen, die sich an die DDR-Vergangenheit klammern. Im Januar 1997 sagt sie, dass sie für DDR-Nostalgie keinerlei Verständnis habe. Es erschrecke sie, wie wohl sich manche Menschen nach wie vor in dem »hässlichen, sozialistischen ›Muschelstil‹« fühlten, »wo das vermeintliche Behütetsein der DDR noch durchkommt, ohne dass klar ist, dass die DDR ökonomisch ruiniert war«. Viele Menschen in Ostdeutschland, egal aus welcher Partei, brauchten noch das »Heimatgefühl«. Sie scheuten die geistige

ANKOMMEN IM FREMDEN SYSTEM

Anstrengung, sich zu verändern. Die Ministerin bedauert, dass die PDS-Politiker die Menschen in der ehemaligen DDR viel besser ansprechen könnten, sie seien besser ausgebildet, redegewandter und stünden immer zu dem, was gerade Parteilinie sei. Ihre Parteifreunde im Osten, von denen es zu wenige gebe, trauten sich oft kaum, ihre Mitgliedschaft in der CDU zuzugeben. Sie beklagten ihr gegenüber, oft selbst kaum zu verstehen, was Bundesminister wie Horst Seehofer oder Norbert Blüm an Reformen planten. Immerhin erhöht das auch Merkels Freude auf den Wahlkampf, weil die Menschen im Osten besser zuhören könnten und die politischen Konstellationen noch nicht so verfestigt seien.[7]

Im Laufe des letzten Jahrzehnts des vorigen Jahrhunderts kommt Angela Merkel in den politischen und gesellschaftlichen Strukturen der Bundesrepublik an. Sie erlebt eine steile Karriere voller spektakulärer Erfolge, allerdings auch mit Niederlagen. Wie jeder, der für die Politik gemacht ist, lernt sie aus den Rückschlägen. Ihr Blick auf den Osten, aus dem sie stammt und in dem sie als CDU-Landesvorsitzende Mecklenburg-Vorpommern ihre schmale, aber stabile Machtbasis in der Partei hat, ist durchaus widersprüchlich. Sie kritisiert ihre östlichen Landsleute, hat keinerlei Verständnis für Ostalgie, ist aber verletzt, wenn sie wegen ihrer Herkunft skeptisch oder gar herablassend beäugt wird.

Wenn man heute mit westdeutschen Weggefährten Merkels über diese Aspekte ihres Ministerinnen- und Kanzlerinnendaseins spricht, stößt man nicht selten auf fragende Blicke. Weil Merkel so zurückhaltend mit ihrer ostdeutschen Herkunft war, haben viele Wessis diese nicht als handlungsleitendes Motiv angesehen.

Wolfgang Schäuble zum Beispiel. Als Merkel nach Bonn kommt, sitzt er schon fast zwei Jahrzehnte für den Wahlkreis Offenburg im Bundestag. Als Bundesinnenminister ist er maß-

3. MACHTGEWINN UND MACHTERHALT

geblich am Zustandekommen des Einigungsvertrages beteiligt, während Merkel in Ministerämtern das bundesdeutsche Politiksystem kennenlernt, steuert er das parlamentarische Machtzentrum der Kanzlerpartei als Vorsitzender der Unionsfraktion. Er hat Merkel von den ersten Schritten an zugeschaut.

Zwei Jahre nach dem Ende ihrer Kanzlerschaft sitzt Schäuble, inzwischen nur noch einfacher Abgeordneter des Bundestages, in seinem Büro im Jakob-Kaiser-Haus, von dem aus man den Reichstag sehen kann, und erinnert sich: »Angela Merkel hat früh ein sehr ausgeprägtes Selbstbewusstsein erkennen lassen. Das hat mich beeindruckt.« Die mit ihrer DDR-Vergangenheit zusammenhängenden Motive ihres Handelns scheint Merkel vor dem mächtigen und einflussreichen Mann in der Herzkammer der Macht erfolgreich verborgen zu haben. »Ich habe die ostdeutsche Herkunft bei Angela Merkel nicht als prägend für ihre Politik empfunden«, sagt Schäuble rückblickend. Beim letzten DDR-Ministerpräsidenten, Lothar de Maizière, sei das so gewesen. »Bei ihr nicht.«[8]

Das ist auch die Wahrnehmung von Horst Seehofer, der schon zu Kohls Zeiten mit Merkel am Kabinettstisch saß. »Ich habe bei Angela Merkel nie den Eindruck gehabt, dass sie sich nicht ausreichend anerkannt fühlte. Jedenfalls nicht wegen ihrer ostdeutschen Herkunft«, sagt Seehofer rückblickend im Gespräch mit dem Autor. »Auf den Gedanken wäre ich nie gekommen.« Dass sie allerdings zeigen wollte, wie sehr sie als ehemalige DDR-Bürgerin das politische Geschäft in der Bundesrepublik verstanden hat, sieht Seehofer sehr wohl. Mit Blick auf die Einführung einer sogenannten Kopfpauschale im Gesundheitssystem, über die Merkel und Seehofer in den frühen 2000er Jahren stritten, sagt Seehofer: »Bei der Kopfpauschale wollte sie Roland Koch etwas beweisen. Sie musste zeigen: Wir in Ostdeutschland wissen, was Reform ist.«[9]

Roland Koch, wie Schäuble die Verkörperung der westdeutschen, männlich dominierten CDU, sieht offenbar auch nicht, dass Merkel Probleme mit ihrer ostdeutschen Herkunft haben könnte. Koch ist nur vier Jahre jünger als Merkel, 1958 in Frankfurt am Main geboren. In den 1990er Jahren ist er fester Bestandteil der christdemokratischen Machtreserve für den Bund, zwar in Hessen verankert, aber den Blick immer auch auf Bonn gerichtet. 2023 schaut Koch nüchtern auf das Eintreffen Merkels in Bonn zurück. Er zeigt sich beeindruckt von ihrer Lernfähigkeit. Sie sei auch Ministerin geworden, »weil es so viele andere mögliche Anwärter nicht gab«, sagt Koch im Gespräch mit dem Autor. »Sie war Frau und Ostdeutsche, viele hatten einen guten Eindruck von ihr gewonnen.« Merkel habe die »Prozesse und Mechanismen«, in denen sie sich in der Bundesrepublik habe bewegen müssen, sehr schnell verstanden. Die Frage, die Koch sich damals hinsichtlich Merkels DDR-Herkunft stellt, ist offenbar weniger, ob sie sich trittfest in der Bundesrepublik bewegen kann, als vielmehr, ob ihre Vergangenheit Risiken birgt. Das denkt er nicht, wie er im Rückblick sagt. »Merkel hatte sich in der DDR sicher wie Millionen andere auch angepasst, brachte aber definitiv durch ihre Vergangenheit kein Risiko mit.« Schließlich ist sie jung. Je länger jemand in der DDR ›dabei‹ gewesen sei, »desto gefährlicher war es anschließend im Westen«, sagt Koch.[10]

»Merkel Kanzlerin? Nö!«

Auch an einen negativen Umgang mit Merkels Vergangenheit kann sich Koch nicht erinnern. »Mir ist kein einziger Fall bekannt, wo es Bashing gegen Merkel wegen ihrer Herkunft aus Ostdeutschland gegeben hätte«, sagt der damalige hessische Landespolitiker zurückschauend. Als Mitglied des Karrierebündnisses Andenpakt, den junge westdeutsche CDU-Politiker geschlossen haben, geht es ihm ohnehin mehr um die

3. MACHTGEWINN UND MACHTERHALT

Frage, ob die Frau aus dem Osten, die die Gunst des mächtigen Helmut Kohl genießt, seinen Ambitionen gefährlich werden kann. Er kommt offenbar nicht zu dem Schluss. Er habe Merkel, als sie seit 1994 Umweltministerin ist, schon deshalb häufiger getroffen, weil er damals für die Koordinierung der Atompolitik zwischen den CDU-geführten Ländern zuständig gewesen sei, sagt Koch zurückblickend. »Merkel war für mich als Ministerin völlig okay. Hätte man mich damals gefragt, ob sie eines Tages Kanzlerin wird, hätte ich gesagt: nö.«[11]

Einen präzisen Blick auf Merkels ostdeutsche Wurzeln hat Thomas de Maizière. Der gebürtige Westdeutsche, der nach der Wende Karriere in der ostdeutschen Landespolitik macht, bis Merkel ihn 2005 als ihren ersten Kanzleramtschef auswählt, hat ein feines Sensorium für ostdeutsche Verletzlichkeit. »Angela Merkel hat ihren Lebenslauf und ihre ostdeutsche Herkunft nicht thematisiert«, sagt de Maizière im Gespräch mit dem Verfasser. »Stattdessen wollte sie zeigen, dass sie vieles genauso gut wie oder sogar besser kann als mancher Westdeutsche.«[12] Das ist ein handlungsleitendes Motiv für Merkel. Als sie zum Ende ihrer Kanzlerschaft deutlich macht, wie sehr sie sich als Ostdeutsche unterschätzt fühlt, wird das überdeutlich. So wie es der Westdeutsche, aber den Osten gut kennende de Maizière beschreibt, tut das auch der ostdeutsche Haseloff. »Merkel wollte beweisen, dass die Ostdeutschen es genauso gut können wie die Westdeutschen.«[13]

De Maizière weist auf den Unterschied zu Joachim Gauck hin. Er ist der einzige Ostdeutsche neben Merkel, der es in der Politik bis ganz nach oben schafft, wenngleich eine Amtszeit als Bundespräsident machtpolitisch weit weniger herausfordernd ist als zwei Ministerämter, 16 Jahre Kanzlerschaft und 18 Jahre CDU-Vorsitz. Merkel muss viel vorsichtiger sein, um politisch zu überleben, als Gauck. Der ist wie Merkel nicht im Widerstand zum SED-Regime gewesen, hat als Pfarrer aber einen kritischen Blick auf das sozialistische System gehabt, auf Russland ohnehin. Die Russen haben seinen Vater für Jahre in ein Lager gesperrt, die Familie wusste lange nichts von seinem Verbleib. Als es mit der DDR zu Ende ging, war er Mitglied des Neuen Forums. Bekannt geworden ist er als Bundesbeauftragter für die Stasiunterlagen, als Mann also, der die Hinterlassenschaft des Ministeriums für Staatssicherheit aufarbeitet. Die von ihm geleitete Behörde ist schnell als Gauck-Behörde bekannt. Joachim Gauck ist fest verbunden mit der DDR-Geschichte des wiedervereinigten Deutschlands. Daran lässt er auch keinen Zweifel. Gauck habe, so sagt es de Maizière, »seine Vita immer für sein Narrativ genutzt«.[14]

Gauck selbst sieht Verbindendes zwischen ihm und Merkel, das er auch mit der ostdeutschen Herkunft begründet. Als er seinen 60. Geburtstag feiert, lädt er Merkel ein. »Als meine Rostocker einen Choral sangen, kam sie nach vorn und sang mit«, erzählt er. Er habe »kein enges, aber ein gutes Verhältnis« zu Merkel. »Eine Rolle spielt das Gefühl, dass wir Ostdeutsche irgendwie zusammengehören.« Man habe im Osten über andere Dinge gelacht und geweint als die Menschen im Westen. Er, so schätzt es der frühere Bundespräsident ein, sei Merkel »als Typ nicht sicher genug gewesen«. Das habe daran gelegen, dass er »parteilos und eigensinnig« sei. Dass sie ihn zunächst nicht als Präsidenten gewollt habe, habe er ihr nicht übel genommen. Insgesamt hat Gauck einen sehr scharfen Blick auf die Skepsis, die in der Union Merkel gegenüber geherrscht habe. »Für viele in der CDU und der CSU war Angela Merkel ein Fremdkörper: evangelisch, ostdeutsch, mancher hielt sie für eine Sozialdemokratin.«[15] Das lässt die Darstellung westlicher Unionsgrößen, Merkels ostdeutsche Herkunft habe keine Rolle gespielt, doch als verharmlosend erscheinen.

Thomas de Maizière ist jedenfalls der Auffassung, dass Merkel »nicht als Ostdeutsche abgestempelt werden« wollte.

3. MACHTGEWINN UND MACHTERHALT

»Häme wegen ihrer ostdeutschen Herkunft hat sie sehr getroffen«, berichtet ihr erster Kanzleramtschef und erinnert daran, dass anfangs sogar Merkels Frisur »eine Rolle« gespielt hat.[16] Die in Hamburg geborene Merkel hat sich demnach nicht nur aus machtpolitischen Gründen mit einer Thematisierung ihrer ostdeutschen Herkunft zurückgehalten, sondern auch um Verletzungen zu vermeiden.

Angela Merkel macht zum Ende ihrer Kanzlerschaft in ihrer Rede in Halle darauf aufmerksam, dass die Westdeutschen nach der Wiedervereinigung mehr oder weniger weitergemacht hätten wie vorher, während sich für die Ostdeutschen das Leben grundsätzlich geändert habe. Dass diese Erfahrung eine Stärkung bedeutet für das Bestehen in einer sich nicht nur durch den Mauerfall rasant ändernden Welt, davon ist Thomas de Maizière überzeugt. Das werde allerdings von vielen ihrer Landsleute nicht erkannt. »In Deutschland ist nicht wahrgenommen worden, dass Merkels ostdeutsche Vita sie stark gemacht hat«, sagt de Maizière. Der Blick von außen sei ein anderer gewesen. »Im Ausland wurde das viel klarer erkannt, etwa von George W. Bush oder Barack Obama.«[17] Merkels letzter Kanzleramtschef Helge Braun bestätigt, dass ihre ostdeutsche Herkunft »für Angela Merkel immer eine große Rolle gespielt« habe. Zumindest in einem Teil Deutschlands hat das seiner Meinung nach Wirkung entfaltet: »Es hat ihr in Ostdeutschland auch viel Vertrauen eingebracht.«[18]

Im Januar 1997 ist der Christdemokrat Helmut Kohl Bundeskanzler, Angela Merkel seit gut zwei Jahren Umweltministerin und es wird noch mehr als ein Jahr vergehen, bis Gerhard Schröder Kanzlerkandidat seiner Partei wird. Merkel muss noch mehr als acht Jahre warten. 1998 versucht Kohl nach 16 Jahren, noch einmal im Amt bestätigt zu werden, und scheitert. 2002 lässt Merkel dem CSU-Vorsitzenden und bayerischen Ministerpräsidenten Edmund Stoiber den Vortritt. Erst im Mai 2005 ruft die Union die CDU-Vorsitzende Merkel als Herausforderin Schröders bei der auf dessen Betreiben um ein Jahr vorgezogenen Bundestagswahl aus.

Merkel hat Schröder schon 1997 im Visier

Aber dennoch hat Merkel Schröder schon Anfang 1997 im Visier, ist geradezu im Jagdfieber. Ihre frühere Behauptung, sie strebe gar nicht nach zu vielen Ämtern, wolle nicht so hoch hinaus, ist entweder von der Entwicklung überholt worden oder war schon damals vorgetäuscht. Die Jahre in der Bonner Kampfarena haben sie in Machtfragen geschult. Natürlich kann es noch anders kommen, kann der SPD-Vorsitzende Oskar Lafontaine für die SPD kandidieren und endgültig die Nummer eins werden. Auch kommen in der CDU andere infrage für die Kanzlerkandidatur. Aber Merkels Instinkt scheint ihr zu sagen, dass es irgendwann zum direkten Duell zwischen ihr und dem niedersächsischen Ministerpräsidenten kommen wird.

Das findet schon früh statt zwischen der Bundesumweltministerin, die für die Entsorgung des Atommülls zuständig ist, und dem sozialdemokratischen Regierungschef aus Hannover, in dessen Bundesland das Atommülllager Gorleben liegt. Merkel beklagt sich, dass Schröder mit internen Absprachen zur Atommüllentsorgung an die Öffentlichkeit gegangen sei: »Da fühlt man sich natürlich bloßgestellt.« Verärgert sagt sie ihm, er habe offenbar kein Verhandlungsmandat seiner Partei. Es sei daher nicht sinnvoll, mit ihm zu verhandeln. Er habe zurückgekoffert und – wieder öffentlich – wissen lassen, Merkel sei zu Verhandlungen nicht in der Lage. »Das ist billige Polemik. Es ist von ihm auch nicht souverän, sondern eher kaltschnäuzig«, wütet Merkel.

Doch offenkundig frustriert sie das nicht, sondern spornt

3. MACHTGEWINN UND MACHTERHALT

sie an. Sie habe, so erzählt Merkel, Schröder gesagt, dass sie ihn »irgendwann genauso in die Ecke stellen werde«. Sie brauche noch Zeit, aber eines Tages sei es so weit. »Darauf freue ich mich schon.« Nicht einmal ein Jahr später legt sie noch einen nach. Auch wenn sie die Erwartung hege, dass die »Stresszeit« mal zu Ende gehe, hat sie erkennbar Spaß an der politischen Schlacht. Die Zeiten, in denen es geheißen habe, »na gut, die kommt aus dem Osten, ist jung und noch dazu eine Frau, da werden wir ihr mal einen Gefallen tun«, hält sie offenbar für vergangen. Wenn sie mit keinem Streit hätte, würde sie etwas falsch machen, sagt Merkel nicht einmal ein Jahr vor der Bundestagswahl, mit der die Ära Kohl enden und sich also die Frage stellen wird, wer künftig die Nummer eins in der CDU ist.

Merkel prahlt sogar damit, Schröder einen »Fußtritt« versetzt zu haben, indem sie das Atomgesetz zustimmungsfrei durchgesetzt habe. Wenn der niedersächsische Ministerpräsident nun auf sie schimpfe, sie als unfähig bezeichne, so sei das das »Aufjaulen eines Getroffenen«. Im Gespräch mit der Fotografin Koelbl sagt Merkel: »Herr Schröder kann es nun gar nicht haben, wenn ihm auch noch eine Frau seine Spiele durchkreuzt.« Merkel scheint Schröder gleichwohl dankbar zu sein, denn durch die Auseinandersetzung über die Kernenergie habe sie »in der Sparte Angriff« einiges gelernt.

Dass sie ihn über die Ministerinnenzeit hinaus als Konkurrenten sieht, wird kurz nach ihrem Ausscheiden aus dem Amt der Umweltministerin Ende 1998 deutlich. Sie wiederholt die Anfang 1997 gemachte Äußerung, dass sie sich darauf freue, Schröder »im übertragenen Sinn in die Ecke zu stellen«. Da ist Schröder bereits seit einigen Wochen Bundeskanzler. Angela Merkel ist also bereits entschlossen, ihn als solchen anzugreifen, was nur bedeuten kann, dass sie sein Amt haben will. Auf die Frage, was »lustvoll« an der Macht sei, antwortet die CDU-

Generalsekretärin: »Früher hätte ich gesagt: dass man Politik gestalten kann. Jetzt würde ich sagen: dass man anderen wieder etwas abjagt.«[19] Damit ist das Kanzleramt gemeint.

Politik als Spiel, das Bild scheint Merkel zu gefallen. Sie habe gelernt, entschlossener zu kämpfen, müsse aber immer noch zulegen. Da spricht nicht jemand, der sich nach dem Ende des politischen Machtkampfes sehnt. Als Umweltministerin habe man sie »so niedergemacht«, dass sie sich geschworen habe, sie werde sich nicht mehr so viel bieten lassen. »Das ist so ein bisschen wie Schiffeversenken. Wenn ich einen Treffer lande, finde ich das unheimlich toll.«

Aufstieg in der CDU – und gegen die CDU

Kyritz liegt etwa 100 Straßenkilometer von Templin entfernt, jenem Ort in der Uckermark, in dem Angela Merkel aufgewachsen ist. Früher wurde in Kyritz ein Bier mit dem Namen »Mord und Totschlag« gebraut. Streng genommen fließt die Jäglitz durch das 9000-Einwohner-Städtchen in Ostprignitz. Doch bekannt ist es als Kyritz an der Knatter. Angeblich kommt der sogar von der Stadtverwaltung verwendete Name daher, dass früher Reisende sich am Rattern und Knattern der Mühlen störten. Wie auch immer: Kyritz ist ein idyllisches Örtchen im nördlichen Brandenburg.

Für Angela Merkel ist es jedoch nicht zum Idyll geworden. Vielmehr erlebt sie in Kyritz eine bittere Niederlage. Einmalig in ihrer Art. Denn weder zuvor noch danach hat Merkel in der CDU ein Amt angestrebt und ist gescheitert. Nur am 23. November 1991 ist das anders. Da bewirbt sich Merkel, die seit einem knappen Jahr Bundesfrauenministerin ist, um das Amt der Vorsitzenden der CDU Brandenburgs. Die Voraussetzungen scheinen günstig. Der bisherige Vorsitzende, der ehema-

3. MACHTGEWINN UND MACHTERHALT

lige DDR-Ministerpräsident Lothar de Maizière, dem Merkel vor gar nicht langer Zeit noch als stellvertretende Regierungssprecherin diente, gibt den Landesvorsitz ab. Bundeskanzler Helmut Kohl, der Merkel fördert, aber auch Merkel selbst suchen eine parteipolitische Basis für sie. Eine junge Frau, die dort auch noch groß geworden ist, sollte gute Chancen haben.

Merkel hat zu diesem Zeitpunkt wenig Erfahrung in den Machtstrukturen der CDU gesammelt. Sie wird später berichten, dass sie mehrfach von Brandenburgern gefragt worden sei, ob sie nicht kandidieren wolle. Sie habe zunächst abgesagt. Dann sei ein Denkprozess bei ihr in Gang gekommen. Als sie sich entschlossen habe anzutreten, habe sie Kohl dieses mitgeteilt, dieser habe ihre Entscheidung wohlwollend zur Kenntnis genommen. Kohl sucht nicht nur einen Landesverband für Merkel. Er will auch vermeiden, dass der andere Kandidat, Ulf Fink, das Rennen macht. Fink ist Vorsitzender der Christlich-Demokratischen Arbeitnehmerschaft und einstiger enger Mitarbeiter von Heiner Geißler, der von Kohls Generalsekretär zu dessen Erzfeind geworden war.

Kohl setzt auf Merkels Sieg. Doch als ihm im Laufe des Novembers Zweifel kommen, beraumt er für den Montag vor dem Parteitag in Kyritz eine Pressekonferenz in Potsdam an. Er wirbt für seine Favoritin und bezieht offen gegen Fink Stellung. Das Argument, dass dieser Schwierigkeiten haben werde, seine unterschiedlichen Ämter unter einen Hut zu bekommen, klingt befremdlich. Schließlich ist Merkel nicht nur neu im Geschäft, sondern auch noch Bundesministerin in Bonn. Sie selbst scheint es als Vorteil anzusehen, dass sie Ostdeutsche, Fink dagegen ein Wessi ist. Allerdings ist er immerhin in Sachsen geboren und lebt in Berlin. Merkel scheint auf Nummer sicher gehen zu wollen und weist in einem Interview, das am Morgen des Parteitags erscheint, auf die Vorteile ihrer ostdeutschen Vergangenheit hin. »Wer das Leben dort nicht kennt, unterliegt der Gefahr, über die Vergangenheit in Schablonen zu sprechen«, sagt sie.

Fink hingegen spricht in seiner Bewerbungsrede im »Kulturhaus« in Kyritz nicht von der Vergangenheit, sondern von der Gegenwart. Aus jahrelanger Erfahrung weiß er, wie die Machtmechanismen einer Partei funktionieren. Zwar erinnert er an seine Zeit als Bundesgeschäftsführer der CDU, was deutlich macht, dass er weiß, wie man Brandenburgs Interessen in Bonn vertritt. Dann aber setzt er zum entscheidenden Schlag an. Er habe einen Nachteil, sagt er und sorgt für einen Moment Stille im Saal. Er sei nicht der Liebling des Konrad-Adenauer-Hauses. Gelächter. Dann schiebt er hinterher, dass über den Vorsitz der Brandenburger CDU nicht in Bonn entschieden werde. Fink bekommt 121 Stimmen, Merkel gut die Hälfte.

Merkel sackt zusammen. Hans-Joachim Winter, der eine Kandidatur gegen Fink erwogen hatte, erinnert sich noch knapp anderthalb Jahrzehnte später an die Enttäuschung, die Merkel ins Gesicht geschrieben steht. Er meint, ihre fehlende Bekanntheit sei Grund der Niederlage gewesen, nicht die Unterstützung aus Bonn. Volker Rühe, Generalsekretär der Bundes-CDU, ist in Kyritz dabei und wird später zu Protokoll geben, dass auch er sich »vollkommen getäuscht« habe. Er habe gedacht, die brandenburgische CDU freue sich über die Kandidatin Merkel. Sie sei überrascht gewesen, habe das aber »schnell weggesteckt«.

Viele Jahre danach erinnert sich eine Weggefährtin Merkels, die in Kyritz nicht dabei war, sondern nur Bilder aus dem »Kulturhaus« gesehen hat. Sie staunt über Merkels Enttäuschung, offenbar weil sie gleich geahnt hat, dass die Kandidatin sich gegen den starken Gegner nicht durchsetzen kann. Merkel wird im Rückblick sagen, die fehlende Erfahrung mit den Mechanismen von Parteitagen sei die Ursache gewesen. Fink sei dagegen Profi gewesen. Allerdings habe sie bei dieser Gelegenheit

3. MACHTGEWINN UND MACHTERHALT

gelernt, Mehrheiten zu organisieren und sich durchzusetzen.[20] Am Beispiel dieser Niederlage lernt Merkel, dass es in der CDU auch unter vermeintlich günstigen Umständen nichts hilft, auf ihre ostdeutsche Herkunft zu setzen. Entscheidend ist es, die Machtmechanismen der westdeutsch geprägten Partei zu kennen und zu beherrschen. Merkel genügt in der Regel ein Fehler, um zu lernen, wie sie künftig vorgehen muss. Noch im Dezember 1991 wird sie stellvertretende Bundesvorsitzende der CDU, 1993 Vorsitzende des Landesverbandes Mecklenburg-Vorpommern. Sieben Jahre später ist sie Bundesvorsitzende.

Trotz gelegentlicher Seufzer, wie anstrengend das politische Geschäft sei, denkt Angela Merkel nach zwei Legislaturperioden als Bundesministerin und dem Ende Kohls, des Mannes, der ihr den schnellen Aufstieg in die Spitzenpolitik ermöglicht hat, nicht ans Aufhören. Im Gegenteil. Eine Ära ist beendet, das ist die entscheidende Voraussetzung dafür, dass eine neue beginnt. Merkel hat die politische Geschichte der Bundesrepublik genau studiert. Noch heute erinnert sich mancher, dass sie alles über das Leben im Westen genau wissen wollte. In endlosen Gesprächen habe sie ihre westdeutschen Gesprächspartner ausgefragt über das Leben in der Bundesrepublik vor 1989.

Bis zum Beweis des Gegenteils kann Merkel annehmen, dass der Machtwechsel in der Bundesrepublik zwischen den Kanzlerparteien CDU und SPD im bisherigen Rhythmus weitergeht. Eine lange Phase der christdemokratischen Herrschaft wird von einer weniger langen sozialdemokratischen abgelöst. Merkel weiß 1998, dass nun für ein paar Jahre die SPD das Sagen haben wird. Doch sie ist noch nicht einmal 45 Jahre alt, sie hat Zeit.

»Taktisch geschickt« einen Weg überlegen

Merkel hat einen nüchternen Blick auf die Rolle, die die CDU in ihren machtpolitischen Überlegungen spielt. Man müsse sich »taktisch geschickt« einen Weg überlegen, wie man die eigenen Leute nicht verprellt, müsse das »Gedankengut und die Gefühle der eigenen Truppe aufnehmen, sonst haben Sie es schon vergeigt, bevor Sie es begonnen haben«, sagt sie schon im Dezember 1997, als Kohls Ende zwar noch nicht ausgemacht, aber doch vorstellbar ist. Als dessen »Mädchen« will sie jedenfalls nicht wahrgenommen werden, vielmehr als jemand, »den man ernst nehmen kann, auch wenn das in der Bundesrepublik jahrelang vielleicht niemand getan hat«.[21]

Angela Merkel wird von ihren Kritikern oft vorgeworfen, es sei ihr als Kanzlerin nur um den Machterwerb und -erhalt gegangen. »Nur« wäre sicherlich eine verkürzte Darstellung. Aber für sie, die Neue, die Unerfahrene, war das eine besonders große Herausforderung. Auch Helmut Kohl oder Gerhard Schröder ging es um die Macht. Die erste Voraussetzung einer Kanzlerschaft ist neben einer stabilen Physis der unbedingte Wille zur Macht. Merkel hat beides. Sie ist auch nicht prinzipienlos. Aus der Diktaturerfahrung bringt sie die Sehnsucht nach Freiheit mit, aus dem Sozialismus zwar keine tiefe, emotionale Verbindung zur sozialen Marktwirtschaft, aber doch die grundsätzliche Erkenntnis, dass diese das richtige Wirtschafts- und Gesellschaftssystem ist. Menschen- und Minderheitenrechte sind ebenfalls elementarer Bestandteil ihres Denkens und Handelns. Auch da haben ihr die Jahrzehnte in der DDR gezeigt, was passiert, wenn sie nicht gelten.

Was Merkel mit Mitte dreißig nicht hat, als sie als erwachsene und schon lebenserfahrene Frau den Boden der bundesdeutschen Politik betritt, ist eine feste parteipolitische Bin-

3. MACHTGEWINN UND MACHTERHALT

dung. Die Physikerin, die in der DDR wissenschaftlich und nicht politisch aktiv ist, sondiert ein wenig, überlegt, wo sie sich politisch engagieren soll, findet in den Wirren der Wendezeit zum Demokratischen Aufbruch, und als dieser der westdeutschen CDU beitritt, landet Merkel schließlich in der Partei Helmut Kohls. Zum Vergleich: Der 1930 geborene Kohl tritt schon als Schüler im Jahr 1946 der CDU bei und ist ein Jahr später Mitbegründer der Jungen Union in Ludwigshafen. Gerhard Schröder, Jahrgang 1944, wird 1963 SPD-Mitglied, 1971 Vorsitzender der Jungsozialisten im Bezirk Hannover. Auch enge Mitstreiter Merkels wie Peter Altmaier, Volker Kauder, Thomas de Maizière oder Ronald Pofalla, ebenso innerparteiliche Konkurrenten wie Friedrich Merz und Roland Koch, treten der CDU bereits als Jugendliche bei.

Das bedeutet nicht, dass sie noch vor ihrem Abitur gewusst hätten, für welches Krankenversicherungssystem in Deutschland, welche Form der Energieversorgung oder welchen Umgang mit gleichgeschlechtlichen Partnerschaften sie sich später als Politiker einsetzen werden. Sie haben Grundprägungen und -überzeugungen, die einen liberalere, die anderen konservativere. Etwas anderes ist viel wichtiger. Sie alle sind westdeutsche Männer mit früh erwachtem politischen Ehrgeiz, die zwar nicht wissen, ob sie am Ende Kanzler oder nur Kanzleramtsminister werden, die aber keinerlei Zweifel daran haben müssen, dass sie grundsätzlich zur Personalreserve der deutschen Spitzenpolitik gehören. Es geht um die individuelle Eignung, um Entschlossenheit und Kampfeswillen, um Ausdauer und am Ende auch um das Glück, im richtigen Moment am richtigen Ort zu sein. Die Frage, ob sie die richtige, also die bundesrepublikanische politische DNA haben, ist beantwortet.

Niemand von ihnen schleppt das mit, was der Ostdeutschen Merkel zu ihrem Leidwesen als »Ballast« angehängt wird: grundsätzliche Zweifel, ob ein westdeutscher Mann mit langer

Zugehörigkeit zu einer der beiden Volksparteien, die bislang die Kanzler der Bundesrepublik gestellt haben, geeignet ist, das Land von höchster Warte zu führen. Eine Frau aus der DDR, die in der Mitte ihres vierten Lebensjahrzehnts nicht ohne Zufall in die CDU gerät, muss erst mal beweisen, dass sie grundsätzlich dazu in der Lage ist. Lange bevor sie Gesetze zum Krankenversicherungs- oder zum Steuersystem schmieden lässt.

Volker Bouffier, der Merkel gegenüber loyale hessische Ministerpräsident, macht nach dem Ende ihrer Kanzlerschaft deutlich, dass der westliche Blick auf die Frau aus dem Osten nicht scharf genug gewesen sei. Ihn habe die Deutlichkeit überrascht, mit der Merkel am 3. Oktober 2021 über ihre Vergangenheit gesprochen habe. Bouffier war damals dabei. Im Jahr 2023 erinnert er sich, aus »vielen, vielen« Begegnungen mit Merkel sagen zu können: »Verletztheit wegen des Umgangs mit ihrer DDR-Vergangenheit war nie ein Thema.« Er habe nicht erlebt, dass sie »deutlich« ihre Gefühle wegen ihrer DDR-Vergangenheit angesprochen habe. Selbstkritisch fügt er hinzu: »Wir haben im Westen nicht hinreichend verstanden, dass das Leben nach der Wende unheimlich durcheinandergewirbelt wurde.«[22]

Das hohe Risiko zu scheitern

Als sie längst Kanzlerin ist, wird Merkel ungeschönt beschreiben, wie ahnungslos sie in das Abenteuer Politik gestartet ist. Die Anfangszeit als Politikerin sei die schwierigste gewesen, sagt sie zum Ende ihrer ersten Legislaturperiode als Regierungschefin, »viel schwieriger als die Anfangszeit als Bundeskanzlerin«. 1990 habe sie »gar nichts gewusst«. Weder wie man ein Gesetz mache, noch wie ein Ministerium funktioniere oder wie die Verwaltungsabläufe seien. Da sei das Risiko zu scheitern sehr hoch gewesen.[23]

3. MACHTGEWINN UND MACHTERHALT

1990, als alles anfängt, ist es für Merkel so, als spiele jemand, der gerade erst die Regeln des Fußballspiels beigebracht bekommen hat, sofort in der Bundesliga. Die Wahrscheinlichkeit, dass das gut geht, ist verschwindend gering. Für Merkel, so sagt es jemand, der sie gut kennt, aber nicht namentlich genannt werden will, sei bereits das Bestehen in der Politik eine große Leistung gewesen, noch bevor sie inhaltlich gestalten konnte.

Diese Konstellation führt zu einer klaren Prioritätensetzung. Das ist das Erklärungsmuster für alle wichtigen Entscheidungen Merkels. Sie braucht und nutzt die CDU als Machtvehikel. Mehr wird die Partei Adenauers und Kohls nie für sie sein. »Angela Merkels Bindung an die CDU ist eher rational«, blickte Wolfgang Schäuble zurück. »Bei ihr verhält es sich nicht so, wie es bei Kohl war, der die CDU wie eine Familie sah.« Dennoch habe sie schnell verstanden, dass sie ein Netzwerk in der Partei brauche.[24] Dieses baut sie sich auf mit Verbündeten, die loyal zu ihr stehen.

Noch deutlicher als Schäuble wird Koch. »Menschen, die in Parteien groß geworden sind, haben Gefühle der sozialen Inklusion«, sagt er 2023. Helmut Kohl sei in diesem Gefühl »geschwommen«, blickt er auf jenen Mann zurück, der mehr als alle anderen Christdemokraten in der Bundesrepublik die Partei gleichzeitig als Familie und als Machtapparat verstanden und genutzt hat. »Angela Merkel hat diese Systeme eher mit Schmunzeln, vielleicht sogar mit leiser, lächelnder Verachtung gestraft.« Dass Merkel die Partei »nicht nur als Instrument und als Zweckgemeinschaft, sondern als Heimat betrachtet hätte, kann man nicht sagen«.[25]

Merkel versucht erst gar nicht, das Defizit an emotionaler Bindung zur Christlich Demokratischen Union zu tilgen. »Merkel war außen vor in all den informellen CDU-Gruppen, in denen es neben der Sache auch um Personalfragen ging, etwa dem Andenpakt«, erinnert sich Koch. »Das hing sicher auch mit ihrer ostdeutschen Herkunft zusammen, sie war halt später dazugekommen.« Zwei Jahre nach ihrer in Halle vorgetragenen Klage versucht Koch erst gar nicht, die Geschichte zu beschönigen. Vielmehr bestätigt er Merkels Empfinden. Nach seiner Wahrnehmung habe Merkel nie an »eine dieser Türen« wie den Andenpakt geklopft. Roland Koch sagt es rundheraus: »Ganz eine von uns ›alten‹ Christdemokraten war sie sicher nicht.«[26]

Vermutlich hätte das auch nicht funktioniert. Männerbündische Zirkel wie der Andenpakt, in dem junge, westdeutsche CDU-Männer sich zugesichert haben, die Karriere des anderen nicht zu blockieren, hätten kaum ihre Pforten für Merkel geöffnet. Nicht nur diejenigen, die wie Koch ein schwieriges Verhältnis zu Merkel hatten, sondern auch Vertraute wie ihr letzter Kanzleramtschef Braun – ein in der Partei höchst engagiertes CDU-Mitglied – beschreiben in der Rückschau die Grenzen von Merkels emotionaler Bindung an die Partei. Wenn jemand 18 Jahre Vorsitzende sei, gebe es natürlich ein inniges Verhältnis zur Partei, sagt Braun. »Zu behaupten, dieses sei distanziert gewesen, ist Quatsch.« Dann aber: »Gewisse männliche Rituale in der westdeutschen CDU sind ihr jedoch immer fremd geblieben.« Das ändert nichts an Brauns Gesamturteil, dass Merkel die CDU »sehr gut verstanden und sehr geprägt« habe.[27]

Ein distanziertes Verhältnis bloßer »Quatsch«? Ganz zum Schluss, am 22. Juli 2021, absolviert Merkel zum letzten Mal ihren traditionellen Auftritt im Sommer im Saal der Bundespressekonferenz. Die Hauptstadtpresse ist wie üblich bei dieser Gelegenheit sehr zahlreich erschienen. Merkel wird gefragt, wo sie den Abend des 26. Septembers, den Wahlabend also, verbringen werde. Da sie nicht mehr kandidiert hat, ist sie frei zu wählen, wo und mit wem sie diesen Abend erlebt, an dem die Entscheidung über ihren Nachfolger bekannt wird. Sie habe

3. MACHTGEWINN UND MACHTERHALT

sich noch keine Gedanken gemacht, sagt die scheidende Regierungschefin. »Ich werde wohl Verbindung haben zu der Partei, die mir nahe ...«, sagt sie – und merkt, wie viel Wahrheit ihr da ungewollt über die Lippen zu kommen droht. »Die mir nahesteht und deren Mitglied ich bin«, ergänzt sie unter dem Gelächter der Journalisten.

Macht als einzige Währung

Weil Angela Merkel von Anfang ihrer politischen Laufbahn an weiß, dass sie die CDU braucht, um dahin zu kommen, wo sie hinwill, muss sie ihren Parteifreunden etwas bieten. Wie skeptisch viele von ihnen ihr gegenüber bis zum Schluss bleiben, zeigt sich unmittelbar nach dem Ende ihrer Kanzlerschaft, als ein Parteitag nach einem Mitgliedervotum ihren Erzfeind Friedrich Merz mit mehr als 94 Prozent der Stimmen zum Parteivorsitzenden wählt. Da scheint die Sehnsucht nach der alten, westdeutschen Männer-CDU wieder auf, die Hoffnung, man könne die Zeit wenigstens ein bisschen zurückdrehen.

Und auch das hat Merkel schnell gelernt: Die einzige Währung, die in der ihrem Selbstverständnis nach geborenen Regierungspartei CDU zählt, ist die Macht. Eine Kanzlerpartei hat schließlich nicht nur ein paar Ministerposten zu vergeben. Parlamentarische Staatssekretäre kommen in großer Zahl hinzu, in den Ministerien rücken die eigenen Leute auf wichtige Posten, je länger die Macht währt, desto mehr werden es. Im Bundestag hat die Fraktion der Kanzlerpartei in aller Regel die meisten Abgeordneten, das größte Gewicht. Als Opposition kann man lärmen, nur die Regierung kann gestalten.

Aus der Beobachtung und dem Erleben weiß Merkel, dass sie die für sie politisch lebenswichtigen Mehrheiten nur in der Mitte gewinnen kann. Das hat ihr Lehrmeister Helmut Kohl schon berücksichtigt, ohne dass er das Handicap hatte, von der

AUFSTIEG IN DER CDU – UND GEGEN DIE CDU

CDU skeptisch beäugt zu werden. So sehr schwamm er emotional in der Partei, dass diese ihm mit etwas Abstand zu den Ereignissen sogar die Spendenaffäre verzieh. Merkel richtet also ihr Handeln streng danach aus, Mehrheiten in der Wählerschaft hinter sich zu haben, die ihr die Kanzlerschaft sichern.

Doch die Distanz zur CDU ist nicht nur ein Problem für Merkel. Sie hilft ihr auch. Als Kohl Ende 1998 das Kanzleramt verlassen muss, gibt er auch den CDU-Vorsitz ab. Nach 16 Jahren ist der Machtverlust ein Einschnitt für die Christdemokraten. Dass eine viel tiefere Erschütterung bald folgt, ahnen die Erben Kohls noch nicht. Den Parteivorsitz übernimmt Wolfgang Schäuble, jener treue Diener, den Kohl gleichwohl als Nachfolger im Kanzleramt verhindert hat. Schäuble schlägt der Partei Angela Merkel als Generalsekretärin vor. Das findet er viel später noch gut. »Als ich Parteivorsitzender war, habe ich relativ schnell entschieden, sie zur Generalsekretärin zu machen. Das war eine meiner besten Personalentscheidungen«, sagt er im Jahr 2023.[28] Immerhin fragte er vorher bei Roland Koch nach. Der erinnert sich, Schäuble habe ihn 1998 angesprochen: »Generalsekretär in der CDU will zurzeit keiner werden. Hättest du Probleme damit, wenn Angela Merkel Generalsekretärin wird?« Er, Koch, habe geantwortet: »Ich hätte nichts dagegen.«[29]

Trotz späterer inhaltlicher Kontroversen, etwa in der Europa- oder der Flüchtlingspolitik, hält es Schäuble auch nach dem Ende der Kanzlerschaft Merkels für eine kluge Idee, damals die Grundlage für den Aufstieg der Frau aus Ostdeutschland an die Spitze der so durch und durch westdeutschen CDU geschaffen zu haben: »Angela Merkel hat als Parteivorsitzende und Kanzlerin die CDU und auch unser Land mit den Gegebenheiten der Zeit vertraut gemacht.«[30]

Noch im November 1998, zwei Wochen nachdem sie zur Generalsekretärin gewählt worden ist, wertet Merkel das als

3. MACHTGEWINN UND MACHTERHALT

»ein Zeichen für die deutsche Einheit«. Zum ersten Mal sei jemand aus dem Osten nicht nur auf einen Stellvertreterposten gewählt worden, sondern in das Amt selbst. Als sie 1990 zur stellvertretenden Bundesvorsitzenden gewählt worden sei, habe sie das Gefühl gehabt, sich das durch nichts erarbeitet zu haben. Sie habe das Gefühl gehabt: »Die wählen dich hier, weil irgendjemand aus dem Osten gewählt werden muss, und nun bist du das eben.« Damals habe sie sich gewünscht, »eines Tages aus eigener Kraft in dieser Partei wählbar zu sein«. Nun wolle sie der Partei »ein bisschen von dem zurückgeben, was ich 1990 als Vorschusslorbeeren bekommen habe«.[31]

Als Merkel Ende 1998 zur Generalsekretärin gewählt wird, ist die Landtagswahl in Hessen nur noch wenige Monate entfernt. Seit 1991 ist der Sozialdemokrat Hans Eichel Ministerpräsident, Koch will ihn ablösen. In Berlin regiert Rot-Grün. Gegen die Reform des Staatsbürgerschaftsrechts, das die Regierung Schröder plant, will Koch mit einer Unterschriftenkampagne Stimmung machen. Da merkt er, dass die Generalsekretärin, gegen deren Wahl er nach eigenem Bekunden nichts hatte, ihm Ärger bereiten könnte. Der neue CDU-Vorsitzende Schäuble sei für die Unterschriftenaktion gewesen. »Merkel war dagegen«, erinnert sich Koch.[32]

Kurz vor der Jahrtausendwende gelingt es dem ehrgeizigen Koch zwar, Ministerpräsident in Wiesbaden zu werden. Sein Wahlkampf war umstritten, aber erfolgreich. Doch er muss feststellen, dass auf der bundespolitischen Ebene eine entschlossene Konkurrentin herangewachsen ist. Hat das Jahr politisch so gut für ihn begonnen, so dräut Richtung Ende großes Ungemach. Gerade ein Jahr ist die Niederlage Kohls und die Wahl Merkels zur Generalsekretärin her, als der Boden unter der CDU bebt. Es wird bekannt und von einigen Verantwortlichen scheibchenweise zugegeben, dass es ein System illegaler Spenden für die CDU gibt. Millionenbeträge sind an den

Büchern der Partei vorbei eingenommen worden, bis heute besteht über die Herkunft nicht letzte Klarheit. Ehemalige und aktive CDU-Größen geraten unter heftigen Druck.

Doppelte Illoyalität

Zwei Tage vor dem Weihnachtsfest veröffentlicht Merkel ihren zu Berühmtheit gelangten Brief in der »Frankfurter Allgemeinen Zeitung«, in dem sie der Partei nahelegt, sich von Kohl zu lösen. Da die »FAZ« zu jener Zeit noch zurückhaltend mit dem Vermarkten ihrer Exklusivnachrichten ist, soll Merkel ein paar besorgte Stunden verbracht haben, bis sie sicher ist, dass die Bombe gut wahrnehmbar explodiert. Auch fast 24 Jahre später, im Spätsommer 2023 schaut Roland Koch mit Gram zurück. »Merkels Brief in der ›FAZ‹ war eine doppelte Illoyalität gegenüber Helmut Kohl und Wolfgang Schäuble.«

Das ist der Moment, in dem man im Kreis jener Männer, die sich als das Führungspersonal der CDU für die Nach-Kohl-Zeit ansehen, nervös wird. Koch erinnert sich an ein Gespräch mit dem CDU-Vorsitzenden: »Ich sagte zu Schäuble, du hattest sie mir als zurückhaltender und loyal beschrieben.« Von da an sei Merkels Machtinstinkt »unübersehbar« gewesen. »Sie hat das, was ihr die alte Bundesrepublik angeboten hat, sehr clever genutzt.«[33] Schäuble nimmt für sich in Anspruch, schon damals gesehen zu haben, wo alles hinführt. »Ich habe schon 1999 gesagt, Merkel wird die erste Frau, die in Deutschland Kanzlerin wird«, sagt er 2023 im Gespräch mit dem Autor.[34]

Auch gegen Roland Koch, der gerade noch spektakulär die Wahl in Hessen gewonnen hat, werden in der Parteispendenaffäre Vorwürfe erhoben. Schließlich wird dem Parteivorsitzenden Wolfgang Schäuble eine 100 000-Mark-Spende für die Partei, deren Verbleib ungeklärt ist, zum Verhängnis. Am 16. Februar 2000 erklärt der Mann, der bereits seit 1972 im Bundes-

3. MACHTGEWINN UND MACHTERHALT

tag sitzt und so gerne Kanzler geworden wäre, den Rücktritt vom Partei- und vom Fraktionsvorsitz.

Merkel macht also eine Ausnahme von ihrer Regel, lieber vorsichtig als risikobereit zu sein, um die eigene Macht nicht zu gefährden. Sie setzt alles auf eine Karte. Allerdings handelt es sich um eine Ausnahme, die diese Regel bestätigt. Denn es geht nicht um eine riskante inhaltliche Positionierung, sondern um die Festigung ihrer Stellung in der Partei, für die sie ins volle Risiko geht. So sehr wie davor und danach nicht wieder. Eine Lossagung von Kohl bedeutet zugleich eine Lossagung von der Ära Kohl, also auch von vielen ihrer Akteure.

Ein Jahr zuvor, Kohl hat eben die Wahl verloren, hat Merkel ihr Verhältnis zu ihm beschrieben. So wie es immer dargestellt werde, sei es ohnehin nicht gewesen. Dennoch könne sie sagen: »Was ich geworden bin, bin ich zunächst durch Helmut Kohl geworden.« Anfangs habe sie Mut gebraucht, sich gegen ihn durchzusetzen. Dann habe sie es aushalten können, von ihm kritisiert zu werden. Weder frage sie, was er denke, noch habe sie Grund, »ihm jetzt eine üble Nachrede hinterherzuwerfen«. Schröder pflege zu sagen: »Danke Helmut, jetzt reicht's«, und zu behaupten, die CDU streiche sogar das »Danke«. Das sei bei ihr nicht so. »Ich kann fröhlich danke sagen.«[35]

Kohl ist Geschichte, Schäuble zumindest vorerst. Er kann nicht wissen, welche lange und einflussreiche politische Laufbahn ihm noch bevorsteht, auch wenn ihm das Kanzleramt verwehrt bleibt. Er hat nicht nur seinen Frieden mit Merkels Vorgehen um die Jahrtausendwende gemacht, sondern lobt sie rückblickend in den höchsten Tönen. »Merkel hat mich nicht gestürzt, sie hat die CDU gerettet«, sagt er im Spätsommer 2023. »Übrigens auch mit dem Brief in der ›FAZ‹.«[36] Neben allen kritischen Bemerkungen findet auch Koch im Rückblick Positives. Merkel habe die CDU davor bewahrt, weiter in den Strudel der Spendenaffäre zu rutschen.[37]

Pünktlich zur Jahrtausendwende hat Merkel mit einem Paukenschlag deutlich gemacht, dass sie die ganze Macht beansprucht. In der Partei und im Land. Sie muss nicht mehr lange um den Parteivorsitz kämpfen oder sich in aller Form bewerben. Schäuble schlägt am 20. März dem CDU-Vorstand für seine Nachfolge nur einen Namen vor: Angela Merkel. Am 10. April wird Merkel mit 95,8 Prozent der Delegiertenstimmen zur neuen Parteivorsitzenden gewählt. Koch sagt, in den Januartagen 2000 sei für ihn klar gewesen, »dass meine bundespolitische Reichweite begrenzt war. Die Spendenaffäre hat mich, obwohl weit vor meiner Zeit, lebensgefährlich verletzt.«[38]

Nur ein Viertel der CDU-Mitglieder sind Frauen

Dass alles so glattgeht, liegt keineswegs an der großen Freude der gesamten CDU. Ein Teil wird zwar froh sein, endlich eine Frau, noch dazu eine junge, an der Spitze der Partei zu haben. Der Frauenanteil unter den Mitgliedern liegt damals bei etwa einem Viertel, obwohl die CDU in hohem Maße von Frauen gewählt wird. Mancher wird sich auch freuen, dass überhaupt wieder Ruhe in die Partei kommt und die am Ende bleierne Kohl-Zeit endgültig beendet scheint. Doch diejenigen, die ihre machtpolitischen Ambitionen noch nicht aufgegeben haben, sind keineswegs begeistert von der Vorstellung, dass nun Merkel die Macht übernimmt und damit auch die Zukunft. Sie ist zwar schon seit zehn Jahren dabei, hatte zwei Ministerämter und war früh stellvertretende Parteivorsitzende geworden, aber dennoch lebt bei manchem die Hoffnung fort, dass es sich hier um eine unbelastete Übergangslösung handelt, die dazu dient, etwas Gras über die hässlichen Nachrichten aus der CDU wachsen zu lassen.

Der Trennungsbrief von Kohl ist der Test auf die Stabilität ihrer Macht in der Partei. Beim nächsten, dem ganz großen

3. MACHTGEWINN UND MACHTERHALT

Schritt, entscheidet Merkel sich nach einer kurzen Phase der Kühnheit für die weniger riskante Variante. Zu Beginn des Wahljahres 2002 verkündet sie erst selbstbewusst in einem Interview, sie sei bereit zur Kanzlerkandidatur. Aber Kanzlerkandidatin und dann womöglich Kanzlerin? Das geht dann doch einigen einflussreichen Christdemokraten zu weit. Mindestens zu schnell. Sie fürchten, ihnen schwimmen die Felle davon. »Sie wollte 2002 mit jeder Faser Kanzlerkandidatin werden«, erinnert sich Koch. »Wir waren der Auffassung, dass sie die Falsche ist. Da stieß sie erstmals machtpolitisch gegen eine harte Wand.«[39]

Ein entscheidender Stein in dieser Wand ist Koch selbst. Im Januar 2002 ist er beim Skilaufen. Doch wie das bei Spitzenpolitikern ist, ist auch in diesem Fall der Urlaub nur eine relative Abwesenheit von Politik. Die Kanzlerkandidatenfrage in der Union ist zu wichtig, als dass es sich der hessische Ministerpräsident leisten könnte, unerreichbar zu sein. Handys gehören mittlerweile zur Grundausstattung von Politikern. Allerdings stecken sie technisch noch in den Kinderschuhen, vor allem, was die Leistungsfähigkeit der Akkus angeht. Koch führt aus dem Urlaubsdomizil ein langes Gespräch mit Merkel. Er sagt ihr, dass sie nicht Kanzlerkandidatin werde. Das werde eine Mehrheit der Parteiführung verhindern. Irgendwann ist der Akku von Kochs Handy leer. Die Verbindung bricht ab. Als die beiden das Gespräch fortsetzen können, ist Merkel sauer wegen der Unterbrechung. Koch beteuert, dass nicht er, sondern das Gerät das Gespräch unterbrochen habe. Möglicherweise hat er durch seinen Widerstand dafür gesorgt, dass Merkel drei Jahre später Kanzlerin werden kann. Hätte sie 2002 ihre Kandidatur gegen den Widerstand der Union durchgesetzt und verloren, wäre die große Chance dahin gewesen.

Im Rückblick wird im Kreis der damals entscheidenden CDU-Größen eingestanden, dass Merkel noch zu Beginn des

21. Jahrhunderts ihre DDR-Vergangenheit im Wege steht. Volker Kauder erinnert sich, wie er ihr das damals klargemacht habe. »Ich habe geglaubt, dass die Zeit im Jahr 2002 noch nicht reif dafür war, dass eine Frau aus dem Osten Bundeskanzlerin wird«, erzählt er im Gespräch mit dem Verfasser dieses Buches. In der CDU in Baden-Württemberg »waren alle dagegen«. Er habe Merkel erklärt, warum es nicht gehe. Das war in der Mauerstraße, wo sie damals ihr Büro hatte. »Ich habe dabei fast ausschließlich für die CDU Baden-Württemberg gesprochen. Merkel sagte nur ein Wort: schade! Nach ein paar Momenten wusste ich, das Gespräch ist beendet.«[40]

Eine Ostkanzlerin wollte sie nicht sein

Merkel habe nicht betont, dass sie aus dem Osten komme, und sie habe auch nicht betont, dass sie eine Frau sei, sagt Kauder. »Aber ihr war sehr wohl bewusst, dass ihre ostdeutsche Herkunft etwas Besonderes war im politischen Bonn der Neunzigerjahre.« Die Ostdeutschen hätten Angela Merkel nicht als Ost-Kanzlerin betrachtet. »Das wollte sie auch nicht sein.« Einige Ostdeutsche hätten Merkel sicher vorgeworfen, dass sie sich sofort den Regeln des Westens angepasst habe. »Aber sie musste, um durchzukommen, wissen und akzeptieren, wo die Macht ist, und die Macht war im Westen«, sagt Kauder im Jahr 2023. Baden-Württemberg habe »vermutlich heute noch« mehr CDU-Mitglieder als alle Ostländer zusammen.

Merkels langjähriger Weggefährte sieht den Grund dafür, dass es »keine oder so wenige« Ostdeutsche gab, auch darin, dass der »Pool zu klein war«. Die »jahrzehntelange Enthaltsamkeit in der DDR« habe dazu geführt, dass es Leute nicht so in die Politik gezogen habe. »Bei vielen Ostdeutschen gibt es einen Minderwertigkeitskomplex. Manche denken, die Westdeutschen haben uns die Luft zum Atmen nicht gelassen«,

3. MACHTGEWINN UND MACHTERHALT

bilanziert der CDU-Mann aus Baden-Württemberg. »Wir haben schlecht kommuniziert bei der Frage, dass auch die Menschen aus der DDR vollwertige Bundesbürger sind.«[41]

Merkel hat verstanden. In einer Nacht- und Nebelaktion fliegt sie nach München, um mit dem CSU-Vorsitzenden Edmund Stoiber zu frühstücken und ihm die Kanzlerkandidatur anzutragen. Nachdem ihr ursprünglicher Plan gescheitert ist, ist das ein geschickter machtpolitischer Zug, der zeigt, wie gut Merkel nach etwas mehr als einem Jahrzehnt in der Bundespolitik ihren Rückstand auf dem Gebiet der politischen Strategie und Taktik aufgeholt hat. Denn der zaudernde Stoiber kann nun nicht mehr zurück, ohne seine Unterstützer in der CDU zu verprellen und Merkel in den Sattel zu helfen. Die macht es also wie einst Kohl, als er Franz Josef Strauß bei der Bundestagswahl 1980 antreten lässt in der Hoffnung, dieser werde die Wahl verlieren und damit den Weg für ihn, Kohl, frei machen. Wenngleich Stoiber knapp verliert, läuft es doch 2002 so ab wie 22 Jahre zuvor.

Nach der Niederlage des bayerischen Ministerpräsidenten ist die Kandidatur Merkels auch für die innerparteiliche Konkurrenz nicht mehr zu verhindern. Das muss auch der Letzte begreifen, als Merkel sich gleich nach der Bundestagswahl zur neuen Fraktionsvorsitzenden wählen lässt, nachdem sie sich vorher die erforderliche Unterstützung gesichert hat. Nun ist sie als Oppositionsführerin mit den beiden entscheidenden Ämtern ausgestattet: Sie führt die Partei und die Abgeordneten. Es ist der Moment, in dem offenbar wird, dass die Frau aus dem Osten die Spielregeln der bundesdeutschen Politik besser verstanden hat als die etwas zu selbstbewusste und selbstgefällige westdeutsche Konkurrenz.

Allen voran gilt das für Friedrich Merz, der es versäumt hat, sich rechtzeitig genügend Unterstützung für die Wiederwahl als Fraktionsvorsitzender zu sichern. Als Merz sich im

Herbst 2018 um den CDU-Vorsitz bewirbt und Schäuble ihn unterstützt, erzählt dieser gleichwohl, wie er Merz 2002 davon abgeraten habe, sich auch nur um eine zweite Amtszeit als Fraktionsvorsitzender zu bewerben. Er habe am Abend der Bundestagswahl mit Merz und dessen Frau in einem Berliner Restaurant gesessen und darauf hingewiesen, dass die Vorsitzenden von CDU und CSU, Merkel und Stoiber, sich auf Merkel als Chefin der Unionsabgeordneten geeinigt hätten. Gegen die beiden ins Rennen zu gehen, hält Schäuble für aussichtslos.[42]

Auf dem Weg ins Kanzleramt muss Merkel noch einmal Lehrgeld in Sachen Machterwerb bezahlen. Und zwar ziemlich viel, fast bringt sie das zu Fall. Am 1. Dezember 2003 hält sie auf dem CDU-Parteitag in Leipzig unter dem Jubel der Delegierten eine Rede, mit der sie sich noch reformfreudiger als der sozialdemokratische Agenda-Kanzler Schröder präsentieren will. Zudem will sie den Zweifeln in den eigenen Reihen begegnen, sie verstehe zu wenig von Wirtschaftsfragen. Sie wirbt für eine Gesundheitsprämie und die vom Rivalen Merz ausgearbeitete Steuerreform, für die ein Bierdeckel reichen soll. Sie lobt Merz demonstrativ. Auch wenn das Ziel vor allem ist, mit diesem Auftritt die eigenen Leute, besonders den Wirtschaftsflügel, zu beeindrucken, so entsprechen viele Reformvorschläge durchaus dem Weltbild Merkels, wie ihr Biograf Bollmann bemerkt. In Leipzig äußert nur Helmut Kohls langjähriger Arbeitsminister Norbert Blüm Kritik. Allerdings hat der Kohl-Feind und einstige CDU-Generalsekretär Heiner Geißler schon vorher geätzt, Merkel vertrete eine »typisch Ossi-liberale Position« nach dem Motto, wenn der Kommunismus den ungebremsten Kapitalismus zum Feind erklärt habe, dann müsse es jetzt richtig sein, für ihn einzutreten.[43]

3. MACHTGEWINN UND MACHTERHALT

Merkel verliert fast gegen Schröder

Im Zusammenhang mit dem Irakkrieg schlägt Merkel sich auf die Seite der Amerikaner und damit der Transatlantiker in der CDU. Doch obwohl die Unionsparteien an der Jahreswende 2003/04, also fast drei Jahre vor der regulär für 2006 geplanten und fast zwei Jahre vor der tatsächlich dann 2005 stattfindenden Bundestagswahl bei 48 Prozent und die Kanzlerpartei SPD nur bei 28 Prozent stehen, verliert Merkel im Herbst 2005 fast gegen Schröder. Merkel muss lernen: Für Geschlossenheit, wie sie die Union Ende 2003 zeigt, während die SPD über die Hartz-Reformen streitet, gibt es vielleicht gute Umfragewerte. Doch mit einem harten, wirtschaftsliberalen Kurs kann auch die Union keine breite Unterstützung bekommen, noch dazu, wenn es gegen einen begabten Wahlkämpfer wie Schröder geht, der ums politische Überleben kämpft.

Vor allem führt Schröder diesen Kampf gegen die eigene Partei. Merkel kann aus nächster Nähe sehen, was passiert, wenn ein Kanzler zwar inhaltliche Überzeugungen durchsetzt, weil er angesichts der hohen Arbeitslosigkeit Arbeitsmarktreformen für zwingend hält, dabei aber die Unterstützung seiner Leute verliert, also seine Machtbasis. Ihr hilft das aus drei Gründen: Der große Schreibtisch im Südostflügel der siebten Etage des Kanzleramts wird früher frei als gedacht. Die Lage auf dem deutschen Arbeitsmarkt verbessert sich infolge der Hartz-Reformen. Und sie weiß, was sie unterlassen muss, wenn sie ihre politische Existenz nicht riskieren will.

Als sie auf der Schlussgeraden zum großen Ziel Kanzlerschaft ist, erweckt sie zumindest den Eindruck, die grundsätzlichen Bedenken der Westdeutschen ihr gegenüber zu verstehen. 2004, als sie sich als kanzlertauglich präsentieren will und genau weiß, dass ihr Wunsch nur in Erfüllung gehen kann, wenn sie vor allem die Westdeutschen überzeugt, wirft sie es diesen nicht vor, in ostdeutschen Biografien einen Nachteil zu sehen. Vielmehr billigt sie den Westdeutschen sogar ein erhebliches Maß an Skepsis zu.

Es sei, so sagt Merkel, »vollkommen in Ordnung«, zu fragen, ob jemand, der die »Genesis« der Bundesrepublik gar nicht miterlebt hat, einschätzen könne, was den Westdeutschen an den staatlichen und gesellschaftlichen Errungenschaften wichtig sei. Die Frage: »Versteht die unsere Werte? Weiß die überhaupt, was das ist?«, stellt Merkel auch im vierten Jahr als CDU-Vorsitzende als zulässig dar. »Ich sage zum Beispiel manche Dinge nicht so wie jemand, der im Westen geprägt ist«, fügt sie hinzu. Das habe »seinen Charme«, führe aber auch »zu einer gewissen Fremdheit«. Immerhin preist sie die Perspektiven, aus denen Ostdeutsche auf die Bundesrepublik schauen können, als »hochinteressant« an. Wer sich wem anpassen musste, ist allerdings vollkommen klar. Merkel gibt zu, dass es zehn Jahre gedauert habe, bis sie den Satz »Wir, die CDU, haben die Rentenreform von 1957 gemacht« habe sagen können. Mit solchen Sätzen habe sie sich »jahrelang ungeheuer schwergetan«.[14] Wie sehr sie bei diesem Eingeständnis gegen ihre Gefühle anreden muss, ahnt man zum Ende ihrer Kanzlerschaft, als sie die Demütigung offenbart, die sie als Ostdeutsche immer empfunden habe.

Der 18. September 2005 ist für Merkel der Tag der Wahrheit. Wird sie es schaffen, als erste Ostdeutsche und erste Frau die höchste politische Position in der Bundesrepublik zu erobern? Der Mann, der drei Jahre zuvor noch eifrig daran mitgearbeitet hat, das zu verhindern, unterstützt sie. Sei es aus Überzeugung, sei es, weil er im Falle eines Scheiterns auf den letzten Metern sagen kann, dass er es nicht gewesen ist. Roland Koch vereinbart frühzeitig ein Fernsehinterview für 18 Uhr, wenn die Wahllokale schließen. Nicht nur die Umfragen vor der Wahl,

3. MACHTGEWINN UND MACHTERHALT

auch die sogenannten exit polls, also Befragungen von Wählern, die ihre Stimme abgegeben haben, lassen erkennen, wie knapp es wird. Koch erinnert sich: »Merkel war davon überzeugt, ich würde den Wahlabend 2005 nutzen, um sie zu stürzen.« Stattdessen habe sie dann mit ihrer Vertrauten Beate Baumann vor dem Fernseher gestanden und gehört, wie er, Koch, gesagt habe, »wir werden mit Merkel diese Wahl gewinnen«.

Koch, der Inbegriff des ehrgeizigen westdeutschen CDU-Politikers, der sich selbst sicher gerne im Kanzleramt gesehen hätte, war zwar schon durch die Parteispendenaffäre schwer angeschlagen, aber nun war der politische Olymp vorerst in unerreichbare Ferne gerückt. Merkel, die anderthalb Jahrzehnte zuvor als Neue, als Fremde in die christdemokratische Welt der Macht eingedrungen ist, hat alle Konkurrenz ausgestochen. »Angela Merkel hat eine immense Lernfähigkeit«, sagt Koch, als Merkels Kanzlerschaft schon fast zwei Jahre hinter ihr liegt. »Sie ist sehr, sehr schlau.« Markus Söder zeigt sich noch knapp zwei Jahrzehnte später beeindruckt von Merkels »Nervenstärke«. Er erinnert sich, wie die Vorsitzenden von SPD und CSU, Franz Müntefering und Edmund Stoiber, sich während der Regierungsbildung 2005 zurückzogen und der Druck auf Merkel dadurch stieg. »Ich sagte zu ihr: Da braucht man gute Nerven. Ihre scherzhafte Antwort: Blutdrucksenker helfen.«[45]

Knapp zwei Jahre nach dem Ende ihrer Kanzlerschaft beschreibt Koch, in welchem Verhältnis Inhalte und die Stabilisierung ihrer Position zueinander standen. »Ihre Haltung war, das Volk nicht mit Herausforderungen und Veränderungen zu konfrontieren, sondern stattdessen lieber ruhig an der Macht zu bleiben.« Das würde sie auch weiter für richtig halten, ist Koch überzeugt. Er prägt die bemerkenswerte Formulierung, Merkel habe sich »ein charismatisches Image zugelegt aus nicht charismatischen Bestandteilen«. Sie habe »Grundsätze, hat sich aber dafür entschieden, pragmatische Politik zu machen, statt Überzeugungen durchzusetzen«.⁴⁶

Die Härte, mit der führende Unionspolitiker heute noch über die ehemalige Kanzlerin urteilen, offenbart zweierlei. Im Laufe der zwei von Merkel geprägten Jahrzehnte sind tiefe Risse in der Unionsfamilie entstanden, nicht nur zwischen CDU und CSU, auch und mehr noch innerhalb der CDU. Einerseits. Andererseits schwingt in der Kritik der einstigen Unions-Granden viel Hochachtung mit davor, wie schnell die Frau aus dem Osten sich die westlichen Machttechniken angeeignet hat, wie effektiv sie auf dieser Klaviatur zu spielen verstand, wie sehr sie sich die Partei unterworfen hat. Ihr Ziel, den vermeintlich ach so überlegenen christdemokratischen West-Männern zu zeigen, dass sie es mit ihnen aufnehmen kann, und dabei vor allem darauf zu achten, ihnen nicht zu unterliegen, nicht von ihnen vom Hof gejagt zu werden, hat Merkel erreicht.

Besonders klar blickt Horst Seehofer im Sommer des Jahres 2023 auf Merkels Umgang mit der Macht zurück. »Bloß nicht verlieren! Diesen Grundsatz hat sie immer gelebt«, sagt er im Gespräch mit dem Autor dieses Buches. Sie beherrsche die Technik der politischen Machtausübung perfekt, könne »Fährten legen, mit Medien zusammenarbeiten«. Außer vielleicht noch Helmut Kohl fällt Seehofer niemand Vergleichbares ein. »Wenn man zum Gegenstand ihrer Machtausübung wurde, war es äußerst unangenehm«, sagt der einstige CSU-Vorsitzende, bayerische Ministerpräsident und Bundesinnenminister. »Roland Koch und andere – alle sind auf der Strecke geblieben«, bilanziert er das machtpolitische Wirken Merkels. »Sie ist eine Bundeskanzlerin mit eigener Opferliste.«

Seehofer sagt nicht, ob er sich selbst auch auf dieser Liste sieht. Doch beschreibt er, was es bedeutet, sich mit Merkel zu streiten. Das hat er vor allem seit dem Sommer 2015, als er sich nicht mit der Forderung einer harten Linie in der Flüchtlingspolitik gegen sie durchsetzen konnte, ausgiebig getan. »Merkel ist sensibel, hochsensibel, sehr empfindlich. Wenn man sich einmal mit ihr gestritten hat, dann hat man sich immer mit ihr gestritten. Dazu neigt sie«, sagt ihr letzter Innenminister. Es scheint Verletzung mitzuschwingen, wenn er zurückblickt. »Es gibt die Seite bei ihr, dass man nicht anerkannt wird. Sie hatte immer mehr im Kopf als andere, die am Tisch saßen.«[47]

Wenig Frauen, fast keine Ossis – die Personalpolitik

Nicht erst im Kanzleramt, sondern schon beim Aufstieg zum Gipfel der Macht brauchen Politiker enge und mindestens einen engsten Vertrauten. Das ist bei Merkel nicht anders als bei ihren Vorgängern und ihrem Nachfolger. Allerdings ist es für sie, die am Anfang ihrer bundespolitischen Laufbahn nicht nur neu in der Politik ist, sondern auch gänzlich unerfahren im bundesrepublikanischen System, noch wichtiger, Leute zu haben, die sie einerseits in die Funktionsweise dieses Systems einführen und andererseits die Stimmungen und Gefahren permanent abfragen und wittern.

Für die handwerkliche Einführung in die Aufgaben der Bundesfrauenministerin ist Willi Hausmann die wichtigste Person. Der westdeutsche Verwaltungsjurist, der in Oberhausen geboren ist und in Freiburg studiert hat, wird 1991 Staatssekretär bei Merkel. Noch heute wird sein Name genannt, wenn es um den ganz engen Kreis um Merkel geht. Nach außen tritt er kaum auf. Das mag Merkel ohnehin am liebsten. Als sie Generalsekretärin wird, kommt der 1942 geborene Hausmann als Bundesgeschäftsführer ins Konrad-Adenauer-Haus, wo er auch für die Parteivorsitzende Merkel noch einige Jahre arbei-

WENIG FRAUEN, FAST KEINE OSSIS – DIE PERSONALPOLITIK

ten wird. Er ist ihr ein enger Mitarbeiter, Berater und Vertrauter.

Ihre wichtigste personalpolitische Entscheidung trifft Angela Merkel schon früh, und sie hat bis heute Bestand. Am 15. Februar 1992 lernt sie Beate Baumann kennen. Merkel ist damals nicht nur Frauenministerin, sondern auch vorübergehend einzige stellvertretende CDU-Vorsitzende. Zur Unterstützung bei dieser Aufgabe darf sie eine Mitarbeiterin einstellen. Sie entscheidet sich für die 1963 geborene Philologin Beate Baumann, aktives Mitglied in der niedersächsischen CDU, empfohlen vom späteren Ministerpräsidenten Christian Wulff. Die beiden Frauen kommen gut miteinander zurecht, entwickeln ein Vertrauensverhältnis, das Merkel dringend braucht, um rechtzeitig Gefahr zu wittern. Ihr Miteinander hat nichts von dem kumpelhaft breitbeinigen Umgang, den Schröder mit einem Teil seiner Leute hat und den es auch unter Olaf Scholz im Kanzleramt wieder gibt. Baumann ist eine leise Person, in der Öffentlichkeit ist sie kaum zu sehen, auf Reisen Merkels nur selten dabei. Die Kanzlerin ist zurückhaltend mit dem Duzen. Selbst Baumann sagt »Frau Merkel«. Allerdings ist das schon ein Privileg. Sogar die engsten Mitarbeiter, die oft mit ihr um die Welt reisen und die bis in die Nacht reichenden Verhandlungstage in Brüssel mit ihr verbringen, sagen »Frau Bundeskanzlerin«.

Es kommt immer wieder vor, dass enge Vertraute von Kanzlern lange weitgehend im Verborgenen arbeiten, irgendwann aber doch der Versuchung erliegen, ins Rampenlicht zu treten. Bekanntestes Beispiel ist Bundespräsident Frank-Walter Steinmeier, der sowohl in der Staatskanzlei in Hannover als auch im Kanzleramt der treue und nach außen weitgehend unsichtbare engste Mitarbeiter von Gerhard Schröder ist, aber nach dessen politischem Ende Minister, Kanzlerkandidat, Fraktionsvorsitzender und schließlich Staatsoberhaupt wird. In manchen Fäl-

3. MACHTGEWINN UND MACHTERHALT

len geschieht das nach sehr viel kürzerer Zeit. So wird Thomas de Maizière nach nur einer Legislaturperiode im Kanzleramt Ressortminister.

Beate Baumann ist anders. Die Öffentlichkeit ist ihre Sache nicht, es ist schon nicht leicht, überhaupt einen Gesprächstermin bei ihr zu bekommen. Zwar hat der Autor Baumann im Verlauf der Jahre, in denen er Merkel als Journalist beobachtet hat, immer wieder gesprochen. Aber als Gesprächspartnerin im Entstehungsprozess dieses Buches stand sie nicht bereit, so wenig wie Angela Merkel. Auch über das Ende von deren Kanzlerschaft hinaus bleibt Baumann an ihrer Seite und strebt kein politisches Amt an, obwohl sie mit 58 Jahren jung genug dafür wäre. Stattdessen bleibt sie in den Diensten der Altkanzlerin und versucht mit dem gemeinsamen Buchprojekt das Bild Merkels in der Geschichtsschreibung zu prägen.

Baumann und Merkel, Merkel und Baumann – selten denkt und handelt ein Gespann in der deutschen Spitzenpolitik so symbiotisch und das über eine Strecke von drei Jahrzehnten. Die eine weiß von der anderen, was und wie sie denkt. Es ist vorstellbar, dass bisweilen nicht mehr genau zu sagen ist, was von wem zuerst gedacht worden ist. Merkel ist viel draußen in der Welt unterwegs, Baumann überwiegend in ihrem Büro in der siebten Etage des Kanzleramts, nur wenige Schritte von Merkels Schreibtisch entfernt. Es ist so nüchtern eingerichtet, als wolle Baumann es jederzeit innerhalb weniger Stunden besenrein verlassen können. Sie bleibt die vollen 16 Jahre.

Das Frühwarnsystem Beate Baumann

Merkel schaut aus ihrem Zimmer nach Osten, nach Berlin Mitte, Baumann nach Westen über den Tiergarten in Richtung des alten Westberlin. In Bonn, in ihren ersten gemeinsamen Jahren, ist die Blickrichtung zumindest politisch wichtig. Die

WENIG FRAUEN, FAST KEINE OSSIS – DIE PERSONALPOLITIK

Frau aus der niedersächsischen CDU kann der ins bundesdeutsche System gespülten Ostdeutschen erklären, wie die CDU und wie die Bundesrepublik funktionieren. Baumann macht das politische Wohl Merkels zu ihrem, berät sie, ist beim Formulieren von Reden dabei, kann offen mit Merkel sprechen.

Nicht immer funktioniert sie allerdings als Frühwarnsystem. Ausgerechnet die Idee, den niedersächsischen Ministerpräsidenten Christian Wulff zum Bundespräsidenten zu machen, redet Baumann Merkel nicht aus, obwohl sie nicht nur ihn gut kennt, sondern die Verhältnisse in Niedersachsen. Als Merkel Wulff das Amt anträgt, wird im Landtag in Hannover längst über einen privaten Flug der Familie Wulff nach Florida debattiert, bei dem Wulff ein kostenloses Upgrade von der Economy- in die Businessclass annahm. Er gibt sogar zu Beginn des Jahres 2010, in dessen Verlauf er Präsident wird, zu, dass das ein Fehler gewesen sei. Den beiden Frauen scheint das kein Grund, sich gegen Wulff zu entscheiden. Dessen baldiges Scheitern lässt die Angelegenheit dann zur größten personalpolitischen Fehlentscheidung Angela Merkels werden.

Zum engen Kreis um Merkel gehört neben Hausmann und Baumann schon früh der Bundestagsabgeordnete Peter Hintze. Zudem ihre Kommunikationsberaterin Eva Christiansen und ihr Sprecher Ulrich Wilhelm. Später dann dessen Nachfolger Steffen Seibert und einige ihrer Abteilungsleiter im Kanzleramt, vor allem der langjährige Leiter der außenpolitischen Abteilung Christoph Heusgen. Schon durch ihre Funktion gilt das für die Chefs des Bundeskanzleramts, die Merkel allerdings in jeder Legislaturperiode auswechselt. Thomas de Maizière, Ronald Pofalla, Peter Altmaier und Helge Braun. Auch zu ihren Generalsekretären muss die Parteivorsitzende ein Vertrauensverhältnis aufbauen, da ihr als Regierungschefin wenig Zeit für die Partei bleibt. Immerhin sieben Generäle unterstüt-

3. MACHTGEWINN UND MACHTERHALT

zen Merkel in ihren 18 Jahren als Parteivorsitzende. Abgesehen von Annegret Kramp-Karrenbauer, der letzten unter Merkel, alles Männer: Ruprecht Polenz, Laurenz Meyer, Volker Kauder, Ronald Pofalla, Hermann Gröhe, Peter Tauber.

Nur aufgrund eines Amtes wird man nicht zum Vertrauten der Kanzlerin. Peter Altmaier ist einer von ihnen. Er gewinnt Merkels Vertrauen schon als Parlamentarischer Geschäftsführer der Unionsfraktion, wird Minister und ihr dritter Kanzleramtschef. Ebenfalls zu den engen Gefährten Merkels wird Volker Kauder, der Mann, der zunächst offen daran mitgewirkt hat, zu verhindern, dass Merkel schon 2002 Kanzlerkandidatin wird. Abgesehen von den letzten drei Jahren sorgt er als Vorsitzender der Unionsfraktion dafür, dass Merkel die erforderliche parlamentarische Unterstützung hat. Als der aus Nordrhein-Westfalen stammende CDU-Abgeordnete Ralph Brinkhaus 2018 gegen Merkels Willen Kauder aus dem Amt drängt, wird deutlich, dass das Gespür der Kanzlerin für Macht langsam schwindet. Merkel ist durch die quälend lange Bildung ihrer vierten und letzten Regierung und den wieder aufgeflammten Streit mit der CSU über die Asylpolitik im Sommer 2018 schon so geschwächt, dass sie – ebenso wie Kauder selbst – nicht erkennt, wie sehr die Fraktion Kauders überdrüssig ist. Sie kann das auch als Hinweis auf die Stabilität ihrer Position im Machtgefüge interpretieren.

Merkel umgibt sich mit Westdeutschen

Alle Genannten haben neben ihrer grundsätzlichen Unterstützung für den Mitte-Kurs Merkels eines gemein: Sie sind ausnahmslos Westdeutsche. Polenz ist zwar nahe der sächsischen Stadt Bautzen geboren, aber die Familie ist schon 1952 in den Westen gezogen, als er sechs Jahre alt war. Auch er ist ein Wessi.

WENIG FRAUEN, FAST KEINE OSSIS – DIE PERSONALPOLITIK

Der Einzige, der in dieser Hinsicht ein bisschen aus dem Rahmen fällt, ist Thomas de Maizière. Sein Lebenslauf ist wie ein Spiegelbild desjenigen Merkels. Im selben Jahr wie sie, 1954, ist er in Bonn geboren, geht erst nach Berlin und macht dann Karriere im Osten. Als sie CDU-Landesvorsitzende in Mecklenburg-Vorpommern ist, ist er in Schwerin tätig. De Maizière lebt noch heute in Dresden. Man könnte ihn als angelernten Ostdeutschen bezeichnen in Anlehnung an die von Merkel abgelehnte Zuschreibung, eine angelernte Bundesdeutsche zu sein.

War das wichtig für Merkel? Während jemand, der sie gut kennt, aber nicht genannt werden möchte, das bestreitet und de Maizière als eindeutig westdeutsch beschreibt, sieht dieser einen Zusammenhang zwischen seinem Lebenslauf und Merkels Entscheidung für ihn. »Als Merkel mich zum Chef des Kanzleramtes machte, hat meine langjährige Erfahrung in Ostdeutschland eine relativ große Rolle gespielt«, sagt er im Gespräch mit dem Verfasser. Er sieht ein verbindendes Element im Mauerfall. »Es gibt einen besonderen Zusammenhalt der Neunundachtziger.« Das sei ähnlich wie mit den »Neunundvierzigern oder Achtundsechzigern«. Es seien diejenigen, die die friedliche Revolution und die deutsche Einigung 1989 gemeinsam gestaltet und erlebt hätten. »Daher kam auch Merkels enges Verhältnis zu mir. Ich war in Mecklenburg-Vorpommern, als sie dort CDU-Landesvorsitzende war. Merkel vertraute mir. Ich war zwar westdeutsch, aber ich hatte eine Reputation im Osten.«[48]

In 16 Jahren holt Angela Merkel in ihre vier Regierungen mit einer Ausnahme auf dem CDU-Ticket keine Ostdeutschen. Nur die aus Sachsen stammende Johanna Wanka ist von 2013 bis 2018 Bundesbildungsministerin. Allerdings war sie vorher Landesministerin in Niedersachsen. Die SPD, die dreimal Merkels Koalitionspartner war, hat mehr Ministerinnen und

3. MACHTGEWINN UND MACHTERHALT

Minister aus der ehemaligen DDR an den Kabinettstisch gebracht.

Für dieses Vorgehen der Kanzlerin gibt es zwei wesentliche Gründe. Auch eineinhalb Jahrzehnte nach dem Mauerfall wird in den großen westdeutschen Landesverbänden bestimmt, wer die Macht hat und wer nicht. Die wichtigsten Länder für Merkel sind Nordrhein-Westfalen und Baden-Württemberg. Der mächtige, weil mitgliederstärkste, nordrhein-westfälische CDU-Landesverband bringt die für viele Entscheidungen wesentliche Zahl von Stimmen, sei es im Bundestag, sei es auf den Parteitagen. In Stuttgart stellt die CDU bis zum Jahr 2011 über Jahrzehnte geradezu selbstverständlich den Ministerpräsidenten. Hier liegt das christdemokratische Tafelsilber, auf das jeder Kanzler in Bonn oder Berlin seit jeher sorgfältig aufpassen muss.

Michael Kretschmer, CDU-Politiker und sächsischer Ministerpräsident, weist darauf hin, Merkel habe sogar »Wert darauf gelegt, nicht als Ostdeutsche wahrgenommen zu werden«. Die »Botschaft ›ich bin eine von euch‹ hat sie nicht gesendet«. Das habe im Osten auch für Enttäuschung gesorgt. Wenn sie es dennoch mal gesagt habe, hätten die Menschen in Ostdeutschland sich sehr gefreut. In ihrer Rede am 3. Oktober 2021 habe sie deutlich gemacht, dass sie eine Ostdeutsche sei. Letztlich muss sich Merkel auch mit ihrer Personalpolitik an den Gesetzen der Macht ausrichten, will sie politisch überleben. »Sie musste eine harte Machtpolitikerin sein«, sagt Kretschmer. »Dafür musste sie die westdeutschen Machtmechanismen nutzen. Sonst wäre sie nicht so weit gekommen.«[49]

Spiegelt sich ihre ostdeutsche Herkunft in Merkels Personalpolitik fast gar nicht wider, so gilt das nicht ganz so sehr für Frauen. Zwar will sie auch hier in der männlich geprägten CDU nicht den Eindruck von Klientelpolitik erwecken. Eine harte Quote, wie sie ihr Nachfolger Olaf Scholz für sein Kabi-

WENIG FRAUEN, FAST KEINE OSSIS – DIE PERSONALPOLITIK

nett verspricht und schon bald nicht mehr einhalten kann, ruft Merkel erst gar nicht aus. Aber immerhin ist ihr engstes Umfeld – Baumann und Christiansen – weiblich. Die wichtigsten Mitarbeiter im Kanzleramt sind zwar überwiegend männlich, aber jedenfalls keine Machotypen.

Einen Frauenbonus gibt es nicht

Für Frauen gelten bei Merkel dieselben Maßstäbe wie für Männer: Erfolg und Durchsetzungsfähigkeit. Wer diesen Ansprüchen gerecht wird, darf bleiben. Wer nicht, der scheitert. Letzteres gilt vor allem für Annegret Kramp-Karrenbauer, kurz: AKK. Merkel freut sich, als diese ihr Amt als saarländische Ministerpräsidentin aufgibt, um CDU-Generalsekretärin zu werden. Aber es wird von Anfang an bestritten, Merkel baue hier eine Nachfolgerin auf. Immerhin lässt der Gesichtsausdruck der scheidenden CDU-Vorsitzenden beim Parteitag in Hamburg 2018, als Kramp-Karrenbauer zu ihrer Nachfolgerin gewählt wird, ahnen, dass Merkel sich freut. Doch schon bald merkt die Kanzlerin, dass AKK nicht aus dem Holz einer Kanzlerin geschnitzt ist. Endgültig lässt sie sie fallen, als Kramp-Karrenbauer die Wahl des FDP-Politikers Thomas Kemmerich zum thüringischen Ministerpräsidenten mit den Stimmen von CDU und AfD nicht verhindern kann. Einen Frauenbonus gibt es von Deutschlands erster Kanzlerin nicht.

Eine Frau allerdings besteht alle Prüfungen. Die Christdemokratin Ursula von der Leyen setzt nicht nur gegen weite Teile der CDU und mit Rückendeckung Merkels eine Modernisierung der Familienpolitik, vor allem mit einer Ausweitung der Kinderbetreuung, durch. Sie steigt anschließend auf, wird Arbeitsministerin und bekommt auf eigenen Wunsch das Wehrressort. Merkel spürt: Hier spielt jemand in meiner Liga. Von der Leyen wird nicht nur die einzige Frau aus der Ära

3. MACHTGEWINN UND MACHTERHALT

Merkel sein, die anschließend – als Präsidentin der EU-Kommission – noch eine politische Topposition innehat. Sie ist überhaupt die einzige Person mit CDU-Parteibuch aus der Zeit der Kanzlerin, der das gelingt.

Nimmt man das weitere Zusammenwachsen von West- und Ostdeutschland und die stärkere Partizipation von Frauen zum Maßstab, so lässt sich die größte Leistung von Angela Merkel auf einen kurzen Nenner bringen: Angela Merkel. In weiten Teilen der bis heute männlich geprägten CDU wirkt das in den ersten beiden Jahrzehnten wie ein willkommenes Fortschrittshindernis. Vor allem gegenüber der bisher einzigen anderen Kanzlerpartei, der SPD, können die Christdemokraten sich brüsten, eine Vorsitzende und noch dazu eine aus Ostdeutschland zu haben. Zwar ist die – zutiefst westdeutsche – Andrea Nahles kurzzeitig SPD-Vorsitzende in den Merkel-Jahren. Aber jemanden von Merkels Kaliber können die Sozialdemokraten nicht bieten.

Letztlich haben die 18 Jahre als Vorsitzende und 16 Kanzlerinnenjahre auch keine progressiven Auswirkungen auf die Personalentwicklung der CDU. Vorsitzender wird Anfang 2022 der damals 66 Jahre alte Westdeutsche Friedrich Merz. An der Zusammensetzung der Mitgliedschaft hat sich ebenfalls nicht viel geändert in der Ära Merkel. Zu deren Beginn wie zu deren Ende sind nur etwa ein Viertel der Mitglieder Frauen. Die Spitzenpositionen, die die CDU in Bund und Ländern nach der Ära Merkel zu besetzen hat, sind fast ausnahmslos in der Hand von Männern.

4. Gegen die eigene Überzeugung: der Atomausstieg

Gute Kernkraft

An der Jahreswende von 1978 auf 1979 wird es kalt in der DDR. Sehr schnell sehr kalt. Hinzu kommen Schneestürme. Da der Dezember zunächst mild und feucht gewesen ist, sind die Braunkohletagebaue aufgeweicht, die Kohle ist nass. Die Kohleförderung im Dezember kommt nur auf 75 Prozent der geplanten Menge, die Vorratsspeicher der Kraftwerke sind unzureichend gefüllt. Durch den dramatischen Temperatursturz um die Jahreswende frieren nicht nur Oberleitungen und Weichen fest, sodass die Kohlezüge nicht vorankommen. Auch die feuchte Kohle selbst gefriert. Ostberlin kauft in der Not 500 Bohrhämmer in der Bundesrepublik, um gegen das Eis anzukämpfen. Dreiviertel des Stroms der DDR werden damals mit Braunkohle erzeugt. Innerhalb von 24 Stunden brechen weite Teile der Stromversorgung zusammen. Es kommt zum größten Blackout in der Geschichte der Deutschen Demokratischen Republik.

Das einzige große Kraftwerk, das in dieser Ausnahmelage mit voller Leistung Strom liefert, ist das Kernkraftwerk Lubmin bei Greifswald, mit vollem Namen »VE Kombinat Kernkraftwerke ›Bruno Leuschner‹ Greifswald«. Es ist das größere der beiden Atomkraftwerke, die die DDR betreibt. Es sei »schon sehr beruhigend« gewesen, dass die Atomreaktoren gelaufen

4. GEGEN DIE EIGENE ÜBERZEUGUNG: DER ATOMAUSSTIEG

seien, wird viele Jahre später Ulrich Merkel sagen, der einstige Ehemann der späteren Bundeskanzlerin, dessen Namen sie bis heute trägt.[1]

Die 24 Jahre alte Angela Merkel hat 1978 nach ihrem Physikstudium eine Diplomarbeit mit dem Thema »Der Einfluss der räumlichen Korrelation auf die Reaktionsgeschwindigkeit bei bimolekularen Elementarreaktionen in dichten Medien« abgegeben. Merkel hat früh im Leben gelernt, der Physik zu trauen.

In der Bundesrepublik hat die Regierung in Bonn unter dem sozialdemokratischen Kanzler Helmut Schmidt ein Jahr zuvor beschlossen, ein Endlager für radioaktiven Abfall im niedersächsischen Gorleben einzurichten. Statt ein technisches Problem zu lösen, lässt diese Entscheidung allerdings ein gesellschaftliches noch stärker werden. Der Protest gegen das Endlager Gorleben ist Teil einer anschwellenden Anti-Atom-Bewegung in der Bundesrepublik. Einer ihrer Ausgangspunkte ist der Widerstand der Bevölkerung gegen den Bau eines Kernkraftwerks nahe dem Winzerort Wyhl am Kaiserstuhl im Sommer 1973. Er wird zum Gründungsmythos der Partei Die Grünen. Im ersten Parteiprogramm wird 1980 die Atomstromerzeugung als »Diktatur aus der Steckdose« bezeichnet werden. Die Kernkraft wird in der Bundesrepublik endgültig ideologisiert, vor allem von ihren Gegnern. Aber auch die Befürworter sehen ihr Eintreten für die Nutzung der Kernenergie als Teil des ideologischen Kampfes gegen die linke Protestbewegung.

Merkel dürfte das erste Parteiprogramm der Grünen nicht in seinen Einzelheiten studiert haben, wenn sie denn überhaupt eine Chance hatte, irgendetwas darüber zu erfahren. Eines ist jedoch unzweifelhaft: An der Wende von den Siebziger- zu den Achtzigerjahren kann die in der DDR lebende Wissenschaftlerin nicht der Ansicht sein, dass die Diktatur aus der Steckdose kommt. Die Diktatur, mit der sie es zu tun hat, kommt aus dem Staatsapparat. Mit Stromerzeugung hat das für sie nichts zu tun. Vielmehr zeigt der Kältewinter 1978/79, dass die Atomstromerzeugung zu den nützlichen Dingen gehört, die die Ostberliner Regierung zu bieten hat.

Gut sieben Jahre später, 1986, erschüttert die Reaktorkatastrophe in Tschernobyl die Welt. Ganz spurlos geht der Schreck auch nicht an Ostberlin vorbei. Der Staatsratsvorsitzende Erich Honecker rät dazu, den Salat besonders gründlich zu waschen. Merkel wird später im Rückblick auf das Ereignis sagen, »Tschernobyl war für mich in erster Linie wieder ein Beweis für Schlamperei in Russland, die ich von Reisen her kannte.« Als sie zum zehnten Jahrestag des Unglücks 1996 nach Tschernobyl fliegt, stellt sie die Kernkraftwerke in Deutschland als sicher dar, Konsequenzen seien aus dem Unglück im Jahr 1986 für Deutschland nicht zu ziehen.[2]

Die Mauer ist zu diesem Zeitpunkt bereits seit sieben Jahren nicht mehr da, Angela Merkel als Bundesumweltministerin schon im zweiten politischen Spitzenamt des wiedervereinigten Deutschlands und längst eine Prominente. Dahin konnte sie nur gelangen, weil sie schnell gelernt hat, sich nach den Gesetzmäßigkeiten der Bundesrepublik, den gesellschaftlichen wie den politischen, zu bewegen. Weil sie sich angepasst hat.

»Beim Backen geht mal etwas Pulver daneben«

Nach wie vor scheint sie das Thema Atomkraft überwiegend rational zu beurteilen. Kaum ist sie 1994 Umweltministerin im letzten Kabinett Kohl geworden, weist sie die niedersächsische Landesregierung in Hannover, die von ihrem späteren sozialdemokratischen Konkurrenten Gerhard Schröder geführt wird, an, den Transport von Brennelementen ins Lager Gorleben zuzulassen. Schröder muss nachgeben. 1997 wird Merkel eine Reise nach Gorleben als ihre »sinnvollste politische Tat in diesem Jahr« bezeichnen, weil sie damit gezeigt habe, »dass es

4. GEGEN DIE EIGENE ÜBERZEUGUNG: DER ATOMAUSSTIEG

nicht nur diese absolute Feindhaltung gibt«. Als es zu Schwierigkeiten mit den Transportbehältern kommt, kommentiert die Ministerin lapidar, jede Hausfrau wisse, dass beim Backen auch mal etwas Pulver danebengehe. Die Nutzung der Atomkraft sei verantwortbar, ökologisch, sauber und technisch hoch standardisiert.[3]

Auf dem Papier befindet sich die Bundesministerin, die schon wenige Jahre später den Vorsitz der CDU übernehmen wird, auf der Linie zumindest der großen Mehrheit ihrer Partei. Die Atomstromgewinnung halten die Christdemokraten für einen wesentlichen Faktor zur Sicherung der Energieversorgung in Deutschland. Und doch gibt es einen Unterschied. Die Nüchternheit und Selbstverständlichkeit, mit der Merkel über das Thema denkt und redet, findet sich spätestens seit Tschernobyl bei vielen ihrer westdeutschen Parteifreunde nicht mehr. Sie beobachten die Protestbewegung, an der vermutlich nicht selten die eigenen Kinder beteiligt sind oder für die diese zumindest Verständnis haben, und wissen, wie sensibel man im Umgang mit der Kernkraft sein muss. Niemandem, der die Empfindsamkeit eines Großteils der westdeutschen Bevölkerung kennt, wäre Merkels Vergleich mit dem Backen eingefallen. Auch Befürwortern der Atomstromerzeugung nicht.

So gut Angela Merkel auch gelernt hat, die Befindlichkeiten der bundesdeutschen Gesellschaft in ihr politisches Handeln einzubeziehen, so zeigt ihr Blick auf die Atomstromerzeugung die Grenzen ihres Einfühlungsvermögens. 22 Jahre nach der Katastrophe in Tschernobyl, als Merkel schon im dritten Jahr Bundeskanzlerin ist, bezeichnet sie es auf dem 97. Deutschen Katholikentag als »nicht sinnvoll«, dass ausgerechnet das Land mit den sichersten Atomkraftwerken die friedliche Nutzung der Atomenergie einstelle. Deutschland mache sich »lächerlich«, wenn es um eines »guten Gewissens« willen Atom- und Kohlekraftwerke stilllege, aber Strom aus solchen Quellen aus den Nachbarländern einkaufe.⁴ Knapp drei Jahre später wird es zur Reaktorkatastrophe im Hochtechnologieland Japan kommen.

Die Kanzlerin scheint nicht einmal der Auffassung zu sein, dass das Festhalten an der Atomstromerzeugung für sie ein Problem im Wahlkampf sein könnte. Im Juli 2009, wenige Monate vor der Bundestagswahl, bei der Merkel erstmals wiedergewählt werden will, feiert das Deutsche Atomforum seinen 50. Geburtstag. Der Lobbyverband setzt sich für die nichtmilitärische Nutzung der Kernenergie ein. Merkels sozialdemokratischer Umweltminister Sigmar Gabriel lässt in einer Pressemitteilung des Ministeriums die Auffassung verbreiten, »50 Jahre Atomforum – das bedeutet ein halbes Jahrhundert Lug und Trug.«⁵

Merkel hingegen hält die Festrede zum Geburtstag des Vereins der Atomkraftlobbyisten. Sie steht fest zur Kernenergie als wichtigem Teil der deutschen Stromversorgung. »Ich persönlich mache mir große Sorgen, was passiert, wenn Deutschland eines Tages aus diesem Bereich ausgestiegen sein sollte, was ich nicht will; ich will die Verlängerung der Laufzeit der Kernkraftwerke, und zwar auf dem besten technischen Niveau.« Ihre Sorge, so macht sie deutlich, besteht darin, dass mit einem Ausstieg Deutschlands »eine wichtige Stimme für mehr Sicherheit bei der Produktion von Kernenergie in der Welt« entfallen würde.

Merkel malt ein düsteres Bild für den Fall, dass Deutschland sowohl auf Kohle- als auch auf Atomkraftwerke verzichten würde. Dann wäre man am Ende auf den Strom aus Frankreich angewiesen, was die Sicherheit nicht erhöhen würde, weil es diesbezüglich keinen Unterschied mache, ob Kernkraftwerke in Deutschland oder in Frankreich stünden. Damit nimmt sie die Debatte vorweg, die zu Beginn der Zwanzigerjahre geführt wird, als der parallele Kohle- und Atomausstieg sich mit rasen-

4. GEGEN DIE EIGENE ÜBERZEUGUNG: DER ATOMAUSSTIEG

dem Tempo nähert. Merkel erinnert 2009 daran, dass 25 Prozent des deutschen Stroms aus Kernkraftwerken kämen. »Sie ist grundlastfähig im besten Sinne des Wortes.«[6]

Geburtstagsgruß für die Atomlobby

In ihrem Geburtstagsgruß für die Atomlobbyisten macht Merkel jedoch auch klar, wo die Reise hingeht. Die Kanzlerin will, dass Deutschland ein »zukunftsfähiges Land« bleibe. Dazu gehöre für sie »auf absehbare Zeit auch Kernenergie«. Merkel bezeichnet sie als »Brückenenergieträger in die Zukunft«. Sie spöttelt zwar, dass die Kritiker der Atommülltransporte diese für etwas weniger gefährlich hielten, seit die rot-grüne Bundesregierung 1998 den Ausstieg beschlossen habe. »Der Castor-Transport ist anscheinend nicht mehr so gefährlich, wenn feststeht, dass man in zehn oder 13 Jahren aussteigt. Das ist auch eine interessante Sache«. Doch gesteht sie ein, dass das weltweit nicht gelöste Endlagerproblem »durchaus eine Hypothek« für das globale Interesse am Bau neuer Kernkraftwerke sei.[7]

Die aus der DDR stammende Physikerin mit dem unideologischen Blick auf die Kernkraft macht in ihrer Rede eine interessante Drehung. Dass sie für das Jahr 2020 das Ziel ausruft, 30 Prozent des in Deutschland erzeugten Stroms sollten aus erneuerbaren Energien stammen, ist noch nicht das Entscheidende für die Freunde der Atomkraft. Denn dann blieben immer noch 70 Prozent, beruhigt Merkel. »Doch wenn wir eines Tages ganz andere Möglichkeiten haben, Energie zu erzeugen, müssen wir wiederum nicht aus ideologischen Gründen an der Kernenergie festhalten.«[8]

Ideologisch begründet aussteigen will Merkel nicht, aber ideologisch begründet drinbleiben ebenso wenig. Die Verteidiger der deutschen Atomstromerzeugung wissen spätestens seit diesem Moment, dass sie die Bundeskanzlerin nicht mehr an ihrer Seite haben, wenn die Technik bessere und für die Vollversorgung realistische Möglichkeiten bietet. Oder wenn eine Situation eintritt, die das Festhalten an den deutschen AKW für Merkel zum Risiko machen würde. So weit wird es schon bald sein.

Doch erst mal wendet sich das Blatt, und die Befürworter der Kernenergie können aufatmen. Nachdem die CDU vier Jahre lang mit den Sozialdemokraten regiert hat, die auf die vielen Ausstiegsbefürworter in Partei und Wählerschaft Rücksicht nehmen müssen, reicht es nach der Bundestagswahl am 27. September 2009 mit 20 Stimmen Vorsprung für eine Koalition der Union mit der FDP. Merkel hat nach vier großkoalitionären Jahren und elf Jahre nach dem Ende der Ära Kohl ihre Partei wieder zu dem Bündnis geführt, das vielen CDU-Mitgliedern und -Wählern als das geradezu natürliche erscheint: schwarz-gelb. Dass das Zeichen, das auf Radioaktivität und Atomkraft warnend hinweist, ein schwarzes, einem Ventilator ähnelndes Symbol auf gelbem Grund ist, ist eine hübsche Koinzidenz.

Gefeiert wird der Wahlsieg unter anderem mit dem Beschluss, die Laufzeiten der Kernkraftwerke zu verlängern. Im Koalitionsvertrag halten Union und FDP fest, dass die Kernenergie zwar eine Brückentechnologie sei, bis sie durch erneuerbare Energien verlässlich ersetzt werden könne; andernfalls würden »unsere Klimaziele, erträgliche Energiepreise und weniger Abhängigkeit vom Ausland« nicht erreicht. »Dazu sind wir bereit, die Laufzeiten deutscher Kernkraftwerke unter Einhaltung der strengen deutschen und internationalen Standards zu verlängern.« Immerhin bleibt man beim Neubauverbot für AKW.

Doch wird sich dieser Beschluss schon bald als ein letztes Wetterleuchten der Atomstromerzeugung erweisen in der größten Volkswirtschaft der Europäischen Union, die gerade erst von China auf Platz vier der Rangliste der Wirtschaftsnationen

4. GEGEN DIE EIGENE ÜBERZEUGUNG: DER ATOMAUSSTIEG

der Erde verdrängt worden ist. Im schwarz-gelben Koalitionsvertrag des Jahres 2009 nimmt der Ausbau erneuerbarer Energien schon mehr Platz ein als die Kernkraft. Das hat Symbolkraft, denn dieses Verhältnis soll auch für die Energieversorgung selbst gelten. »Ziel ist es, dass die erneuerbaren Energien den Hauptanteil an der Energieversorgung übernehmen«, heißt es im schwarz-gelben Koalitionsvertrag.

Böse Kernkraft

Angela Merkel geht also mit dem Vorhaben in ihre zweite Amtszeit als Kanzlerin, Deutschland mit einem Energiemix zu versorgen. Doch sie geht ebenso mit einem emotionalen Mix in die Jahre 2009 bis 2013. Vermutlich will sie – ihrem Naturell folgend – die Energiepolitik am liebsten nur nach sachlichen Kriterien steuern. Kurz vor ihrer ersten Wahl zur Kanzlerin hatte sie gesagt: »Ich kam aus einer – man könnte sagen – Sachwelt. In der DDR gab es für mich nicht den Weg einer ›persönlichen‹ Karriere.« Profilierung, wenn die denn überhaupt möglich gewesen sei, habe sich allein aus dem Arbeitsgebiet ergeben. »Und dann musste ich lernen, dass Politik eben nicht nur aus dieser Sachebene besteht.« Das habe sie bei Helmut Kohl gut lernen können.[9]

So viel sie in den beiden Jahrzehnten vom Mauerfall bis zum Frühjahr 2009 auch in dieser Hinsicht lernt: Im Fall der Kernkraft klammert sie sich an die Sachebene. Aus den eigenen Reihen kommt ihr nur einer in die Quere, der politisches Gewicht hat. Allerdings ein entscheidender Akteur: ihr Umweltminister Norbert Röttgen. Der lässt keinen Zweifel an seiner kritischen Haltung zur Kernenergie. Röttgen ist ein Jahrzehnt jünger als Merkel, geboren in Meckenheim, tief im Westen der Bonner Republik, der CDU beigetreten, bevor er volljährig ist. Ein Gegenentwurf zu Merkels Lebenslauf. Natürlich hört die Kanzlerin, was ihr Umweltminister sagt. Aber Merkel kann auf Kritik und fehlende Gefolgschaft dünnhäutig und bockig reagieren. Dass der unerschrockene Ritter Röttgen sich durch sein Werben für den Ausstieg den Unmut der Königin zugezogen hat, spürt er ein Jahr später, als Merkel das miserable Abschneiden der CDU mit dem Spitzenkandidaten Norbert Röttgen bei der Landtagswahl in Nordrhein-Westfalen nutzt, um ihn als Bundesumweltminister zu entlassen. Merkel zu provozieren bleibt nicht ungestraft.

Röttgen hat kräftig provoziert. Kaum ist die Tinte des Laufzeitverlängerungskoalitionsvertrages zwischen Union und FDP nach der Wahl 2009 getrocknet, gibt er ein Interview nach dem anderen, in dem er auf die Endlichkeit der Atomstromerzeugung hinweist. Er widerspricht nicht dem Geist des Koalitionsvertrages, dass die Kernkraft eine Brückentechnologie auf dem Weg zu den Erneuerbaren sei. Aber er macht seiner Partei und der Kanzlerin mächtig Druck, schnell aus der Kernkraft auszusteigen. Schon Anfang Februar 2010 macht er klar, dass er nichts tun wolle, um länger als unbedingt erforderlich Atomkraftwerke zu nutzen. Diese sollten nur so lange laufen, bis die Erneuerbaren sie verlässlich ersetzen könnten. Dafür brauche man ein »energiepolitisches Gesamtkonzept«, fordert er. »Nicht um die Rolle der Kernkraft zu festigen, sondern um darzulegen, wie wir sie ablösen.«[10]

Im Mai 2010, also zehn Monate vor dem Unglück in Fukushima, wendet er sich an seine Parteifreunde. Die CDU müsse sich »gut überlegen, ob sie gerade die Kernenergie zu einem Alleinstellungsmerkmal machen will«. Der Umweltminister kündigt an, bis zum Herbst wolle die Regierung ein Konzept vorlegen, wie die Atomreaktoren schrittweise durch erneuerbare Energiequellen ersetzt werden sollten. Einzelheiten nennt er noch nicht.[11] Zwei Monate später legt Röttgen nach. »Die

4. GEGEN DIE EIGENE ÜBERZEUGUNG: DER ATOMAUSSTIEG

Kernenergie ist nicht die Zukunftsoption, sie ist abgeleitet vom Aufbau der erneuerbaren Energien. Das ist die Politik, die alle unterschrieben haben«, sagt er.[12] Da steht jemand mächtig auf dem Gaspedal.

In der Zeitspanne zwischen dem Beschluss zur Laufzeitverlängerung und der Atomkatastrophe in Japan bläst Röttgen der Gegenwind aus den eigenen Reihen scharf ins Gesicht. Am 12. Februar 2010 treten drei Landesumweltminister in Berlin vor die Presse. Die CDU-Politikerinnen Tanja Gönner und Silke Lautenschläger aus Baden-Württemberg und Hessen und CSU-Mann Markus Söder aus Bayern. Sie beklagen sich über den Bundesumweltminister, der die Laufzeiten der 17 noch arbeitenden deutschen AKW nur um durchschnittlich acht auf höchstens 40 Jahre verlängern wolle. Das entspreche nicht dem Koalitionsvertrag. Die Freunde der Atomkraft denken vielmehr an zehn bis 15 Jahre.

Söder gegen Röttgen

Im September 2010 ist immer noch nicht das letzte Wort über die Laufzeiten der Kraftwerke gesprochen. Vor einem Treffen Merkels mit den Koalitionsspitzen, bei dem Klarheit geschaffen werden soll, teilt Söder heftig gegen Röttgen aus. Er wirft dem Umweltminister »Tricksereien« vor, mit denen er die Entscheidung verzögern wolle. Röttgens Verhalten sei eine »Hypothek« für die Verhandlungen über die Laufzeiten, keilt der bayerische Umweltminister.

Nur gut eine Woche später meldet sich Söders Chef zu Wort. Ein halbes Jahr vor dem Unglück in Fukushima beweist Horst Seehofer ein feines Gespür für die Stimmung in der Bevölkerung. Er hatte zunächst gesagt, die Kernkraftwerke sollten so lange laufen, wie sie sicher seien. Beschlossen wurde dann eine durchschnittliche zusätzliche Laufzeit von zwölf Jahren. Ob er

BÖSE KERNKRAFT

seine Meinung geändert habe, um den Koalitionsfrieden zu retten, wird der bayerische Ministerpräsident gefragt. Er sei für »Wahrheit statt Klischee«, antwortet Seehofer. Er habe gesagt, dass ihm die Sicherheit wichtiger als eine Jahreszahl sei. Das bedeute nicht, dass er für unbegrenzte Laufzeiten eintrete. Er sehe in deren Verlängerung die Voraussetzung, um »in das neue Zeitalter der regenerativen Energien« einzutreten. Der Weiterbetrieb der AKW solle die erneuerbaren Energien nicht verhindern, sondern ihren Ausbau ermöglichen. »Energiepolitik ist immer langfristig anzulegen.«[13] Seehofer spürt: Röttgen steht für eine kritische Haltung zur Kernkraft, die in der bundesrepublikanischen Gesellschaft seit jeher verbreitet ist. Während andere Industrieländer auf Atomkraftwerke setzen, unter anderem der große Nachbar Frankreich, ist das Thema in Deutschland gesellschaftlich nicht befriedet.

Am 11. März 2011 wird ein Ereignis der fragilen Balance in Deutschland ein Ende setzen. Am anderen Ende der Welt löst ein Seebeben um 14:46 Uhr Ortszeit eine enorme Flutwelle aus, die auf die japanische Küste trifft und mehr als 22 000 Menschen das Leben kostet. Merkel ist in der Nacht aus Brüssel zurückgekehrt, wo der Europäische Rat getagt hat. Schon während der Ratssitzung in der belgischen Hauptstadt unterrichten Mitarbeiter des Kanzleramts sie über die dramatischen Ereignisse. Natürlich auch darüber, dass Japan am Freitagabend den atomaren Notstand ausruft. Als Merkel am Samstag aufsteht, schaltet sie den Fernseher ein. Sie sieht Berichte von der Wasserstoffexplosion in dem japanischen Kernkraftwerk. Doch die Tagespolitik bleibt nicht stehen. Merkel muss nach Rheinland-Pfalz, auch da wird bald gewählt. Die Stimmung dort, so wird Merkel später berichten, ist »sehr gedrückt«. Alle stehen unter dem Eindruck der vielen Todesopfer, der Zerstörung und eben auch der nuklearen Gefahr, die »offenkundig« ist.[14]

Für die Bundeskanzlerin entscheidend ist, dass das Atom-

4. GEGEN DIE EIGENE ÜBERZEUGUNG: DER ATOMAUSSTIEG

kraftwerk in Fukushima schwer beschädigt ist und in hohem Maße radioaktives Material freigesetzt wird. Die Wissenschaftlerin im Amt der Bundeskanzlerin, die anderthalb Jahre zuvor noch die Laufzeitverlängerung für die deutschen Atomkraftwerke in ihren Koalitionsvertrag geschrieben hat, wird die schärfste Wende ihrer politischen Laufbahn machen. 16 Tage später wählen die Bürger Baden-Württembergs ein neues Parlament. Auf den Straßen Stuttgarts demonstrieren 60 000 Menschen gegen die Atomkraft. Die seit 58 Jahren regierende CDU steht enorm unter Druck, die Partei, die wie keine zweite für den Atomausstieg steht, die Grünen, hämmert in Stuttgart an die Tore der Macht.

Bereits einen Tag nach dem Unglück, einem Samstag, kommt es zu einer hochrangigen Krisenrunde im Bundeskanzleramt. Merkel trifft sich mit Vizekanzler Guido Westerwelle, FDP, Umweltminister Norbert Röttgen, CDU, Innenminister Hans-Peter Friedrich von der CSU und ihrem Kanzleramtschef und christdemokratischem Parteifreund Ronald Pofalla. Man trennt sich, ohne bereits entschieden zu haben, wie man mit den deutschen Atomkraftwerken umgehen will. Dass man reagieren muss und dabei die gerade beschlossenen Laufzeitverlängerungen ganz oben auf der Tagesordnung stehen, ist aber allen klar.

Wo Merkel und ihre Regierung noch abwägen, wird in Stuttgart und München schon mächtig Druck entfaltet. Der kurz vor der Wahl stehende baden-württembergische Ministerpräsident Stefan Mappus, Christdemokrat wie Merkel, hat solche Angst vor den politischen Auswirkungen der Katastrophe in Japan, dass er sich schnell bereit erklärt, die Atomkraftwerke Neckarwestheim I und Philippsburg I abzuschalten. Bayerns Ministerpräsident Horst Seehofer wendet sich aus Sorge vor der Stimmung in der Bevölkerung ebenfalls von der Atomstromerzeugung ab. Sein Umweltminister Markus Söder macht es wieder mal eine Nummer größer. Er droht mit Rücktritt, sollte es jetzt nicht schnell gehen mit dem Atomausstieg. Im Rückblick wird Seehofer es so darstellen, dass er zusammen mit Merkel für den neuerlichen Atomausstieg gesorgt habe. »Naturwissenschaftlich war sie vielleicht für die Nutzung von Atomenergie, aber gesellschaftlich ließ es sich nicht durchsetzen«, sagt Seehofer im Gespräch mit dem Autor. »Den Ausstieg aus der Laufzeitverlängerung nach Fukushima hat sie mit mir durchgesetzt.« Er selbst habe unter dem Einfluss von Alois Glück gestanden. »Der hatte vor den Folgen eines schweren atomaren Unfalls gewarnt«, erinnert sich Seehofer. Glück, Befürworter eines raschen Ausstiegs, ist damals nicht nur von Merkel in die Ethikkommission für eine sichere Energieversorgung berufen worden, die beraten soll, wie es nach Fukushima mit der deutschen Energiepolitik weitergeht. Er ist Präsident des Zentralkomitees der deutschen Katholiken. Vor allem aber ist er eine moralische und intellektuelle Instanz in der CSU. Sich auf Glück zu berufen, ist für Seehofer ein festes Fundament.

Die Kanzlerin muss also in jenen Tagen nach der Havarie von Fukushima keine Sorge mehr haben, dass die mächtigen Ministerpräsidenten der Union, von denen Seehofer schließlich auch noch einer der Koalitionsparteien vorsitzt, ihr in den Arm fallen. Im Gegenteil. Sie müsste sich aktiv gegen sie stellen, würde sie hartnäckig an der Laufzeitverlängerung für die deutschen Kraftwerke festhalten.

Am Sonntagabend sagt Merkel allerdings noch in der ARD, sie könne nicht erkennen, dass die deutschen Kernkraftwerke nicht sicher seien. Nur Stunden später beschließen die Koalitionsspitzen im Kanzleramt ein Moratorium: Die Laufzeitverlängerungen werden ausgesetzt, die älteren Kraftwerke vorerst stillgelegt. Am darauffolgenden Montag stellen sich die Führungsgremien der Koalitionsparteien hinter diesen Kurs. Uni-

4. GEGEN DIE EIGENE ÜBERZEUGUNG: DER ATOMAUSSTIEG

ons-Ministerpräsidenten von Seehofer in Bayern bis zu Peter Harry Carstensen in Schleswig-Holstein schlagen das Abschalten von AKW in ihren Ländern vor. Beschlossen wird, sieben AKW endgültig nicht mehr ans Netz gehen zu lassen. Die Laufzeitverlängerungen werden zurückgenommen. Das Ende der Atomstromerzeugung in einer der größten Wirtschaftsmächte der Welt war zwar vorher schon beschlossene Sache. Aber jetzt zeichnet sich ab, dass alles viel schneller als geplant gehen wird.

Merkels programmatische Wende

Nach der für viele Christdemokraten revolutionären Neuausrichtung der Familienpolitik in ihrer ersten Legislaturperiode als Kanzlerin ist die endgültige Abkehr von der Kernenergie als wichtige Stromquelle für das Industrieland Deutschland die zweite große programmatische Wende, die Angela Merkel vornimmt. Der entscheidende Unterschied besteht darin, dass die Kanzlerin inhaltlich fest hinter ihrer Familienministerin Ursula von der Leyen stand, als diese im Februar 2007 forderte, bis spätestens zum Jahr 2013 müsse die Zahl der Betreuungsplätze in Krippen und bei Tagesmüttern für Kinder im Alter zwischen ein und drei Jahren gegenüber den bisher vorhandenen 250 000 um eine halbe Million aufgestockt werden. Für Merkel ist es selbstverständlich, dass Frauen arbeiten gehen und der Staat dafür die Rahmenbedingungen schafft. Der Vorstoß von der Leyens war keine Wende für Merkel, sondern eine für weite Teile ihrer Partei, die damals wie heute zu Dreivierteln aus Männern besteht. Als es nun, vier Jahre später, um die Abkehr von der Atomstromerzeugung geht, muss Merkel selbst umdenken. Sehr schnell und in einer gefährlichen Situation.

Mit neuem Kurs in der Atompolitik gewinnt die CDU bei der Wahl 2011 in Baden-Württemberg an Stimmen hinzu gegenüber 2006, wegen der höheren Wahlbeteiligung verliert sie aber fünf Prozentpunkte. Auch bei der Mobilisierung von Nichtwählern landet sie auf Platz zwei – hinter den Grünen. Die liegen trotz erheblichen Stimmenzuwachses immer noch deutlich hinter der CDU, aber vor den Sozialdemokraten. Es reicht gleichwohl für den Wechsel. Grün-Rot kommt zusammen auf mehr Sitze als Schwarz-Gelb. Die CDU verliert die Macht in Stuttgart. Damals kann niemand wissen, dass eine sehr lange Zeit beginnt, in der man den Ministerpräsidenten nicht mehr stellen wird.

Die Kritik an der Atomwende bleibt nicht aus. Der ehemalige Bundeskanzler Helmut Kohl spricht von einer »Rolle rückwärts«. Der einstige Vorsitzende der Unionsfraktion Friedrich Merz versteigt sich gar zu der These, die Atomwende habe der CDU das Rückgrat gebrochen. Doch sind beide keine aktiven Politiker mehr und empfinden sich als Opfer der Machtpolitikerin Merkel. Was sie 2011 sagen, steht für einen nicht geringen Teil der CDU, ist aber operativ nicht ausschlaggebend. Wichtiger schon sind die kritischen Kommentare aus dem Wirtschaftsflügel, etwa vom stellvertretenden Fraktionsvorsitzenden Michael Fuchs, der die Abkehr vom gerade beschlossenen Energiekonzept einen Fehler nennt. Der Vorsitzende der Mittelstandsvereinigung der Union, Josef Schlarmann, beklagt ganz grundsätzlich, dass Merkels Regierungsstil nur noch pragmatisch-taktisch orientiert sei und der Wähler nicht mehr wisse, wofür die Koalition stehe.

Doch entscheidend ist auch das nicht. Viel wichtiger ist, was der CSU-Vorsitzende und bayerische Ministerpräsident Seehofer und die anderen Ministerpräsidenten mit Atomkraftwerken in ihren Ländern sagen. Und der Vorsitzende der Bundestagsfraktion, Kauder. Und der Wahlverlierer Mappus. Um es in einem Satz zusammenzufassen: Alle scharen sich hinter Merkel und unterstützen ihren Kurs. Mappus sagt sogar, ohne die

4. GEGEN DIE EIGENE ÜBERZEUGUNG: DER ATOMAUSSTIEG

Atomwende wäre die CDU bei 34 oder 35 Prozent gelandet statt bei 39. Der hessische Ministerpräsident Volker Bouffier nutzt zweieinhalb Wochen nach dem Unglück für die Beschreibung von Merkels Kurs sogar den Begriff »alternativlos«, den sie vorher ebenso wie Mappus verwendet hat.[15] Dabei ist gerade Bouffier zunächst einer der Skeptiker.

Zaghafter Widerstand

Unter wichtigen Christdemokraten gibt es den Versuch, wenigstens den Anschein zu vermeiden, die CDU schmeiße alle atompolitischen Überzeugungen auf einmal über Bord. Bouffier ist eine der deutlichsten Stimmen. Er führt das Schwanken zwischen der Befürwortung der Kernkraft in seiner Partei und der »alternativlosen« Wende Merkels für jedermann sichtbar vor. Zwei Monate nach der Wahl in Baden-Württemberg gibt er dem »Spiegel« ein Interview, in dem er auf die Frage, ob die Energiewende die Union Glaubwürdigkeit gekostet habe, antwortet: »Das kann niemand ernsthaft bestreiten.« Bei weiterer Lektüre der Antwort wird jedoch schnell klar, dass das keine Abkehr von der Unterstützung Merkels ist. Vielmehr bekräftigt Bouffier seine Unterstützung ihres Moratoriums. Er wirbt nur für eine gründliche Prüfung der weiteren Vorgehensweise und rügt, manche in der Union täten so, als brauche man die Prüfung gar nicht, weil ohnehin klar sei, wie zu entscheiden sei. Den Namen Röttgen nennt er nicht.[16]

Häufig ist von Merkels Atomwende die Rede, und ihre Kritiker nehmen den Vorgang als Beleg ihrer Beliebigkeit. Folgt man dieser Kritik, so würde das bedeuten, Merkel hätte damals die Chance gehabt, mit der Autorität und Kraft der bereits einmal wiedergewählten Kanzlerin gegen die weit verbreitete Stimmung in Deutschland an der Kernkraft festzuhalten. Ist das so? Selbst diejenigen, die nicht im Lager der Merkel-Freunde standen, sehen praktisch keine Möglichkeit. Roland Koch, der Merkel einst als Kanzlerkandidatin hatte verhindern wollen, bekräftigt im Rückblick auf ihre Kanzlerschaft das Diktum wichtiger Unionspolitiker, Merkels Verhalten im Jahr 2011 sei alternativlos gewesen. »Angela Merkel hatte nie Bedenken wegen der Sicherheit von Kernkraftwerken«, sagt Koch nach dem Ende von Merkels Amtszeit. »Aber nach dem Unglück von Fukushima hörte die Möglichkeit von Politik einfach auf.« Da habe man die Kernkraftwerke abschalten, beziehungsweise die Laufzeitverlängerung für die anderen zurücknehmen müssen. Und dann fügt der selbstbewusste Realpolitiker Koch hinzu: »Ich hätte wohl auch so gehandelt.«[17]

Merkels loyaler Weggefährte Thomas de Maizière beschreibt ihre Haltung zur Atomstromerzeugung noch schärfer als Koch. »Angela Merkel hat die ideologische Ablehnung der Atomkraft immer verachtet.« Diese Einschätzung lässt erahnen, wie schwer sie sich damit getan haben muss, die in der Bundesrepublik weit verbreitete Skepsis gegenüber Kernkraftwerken, die für viele Menschen Züge einer Glaubensfrage hatte, zu verstehen. Die Wende erklärt de Maizière dann so: »Ihr zentrales Argument für den Ausstieg 2011 war, dass man der Öffentlichkeit immer gesagt habe, wie unwahrscheinlich ein GAU sei.« Dann sei es in einem hochentwickelten Land anders gekommen, der »Wahrscheinlichkeitsfaktor« für einen GAU habe sich als falsch erwiesen, weshalb man habe reagieren müssen. »Dieses Argument hat man ihr aber nie recht geglaubt.«[18]

Man kann Angela Merkel also schlecht vorwerfen, gegen die führenden Köpfe ihrer Partei oder der CSU zu handeln. Im Gegenteil. In Baden-Württemberg ist der Widerstand gegen die Kernkraft groß, die Angst der Christdemokraten, auf diese Ängste nicht oder falsch zu reagieren, wächst rasant mit dem Unglück von Fukushima. Auch steigt infolge der Havarie in

4. GEGEN DIE EIGENE ÜBERZEUGUNG: DER ATOMAUSSTIEG

Japan die Skepsis in der gesamten deutschen Bevölkerung. Das dürfte aber auch damit zusammenhängen, dass die nicht grundsätzlich zur Obrigkeitskritik neigenden Deutschen nach dem Ausstiegsbeschluss des Jahres 2011 der Auffassung waren, die Atommesse sei nun gelesen.

Tatsächlich ist die Grundstimmung der Kernenergie gegenüber skeptisch, für die Grünen ist es ein Gründungsmythos, für die SPD-Linke fester Bestandteil ihrer Politik. Aber gibt es keine Chance für eine starke, im Amt bestätigte und mit der über Jahrzehnte atomfreundlichen FDP regierende Kanzlerin, gegen diese Stimmung an etwas festzuhalten, das sie bis dahin für richtig gehalten hat?

Wäre eine andere Entscheidung als der Ausstieg möglich gewesen?

Ein halbes Jahr vor dem Unfall in Fukushima veröffentlicht die Geschäftsführerin des Instituts für Demoskopie Allensbach, Renate Köcher, einen Artikel zur Stimmung gegenüber der Atomstromerzeugung. Sie kommt zu dem Schluss, dass die Bevölkerung einem langfristigen Ausstieg »durchaus mit Sympathie« gegenüberstehe. Nur ein Viertel der Befragten sei für eine zeitlich unbegrenzte Nutzung der Kernenergie und demgemäß für den Bau neuer Werke. Köcher stellt allerdings fest, dass die Stimmung »wesentlich nüchterner« ist, als die öffentliche Diskussion vermuten lässt. Es gebe keine »scharfe Polarisierung«. Nur 19 von 100 Befragten seien für einen möglichst raschen Ausstieg, nur 15 Prozent der Bevölkerung seien vehemente Gegner, nur zwölf Prozent besonders engagierte Befürworter. 58 Prozent seien sogar der Auffassung, dass die Kernkraft in den kommenden 20 Jahren weltweit zunehmende Bedeutung haben werde.[19] Ein grundsätzliches Ja zum Verzicht auf die Atomstromerzeugung ließe sich also im Sommer 2010 offenbar vereinbaren mit einer unaufgeregten Zustimmung zur Nutzung für eine endliche, aber eben nicht kurze Zeit.

Anderthalb Jahre später, zum Jahrestag der Katastrophe von Fukushima, fragen die Allensbacher wieder nach, wie es um die Meinung der Deutschen zur Energiepolitik bestellt ist. Nachdem die Politik keinen Zweifel daran gelassen hat, dass das letzte Jahrzehnt der Atomkraft in Deutschland angebrochen ist, nimmt die Bevölkerung das gelassen als die neue Wirklichkeit hin. Weder jubeln die Kernkraftgegner noch rufen die Befürworter zum Widerstand gegen das Beschlossene auf. Von den Grünen kommt noch die Ansage, man werde demonstrieren, bis der letzte Reaktor abgeschaltet ist. Doch die Bevölkerung hat das Thema abgehakt.[20]

Was in der Linken ideologisch, fast religiös behandelt wird, sieht die Gesamtbevölkerung doch offenbar weniger aufgeladen. Ja, die Deutschen sind Romantiker. Nach allem, was sie der Welt Böses angetan haben, wollen sie sogar bei der Stromerzeugung noch die Guten sein und am deutschen Energiewesen die Welt genesen lassen. Aber noch mehr als romantisch sind sie pragmatisch. Ist der Ausstieg beschlossen, dann ist das eben so.

Angela Merkel hätte erhebliche Entschlossenheit aufbringen müssen, um sich nach dem Unglück in Japan in den eigenen Reihen durchzusetzen, gegen den CSU-Vorsitzenden, gegen die baden-württembergische CDU, gegen die Christdemokraten in anderen Bundesländern und auch in der Bundestagsfraktion. Sie hat es nicht einmal versucht. Vielleicht hätte sie eine Teillösung durchsetzen können. Sie hätte den alten Kraftwerken den Garaus gemacht, aber die Entscheidung über die neuen und damit einen Restbestand Atomstromerzeugung offenlassen können.

Bewertet man Merkels Verhalten im Jahr 2011 mit der Kenntnis ihrer Rede in Halle zehn Jahre später, so entsteht ein deut-

4. GEGEN DIE EIGENE ÜBERZEUGUNG: DER ATOMAUSSTIEG

liches Bild. In erster Linie fühlte sie sich von der Partei, die sie als Machtbasis brauchte und nutzte, nicht so anerkannt und getragen, wie sie es sich gewünscht hätte. Dass sie keinen Versuch gemacht hat, in der Atompolitik ihrer Überzeugung zu folgen, lag wohl weniger am Widerstand in der Bevölkerung als vielmehr an dem in der CDU und in der CSU.

Auf den Straßen ist jedenfalls im Jahr 2011 nicht annähernd das los, was sich 30 Jahre davor, am 10. Oktober 1981, unter dem Motto »Gegen die atomare Bedrohung gemeinsam vorgehen« abspielt. Damals ist zwar die Erinnerung an die partielle Kernschmelze im amerikanischen Atomkraftwerk Three Mile Island bei Harrisburg in Pennsylvania im Jahr 1979 noch frisch, aber die Katastrophe von Tschernobyl liegt fünf Jahre in der Zukunft. Nein, die 300 000 Menschen, die sich zu einer bis heute in Erinnerung gebliebenen Demonstration auf der Bonner Hofgartenwiese treffen, begehren nicht gegen die Stromgewinnung mithilfe des Atoms auf. Sie kämpfen gegen die Bombe. Die NATO will mit der Aufstellung von Nuklearraketen auf die Aufrüstung der Sowjetunion reagieren. Dass zum Doppelbeschluss auch Abrüstungsbemühungen gehören, beruhigt die Demonstranten nicht.

Vorangetrieben wird der Doppelbeschluss vor allem vom sozialdemokratischen Bundeskanzler Helmut Schmidt. Dessen Situation ist derjenigen Merkels drei Jahrzehnte später nicht unähnlich. In der eigenen Partei gibt es deutlichen Widerstand. Auf der Straße ist es laut. Aber die Meinung der Bevölkerung in ihrer ganzen Breite ist nicht so eindeutig, wie es erscheint. Sieht die Forschungsgruppe Wahlen Anfang der Achtzigerjahre Dreiviertel der Bundesdeutschen im Widerstand zu den Raketen, macht das Institut für Demoskopie Allensbach nur 22 Prozent Gegnerschaft aus, 49 von 100 Deutschen seien für den Doppelbeschluss. Das Institut Emnid schließlich kommt zu dem Ergebnis, dass es so eindeutig nicht ist, dass zwar die Zahl der Gegner des Doppelbeschlusses gewachsen ist, aber viele vor allem die sofortige Nachrüstung ablehnen und vorher verstärkte Verhandlungsbemühungen wollen.²¹

Helmut Schmidt richtet sich nicht nach den Umfragen, sondern tut, was er politisch für die richtige Entscheidung hält. Das Einstehen für den Doppelbeschluss trägt zur Erosion seiner Macht in der eigenen Partei bei. Aber ebenso schwächt die westliche Demonstration der Stärke die Sowjetunion. Schmidt ist erfahren genug, um die Gefahren für sein politisches Überleben zu erkennen. Die Demonstration auf der Hofgartenwiese vor dem Hauptgebäude der Rheinischen Friedrich-Wilhelms-Universität übersteht er politisch noch ein Jahr. Die Sowjetunion hält nur neun Jahre länger durch. 1991 wird sie aufgelöst. Schmidt hat seinen Beitrag zur Weltgeschichte geleistet.

Mehr als 40 Jahre später blickt Joachim Gauck, der ehemalige Bundespräsident, zurück. »Helmut Kohl hat die D-Mark abgeschafft, Gerhard Schröder hat die Agenda 2010 durchgesetzt. Es ist nicht so, dass man gezwungen ist, nur mit der Welle zu schwimmen«, sagt er im Gespräch mit dem Autor. Um dann zur Ausstiegsentscheidung Merkels im Jahr 2011 hinzuzufügen: »Eine Zwischenlösung wäre vielleicht auch bei der Kernkraft möglich gewesen.«²² Das ist kein kategorisches Nein zu einem Ausstieg. Aber der Altbundespräsident hätte es offenkundig für sinnvoll und für möglich gehalten, die Dinge nicht so zu überstürzen.

Merkel begründet ihr Verhalten gleich nach der Wahlniederlage der Christdemokraten in Baden-Württemberg im März 2011 mit dem Argument, 77 Prozent der CDU-Wähler im Südwesten wollten einen schnelleren Ausstieg aus der Kernkraft.²³ Das wäre ein Moment gewesen, einen Fehler einzugestehen. Merkel hätte sagen können, dass die im Koalitionsvertrag 2009 mit der FDP festgeschriebene Laufzeitverlängerung falsch gewesen sei. Oder sie hätte für die zumindest teil-

4. GEGEN DIE EIGENE ÜBERZEUGUNG: DER ATOMAUSSTIEG

weise Fortführung der Atomstromerzeugung kämpfen können. Beides geschieht nicht. Vielmehr erklärt sie, warum sie auf dem Absatz kehrtmachen muss.

Wenn Angela Merkel eines nicht mag, dann ist es das Eingestehen von Fehlern. Schon gar nicht, wenn es bedeutet hätte, dass sie eine seit vielen Jahren in weiten Teilen der bundesdeutschen, nicht nur der linken Wählerschaft vorhandene Ablehnung der Atomstromerzeugung falsch eingeschätzt hat. Oder dass sie nicht den Mut gehabt hat, für die Fortsetzung der Atomstromerzeugung zu kämpfen, aus Angst, gegen die eigenen Leute nicht durchzukommen.

Also geht Merkel lieber rhetorisch in die Offensive. Zum ersten Mal spricht sie vor dem Bundestag gleich in der Woche nach dem Unglück in Fukushima. »Im Zweifel für die Sicherheit«, verkündet die Kanzlerin. Obwohl das Moratorium und die Ankündigung einer Sicherheitsüberprüfung erst wenige Tage alt sind, lässt sie hinsichtlich der Richtung ihrer Politik keinen Zweifel aufkommen. Sie wirbt für einen Ausstieg mit »Augenmaß«. Auch Volker Kauder spricht. Unter den Abgeordneten hatte es durchaus Kritik an Merkels Vorgehen gegeben. Kauder sagt jedoch, die Fraktion stehe hinter der Kanzlerin. Noch sei offen, wie es nach dem dreimonatigen Moratorium weitergehe, sonst brauchte man die Sicherheitsüberprüfung gar nicht. Dann wäre es nur die Fortsetzung alter Ideologien, verkündet der Christdemokrat aus Baden-Württemberg. Das klingt, als sei die Entscheidung tatsächlich noch nicht endgültig gefallen, wirkt aber vor allem wie der Versuch einer Beruhigung der Truppen.

Drei Monate später ist die Lage klarer. Wieder gibt Merkel eine Regierungserklärung vor dem Deutschen Bundestag ab. Es geht um den neuen energiepolitischen Kurs der schwarz-gelben Regierung. Die Kanzlerin versucht gleich zu Beginn ihrer Rede, das Argument, das Anhänger der Kernkraft gegen

ZAGHAFTER WIDERSTAND

sie richten könnten, zu entkräften. Es gehe nicht darum, ob es in Deutschland jemals zu einem solch verheerenden Erdbeben mit anschließendem Tsunami kommen könne wie in Japan. »Jeder weiß, dass das genau so nicht passieren wird.« Nach Fukushima gehe es um etwas anderes, sagt Merkel. »Es geht um die Verlässlichkeit von Risikoannahmen und um die Verlässlichkeit von Wahrscheinlichkeitsanalysen.« Man habe zur Kenntnis nehmen müssen, dass selbst in einem »Hochtechnologieland« wie Japan die Risiken der Kernenergie nicht sicher beherrscht werden könnten.[24]

Diese Sätze kommen zwar im Gewand der Wissenschaftlichkeit daher, so als spreche immer noch die Physikerin. Tatsächlich sind Merkels Argumente jedoch das Gegenteil von wissenschaftlich. Denn auch wenn Deutschland und Japan Hochtechnologieländer sind, so sind doch die Voraussetzungen des Urteils über die Sicherheit von Kernkraftwerken ganz unterschiedlich. In Asien hat sich nicht die Atomtechnologie als solche als unbeherrschbar erwiesen, sondern die Natur hat einen Schaden angerichtet, der eine gefährliche Technologie getroffen hat mit den entsprechenden Auswirkungen. Das Risiko bestand auch in Deutschland von der Errichtung des ersten Kernkraftwerks an, nicht weil ein Tsunami drohte, sondern weil ein Atomkraftwerk in einem Krieg, durch einen Terrorakt oder durch den Absturz eines Flugzeugs so beschädigt werden kann, dass die Folgen denen in Japan gleichen würden. Gut ein Jahrzehnt nach Merkels Atomwende wird der Krieg in der Ukraine das am Beispiel des Kernkraftwerks Saporischschja zeigen. Durch russische Angriffe wird das Kraftwerk zum Sicherheitsrisiko, nicht weil die Technologie sich als unsicher erwiesen hätte. Dieses Risiko kann man als zu hoch einschätzen, aber nicht erst mit dem Vorfall in Fukushima.

4. GEGEN DIE EIGENE ÜBERZEUGUNG: DER ATOMAUSSTIEG

Ein neues Narrativ muss her

Merkel mag bis zum Frühjahr 2011 so gedacht haben. Nun muss ein neues Narrativ her. »Ich habe eine neue Bewertung vorgenommen; denn das Restrisiko der Kernenergie kann nur der akzeptieren, der überzeugt ist, dass es nach menschlichem Ermessen nicht eintritt.« Vor dem Unglück in Japan habe sie das Restrisiko der Kernenergie akzeptiert, sagt Merkel vor den Abgeordneten unter der Reichstagskuppel. Doch nun sei das Restrisiko eingetreten. »Sosehr ich mich im Herbst letzten Jahres im Rahmen unseres umfassenden Energiekonzepts auch für die Verlängerung der Laufzeiten der deutschen Kernkraftwerke eingesetzt habe, so unmissverständlich stelle ich heute vor diesem Hause fest: Fukushima hat meine Haltung zur Kernenergie verändert.«[25]

Anschließend versucht Merkel wie eine Hammerwerferin, den Schwung aus der atemberaubend schnellen Drehung um die eigene Achse zu nutzen, um die neue politische Losung möglichst weit nach vorn und möglichst weit von der alten wegzuschleudern. Sie hat keinen Zehn-Punkte-Plan wie ihr Lehrmeister Kohl nach dem Mauerfall mitgebracht, aber immerhin einen mit vier Punkten. Der sieht erstens die Novelle des Atomgesetzes vor, in der das Ende der Nutzung der Kernenergie im Jahr 2022 festgelegt wird. Im Koalitionsvertrag war die Verlängerung der Laufzeiten, allerdings ohne festes Datum, vereinbart worden. Zweitens will die Regierung bis Ende des Jahres 2011 einen »gesetzlichen Vorschlag« für die Regelung der Endlagerung vorlegen. Dabei soll auch Gorleben »ergebnisoffen« weiter hinsichtlich seiner Eignung als Endlager erkundet werden. Drittens sollen ausreichend fossile »Reservekapazitäten« vorgehalten werden, damit die Stromversorgung stabil bleibt. Für die Winterhalbjahre kann die Bundesnetzagentur sogar eines der stillgelegten Kernkraftwerke als Reserve bestimmen. Viertens bekräftigt Merkel das Ziel, die Erneuerbaren zur »Säule« der zukünftigen Energieversorgung zu machen. Sie nennt Zahlen und Daten. Bis zum Jahr 2050 soll der Strom zu 80 Prozent mit erneuerbaren Energien hergestellt werden. Als Zwischenetappe nennt sie das Jahr 2020, bis zu dem 35 Prozent des deutschen Stroms mithilfe von Wind, Sonne, Wasser und anderen regenerativen Energiequellen entstehen sollen.[26]

Die Reaktion der sozialdemokratischen Opposition auf die Wende-Rede der Kanzlerin ist wenig überraschend. Frank-Walter Steinmeier, Merkels Ex-Außenminister und -Vizekanzler, gibt sich als Vorsitzender der SPD-Fraktion alle Mühe. »Es kann doch nicht sein, dass ausgerechnet Sie sich hier als die Erfinderin der Energiewende in Deutschland hinstellen. Das zieht einem doch die Schuhe aus.« Er schimpft, dass der Atomausstieg von Rot-Grün und die Energiewende gegen den Widerstand von Merkel stattgefunden habe, fordert sie auf, das Räumen alter Positionen nicht zur »nationalen Gestaltungsaufgabe« zu erklären. »Die Gesellschaft war immer schon weiter als Sie.«[27]

Doch letztlich hilft alles nichts. Steinmeier muss vor dem versammelten Parlament zugeben, dass er Merkel auch nach ihren »Kehrtwenden« und »Pirouetten« nicht vorwerfen könne, nun da angekommen zu sein, wo Rote und Grüne die Entwicklungen schon lange gestalteten. Angela Merkel ist der spektakulärste Diebstahl eines Topthemas der SPD in ihrer bisherigen Kanzlerschaft gelungen. Für den Moment hat sie im Handstreich die Diskurshoheit für ihre Partei erobert. Bis die CDU, die CSU, aber auch die FDP auf das Ende der russischen Gaslieferungen im Zuge des Ukrainekriegs mit einer Wiederbelebung der Debatte über die Atomenergie reagieren werden, wird es noch elf Jahre dauern. Sie ist dann schon nicht mehr Kanzlerin.

4. GEGEN DIE EIGENE ÜBERZEUGUNG: DER ATOMAUSSTIEG

Während Merkel im Bundestag spricht, klatschen immer wieder Abgeordnete der Union und der FDP. Das darf man allerdings nicht überbewerten. In einer solch heiklen Situation der eigenen Kanzlerin nicht zu applaudieren könnte destabilisierend wirken. Die Opposition beobachtet jedenfalls genau, was in den Regierungsfraktionen passiert. Als Merkel fertig ist und die eigenen Leute anhaltend klatschen, ruft der Sozialdemokrat Ulrich Kelber: »Dass der Herr Fuchs einmal dem Atomausstieg zuklatscht! Wenn er tot wäre, würde er sich im Grabe umdrehen!« Einige Minuten später lästert Steinmeier ebenfalls über den CDU-Abgeordneten Fuchs und sagt, dem sei es schwergefallen, bei Merkels Rede zu applaudieren. Der Angesprochene tut erstaunt: »Ich klatsche bei der Kanzlerin doch immer.«

Nachdem alle Fraktionen in der ersten Runde der Aussprache einen Redner ans Mikrofon geschickt haben, startet die zweite. Fuchs darf sprechen. Die Fraktionsführungen überlegen sich gut, wen sie in solch prominenten Aussprachen zu Wort kommen lassen. Dass er als erster CDU-Redner nach Merkel an die Reihe kommt, ist der Versuch, den Wirtschaftsflügel zumindest ein bisschen mit der Atom-Wende der CDU-Vorsitzenden und Kanzlerin zu versöhnen.

Da spricht niemand, der gleich erklären will, warum Fukushima alles verändert habe. Im Gegenteil. Fuchs gibt eine Anekdote zum Besten. Kürzlich habe er an einer Podiumsdiskussion zum Thema »Energiepolitik nach Fukushima« teilgenommen. Ein Japaner, mit dem er dort gesessen habe, habe gefragt: »Michael, where was the nuclear accident, in Germany or in Japan?« Heiterkeit in den Reihen der FDP. Fuchs lässt den Japaner sagen, was Merkel zu Beginn ihrer Rede als irrelevant hatte darstellen wollen: dass das Unglück eben nicht in Deutschland passiert sei.

Die Gefahr eines Blackouts

Fuchs nennt die Frage des japanischen Diskussionsteilnehmers »durchaus berechtigt«. Der Wirtschaftspolitiker windet sich. Er beschwört die Gefahr eines Blackouts in Deutschland, bezweifelt, dass eine Brücke von zehn Jahren bis zum Atomausstieg reicht, zitiert die Bundesnetzagentur mit dem Hinweis, dass Deutschland mit Fukushima vom Stromexporteur zum Stromimporteur geworden sei. Um überhaupt etwas zur Unterstützung der Kanzlerin zu sagen, bekräftigt er deren Feststellung, man müsse sich mehr auf fossile Kraftwerke verlassen. Schließlich wolle man beim Strom Selbstversorger bleiben. Man müsse also mehr Verträge mit Gasproduzenten abschließen, um genug Gas zu haben.

Dann kommt eine hochinteressante Bemerkung, als habe Fuchs in die Glaskugel geschaut und dort die Ereignisse des 24. Februars 2022 gesehen. »Einen Punkt möchte ich in dem Zusammenhang erwähnen, der mir Sorge macht: Wir werden natürlich in eine noch größere Abhängigkeit von Russland geraten.« Man solle sich nichts vormachen. »Bis jetzt kommen bereits 38 Prozent unseres Gases aus russischen Quellen.« Er gehe davon aus – und das sagten auch die Energieversorger –, dass der Anteil auf eine Größenordnung von mehr als 40 Prozent wachsen werde, wenn zukünftig acht bis zehn weitere Gaskraftwerke gebraucht würden.

Fuchs rät, sich »sehr intensiv« mit dem Thema Flüssiggasterminals zu befassen.[28] Damit zielt er auf den Import von Gas, das mit Schiffen nach Deutschland gebracht wird, etwa amerikanischem. Fünf Monate später wird die Gasleitung Nord Stream 1 ihren Betrieb aufnehmen. Sie bringt Gas direkt aus dem russischen Wyborg nach Lubmin in Mecklenburg-Vorpommern. Kein Schiff, kein stürmischer Atlantik, keine hohen

4. GEGEN DIE EIGENE ÜBERZEUGUNG: DER ATOMAUSSTIEG

Preise. Lubmin, das ist dort, wo im Kältewinter 1978/79 das DDR-Kernkraftwerk Bruno Leuschner Strom für die frierenden Menschen produziert hatte. 1990 ist es abgeschaltet worden. Nun sollen die Deutschen an diesem Ort also wieder preiswert und zuverlässig Energie aus dem Osten bekommen.

Wie stellen sich diese für das Industrie- und Exportland Deutschland so wichtigen Entscheidungen zu Beginn des zweiten Jahrzehnts des 21. Jahrhunderts mehr als zehn Jahre später dar? Ein Gespräch mit Volker Bouffier. Es findet im Herbst 2023 statt und dauert fast drei Stunden. Er ist in die Entscheidungsprozesse der Union wie die der Regierung eng eingebunden. Im Jahr vor der Reaktorkatastrophe in Fukushima ist Bouffier zum hessischen Ministerpräsidenten und zum stellvertretenden Bundesvorsitzenden der CDU gewählt worden, also zu einem der Stellvertreter der Parteivorsitzenden Merkel. Bouffier hat schon 2011 keinen Hehl aus seiner Skepsis gegenüber dem Atomausstieg gemacht. Er hat für Merkel aber den großen Vorteil, dass er einerseits den konservativen Teil der CDU bestens kennt, andererseits pragmatisch und neuen Koalitionsoptionen gegenüber offen ist. 2013 wird unter seiner Führung die erste schwarz-grüne Regierung in einem Flächenland entstehen. Vor allem aber ist Bouffier loyal der Kanzlerin gegenüber.

Fukushima sei ein »23-Stunden-Thema« in den Medien gewesen, erinnert sich Bouffier, um den Handlungsdruck auf die Politik zu beschreiben. In anderen Ländern sei drei Stunden am Tag berichtet worden oder sogar nur eine. »Bei uns rund um die Uhr.« Er stellt es so dar, dass Angela Merkel tatsächlich zunächst mit zumindest etwas Ruhe die Lage bewerten wollte. Daher habe sie das dreimonatige Moratorium vorgeschlagen. »Sie wollte nicht den Ausstieg sofort, sondern dass wir uns die Sache erst einmal anschauen und zwei hochrangige Kommissionen mit dem Auftrag einberufen, die technische Sicherheit und die ethische Verantwortbarkeit der Atomkraft zu bewerten.«[29]

Volker Bouffier ist Jurist. Nach Fukushima, so sagt er, »stellte sich uns die Frage, wie ein sofortiges Abschalten der Kernkraftwerke überhaupt rechtlich geht, ob das Abschalten nicht rechtswidrig sei«. Die Idee sei entstanden, dass man den Bund dazu bringen müsse, die Länder mit Atomkraftwerken anzuweisen. Bundesumweltminister Norbert Röttgen habe das aber nicht gewollt. »Ich hatte große Bedenken.« Doch bei einem Gespräch im Kanzleramt kurz nach dem Reaktorunfall sei die »einhellige Meinung der anderen Teilnehmer« gewesen: »Das hältst du nicht durch.« Merkel habe ihm zugesagt, dass sie die Länder nicht im Stich lassen werde.

»Ich habe Merkel eher als Begleiterin erlebt«

Angela Merkel sei es darum gegangen, der deutschen Bevölkerung zu zeigen, »dass die Verantwortungsträger verstanden haben«. Deswegen habe sie geglaubt, etwas tun zu müssen. Ein, zwei Wochen nach dem Unglück am anderen Ende der Welt sei es damit losgegangen, dass immer mehr Beteiligte auf den Ausstieg aus der Atomstromerzeugung gedrungen hätten. Es ist bemerkenswert, wie wenig gestaltend Bouffier zwölf Jahre später die Rolle der Kanzlerin darstellt. »Ich habe Angela Merkel in diesem Prozess eher als Begleiterin erlebt«, erinnert er sich. »Sie sagte damals, wir müssen zeigen, dass wir nicht ignorant sind.« Nachdem sie das gesagt habe, »habe ich nicht mehr erlebt, dass sie in die eine oder andere Richtung argumentierte«. Und dann: »Meines Erachtens gab es damals keinen Plan für den Ausstieg, es ging um das Moratorium.«

Mit dem Abstand von mehr als einem Jahrzehnt hält Volker Bouffier die damalige Entscheidung für falsch. »Aus heutiger Sicht hätten wir 2011 nicht aus der Atomkraft aussteigen müs-

4. GEGEN DIE EIGENE ÜBERZEUGUNG: DER ATOMAUSSTIEG

sen, sondern aus der Kohle. Das hat man aber nicht so gesehen.«[30] Markus Söder erinnert sich: »Angela Merkel hat den Atomausstieg sehr unterstützt und forciert. Das grundsätzliche Problem war, dass damals vieles sehr schnell geschehen musste. Und Klimaschutz war in den Jahren des Ausstiegs noch kein so großes Thema wie heute.«[31]

Zunächst, während über das Moratorium diskutiert und es beschlossen worden sei, habe man nicht darüber gesprochen, wo die fehlende Energie hergeholt werden solle, wenn die Atomkraftwerke früher abgeschaltet werden. »Darum ging es erst später.« In Hessen sei bereits 2012 beschlossen worden, dass zwei Prozent der Landesfläche für Windkraft bereitgestellt werden. Dafür hätten sogar Stellflächen im Wald ausgewiesen werden müssen. Nach der Erinnerung des damaligen Ministerpräsidenten in Wiesbaden geschah das ohne Unterstützung aus Berlin. »Als wir diese Entscheidung trafen, waren weder der Bund noch Angela Merkel beteiligt.«

Bouffier bestreitet, dass es für Merkel ein Motiv für den Ausstieg gewesen sei, den Weg für schwarz-grüne Koalitionen zu ebnen. Dass sei »so nie erörtert worden«. Seiner Erinnerung nach war das Gegenteil der Fall. Nach der Wahl in Hessen im Herbst 2013, als Schwarz-Grün rechnerisch möglich gewesen sei, hätten Merkel und der SPD-Vorsitzende Sigmar Gabriel sich mit der besorgten Bemerkung an ihn gewandt: »Du machst doch keinen Scheiß!« Sie hätten gewollt, dass in Wiesbaden eine große Koalition regiert und nicht Schwarz-Grün. »Wir haben dann Schwarz-Grün gemacht. Ich habe Merkel angerufen und sie darüber informiert. Sie sagte, wenn du meinst, das ist richtig, dann mach das.« Wenn Merkel auf die Atomkraft hätte verzichten wollen, um Schwarz-Grün zu erleichtern, hätte sie ihn angerufen und gesagt, er möge das doch machen mit den Grünen. »Das hat sie nicht getan.«[32]

Übrig bleibt also das Bild einer Regierungschefin, die getrieben war von den Ereignissen. Wiewohl grundsätzlich überzeugt vom Sinn der Atomstromerzeugung, kämpft sie nicht dafür, dass Deutschland an dieser Form der Energiegewinnung festhält. Sie kämpft aber auch nicht für deren Abschaffung, sondern lässt sie geschehen. Zwar ist in der CDU auch zu hören, der Ausstieg sei zwingend gewesen, um den Weg zu einer Zusammenarbeit mit den Grünen zu ebnen. Aber was Bouffier berichtet, klingt nicht danach. Für Angela Merkel ist der Gedanke an ein schwarz-grünes Bündnis nicht fremd, manche ihrer Vertrauten hoffen sogar darauf, dass es dazu kommt. Nach der Bundestagswahl 2017 kommt es zumindest einmal zu Koalitionsverhandlungen mit den Grünen und der FDP, die letztlich an den Liberalen scheitern. Aber zu behaupten, sie habe die Situation im Jahr 2011 genutzt, um durch einen Ausstieg aus der Kernkraft die Voraussetzung für ihr politisches Wunschbündnis zu schaffen, hieße eine zufällige Entscheidung zu einer gezielten umzuinterpretieren. Ohne das Unglück in Fukushima wäre an der mit der FDP beschlossenen Laufzeitverlängerung für deutsche Atomkraftwerke nicht gerüttelt worden.

5. Auf halbem Wege stecken geblieben: die Energiewende

Merkel und die Erneuerbaren

So wenig Angela Merkel den Atomausstieg gestaltet, ist doch der 11. März 2011 wie dazu gemacht, für sie zum Wiedervereinigungs- oder Agenda-Moment zu werden. An Beispielen mangelt es nicht. Ihr christdemokratischer Vorgänger und Ziehvater Helmut Kohl nutzt den Mauerfall, um sich in die Geschichtsbücher einzutragen: Kanzler der Einheit. Zwar ist Kohl die europäische Einigung, die in die Erweiterung der EU und eine gemeinsame Währung führt, ein ebenso wichtiges Projekt, das er seit jeher vorantreibt. Aber noch stärker in Erinnerung bleibt er dafür, den Zusammenbruch der DDR als historischen Moment erkannt und dazu genutzt zu haben, die Deutschen wieder zusammenzubringen.

Bei Merkels unmittelbarem Vorgänger im Kanzleramt, dem Sozialdemokraten Gerhard Schröder, ist es ebenfalls ein sicheres Gespür für einen, wenn nicht historischen, so doch politisch höchst wichtigen Moment, der seiner Kanzlerschaft eine Überschrift einträgt. Als die Arbeitslosigkeit in einer der größten Volkswirtschaften der Welt außer Kontrolle zu geraten droht, nimmt Schröder zu Beginn seiner zweiten Amtszeit mit großer Entschlusskraft die Reform der Arbeitsmarktgesetze in Angriff. Er riskiert dabei den Rückhalt in der eigenen Partei, verliert ihn und in der Folge seine Kanzlerschaft. Die Hartz-

MERKEL UND DIE ERNEUERBAREN

Reformen haben allerdings so sehr stabilisierende Auswirkungen auf den Arbeitsmarkt und die Wirtschaft, dass seine Nachfolgerin gleich zu Beginn ihrer Amtszeit in einer Regierungserklärung am 30. November 2005 sagen wird: »Ich möchte Bundeskanzler Schröder ganz persönlich dafür danken, dass er mit seiner Agenda 2010 mutig und entschlossen eine Tür aufgestoßen hat, eine Tür zu Reformen, und dass er die Agenda gegen Widerstände durchgesetzt hat.«

Beide, Kohl wie Schröder, treffen diese großen Entscheidungen, nachdem die Deutschen ihnen zum zweiten Mal ihr Vertrauen geschenkt haben, sie bei einer Bundestagswahl wiedergewählt worden sind. Als im Amt gereifte und gefestigte Kanzler also, die nicht befürchten müssen, nach einer Legislaturperiode abgelöst zu werden und so als Laune der Zeitläufte zu enden. Als Fukushima havariert, befindet sich Merkel genau an diesem Punkt ihrer Kanzlerschaft. Sie ist wiedergewählt, es ist die Mitte ihrer zweiten Amtszeit, sie regiert mit dem CDU-Traditionspartner FDP. Kurzum: Sie steht auf festem Grund und könnte mutig das ganz große Thema ihrer Kanzlerschaft angehen.

So tragisch die Ereignisse in Japan für die Betroffenen sind, für Merkel könnten sie eine Fügung sein. Wenn es ein Thema gibt, das mit der aus den Trümmern der DDR in die bundesdeutsche Spitzenpolitik aufgestiegenen Physikerin verbunden ist, dann die Umwelt-, die Klima- und die Energiepolitik. Kaum hat sie das Amt der Umweltministerin in der letzten Regierung von Helmut Kohl übernommen, ist sie im März 1995 Gastgeberin des ersten Gipfels der Unterzeichner der UN-Klimarahmenkonvention. Die Konferenz für Umwelt und Entwicklung der Vereinten Nationen in Rio de Janeiro liegt noch keine drei Jahre zurück. Merkel kämpft mit großen Worten: »Es geht um die Erhaltung unserer einen Welt.« Nach zwei Wochen harter Verhandlungsarbeit gibt es ein »Berliner Mandat«. Es wird zu einer der Grundlagen des zwei Jahre später unter Mitwirkung

5. AUF HALBEM WEGE STECKEN GEBLIEBEN: DIE ENERGIEWENDE

der deutschen Umweltministerin ausgehandelten Kyoto-Protokolls. Das legt erstmals völkerrechtlich verbindliche Ziele für den Ausstoß von Treibhausgasen fest. In Kraft treten wird es in dem Jahr, an dessen Ende Angela Merkel zur ersten deutschen Bundeskanzlerin gewählt wird.

Woran sich selbst enge Weggefährten Merkels kaum erinnern, ist ein Buch, das sie zu Anfang ihrer bundespolitischen Laufbahn als Umweltministerin veröffentlicht. Noch mehr als zehn Jahre nach dessen Erscheinen 1997 gibt Merkels Vertraute und Büroleiterin, Beate Baumann, es Journalisten mit, die sich mit Merkel beschäftigen. Es soll also offenkundig etwas Grundsätzliches aussagen über die Autorin. Der Titel: »Der Preis des Überlebens«.[1]

Unionspolitiker, die Merkel immer für eine verkappte Grüne hielten, könnten sich durch die Lektüre in ihrer Einschätzung bestätigt fühlen. Obwohl schon überall harte Verteilungskämpfe herrschten, scheine die Umweltpolitik immer noch wieder etwas wegnehmen zu wollen, ja sogar ein schlechtes Gewissen zu verursachen – weniger Autofahren, weniger Fläche verbrauchen, weniger Urlaubsreisen in ferne Länder, liest man bei Merkel. »All dieses ›Weniger‹ wird zu sehr als Verlust von Lebensqualität als ein Angriff auf das gewohnte Leben verstanden.« Verzicht als »oberstes Motto« sei nicht erstrebenswert, schreibt Merkel. Technische Effizienzverbesserung könne dazu beitragen, etwa Artenrückgang langfristig zu mildern oder sogar zu stoppen. Dann aber wendet sie ein: »Technische Effizienzverbesserung kann auch als Ausrede dafür genommen werden, ein Umdenken in den Lebensgewohnheiten und Konsumansprüchen zu verhindern.« Die Natur setze dem Menschen Grenzen, vor denen gelte es Ehrfurcht zu haben. »Ehrfurcht ist ein Gegengewicht zu einem allein vom Gedanken der Machbarkeit bestimmten Umgang mit der Wirklichkeit.«[2] Das klingt sehr grün.

MERKEL UND DIE ERNEUERBAREN

Im Frühjahr des Wahljahres 1998 löst die weithin unbekannte Grünen-Bundestagsabgeordnete Halo Saibold ein Scharmützel vor allem in den eigenen Reihen aus mit der Äußerung, alle fünf Jahre eine Flugreise zu machen sei ausreichend. Die Aussage vernagelt den Grünen die Kommunalwahl in Schleswig-Holstein und die Landtagswahl in Sachsen-Anhalt. Bis hinauf zu Fraktionssprecher Joschka Fischer, der sich längst Hoffnungen darauf macht, nach der Bundestagswahl Außenminister zu werden, prügeln die Grünen auf Saibold ein. »Man muss den Verstand einschalten, bevor man redet«, bläst Fischer gewohnt rustikal zum Angriff auf die Parteifreundin. Der sachliche Kern ihrer Aussage, nämlich die Forderung, Kerosin zu besteuern, geht in dem Getöse fast unter. Hinzukommende Forderungen in den Reihen der Grünen nach einem Preis von fünf Mark für einen Liter Benzin und Tempolimit 100 auf Autobahnen tun ein Übriges. Die SPD geht auf Distanz, die CDU macht munter mit beim Grüne-Verhauen.

18 Jahre nach der Parteigründung, von denen 16 Jahre CDU-Kanzler Kohl regiert hat, wollen die Grünen auf der Zielgeraden zur ersehnten Macht nicht unnötig Schaden anrichten, indem sie als Spaßverderber-Partei dastehen. Doch ist zu diesem Zeitpunkt nicht nur seit einem Jahr das Buch der christdemokratischen Umweltministerin auf dem Markt, in dem diese darüber nachdenkt, ob die Menschen im Namen der Umwelt ihr Verhalten ändern sollten. Knapp ein Jahr zuvor ist in Merkels Ministerium das »Konzept Luftverkehr und Umwelt« entstanden, in dem es zur bisherigen Steuerfreiheit für Flugbenzin heißt: »Mit einer Aufhebung dieser Steuerbefreiung würde über den Preis ein verstärkter Anreiz dafür geschaffen, um zu einer Verbrauchsminderung und damit einhergehend zu einer Senkung der CO_2(Kohlendioxid)-Emissionen durch Verlagerung von Teilen des Luftverkehrs insbesondere auf die Eisenbahn zu kommen.«

5. AUF HALBEM WEGE STECKEN GEBLIEBEN: DIE ENERGIEWENDE

Merkel gegen niedrige Strompreise

In ihrem Buch nennt Merkel nicht nur »das Sinken der Strompreise geradezu kontraproduktiv«, weil der Preis des Stroms deutlich machen solle, wie sorgsam mit ihm umzugehen sei. Sie entwickelt detailliert den Gedanken einer CO_2-Bepreisung zur Minderung des Schadstoffausstoßes. Diesen habe die Bundesregierung schon in ihrem Programm aus dem Jahr 1994 »aufgegriffen«, unter der Voraussetzung, dass er einheitlich in Europa gelte. Allerdings dürfe die Lenkungswirkung einer CO_2-Bepreisung auch nicht überschätzt werden.[3]

Die Umweltministerin stellt ein Jahr vor der Bundestagswahl exakte Forderungen auf. Bis zum Jahr 2010 müsse der Anteil regenerativer Energien von fünf auf zehn Prozent wachsen. Die CO_2-Emissionen in Deutschland müssten bis 2005 um 25 Prozent gegenüber dem Jahr 1990 sinken. Im Straßenverkehr solle das immerhin um fünf Prozent geschehen. Und noch eine Idee für die Autofahrer hat Angela Merkel 1997 auf dem Zettel. Bis 2010 dürfe der durchschnittliche Verbrauch aller in Deutschland zugelassener PKW nicht mehr als fünf Liter betragen.

Der Blick darauf, was aus dieser Forderung geworden ist, gibt einen Hinweis darauf, wo die Grenzen der Entschlossenheit der »Klimakanzlerin« Merkel liegen. Zum Ende ihrer Amtszeit als Bundeskanzlerin, im Laufe derer sie schwere und hoch motorisierte SUV steuerlich fördern lässt, wird der Durchschnittsverbrauch von Diesel-PKW bei sieben, von Benzinern bei 7,7 Litern liegen. Das hat mit einer Erkenntnis zu tun, die Merkel schon sehr früh gewonnen hat. Wenn sie Ende der 1990er Jahre formuliert, dass »ökologisch ehrliche Preise« die Knappheit der natürlichen Ressourcen widerspiegelten, dann nennt sie das einen Fortschrittsbegriff, der nichts mit Rückschritt zu tun habe. Doch eines hat sie da längst begriffen. Für diesen »modernen Fortschrittsbegriff« müsse die Politik Mehrheiten gewinnen. »Gegen den geballten Willen einer großen Mehrheit der Bevölkerung lässt sich gar nichts durchsetzen.« Spätestens bei der nächsten Wahl werde die Politik ansonsten einen Denkzettel erhalten.[4]

Merkel will früh zeigen, dass sie die Lektionen der parlamentarischen Demokratie gelernt hat. Einerseits ist die Feststellung banal, weil tatsächlich in der Demokratie nichts ohne Mehrheit geht. Andererseits hat es etwas sehr Zögerliches, nach der umfangreichen Auflistung der eigenen Ziele gleich hinterherzuschieben, dass sie erst schauen müsse, ob auch die meisten auf ihrer Seite stünden. Das wirft schon die Schatten einer Kanzlerin voraus, die aus Sorge vor dem Scheitern allzu genau prüft, wie die Stimmung im Wahlvolk ist. Wäre Kohl im Falle der Einheit oder Schröder bei der Agenda 2010 so vorgegangen, hätten sie wohl von ihren Vorhaben abgelassen oder sie durch Zögerlichkeit verwässert. Einen Zehn-Punkte-Plan oder eine Agenda 2010 macht man nicht, wenn man ganz sicher sein will, die Mehrheit bereits zusammenzuhaben. Für solche Vorstöße bedarf es großer Risikobereitschaft.

Dessen ungeachtet ist der Kampf für das Weltklima das richtige Thema für Angela Merkel. Zwar ist sie von 2010 an intensiv mit der vielschichtigen Krise in der Eurozone beschäftigt. Aber das ist wie die Bankenkrise zuvor ein Rettungsmanöver, bei dem es Vorhandenes zu bewahren und nicht Neues zu gestalten gilt. Merkels beide großen Vorgänger aus dem Westen der Republik, der Rheinländer Adenauer und der Pfälzer Kohl, haben die Gemeinschaft europäischer Staaten errichtet und vertieft. Das ist der Inbegriff politischer Gestaltungskraft. Die Frau aus Ostdeutschland steht vor der Herausforderung, dieses für die Bundesrepublik lebenswichtige Fundament nicht erodieren zu lassen. Das bestmögliche Ergebnis ist allerdings, dass alles bleibt, wie es ist.

5. AUF HALBEM WEGE STECKEN GEBLIEBEN: DIE ENERGIEWENDE

Die Reaktorkatastrophe in Japan könnte der Auftakt sein für den gestalterischen Hauptakt ihrer Kanzlerschaft: Unter Angela Merkels Führung wird eine der größten Volkswirtschaften der Welt klimaneutral! Verglichen mit der Wiedervereinigung und erst recht mit einer Arbeitsmarktreform wäre es das größere Rad. Natürlich kann weder eine Kanzlerin noch eine einzige große Wirtschaftsmacht allein das Weltklima retten. Aber wenn das wirtschaftlich stärkste Land der Europäischen Union bei der Abkehr von der fossilen Energie und Umstellung auf erneuerbare Energie nicht nur in der Industrie, sondern bei der Stromerzeugung, dem Heizen, der Mobilität an der Spitze marschieren würde, wäre das ein enormer Schritt.

Sie selbst sieht ihr gesamtes Handeln vom Kampf gegen die Erderwärmung geprägt. »Mein politisches Leben ist eigentlich ab dem Jahr 1994, als ich Umweltministerin wurde, gekennzeichnet von der Arbeit für Maßnahmen gegen den Klimawandel«, sagt sie bei ihrem letzten Auftritt vor der Bundespressekonferenz im Juli 2021. Sie lobt sich für die Erfolge im Bemühen um weniger CO_2-Ausstoß und mehr mithilfe erneuerbarer Energiequellen erzeugten Strom. Allerdings gibt sie ebenso zu, dass »nicht ausreichend viel passiert« sei, um beim Temperaturanstieg deutlich unter der Zwei-Prozent-Marke zu bleiben. Das gelte allerdings für viele Länder. Das Tempo müsse »angezogen« werden, sagt die scheidende Kanzlerin nach 16 Jahren im Amt.

Auch andere sprechen ihr den Einsatz für Umwelt und Klima nicht ab. Nach dem Unfall in Fukushima habe Merkel ihn um ein Gespräch gebeten, berichtet Horst Seehofer. »Sie hat gesagt: Ihr habt in Westdeutschland etwas Wunderbares geschaffen, ihr habt Arbeit und Kapital versöhnt. Lasst uns dann das mit Ökonomie und Ökologie versuchen.« Das sei ihr »Obergedanke« gewesen, lautet Seehofers Fazit im Jahr 2023. Sonst bleibe es ihrer Ansicht nach dabei, dass jeder Castor-

MERKEL UND DIE ERNEUERBAREN

transport »zum Bürgerkrieg« werde. Warum ist also auf diesem Gebiet nicht genug passiert, wie Merkel selbst im Sommer 2021 zugibt?

Im Mai 2005 kann Angela Merkel schon mal darüber nachdenken, welche Bilder sie mit in die siebte Etage des Bundeskanzleramts nimmt, wenn sie dort ihr Büro bezieht. Bis zur überraschend um ein Jahr vorgezogenen Bundestagswahl sind es zwar noch vier Monate und sie ist noch nicht offiziell zur Kandidatin ausgerufen worden. Aber die Chancen, dass sie Deutschlands erste Kanzlerin wird, stehen gut. Nach der Niederlage der SPD bei der Landtagswahl in Nordrhein-Westfalen stellt die Forschungsgruppe Wahlen in einer Umfrage fürs ZDF Wechselstimmung im ganzen Land fest. Auf die Frage, wen sie wählen würden, wenn es bereits am nächsten Sonntag so weit wäre, sprechen sich 45 Prozent der Angesprochenen für die Union, nur 30 Prozent für die sozialdemokratische Kanzlerpartei aus. In der Stimmung sind die Unterschiede noch viel deutlicher. Die SPD landet bei 27, die Union bei 52 Prozent.

Merkel hängt Schröder ab

Auch in den persönlichen Werten hängt Merkel Schröder klar mit 50 zu 44 Prozent ab. Obwohl erstmals eine Frau nach dem Kanzleramt greift, gibt es sogar bei den Männern eine Mehrheit von 49 zu 45 Prozent für Merkel. Bei den weiblichen Umfrageteilnehmern ist der Vorsprung für Merkel noch ein paar Prozentpunkte deutlicher. Bei der vorangegangenen Wahl im Jahr 2002 war es dem von der CSU kommenden Unionskandidaten Edmund Stoiber nicht gelungen, in der Kanzlerfrage vor Schröder zu landen. Merkel schafft es im Mai 2005 sogar, in der Liste der beliebtesten Politiker auf Platz zwei und damit klar vor dem Bundeskanzler zu landen. Nur ihr Parteifreund Chris-

5. AUF HALBEM WEGE STECKEN GEBLIEBEN: DIE ENERGIEWENDE

tian Wulff, der niedersächsische Ministerpräsident, steht vor ihr mit sehr guten Werten im eigenen Lager.[5]

Der Umweltlobby genügt das, um Alarm zu schlagen. Nach Schröders aus der Not geborenen Ankündigung einer vorzeitigen Wahl fallen wegen der Angst vor einem Regierungswechsel die Aktienkurse von Unternehmen, die ihr Geld mit Ökoenergie verdienen. Der Bund für Umwelt und Naturschutz (BUND), der gerade noch den Entwurf eines Klimaschutzgesetzes des grünen Umweltministers Jürgen Trittin als »substanzlos« kritisiert hat, warnt vor einem »ökologischen Rollback«, sollte Merkel die Wahl gewinnen.

Immerhin hat die CDU-Vorsitzende den Betreibern von Atomkraftwerken in Aussicht gestellt, sie dürften ihre Anlagen so lange betreiben, wie das technisch möglich sei, was der Wiederherstellung der Rechtslage vor dem rot-grünen Ausstiegsgesetz entspräche. Da im Frühjahr noch angenommen wird, die CDU könnte nach der Wahl mit der FDP regieren, scheint die Sorge der Atomkraftgegner real. Dass es mit der Laufzeitverlängerung noch vier weitere Jahre dauern würde, ist nicht absehbar.

Grundsätzlich dürfte in den Monaten und Wochen vor der Bundestagswahl 2005 jedoch den meisten klar sein, dass eine CDU-Regierung nicht die Energiewende zurückdrehen würde. Dagegen spricht nicht nur Merkels positive Einstellung den erneuerbaren Energien gegenüber schon als Umweltministerin, sondern auch diejenige anderer wichtiger Christdemokraten. Der Umfrageliebling Wulff hat schon im niedersächsischen Landtagswahlkampf 2003 mit dem Argument für sich geworben, dass er seit mehr als zehn Jahren dem Bundesverband Windenergie angehöre. Daher könne jeder Windmüller ihn »gelassen wählen«. Die CDU gewann 12,4 Prozentpunkte hinzu gegenüber der vorigen Wahl. Die Energiewende ist also offenkundig kein Thema, das ihr schadet.

Teurer Ökostrom

Auch der frisch gewählte schleswig-holsteinische Ministerpräsident und CDU-Politiker Peter Harry Carstensen verspricht in seiner Regierungserklärung, sein Land werde »der Motor der regenerativen Energien bleiben«. Im nördlichsten Bundesland produzieren zu diesem Zeitpunkt schon 2700 Windräder CO_2-freie Energie. Der Vorstandvorsitzende des börsennotierten Windkraftunternehmens Plambeck Neue Energien, Wolfgang von Geldern, verspricht im Frühjahr 2005, auch unter einer unionsgeführten Bundesregierung werde es »keinen Kahlschlag« geben. Geldern ist CDU-Mitglied, früherer Bundestagsabgeordneter und einstiger Parlamentarischer Staatssekretär im Bundeslandwirtschaftsministerium.

Doch zwischen »kein Kahlschlag« und einer ungebremsten Fortführung der von Rot-Grün auf den Weg gebrachten Politik zur Förderung der Erneuerbaren besteht ein erheblicher Unterschied. In der Union sorgt vor allem die finanzielle Förderung der Erneuerbaren durch den Staat für Ärger. Schon der aus dem Kohleland Nordrhein-Westfalen stammende sozialdemokratische Wirtschaftsminister Wolfgang Clement würde sich eine offene Debatte darüber wünschen, wie viel Förderung sinnvoll ist. Auch Merkel lässt als Oppositionsführerin wissen, sie finde es falsch, dass jeder Zugang zu den Subventionen habe. Der Vorstand der CDU/CSU-Fraktion im Bundestag dringt darauf, die Einspeisevergütung für Windstrom rascher zu verringern.

Das wichtigste, aus Unionssicht allerdings auch schwerste Erbe auf diesem Feld, das Rot-Grün Merkel mit in ihre Kanzlerzeit gibt, ist das Erneuerbare-Energien-Gesetz (EEG) aus dem Jahr 2000. Es regelt, dass es großzügige Vergütungen für Strom gibt, der mithilfe erneuerbarer Energie erzeugt wird.

5. AUF HALBEM WEGE STECKEN GEBLIEBEN: DIE ENERGIEWENDE

Das Gesetz garantiert den Produzenten von Strom aus Wind, Sonne, Biomasse oder Erdwärme feste Einspeisevergütungen für die spektakuläre Dauer von 20 Jahren. So soll den erneuerbaren Energien auf die Sprünge geholfen werden. Allerdings haben die Gesetzesmacher dabei die Neigung der Deutschen zum Perfektionismus unterschätzt. Wenn schon Energiewende, dann richtig, scheinen viele sich zum Motto gemacht zu haben.

Die dadurch entstehenden Kosten werden auf die Stromkunden umgelegt. Je mehr Solar- oder Windanlagen installiert werden, desto höher werden also für alle Stromkunden die Kosten, auch wenn sie ihren Strom aus Atom-, Kohle- oder Gaskraftwerken beziehen. Dieser Anreiz, verbunden mit dem Ehrgeiz vieler Deutscher, möglichst sauberen Strom für ein sauberes Umweltgewissen zu erzeugen, sorgt für schnell steigende Ökostrommengen, aber auch steigende Strompreise. Erst ein halbes Jahr nach Merkels Ausscheiden aus dem Amt wird diese gesetzliche Regelung abgeschafft, was zur Entlastung der Stromkunden beiträgt.

Darüber hinaus zwingt das EEG die Betreiber der Energienetze, mit erneuerbarer Energie gewonnenen Strom bevorzugt ins Netz einzuspeisen. Das wäre kein Problem, wenn die Produktion von Ökostrom gut planbar wäre. Für Biomasse und Wasserkraft mag das noch gelten, für Sonnen- und Windenergie aber nicht. Somit können die großen Erzeuger nicht nur weniger Profit mit ihren traditionellen Kraftwerken machen, sondern auch noch schlechter deren Einsatz planen. Im Jahr vor Merkels Wahl zur Kanzlerin nimmt allein die Windkraft um eine Leistung von 2000 Megawatt zu, was annähernd zwei Atomkraftwerken entspricht.

Schließlich nimmt Merkel noch einen weiteren Streit mit in ihre Kanzlerschaft. In der Union wächst der Widerstand gegen die zahlreichen Windräder mit Hinweis auf den Landschaftsschutz. Die Debatte darüber, wie groß der Mindestabstand zwischen den Windmühlen zur Stromerzeugung und der Wohnbebauung sein muss, wird die ganze Kanzlerschaft Merkels durchziehen. Doch der Disput findet nicht nur in den Reihen von CDU und CSU statt. Schon im Jahr 2004 novelliert die Regierung Schröder das EEG dahingehend, dass die Förderung von Windkraftanlagen im Binnenland zurückgefahren wird. Stattdessen soll der Bau von Anlagen auf See mit mehr staatlichen Zuschüssen bedacht und dadurch vorangetrieben werden. Die Gefechtslage ist klassisch: Der Union gehen die Kürzungen nicht weit genug, den Öko-Hardlinern bei den Grünen gehen sie zu weit. Auf der rot-grünen Führungsetage werden sie verteidigt als vernünftiger Kompromiss.

So also ist die Situation zu Beginn von Merkels Kanzlerschaft beim Mega-Thema Energiewende. Ihre positive Haltung trifft auf eine CDU, die zwar grundsätzlich die Energiewende unterstützt, aber vor allem ökonomische Bedenken gegen allzu rasches Vorgehen geltend macht. Zum Klientel der Union gehört sowohl die Wirtschaft als auch eine Wählerschaft, die beim Weg in die Moderne das Kind nicht mit dem Bade ausschütten will.

Im Jahr 2007, als Merkel sich eingearbeitet hat und nach zwei einigermaßen ruhigen Jahren infolge der Unruhen im Banken- und Finanzsektor ihre erste Großkrise bewältigen muss, kommen die Allensbacher Demoskopen zu einem gemischten Befund. Die ohnehin wegen der finanziellen Großwetterlage beunruhigte Bevölkerung sei durch den Anstieg der Energiepreise alarmiert. Vor allem beziehen die Befragten das allerdings auf die Preise für Benzin und Diesel. Auch wenn ihr Vorgänger Schröder als Autokanzler bezeichnet wurde und sie als Klimakanzlerin, so weiß auch Merkel, dass sie bei allem, was sie tut, die riesige und einflussreiche Autobranche immer in ihre Überlegungen einbeziehen muss.

Die Folgerungen, die die Deutschen aus den hohen Energie-

5. AUF HALBEM WEGE STECKEN GEBLIEBEN: DIE ENERGIEWENDE

preisen auch für Strom, Gas und Heizöl ziehen, wirken durchaus rational und bedeuten keine grundsätzliche Ablehnung von der die Kosten zusätzlich in die Höhe treibenden Energiewende. Auf die Frage der Allensbacher Meinungsforscher, wie man auf die hohen Preise reagieren solle, antworten 73 Prozent der Umfrageteilnehmer sogar, dass der Ausbau erneuerbarer Energien stärker gefördert werden solle. Keine andere der gestellten Fragen wird mit so viel Zustimmung beantwortet. Auch in finanziell schwierigen Zeiten wollen die Deutschen offenkundig am Einsatz von mehr Ökoenergie festhalten.

Die Kanzlerin kann also auf eine positive Grundstimmung in der Bevölkerung den Erneuerbaren gegenüber bauen. Bei ihrem Koalitionspartner ohnehin. Ihr Umweltminister, der Sozialdemokrat Sigmar Gabriel, nennt den Einsatz erneuerbarer Energien Anfang des Jahres 2007 eine »echte Erfolgsgeschichte«. Ihren Anteil an der Stromgewinnung beziffert er auf 11,8 Prozent. In dem 2005 von Merkels erster Regierung beschlossenen Koalitionsvertrag sind 12,5 Prozent festgeschrieben. Allerdings erst für das Jahr 2010. Das Langzeitziel, bis 2020 auf 20 Prozent zu kommen, scheint keineswegs utopisch. Merkel hatte als Umweltministerin als persönliches Ziel zehn Prozent bis 2010 ausgegeben. Das ist also drei Jahre vor der Zeit schon übertroffen. In der Politik, in der sich die Dinge sonst oft verzögern, könnte die Kanzlerin das als große Ermutigung betrachten und nun richtig Gas geben. Oder richtiger: Wind machen.

Gut ein Jahr vor der Katastrophe in Fukushima spricht Merkel Ende Februar 2009 vor dem Bundesverband Erneuerbare Energie (BEE). Sie erinnert an das Stromeinspeisegesetz, das unter der Regierung Kohl beschlossen wurde und mit Wirkung zum Januar 1991 erstmals festlegte, dass Elektrizitätsversorgungsunternehmen Strom aus erneuerbaren Energien abnehmen und bezahlen müssen. Es wurde zum Vorläufer des

EEG. Maßgeblich erarbeitet wurde das Stromeinspeisegesetz vom CSU-Abgeordneten Matthias Engelsberger und dem Grünen-Parlamentarier Wolfgang Daniels. Eingebracht wurde es von der Unionsfraktion. Einen gemeinsamen schwarz-grünen Antrag hielt man damals für politisch zu riskant. Immerhin regierte die Union mit der FDP und Annäherungen an die Ökopartei waren noch höchst umstritten bei CDU und CSU.

Merkel gratuliert mit Hinweis auf dieses Datum in ihrer Rede vor dem Bundesverband Erneuerbare Energie der Branche zum 18. Geburtstag. »Die Sache mit den erneuerbaren Energien ist deshalb jetzt also volljährig, voll zurechnungsfähig und damit auch mündiger und selbstständiger, als das in der vergangenen Zeit noch der Fall war.« Mit solchen Worten pflegen Eltern ihren Kindern mitzuteilen, dass sie nun ohne Unterstützung auskommen müssten. Das droht die Kanzlerin nicht an, aber die Botschaft, dass es mit der Förderung nicht übertrieben werden dürfe, ist eindeutig. Es klingt nicht gerade wie ein jubelnder Aufbruch ins gelobte Land von Sonne und Wind.

Den Part übernimmt BEE-Präsident Dietmar Schütz. Er präsentiert dem hohen Gast eine Studie, die besagt, dass im Jahr 2020 bereits 47 Prozent des deutschen Stroms aus erneuerbaren Energien kämen. Atomkraftwerke würden dann gar nicht mehr gebraucht, Kohle- und Gaskraftwerke nur noch, um die Versorgung mit Ökostrom »bei Bedarf« zu ergänzen. So werde die Stromversorgung »vom Kopf auf die Füße« gestellt.[6] Schütz beweist seherische Fähigkeiten. Nach Angaben des Bundeswirtschaftsministeriums gut ein Jahrzehnt später liegt der Anteil der erneuerbaren Energien am Bruttostromverbrauch im Jahr 2020 bei 46,4 Prozent. Allerdings heißt das auch, dass mehr als die Hälfte immer noch aus herkömmlichen Quellen stammt. Der Bedarf an Kohle und Gas ist nach wie vor enorm.[7]

5. AUF HALBEM WEGE STECKEN GEBLIEBEN: DIE ENERGIEWENDE

Röttgens zweitschönster Tag

Die schwarz-gelbe Regierung unter Kanzlerin Merkel tritt tatsächlich ordentlich aufs Strompedal. Das Bundesumweltministerium gibt im Sommer 2010 in seinem »Nationalen Aktionsplan für erneuerbare Energien« das Ziel aus, ein Jahrzehnt später sollten 38 Prozent des Stroms aus erneuerbaren Energien stammen. 2010 sind es immerhin schon 16 Prozent. Am 27. April 2010 lässt der größte Vorkämpfer der Erneuerbaren in Merkels Team, Umweltminister Norbert Röttgen, um 13 Uhr die Hoffnung der Energiewendefreunde per Druck auf einen grünen Knopf in den Regelbetrieb gehen. 45 Kilometer vor der Nordseeinsel Borkum setzen sich die zehn Windräder des ersten deutschen Offshorewindparks in Bewegung. Nach nur sieben Monaten Bauzeit. Minister mögen solche Termine. Röttgen steht auf dem Landedeck für Hubschrauber und spricht vom »zweitschönsten Tag« nach seiner Vereidigung. Noch ein großes Ziel wird verkündet: Bis 2020 sollen die Windräder im Meer so viel Strom erzeugen wie etwa zehn Kernkraftwerke. Die Zukunft scheint sonnig und windig zu sein.

Doch auch damals, als viele der an der Energie- und Klimadebatte Beteiligten mit dem Namen Fukushima noch nichts anfangen können und mit einem viel späteren Verzicht auf die annähernd 25 Prozent Stromkapazität aus Atomkraftwerken rechnen, gibt es Warnungen in großer Zahl. Diese zielen vor allem auf die beiden Hauptbedenken, die gerade in den Unionsparteien die Energiewende von Anfang an begleiten: Es droht eine Stromlücke, wenn Wind und Sonne nicht stabil liefern, und das EEG treibt die Preise in die Höhe. Im September 2010 warnt Bau- und Verkehrsminister Peter Ramsauer, CSU, wenn das Energiekonzept der Regierung bei den Leuten ankommen solle, müsse man sich überlegen, was man ihnen zumuten könne. CDU-Wirtschaftspolitiker Michael Fuchs fürchtet eine Überforderung von Wirtschaft und Gesellschaft. Aus der Wissenschaft kommen Warnungen vor einem heftigen gesellschaftlichen Diskurs über die Strompreise. Es wird zwar noch Jahre dauern, bis in Frankreich die Gelbwesten zur großen Protestbewegung gegen die Erhöhung der Steuern auf fossile Brennstoffe mit dem Ziel der Finanzierung einer Energiewende werden. Aber dass hohe Energiekosten das Potenzial haben, die Regierten gegen die Regierenden aufzubringen, ist auch in Deutschland kein Geheimnis.

Das wäre dann eine andere Art von Revolution, als Merkel sie im Sommer 2010 verkündet, nachdem ihre Koalition die Laufzeiten der Atomkraftwerke um durchschnittlich zwölf Jahre beschlossen hat. Die Kanzlerin versichert, dass man die Sorgen der Menschen ernst nehme und die Energiekosten bezahlbar blieben. Man habe einen Plan. Dieser zielt auf das Jahr 2050. Bis dahin sollen 80 Prozent des Stroms im größten und wirtschaftsstärksten EU-Land erneuerbaren Ursprungs sein. Die »Phase der Unsicherheit« sei überwunden, tönt Merkel. Die Koalition habe einen Fahrplan aufgestellt, »um das Zeitalter der erneuerbaren Energien möglichst schnell zu erreichen«.

Wenige Monate später sind all diese Worte Schall und Rauch und die Phase der Unsicherheit beginnt gerade erst. Fukushima havariert und die deutsche Kanzlerin wirft ihre energiepolitischen Pläne über den Haufen. In den Wochen und Monaten nach dem Unglück in Japan scheint Merkel diesen Schlingerkurs kompensieren zu wollen, indem sie die Energiewende noch entschlossener angeht. Sie klingt selbstbewusst, will sich nicht einschüchtern lassen durch das Festhalten mancher europäischer Nachbarn an der Kernkraft. »Wenn ich jedoch zuallererst danach frage, ob auch alle anderen von meiner Haltung überzeugt sind, oder wenn ich nur an die anfänglichen Nachteile meines eigenen, von mir für richtig erachteten Ver-

5. AUF HALBEM WEGE STECKEN GEBLIEBEN: DIE ENERGIEWENDE

haltens denke – dann drehen wir uns im Kreis«, sagt sie zwei Monate nach der Katastrophe in Fukushima in einem langen Gespräch mit der Wochenzeitung »Die Zeit«, das zur energiepolitischen Standortbestimmung gerät.[8] Das klingt nach Adenauer, Kohl, Schröder. Nach wilder Entschlossenheit.

Auf den Spuren von Bertha Benz

Um zu illustrieren, wie realistisch ihr Ansinnen ist, verweist Merkel auf den Erfolg einer Frau, der im 19. Jahrhundert in der Männerdomäne Automobil erzielt wurde. Bertha Ringer, die Tochter des Zimmermeisters Karl Friedrich Ringer und seiner Frau, besuchte in Pforzheim die Höhere Töchterschule, ließ sich im Jahr 1871, als die große Politik mit der Reichsgründung beschäftigt war, vorzeitig ihre Mitgift auszahlen und ermöglichte so ihrem Verlobten Carl Benz die Weiterführung seines Unternehmens. Dessen Produkt, der dreirädrige Patent-Motorwagen Nummer 3 wurde vom Publikum jedoch nicht so angenommen, wie das inzwischen verheiratete Paar erhofft hatte. Bertha Benz wollte nicht klein beigeben, setzte im Jahr 1888 ihre 13 und 15 Jahre alten Söhne in eines der Fahrzeuge und unternahm mit ihnen eine 106 Kilometer lange Fahrt von Mannheim nach Pforzheim und auf anderer Route wieder zurück. Nicht genug damit, dass ihr damit die erste Fernfahrt mit einem Automobil gelang: Angeblich wusste ihr Mann nichts von dem abenteuerlichen Werbemanöver. Es beflügelte schließlich den wirtschaftlichen Erfolg des Unternehmens, weil die Zweifel potenzieller Käufer an der Langstreckentauglichkeit des Fahrzeugs schwanden. Weiblicher Wille als Gründungsimpuls eines deutschen Weltunternehmens.

130 Jahre später wiederholt sich der Vorgang. Diesmal haben die Kunden, die gewohnt sind, mit ihren Verbrennerautos 800 oder 1000 Kilometer am Stück zu fahren, Angst, dass sie

MERKEL UND DIE ERNEUERBAREN

mindestens alle 200 Kilometer an die Ladesäule müssen, wenn sie mit einem Elektroauto Deutschland durchqueren wollen. Die E-Mobilität soll aber eine der großen Säulen der Energiewende sein. Merkel unternimmt zwar keine Demonstrationsfahrt, sondern verlässt sich in ihren gepanzerten Limousinen auf Verbrennungsmotoren. Dennoch scheint sie in der Rolle der Pionierin aus dem 19. Jahrhundert gesehen werden zu wollen. »Als in Deutschland Bertha Benz mit dem ersten Automobil über die Straßen gerumpelt ist, haben auch viele Zeitgenossen gesagt: So ein Quatsch, die eine Pferdestärke einer Kutsche reicht doch, und wer weiß, wie gefährlich diese neue Erfindung ist«, sagt Merkel. Bertha Benz sei als »Geisterfahrerin auf einem seltsamen Sonderweg« angesehen worden. Aber das Auto habe sich durchgesetzt.

Angela Merkel nimmt zu diesem Zeitpunkt das ganze Land mit seiner Geschichte als Quelle ihrer Entschlossenheit in Anspruch. »Deutschlands Wohlstand gründet sich auch darauf, dass wir manchmal als Erste einen neuen Weg gegangen sind.« Als sie 1994 das Amt der Umweltministerin übernommen habe, seien vier Prozent des Stroms in Deutschland aus erneuerbaren Quellen gekommen. Jetzt seien es 17 Prozent. Bis zum Jahr 2020 sollten es 40 Prozent sein. Vier Jahre vor der Flüchtlingskrise und ihrem berühmten »Wir schaffen das« wird deutlich, dass diese Ermunterungsparole zum Standardwortschatz der Kanzlerin gehört. »Es geht darum, unseren Anspruch als Industrieland in Einklang zu bringen mit unserem Ehrgeiz, eines Tages ganz auf die Erneuerbaren zu setzen. Wir werden es schaffen, viele dafür zu begeistern.«

So entschlossen klingt Merkel, dass Erinnerungen an den Basta-Kanzler Schröder aufkommen. Wenn der Weg einmal eingeschlagen sei, der zu einem »ökologisch denkenden Industrieland und einer bedeutenden Wirtschaftsmacht« passe, sei das eine Verpflichtung, nimmt die Kanzlerin ihre Landsleute in

5. AUF HALBEM WEGE STECKEN GEBLIEBEN: DIE ENERGIEWENDE

die Pflicht. Dann könne anschließend nicht jeder kommen und sagen, dass ihm die vielen Leitungen, die Windräder oder die Umlage für die Photovoltaik nicht passten. Angela Merkel scheint den Moment zum Momentum machen zu wollen, um das von ihr als Umweltministerin, dann noch viel mehr von der rot-grünen Koalition und schließlich wieder von ihr als Regierungschefin betriebene Projekt Energiewende durchstarten zu lassen auf dem Weg zur Endgültigkeit. Sie will Deutschland ihren Stempel aufdrücken: die erste klimaneutrale Wirtschaftsmacht der Erde.

Doch in derselben Lagebestimmung zwei Monate nach Fukushima wird gleich klar, wo die Grenzen von Merkels Entschlossenheit liegen, ihre Bedenken. Auf die Bemerkung, dass sie das schwerste Projekt ihrer Amtszeit vor sich habe, reagiert sie zurückhaltend. »Es ist ein interessantes, spannendes, großes Projekt. Aber ich weiß nicht, ob es das schwerste ist.«

Dass es schwierig für sie als Christdemokratin und Parteivorsitzende wird, die immer nach der sicheren Mehrheit schaut, ist klar. Obwohl mehr Unterstützung aus den eigenen Reihen als Widerstand gekommen ist, schaut sie neidvoll auf die Grünen, die mit der Energiewende kein Problem hätten, weil der Verzicht auf die Kernkraft ein Gründungsimpuls der Partei sei. Die Volkspartei CDU sei vielleicht diejenige Partei, die in dieser Frage die größte Spannbreite von Meinungen habe. Sie ist der Ansicht, dass der Riss mitten durch die Partei gehe. Deswegen werde es in den kommenden Wochen wichtig sein, die Bedenken ernst zu nehmen. Ebenso selbstverständlich zuversichtlich, wie sie sich gibt, stellt sie die Frage: »Kann Deutschland es schaffen? Ist es wirtschaftlich? Trägt das Vertrauen in die erneuerbaren Energien?«[9] Da ist sie wieder: die Sehnsucht nach der Sicherheit, die Ungewissheit, ob sie die erforderlichen Mehrheiten bekommt, ob der eigene Laden mitmacht. Die Scheu, voll ins Risiko zu gehen.

Alles viel zu teuer

Eigentlich müssen die Jahre nach dem neuerlichen Atomausstieg geprägt sein von dem Willen, mit aller Macht auf die Erneuerbaren umzustellen. Wenn Merkel raus will aus der Atomstromproduktion oder glaubt, raus zu müssen, und zugleich die CO_2-Werte senken will, hat sie nur eine Chance: Wind, Strom, Biomasse, Wasser. Deswegen ruft Merkel nach der Havarie in Fukushima die Beschleunigung der Energiewende aus. Doch zwei Jahre später macht sich in der Bundesregierung Panik breit. Die Kosten für die Energiewende, vor allem für die Einspeisung von Ökostrom, steigen nicht nur. Sie gehen durch die Decke. Peter Altmaier, der nach dem Rauswurf von Parteifreund Norbert Röttgen dessen Posten als Umweltminister übernommen hat, stößt zu Beginn des Jahres 2013 eine unglaubliche Warnung aus. Eine Billion Euro könnte die Energiewende bis zum Ende der Dreißigerjahre kosten, rechnet er vor.

Im Herbst des Jahres will Angela Merkel bei der Bundestagswahl zum dritten Mal mit der CDU so gut abschneiden, dass sie wieder zur Kanzlerin gewählt wird. Hohe Strompreise sind genau das, was die Union für ihre wirtschaftsnahe und mindestens in Teilen einer zu schnellen Energiewende skeptisch gegenüberstehende Wählerschaft gar nicht gebrauchen kann. Altmaier hält allerdings am Projekt Energiewende fest. Nicht deren Erfolg sei ihm unheimlich, sondern die »ungelösten Probleme, die wir seit zehn Jahren mit uns rumschleppen«.

Zehn Jahre? Seit acht Jahren regiert Angela Merkel. An Altmaiers Loyalität der Kanzlerin gegenüber kann es keinen Zweifel geben. Er betreibt also keine Machtspielchen, sondern sieht ein echtes Problem. »Wir haben jetzt vielleicht die letzte große

5. AUF HALBEM WEGE STECKEN GEBLIEBEN: DIE ENERGIEWENDE

Chance, die strukturellen Voraussetzungen für ein Gelingen zu schaffen«, sagt der Umweltminister. Die Energiewende müsse volkswirtschaftlich vertretbar und bezahlbar bleiben. Das Wort »bleiben« klingt in diesem Zusammenhang unpassend. Denn Altmaier weist darauf hin, dass gerade kleine Betriebe, Handwerker und Haushalte eine Steigerung der Strompreise von bis zu 25 Prozent erlebt hätten. »Da können wir nicht noch mal zehn Prozent jedes Jahr draufpacken.«[10]

Als das EEG beschlossen wird, sind die Vergütungen, mit denen der Staat die Betreiber von Solar-, Wind- oder Biomasseanlagen ködern will, zwar noch besonders hoch. Weil der Auf- und Ausbau der Erneuerbaren gerade erst beginnt, sind jedoch die auf alle Stromkunden umgelegten Gesamtkosten zunächst überschaubar. Da jedoch die Deutschen so fleißig mitmachen bei der Wende, ändert sich das bald. Als Altmaier seine Warnung ausstößt, sind die Einspeisevergütungen schon deutlich gesunken. Aber noch fallen kaum alte Anlagen aus der auf 20 Jahre festgelegten Förderung heraus. Noch dazu ist der Preis an der Börse, wo der Strom aus Erneuerbaren gehandelt wird, stärker gefallen als vorhergesagt. Der Staat verdient also weniger beim Verkauf, muss aber dennoch die zugesagten Vergütungen an die Produzenten bezahlen. Wohl dem, der sich frühzeitig eine Solaranlage aufs Dach geschraubt hat.

Im Umweltministerium errechnet man den Horrorbetrag von einer Billion wie folgt: Bis Ende 2012 hätten die Besitzer von Wind-, Photovoltaik- und Biogasanlagen bereits Einspeisevergütungen in Höhe von 67 Milliarden Euro bekommen. Bis zum Jahr 2022 sind weitere 250 Milliarden Förder-Euro zugesagt. Hinzugerechnet werden für neue Anlagen weitere 1,8 Milliarden Euro Förderung. Jahr für Jahr. Insgesamt kommt man auf knapp 680 Milliarden Euro nur für die Einspeisevergütung. Zu Buche schlagen zudem die Ausgaben für den Netzausbau, für die Bereitstellung von Reservekapazitäten und für Forschung und Entwicklung. Schon ist sie da, die Billion. Sollten die Strompreise an der Börse weiter fallen, würde es noch teurer. Die Revolution droht ihren eigenen Erfolg aufzufressen und daran zu ersticken.

Altmaier benutzt seine Warnung allerdings auch für die Eigenwerbung. Er will eine Strompreisbremse einführen, die durch geringere Vergütung und weniger Reservekapazitäten innerhalb von 20 Jahren etwa 300 Milliarden Euro einsparen würde. Eine große Reform des EEG verspricht er erst für die Zeit nach der Wahl. Für wie schwer er das hält, daran lässt er keinen Zweifel. Die Energiewende habe eine solche Breite gewonnen, dass jede Veränderung viele Besitzstände bedrohe. »Im Vergleich zu einer Reform des EEG ist eine Gesundheitsreform ein Kinderspiel, weil man es dort nur mit den Beteiligten im Gesundheitswesen zu tun hat.« Bei der Energiewende versuchten dagegen Industrie, Landwirtschaft und private Investoren ihre Besitzstände zu verteidigen.

Einerseits zeigt sich der Umweltminister und Merkel-Vertraute Altmaier überzeugt, dass eine EEG-Reform möglich ist. Andererseits gibt er zu bedenken, dass »Großreformen« hoch entwickelten Gesellschaften immer schwerfielen. Daher solle man das Kind nicht mit dem Bade ausschütten. An den Ausbauzielen für Erneuerbare will er dennoch festhalten.[11]

Merkel so stark wie nie zuvor

Die Bundestagswahl am 22. September 2013 wird zum Triumph für Angela Merkel und die CDU. Nur um fünf Sitze verfehlt sie die absolute Mehrheit, die es der Union ermöglicht hätte, ohne Koalitionspartner zu regieren. Allein Konrad Adenauer hat das bisher geschafft. Helmut Kohl verfehlte 1976 aus der Opposition heraus die absolute Unionsmehrheit um sechs Sitze. Merkel ist so stark wie nie zuvor.

5. AUF HALBEM WEGE STECKEN GEBLIEBEN: DIE ENERGIEWENDE

Dabei helfen mehrere Besonderheiten. Der Dauerstreit mit der FDP in den Jahren 2009 bis 2013 hat den Liberalen Verluste von fast zehn Prozentpunkten bei der Wahl eingetragen, die Union hat dagegen annähernd acht Prozentpunkte hinzugewonnen. Die Wähler scheinen eine eindeutige Meinung dazu zu haben, wer schuld ist an der schlechten schwarz-gelben Zusammenarbeit. Die FDP scheitert an der Fünf-Prozent-Hürde und ist nicht mehr im Bundestag vertreten. Hinzu kommt: Die erst zu Jahresbeginn gegründete Alternative für Deutschland gewinnt zwar aus dem Stand 4,7 Prozent der Wählerstimmen, aber eben keine fünf. Piratenpartei, NPD und sonstige Parteien sammeln zusammen noch einmal sechs Prozent der Wählerstimmen ein, bleiben aber jeweils unter der Fünf-Prozent-Hürde. Fast 16 Prozent der Wählerstimmen werden nicht in Mandate umgewandelt.

Im Parlament unter der Reichstagskuppel bleiben nur vier Fraktionen, von denen die Union mit 311 Sitzen mit weitem Abstand die größte ist. Zwar würde es für eine rot-rot-grüne Mehrheit aus SPD, Linkspartei und Grünen reichen, aber Merkel ist mit solcher Deutlichkeit die Wahlsiegerin, dass diese Möglichkeit nicht wirklich ausgelotet wird. Viele Sozialdemokraten haben sich zudem gegen ein Bündnis mit der Linken festgelegt. Die Freunde eines schwarz-grünen Bündnisses in der Union werden rasch enttäuscht, weil die Grünen nach kurzen Sondierungen, die eher pflichtbewusst als erfolgsorientiert wirken, dankend ablehnen. Also müssen die Genossen nochmal ran, wie schon 2005. Nachdem man sich schließlich geeinigt hat, bringen die Fraktionen der Union und der SPD zusammen 504 Abgeordnete zusammen, die beiden kleinen Oppositionsparteien miteinander nur 127.

In keiner anderen ihrer vier Regierungen kann Merkel über eine so erdrückende Mehrheit im Parlament verfügen wie in ihrer zweiten Koalition mit der SPD. Die Unionsfraktion wird durch ihren engen Vertrauten Volker Kauder zusammengehalten und tut, was die Kanzlerin will. Noch dazu sind alle neben CDU und CSU im höchsten deutschen Parlament verbliebenen Parteien nicht nur gegen die Atomkraft, sondern auch für den vermehrten Einsatz erneuerbarer Energien. Widerstand von Grünen oder Linken gegen weitere Schritte zur Energiewende ist kaum zu befürchten. Niemals zuvor und auch nicht mehr danach sollte Merkel so viel Macht und eine so günstige politische Konstellation zur Durchsetzung einer tiefgreifenden Energiewende haben.

Doch die Regierung Merkel III blickt keineswegs optimistisch und hoffnungsfroh auf das Thema. Vielmehr sorgenvoll. Seitens der großen Energieunternehmen wird über den zu niedrigen Börsenpreis geklagt. Konventionelle Kraftwerke einsatzbereit zu halten, um Versorgungslücken zu stopfen, wenn Sonne und Wind nicht genug Strom liefern, lohne sich kaum mehr, klagen die Strombosse, weil die Erneuerbaren inzwischen so viel Strom erzeugen. Da nehme man die konventionellen Kraftwerke lieber aus dem Netz, der Strom müsse dann eben anderswo gekauft werden. Selbst diejenigen, die behaupten, das solle keine Drohung sein, wissen, dass es genau als solche im Kanzleramt ankommen muss.

Wo der Verkaufspreis des Stroms an der Börse zu niedrig ist, ist er für die Verbraucher nach wie vor zu hoch. Die Koalitionäre versichern zwar, dass sie das EEG bis zum Frühjahr 2014 ändern wollen. Aber auf die Höhe der EEG-Umlage würde sich das erst zu Beginn des Jahres 2016 auswirken. Das können zwei verdammt lange Jahre für die Energiewende werden. Hat Merkel schon mit der FDP im Jahr vor der Bundestagswahl die Förderung für Solaranlagen gedeckelt, so soll auch bei der Windkraft an Land auf die Bremse getreten werden. Rotoren, die in besonders windreichen Gegenden errichtet werden, also viel Strom produzieren, sollen weniger subventioniert werden.

5. AUF HALBEM WEGE STECKEN GEBLIEBEN: DIE ENERGIEWENDE

Vorrangig sollen vielmehr Windräder auf dem Meer staatliche Förderung erhalten. Die Koalitionspartner sind sich allerdings zum Ende des Jahres 2013 nicht einmal über das große Ziel einig. Während die Sozialdemokraten bis zum Jahr 2030 75 Prozent des deutschen Stroms aus erneuerbaren Quellen gewinnen wollen, bremst die Union und hält 50 bis 55 Prozent für ausreichend.

Welches Gewicht die Energiewende in Merkels dritter Regierung erhalten soll, zeigt sich schon daran, dass der wichtigste Mann des Koalitionspartners, der SPD-Vorsitzende Sigmar Gabriel, Merkels Vizekanzler, das von ihm geführte Wirtschaftsministerium mit der ausdrücklichen Zuständigkeit für die Energiepolitik auch im Namen aufwertet. Damit ist klar: Man will hier vorankommen. Mindestens die Sozialdemokraten.

Die Belastung für die Verbraucher steigt und steigt

Doch trotz seiner Bemühungen gelingt es auch Gabriel nicht, die Auswirkungen der EEG-Umlage auf die Strompreise abzumildern. Die Belastung für die Verbraucher steigt und steigt. Drei Jahre nachdem Gabriel als Wirtschaftsminister mit dem Ziel angetreten ist, daran endlich etwas zu ändern, sieht es für Gegenwart und Zukunft nach wie vor düster aus. In einer von Unternehmerverbänden in Auftrag gegebenen Studie berechnet das Kölner Institut der Deutschen Wirtschaft (IW) Ende des Jahres 2016 für das Vorjahr die Gesamtkosten durch die EEG-Umlage auf 22 Milliarden Euro. Für 2017 errechnet das Institut für den ungünstigsten Fall eine Summe von annähernd 26 Milliarden, für 2020 fast 32, für 2025 knappe 33 Milliarden Euro.[12]

Mehrfach wird in Merkels dritter Regierungszeit das EEG

reformiert. Zwar werden die Ökostromanlagen immer wirkungsvoller und können mit niedrigerer Förderung wirtschaftlich betrieben werden. Aber langfristige Förderzusagen, lange Übergangsfristen, bis die neuen Regeln greifen, und der große Zubau von neuen Ökostromanlagen hebeln die Wirkung solcher Bremsversuche wieder aus. Hinzu kommt der unzureichende Ausbau der Netze, die den sauberen Strom zu den Unternehmern und Verbrauchern bringen könnten.

Nicht genug damit, dass die Energiewende die Preise in die Höhe treibt. Im Wahljahr 2017 verkündet die schwarz-rote Bundesregierung noch dazu eine neue Phase der Energiewende. Lange bevor die Ampelregierung im Jahr 2023 mit ihrem handwerklich schlecht gemachten Gebäudeenergiegesetz die Menschen gegen sich aufbringt, weil sie völlig überstürzt von Öl- und Gasheizungen auf strombetriebene Wärmepumpen umstellen will, gibt die Regierung Merkel III im Jahr 2017 das Ziel aus, den Heizbetrieb auf Strom umzustellen. Auch der Verkehr soll zunehmend auf Elektromobilität umgestellt werden. Wenn damit ernst gemacht wird, braucht Deutschland noch viel mehr Strom als bisher.

Als die Kanzlerschaft Angela Merkels auf die Zielgerade einbiegt, ist die Energiepolitik der größten Wirtschaftsmacht der Europäischen Union zutiefst widersprüchlich. Der Ökostromanteil hat im Jahr 2017, in dem Merkel sich zum letzten Mal zur Wahl stellt, die 40-Prozent-Grenze fast erreicht. Die Zahlen sind beeindruckend. Wurden 2010 noch 37,8 Terawattstunden (TWh) Strom mit Windkraft erzeugt, so sind es 2017 schon 103,7. Beim Sonnenstrom betragen die Werte 11,3 zu 38,4, bei der Biomasse 31,6 zu 47,5. Nur die Wasserkraft ist leicht rückläufig von 21 auf 20,5 Prozent. Die mithilfe fossiler Brennstoffe oder in Kernkraftwerken erzeugten Strommengen werden kleiner. Mit einer Ausnahme: Der Spitzenreiter unter allen Stromquellen ist im Jahr 2017 mit 134 Terawattstunden die Braun-

5. AUF HALBEM WEGE STECKEN GEBLIEBEN: DIE ENERGIEWENDE

kohle. Damit ist der Wert sogar noch leicht gestiegen gegenüber 2010.

Aber der Zuwachs an sauber erzeugtem Strom ist teuer erkauft. Als in der Coronapandemie weniger Strom gebraucht wird und die Preise an der Börse sinken, kann die von den Stromkunden zu zahlende EEG-Umlage nur durch einen Bundeszuschuss in Milliardenhöhe stabil gehalten werden. Über 16 Jahre gelingt es einer Unions-Kanzlerin nicht, das Modell der EEG-Umlage zu beenden. Das schafft erst die rot-grüngelbe Ampelregierung kurz nach ihrem Start. Seit Mitte des Jahres 2022 müssen die Stromkunden keine Umlagen für den Ökostrom mehr entrichten.

Zwei Jahre vor dem Ende von Angela Merkels Kanzlerschaft hat sich die Energiewende festgefahren. Mitte 2019 verbreitet Bundeswirtschaftsminister Altmaier zwar noch Optimismus, als er den »Zweiten Fortschrittsbericht zur Energiewende« vorlegt. Vor allem die Einigung der Länder Thüringen, Hessen und Bayern zum Ausbau der so dringend gebrauchten Leitungen zum Transport des Ökostroms vom windreichen Norden nach Süddeutschland stimmt ihn zuversichtlich. Auch liege der aktuelle Anteil der Ökostromerzeugung mit 37,8 Prozent über dem für 2020 angestrebten Ziel, zudem seien die Treibhausgasemissionen 2018 deutlich gesunken.

Doch der Ausbau der Erneuerbaren ist ins Stocken geraten. Vor allem der für das gesamte Ökostromvolumen so wichtige Ausbau der Windkraft an Land geht nur noch sehr langsam voran. 2019 wurden nur 325 neue Windräder aufgestellt, so wenige wie in den Neunzigerjahren. Ausgerechnet Naturschutzverbände wie der BUND oder der Naturschutzbund Deutschland (Nabu) klagen gegen Windräder an Land in Sorge um die Natur. Merkels große Koalition hat sogar eine »Arbeitsgruppe Akzeptanz« eingesetzt, die nach Wegen sucht, die Widerstände gegen die Energiewende zu verringern. Verbreitet der Merkel-

Vertraute Altmaier noch Zuversicht, mahnt die sozialdemokratische Bundesumweltministerin Svenja Schulze Mitte 2019 schon, die Energiewende müsse schneller vorankommen.

Die Wirtschaft ist skeptisch

Auch in der Wirtschaft wird Skepsis laut geäußert. Der Präsident des Bundesverbandes der Deutschen Industrie, Dieter Kempf, sagt voraus, die Bundesregierung werde bei der Energiewende »krachend scheitern«. Die ehemalige Grünen-Vorsitzende und nun Präsidentin des Bundesverbandes Erneuerbare, Simone Peter, warnt in aller Deutlichkeit. Man werde das Ziel, bis 2030 65 Prozent des Stroms aus Erneuerbaren zu erzeugen, verfehlen, wenn die Rahmenbedingungen nicht verbessert und der Ausbau wieder beschleunigt würden. Es gibt sogar eine unabhängige Expertenkommission zur Bewertung der Fortschrittsberichte zur Energiewende. Deren Vorsitzender Andreas Löschel sieht vor allem in der mangelnden Akzeptanz der Energiewende ein zentrales Problem. Die Politik müsse sich bemühen, Vertrauen in das Projekt herzustellen.

Vertrauen zu gewinnen wäre die originäre Aufgabe der Bundeskanzlerin. Sie hat zwar in ihrer letzten Legislaturperiode nicht mehr die satte Mehrheit im Bundestag wie noch in den Jahren 2013 bis 2017. Dennoch muss sie nicht fürchten, dass der sozialdemokratische Koalitionspartner oder die grüne und linke Opposition ihr bei der Energiewende die Gefolgschaft verweigert. Statt jedoch offen über die Probleme zu sprechen, verschleiert die Regierung diese. So ist dem Klimaschutzprogramm der Regierung zu Beginn des Jahres 2020 die Annahme zu entnehmen, dass der Strombedarf in Deutschland in einem Jahrzehnt knapp unter dem Wert des zurückliegenden Jahrzehnts liegen wird. Da waren es durchschnittlich 600 Terawattstunden.

5. AUF HALBEM WEGE STECKEN GEBLIEBEN: DIE ENERGIEWENDE

Bei aller Effizienzsteigerung wirkt das unrealistisch. Fachleute rechnen bereits mit einer Steigerung auf 685 bis etwa 750 Terawattstunden bis zum Jahr 2030. Zum Ende der Ära Merkel, die ja schließlich das Ziel ausgegeben hat, die Sektoren Verkehr und Heizen vermehrt mit Strom abzudecken, verbrauchen Elektroautos schon zehn Prozent des Stroms. Im Jahr 2020 waren die strombetriebenen Wärmepumpen im dritten Jahr hintereinander auf Platz eins der installierten Heizsysteme. Die große Volkswirtschaft im Herzen Europas will immer weitere Teile des Wirtschafts-, des öffentlichen und des Privatlebens auf die Basis von strombetriebenen Systemen stellen. Aber die Politik hat die Weichen nur halbherzig gestellt.

Wieso hat die Kanzlerin in all den Jahren den gordischen Energiewendeknoten nicht durchschlagen können? Einer, der es wissen muss, ist Volker Kauder. Von Merkels Start als Regierungschefin an bis zu seiner unfreiwilligen Ablösung im Jahr 2018 hat Kauder die Unionsfraktion im Bundestag auf Kurs gehalten. Er erinnert sich im Gespräch mit dem Autor daran, wo die Hindernisse lagen. »Der Widerstand einzelner Gruppen gegen die Energiewende war zu groß«, sagt der enge Vertraute der Kanzlerin. Das zielt auch auf eines der bis heute großen Probleme der Energiewende, den Transport des im Norden Deutschlands mit Windkraft gewonnenen Stroms zu den großen Industriestandorten im Süden.

Kauder spart die Union bei seiner rückblickenden Kritik nicht aus. So habe der langjährige CSU-Vorsitzende und bayerische Ministerpräsident Horst Seehofer »unter dem Jubel seiner Zuhörer« gesagt, solange man ihm nicht beweise, dass der »Südlink« benötigt werde, gebe es diesen nicht. Dem grünen Ministerpräsidenten von Baden-Württemberg, Winfried Kretschmann, wirft er vor, er habe »nicht mehr Geld in den Norden geben« wollen. Im Südwesten, woher Kauder stammt, seien nicht genügend Windräder gebaut worden. Die Grünen hätten die Fristen für den Bau von Windrädern nicht verkürzen wollen wegen der Bürgerbeteiligung. Von den Motiven mancher, die sich der Energiewende in den Weg stellen, hat Kauder keine hohe Meinung: »Letztendlich hatten die Leute, die sich in Bürgerinitiativen gegen den Leitungsbau und den Windradbau wandten, Angst, dass ihre Häuser an Wert verlieren.«

Wieso aber hat er als Chef der Unionsabgeordneten nicht mehr durchsetzen können, vor allem hinsichtlich einer Reform oder gar Abschaffung der EEG-Umlage? Über diese sei »ständig« in der Fraktion diskutiert worden, berichtet deren langjähriger Vorsitzender. »Immer wurden Witze gemacht, man solle nicht mehr auf das Sparbuch setzen, sondern auf die Solarpaneele.« Kauder resümiert: »Wir haben die EEG-Umlage nicht abschaffen können. Es gab auch die Sorge, dass das Ende der EEG-Umlage ein schlechtes Signal für die Energiewende gewesen wäre.«

Der Umgang mit der Energiepolitik, sowohl der Ausstieg aus der Atomstromerzeugung als auch die Energiewende, sind ein mustergültiges Beispiel für Angela Merkels Art zu regieren. Der Vorwurf ihrer Kritiker, vor allem nach 2015 aus der AfD, sie habe einen diabolischen Plan, das Land umzubauen, ist falsch. Vielmehr hat sie diesen Plan nicht. Sie will bewahren, was sie vorgefunden hat und als bundesrepublikanisches Tafelsilber glaubt bewahren zu müssen. Richtungsentscheidungen aus Überzeugung gegen eine empfundene oder tatsächliche Mehrheit vermeidet sie. Sowohl beim Atomausstieg als auch bei der Zögerlichkeit in der Durchsetzung entscheidender Schritte zur Energiewende hat sie so mehr reagiert als agiert.

Zwar hätte die Physikerin Merkel die Energiepolitik als Basis der wirtschaftlichen Kraft Deutschlands zum großen Thema ihrer Kanzlerschaft machen können. Aber sie hat es versäumt. Redet man mit Weggefährten, so entsteht der Ein-

5. AUF HALBEM WEGE STECKEN GEBLIEBEN: DIE ENERGIEWENDE

druck, dass der Energiepolitik nicht dauerhaft das Gewicht zugemessen wurde, das sie verdient hätte. Volker Bouffier stellt es im Rückblick so dar: »Ab 2015 war die Migration das Thema, das uns alle gefordert hat.« Das Thema Energie habe schon in den Koalitionsverhandlungen mit der SPD nach der Bundestagswahl 2017 keine große Rolle mehr gespielt.[13]

6. Putin

»Heute sind die Russen keine Gefahr mehr«

Statt nach dem Beschluss, auf Atomkraft zu verzichten, mit aller Kraft auf die Energiewende zu setzen, sucht sich Deutschland unter der Führung von Angela Merkel eine andere Möglichkeit aus: noch mehr Gas aus russischer Erde. Auch wenn Gas bei der Stromerzeugung nicht die entscheidende Rolle spielt, so doch beim Heizen, das einen Großteil der in Deutschland verbrauchten Energie auffrisst. Gas wird auch deswegen so dringend gebraucht, weil die Umstellung des Heizens auf Wärmepumpen enorme Strommengen brauchen würde. Also wird zwar das Heizen mit Strom propagiert. Aber tatsächlich wird das billige Gas aus Putins Reich gerade nach der Havarie des Atomkraftwerks in Japan wichtiger denn je.

Die Zahlen sind eindeutig. Für das Jahr 2011 weist das Statistische Amt der Europäischen Union, Eurostat, einen deutschen Gasimport von 89 645 Millionen Kubikmeter Gas aus. Deutlich mehr als ein Drittel (32 895 Millionen Kubikmeter) stammen aus russischen Quellen. Mit leichten Schwankungen nähert der russische Anteil sich in den folgenden Jahren der Hälfte der deutschen Gaseinfuhren. Fünf Jahre nach der Reaktorkatastrophe in Japan und dem Beschluss der schwarz-roten Bundesregierung, schneller als geplant aus der Atomstromerzeugung auszusteigen, im Jahr 2016 also, kommt erstmals mehr als die Hälfte der deutschen Gaseinfuhren aus Russland:

6. PUTIN

Von den 97 379 Millionen insgesamt eingeführten Kubikmetern Gas stammen 58 671 Millionen Kubikmeter aus dem Russland Wladimir Putins. Das sind fast 60 Prozent und etwa zwei Drittel der Gesamtmenge, die Deutschland noch 2011 aus unterschiedlichen Ländern eingeführt hat. Zwei Jahre ist es da her, dass Putins Truppen die Krim eingenommen haben und in die Ostukraine eingedrungen sind.

Nachdem der Gasimport der Bundesrepublik im Jahr 2017 noch einmal deutlich angestiegen ist, sinkt er zwar in den Folgejahren. Was sich aber verfestigt, ist der bei oder über der Hälfte liegende Anteil aus Russland. In den letzten beiden Kanzlerjahren Angela Merkels, 2020 und 2021, stammen jeweils etwa 65 Prozent aller deutschen Gaseinfuhren aus Russland. 2022 überfällt Putin die Ukraine mit dem erklärten Ziel sie auszulöschen, weil sie in seinen Augen ohnehin gar nicht als eigenes Land existiert.

Und Merkel? Und die Union? Und die schwarz-gelbe Koalition? Natürlich ist es im Rückblick und mit einigen Jahren Abstand immer einfacher, den Weg zu erkennen, der richtig gewesen wäre. Der Historiker, auch der Zeithistoriker hat es in dieser Hinsicht leichter als der Politiker. Dennoch ist es erstaunlich, wie orientierungslos Merkel und ihre Koalition in den durch den Atomausstieg erforderlichen neuen energiepolitischen Kurs hineinstolpern. Merkel führt ihre teils einverstandenen, teils zögernden, aber insgesamt folgsamen Truppen mit festen Schritten tiefer und tiefer in die energiepolitische Umklammerung des gut erkennbar vom Autokraten zum Diktator werdenden russischen Herrschers.

Im Sommer 2011, als die zweite Regierung Merkel die Laufzeitverlängerungen für Atomkraftwerke zurücknimmt, ist das Interesse Russlands an einer dominanten Position auf dem deutschen Energiemarkt jedenfalls unübersehbar. Der russische Gasgigant Gazprom spielt rücksichtslos die deutschen Energieunternehmen E.ON und RWE gegeneinander aus und schlägt sich auf die Seite von RWE.[1]

Billiges russisches Gas zu bekommen ist aus mehreren Gründen wichtig für die Bundesregierung. Da die Grundlastfähigkeit der erneuerbaren Energien noch in weiter Ferne ist und vor allem in großen Teilen der Union Bedenken gegen ein zu weit gehendes Vertrauen in diese Form der Energieerzeugung herrschen, hofft man, die Stimmung beruhigen zu können, indem für die Wirtschaft wie für die Verbraucher preiswerte Energie zugesagt wird. Wichtig ist in diesem Zusammenhang das Merit-Order-Prinzip bei der Strompreisbildung. Dieses regelt, dass das teuerste Kraftwerk, das zur Befriedigung der gesamten Stromnachfrage gebraucht wird, den Preis bestimmt, den sämtliche Anbieter für den gelieferten Strom bekommen. In jener Zeit sind das nicht selten Gaskraftwerke, die sehr flexibel hoch- oder runtergefahren werden können. Das muss oft dann sein, wenn die per Gesetz vorrangig ins Netz eingespeisten erneuerbaren Energien nur schwankend Strom liefern: mal zu wenig, mal zu viel. Teures Gas bedeutet also nicht nur teures Gas, sondern grundsätzlich teuren Strom. Und umgekehrt. Schließlich haben die deutschen Versorger geplant, mit den Einnahmen aus ihren Kernkraftwerken die Energiewende zu finanzieren. Mit dem Atomausstieg droht ein baldiges Ende dieser Möglichkeit, sodass die Höhe des Gaspreises umso wichtiger wird.

Die Bundesregierung hat also dafür gesorgt, dass Moskau zu Beginn der Zehnerjahre des 21. Jahrhunderts in einer starken Position Berlin gegenüber ist. Zumal selbst diejenigen unter den deutschen Verbrauchern, die nicht amerikakritisch eingestellt sind, lieber billiges Gas aus einem sich zunehmend zur Diktatur wandelnden und die osteuropäischen Nachbarn Deutschlands mit seiner Energiepolitik erpressenden Russland verbrennen als das als »schmutzig« angesehene Frackinggas der Amerikaner.

6. PUTIN

Mehr Russengas

Die Bundeskanzlerin muss sich keine Sorgen machen, dass die Bevölkerungsmehrheit ihr davonläuft. Raus aus der Kernkraft und dafür mehr Russengas – das ist attraktiv, weil es einem weiteren Ansteigen der ohnehin hohen Strompreise in Deutschland entgegenwirkt. Obwohl strombetriebene Wärmepumpen sich mehr und mehr als Heizungssystem in Neubauten durchsetzen, wird Hausbesitzern in den Merkeljahren das Heizen mit Gas als modern und zukunftsfähig empfohlen. Wer seine Ölheizung gegen eine Gasheizung austauschen lässt, darf sich in den Zehnerjahren des 20. Jahrhunderts an der Spitze der Bewegung wähnen.

Was aber ist mit Merkels eigenen Leuten, den Parteifreunden? Den Aufstand proben sie nicht. Es gibt kaum Mahner, die Abhängigkeit von Russland könne zu groß werden. In der Gewichtsklasse von Michael Fuchs, der seine Warnung im Bundestag vorgebracht hatte, äußert sich nach der Entscheidung im Sommer 2011 der CDU-Bundestagsabgeordnete und energiepolitische Koordinator der Unionsfraktion, Thomas Bareiß. »Wir müssen uns bewusst sein, dass wir uns durch die verstärkte Gasnutzung abhängig machen von ausländischen Lieferländern.«[2] Zurückhaltender kann man es schon nicht mehr formulieren. Merkels Macht ist damals so groß und unbestritten, dass sich jeder Christdemokrat genau überlegt, ob er gegen die Königin stichelt und dabei Gefahr läuft, bei Hofe Minuspunkte zu sammeln.

Etwas selbstbewusster kann Volker Bouffier sein, der seit einem Jahr als Ministerpräsident in Hessen regiert. Er muss allerdings auch mutiger sein, denn sein Landesverband hat den Ruf zu verlieren, eine der letzten konservativen Bastionen in der CDU zu sein, zumindest im Westen des Landes. Außerdem sieht es nicht gut aus, zu schnell nach der Pfeife der Kanzlerin zu tanzen. Also mault er über das Frühjahr herum. Er warnt vor Stromausfällen, mahnt, nichts zu überstürzen, nicht auszusteigen, ohne irgendwo wieder einzusteigen. SPD, Grünen und Linkspartei hält er einen »naiven Glauben« an alternative Energien vor, nennt es »töricht«, in einen Wettlauf um den schnellsten Ausstieg einzutreten. Und so weiter.

Den Grünen »hinterherzuhecheln« bezeichnet er als grundfalsch, ausschließen will er schwarz-grüne Regierungsbündnisse aber nicht. Er nennt das Konservative, das Liberale und sogar ausdrücklich das Nationale die Wurzeln der CDU, bestreitet aber, dass Merkel die konservativen Werte abräume. Kurzum: Er laviert. Ein hartes Nein zum Atomausstieg und der geplanten Beschleunigung der Energiewende kommt nicht von ihm, er bekräftigt, dass das Atommoratorium nach dem Unfall in Fukushima richtig ist.

Ende Mai 2011 sagt Volker Bouffier einen Satz, der die damalige Lage der CDU und der Bundesregierung wie unter einem Brennglas deutlich macht. Der hessische Regierungschef wird gefragt, ob die CDU nicht von den Grünen lernen könne, dass es sich lohne, den eigenen Überzeugungen treu zu bleiben. Das mit den Überzeugungen sei »so eine Sache«, entgegnet Bouffier. Wenn man vor 25 Jahren ein CDU-Mitglied geweckt und gefragt habe, warum es die CDU wähle, dann habe es drei Argumente angeführt: damit die Russen nicht kommen. Weil die SPD nicht mit Geld umgehen kann und weil Helmut Kohl Kanzler bleiben soll. Dann springt Bouffier in die Gegenwart: »Heute sind die Russen keine Gefahr mehr, Kohl ist im Ruhestand, und die Sache mit dem Geld ist komplizierter geworden.«[3]

6. PUTIN

»Merkel wollte das Volk nicht mit zu hohen Energiepreisen belasten«

Der hessische Christdemokrat Roland Koch stellt die damalige Situation auch noch im Sommer 2023, als letzte Zweifel an der Aggressivität des russischen Präsidenten Putin gegenüber dem Westen mit dessen Angriff auf die Ukraine längst ausgeräumt sind, nicht anders dar. »Die Frage, ob man durch vermehrten Einsatz von Gas in eine höhere Abhängigkeit von Russland kommen würde, war damals für mich kein dominantes Thema. Wir haben die Energiewende für möglich gehalten mit dem Gas-Back-up aus Russland.« Das sei auch die Strategie der Bundeskanzlerin gewesen. »Sie wollte das Volk nicht mit zu hohen Energiepreisen belasten«, erinnert sich Koch. »Die Quasi-Religiosität bei der Energiewende, wie sie heute zu spüren ist, hatte Merkel nicht.«[4]

Besser lässt sich das Vorgehen der Kanzlerin nicht beschreiben. Sie manövrierte zwischen den Leitplanken, die sie als Begrenzung ihres politischen Spielraums ansah, hindurch, in der Hoffnung, keiner von ihnen so nahe zu kommen, dass ein größerer Schaden an der deutschen Staatskarosse entsteht. Energiewende ja, aber nicht so, dass der Widerstand zu groß wird. Russisches Gas gerne, solange es billig ist und zuverlässig geliefert wird. Politiker müssen oft den Mittelweg wählen, um möglichst viele Menschen mitzunehmen. Aber es gibt Situationen, in denen das die falsche Entscheidung ist. Unwillkürlich muss man an die 1974 in Frankfurt am Main spielende Filmsatire »In Gefahr und größter Not bringt der Mittelweg den Tod« denken. Dort sagt die DDR-Spionin Rita Müller-Eisert, die über das Leben in der Bundesrepublik berichten soll: »Ich interessiere mich nicht für Staatsgeheimnisse, sondern für die gesellschaftliche Wirklichkeit.« Merkel hätte als Kanzlerin mit guten Kenntnissen Russlands und Putins die Gefahr wittern müssen, um sich anders als für den Mittelweg zu entscheiden. In ihrem Bemühen, die eigene Position in Deutschland stabil zu halten, tat sie das nicht.

Wenn schon Volker Bouffier als eine Art letzter Verwalter des politischen Erbes von Alfred Dregger (»Freiheit statt Sozialismus«) wie nebenbei die von Moskau ausgehende Gefahr als nicht mehr existent darstellt und sie auch für Roland Koch kein großes Thema ist, kann sich Merkel zwischen Atomausstieg und Russengas einigermaßen sicher fühlen. Das ist – verständlicherweise – ihre Lieblingssituation: wenn sie sowohl die Mehrheit der Wähler als auch ihrer Partei auf ihrer Seite wähnen kann.

Deutschland wickelt damals gerade seine einst zur besseren Vaterlandsverteidigung gedachte Wehrpflicht ab. Russland, in dem übergangsweise Dmitri Medwedew den Präsidenten von Putins Gnaden gibt, wollen die meisten nicht als existenzielle Bedrohung ansehen. Das schlägt sich in der Energiepolitik nieder. Nicht einmal von der CSU kommt Widerstand. Gerade in Ostdeutschland mögen viele den Kopf über den ideologisch aufgeladenen Kampf ihrer westdeutschen Schwestern und Brüder gegen die Atomkraftwerke schütteln. Aber an Gas aus Russland scheint nichts auszusetzen zu sein.

Ist die Union ruhig, was Russland anbelangt, so zeigt sich Merkels liberaler Koalitionspartner geradezu begeistert von der engen Zusammenarbeit mit Moskau. Philipp Rösler, FDP-Vorsitzender sowie Merkels Wirtschaftsminister und Vizekanzler, sieht am Ende des in der Energiepolitik so ereignisreichen Jahres 2011 keinerlei Gefahr aus dem Osten. In einem Interview mit der »Welt am Sonntag« darauf angesprochen, ob Deutschland sich nicht zu sehr abhängig mache von russischer Energie, antwortet er: »Die Gefahr sehe ich nicht. Die Importstruktur ist in Deutschland gut diversifiziert.« Russland habe ein »hohes Eigeninteresse« an Gaslieferungen nach Europa, denn dieses

6. PUTIN

sei sein größter Absatzmarkt. Es bestehe wechselseitiges Interesse an stabilen und langfristigen Lieferbeziehungen, sagt Rösler. Rational betrachtet hat er damit recht und befindet sich in Deutschland in einer großen Gemeinschaft. Deswegen fordert der Minister auch, die »engen und dynamischen Wirtschaftsbeziehungen« zwischen beiden Ländern noch stärker auszubauen. Er hofft darauf, dass der bilaterale Handelsaustausch im Jahr 2011 erstmals die Marke von 70 Milliarden Euro überschreitet.

Zurückhaltend zeigt sich der deutsche Wirtschaftsminister dagegen hinsichtlich des Einflusses, den die Europäische Union haben sollte. Wenn die »gemeinsame Stimme« der EU bei Außenbeziehungen im Energiebereich gestärkt werde, sei das gut. Doch Bau und Finanzierung von Pipelines sowie der Abschluss von Energielieferverträgen sollten Angelegenheit der Unternehmen bleiben.

Schöner hätte es sich der Kreml nicht ausdenken können. Als Rösler das sagt, liegt die Eröffnung der russisch-deutschen Gasleitung Nord Stream durch Merkel und Putins Platzhalter Medwedew gerade fünf Tage zurück. Der deutsche Vizekanzler schwärmt von der »großen Rolle«, die Russlands Energielieferungen für die Versorgungssicherheit Deutschlands und der Europäischen Union spiele. Mit der Nord-Stream-Pipeline werde der Transport russischen Erdgases nach Europa »weiter diversifiziert«. Nord Stream sei »Teil eines europäischen Projekts«, Teil der transeuropäischen Netze. Rösler versucht, sich und seine Leser zu beruhigen, indem er darauf hinweist, dass neben Gazprom und E.ON noch BASF/Wintershall, die niederländische Gasunie und die französische GDF Suez am Betreiberkonsortium beteiligt seien. Hinweise auf die Sorgen der mittelosteuropäischen und baltischen Länder, durch die Ostseeleitung von Russland und Deutschland aus dem Spiel genommen zu werden, sucht man bei Rösler vergebens.[5]

So ist also die Lage im verrückten Jahr des Ausstiegs aus dem Ausstieg aus dem Ausstieg. Alle starren auf Russland und reden sich die Lage mehr oder weniger schön. Alle? Nein, es gibt einen differenzierten Blick, der kommt aus der Partei, die wie keine andere für die Energiewende eintritt, für das Ende der Atomstromnutzung ohnehin. Bärbel Höhn, eine der stellvertretenden Vorsitzenden der grünen Oppositionsfraktion im Bundestag und einstige Umweltministerin in Nordrhein-Westfalen, bürstet schon Ende Mai 2011 gegen den Strich. Wenig überraschend ist, dass sie die Bedeutung der Atomkraft für einen niedrigen Strompreis relativiert und dabei Bezug nimmt auf das »von RWE und E.ON mitfinanzierte« Energiewirtschaftliche Institut Köln. Letzteres soll die Glaubwürdigkeit der Berechnung erhöhen, der von Rot-Grün geplante Atomausstieg hätte für Privathaushalte nur eine monatliche Mehrbelastung von einem Euro bedeutet.

Auch die Forderung, die Konzentration der Stromerzeugung zu 80 Prozent auf die vier großen Anbieter anzugehen und stattdessen Kraftwerke an kleinere Konkurrenten zu verkaufen, ist eine sehr grün klingende Aussage. Da hallt die »Diktatur aus der Steckdose« aus den grünen Gründerzeiten nach. Aber Höhn, deren Partei zu diesem Zeitpunkt schon seit sechs Jahren im Bund nicht mehr mitregiert und bis zur Rückkehr auf die Regierungsbänke noch weitere zehn Jahre wird warten müssen, ergeht sich gerade nicht in dem von Bouffier den Grünen vorgeworfenen »naiven Glauben« an erneuerbare Energien. Vielmehr setzt auch sie auf Gas: »Wer dauerhaft niedrige und stabile Strompreise haben will, sollte sich auf die ausreichende Verfügbarkeit von Erdgas konzentrieren.« Norwegen würde gerne mehr nach Deutschland liefern, sagt Höhn, werde aber von Großimporteuren wie E.ON Ruhrgas »ausgebremst«.[6]

Sie wirbt für den Bau der Nabucco-Gaspipeline, die von der Europäischen Union mit angestoßen wurde. Ziel ist es, die russische Monopolstruktur aufzuweichen und Gas aus Aserbaidschan und Turkmenistan über eine durch die Türkei führende Südroute nach Österreich zu befördern. Einer der Berater des Projekts ist der Parteifreund Höhns und einstige Außenminister von Gerhard Schröder, Joschka Fischer. Schröder verdingt sich bekanntlich bei Nord Stream. Anders als die Russlandleitung wird Nabucco nie gebaut, zwei Jahre nach der Inbetriebnahme von Nord Stream wird das Projekt eingestellt. Auch für Flüssiggasterminals wirbt Höhn, damit die Gasversorgung stabilisiert werde. Allerdings sind die nicht zuletzt am Widerstand der Grünen gescheitert, bis sie schließlich als Reaktion auf das Ende der russischen Gaslieferungen nach Deutschland infolge des russischen Überfalls auf die Ukraine angeschafft werden. Insgesamt hat die Grüne Höhn offenkundig einen klareren Blick auf die drohende Abhängigkeit Deutschlands von Russland. Aber das Schicksal der Opposition ist es, wenig ausrichten zu können.

Hat Merkel Putin falsch eingeschätzt?

Zunächst die Sowjetunion und später Russland sind für alle Kanzler der Bundesrepublik von größter Bedeutung. Auch nach dem Zusammenbruch der Sowjetunion ist Russland das flächenmäßig größte Land der Welt, hat im Jahr 2023 von allen Atommächten die meisten Atomsprengköpfe und verfügt über ungeheure Mengen an Rohstoffen. In nahezu allen Kanzlerschaften gibt es politisch bedeutsame Auseinandersetzungen mit Moskau, in dessen Machtbereich schließlich bis 1989 der östliche Teil Deutschlands lag, den die Bundesrepublik beanspruchte.

Der Christdemokrat Konrad Adenauer reiste zehn Jahre nach dem Ende des Zweiten Weltkriegs und sechs Jahre nach Grün-

HAT MERKEL PUTIN FALSCH EINGESCHÄTZT?

dung von Bundesrepublik und DDR im Jahr 1955 als Bundeskanzler in die sowjetische Hauptstadt, um diplomatische Beziehungen zwischen den einstigen Kriegsgegnern aufzunehmen und die Freilassung der letzten deutschen Kriegsgefangenen auszuhandeln. Der Sozialdemokrat Willy Brandt setzte seine Ostpolitik in zähen Verhandlungen mit dem Kreml durch, um Frieden »mit den Völkern der Sowjetunion« zu finden. Sein Parteifreund und Nachfolger Helmut Schmidt bot Moskau mit dem Eintreten für den NATO-Doppelbeschluss erfolgreich, wenn auch für seinen Rückhalt in den eigenen Reihen schädlich, die Stirn. Schmidts Nachfolger im Kanzleramt, der CDU-Vorsitzende Helmut Kohl, durfte erleben, wie sich nach seinen Verhandlungen mit Michail Gorbatschow der »Mantel der Geschichte« in Gestalt der Wiedervereinigung des geteilten Deutschlands um seine Schultern legte. Der auf Kohl folgende sozialdemokratische Bundeskanzler Gerhard Schröder führte die Bundeswehr zwar zum Missfallen Moskaus in den Kosovokrieg suchte dann aber die Nähe zum Kreml wie keiner seiner Vorgänger und wurde schließlich zum gut bezahlten Vasallen des Autokraten Wladimir Putin.

Keiner der Herren aber kennt Russland so gut wie Angela Merkel. Schon als junge Frau bereist die DDR-Bürgerin die große Macht im Osten, lernt und spricht die russische Sprache, berichtet von schönen Erinnerungen an das riesige Land. Niemand kann über eine so lange Zeit und aus solcher Nähe das Verhältnis der Kanzlerin Angela Merkel zu Russland und zu dessen Präsidenten Putin beobachten wie Christoph Heusgen. Von 2005 bis 2017 leitet er die außenpolitische Abteilung des Kanzleramts und ist Merkels engster Berater in internationalen Angelegenheiten. Er ist auf zahllosen Reisen dabei, oft im allerengsten Kreis. Heusgen verarbeitet seine Eindrücke in einem Buch, das 2023 erscheint. Er schreibt: »Angela Merkel hegte Sympathien für Russland und die Russen.« Merkel habe auf die

6. PUTIN

in der Nähe ihres Heimatortes Templin stationierten russischen Soldaten sogar noch nachsichtig geschaut, als diese mutmaßlich ihr Fahrrad gestohlen hatten.[7]

Merkel kennt Putin lange und besser als die meisten ihrer Pendants auf der europäischen und auf der Weltbühne. Ihr außenpolitischer Berater kann aus eigener Anschauung schildern, wie die beiden sich am Rande der regelmäßigen Regierungskonsultationen »immer wieder zu nicht offiziellen Abendessen in kleinstem Kreis und gemütlichem Ambiente« treffen. Um Politik sei es bei diesen Treffen erst in zweiter Linie gegangen. Da Merkel Wert darauf gelegt habe, auch in solchen Situationen einen Mitarbeiter dabeizuhaben, erlebt Heusgen viele Szenen aus nächster Nähe. Er weiß auch, dass sie sich zwar in ihren Muttersprachen unterhalten können, Putin jedoch besser Deutsch spricht als Merkel Russisch. Putin habe das russische Essen gepriesen und sei bei der »Hobbyköchin« Merkel auf großes Interesse gestoßen.[8]

Charakterlich könnten die beiden Staatenlenker unterschiedlicher nicht sein. Schon Putins breitbeinig, gern vor laufender Kamera vorgeführter Machismus passt überhaupt nicht zu Merkel, die diese Art von männlichem Gebaren nicht schätzt. Aber sie hat trotz allem nie das tiefe Misstrauen gegen das mächtige Land entwickelt wie Joachim Gauck, der einzige Ostdeutsche neben ihr, der es in mehr als drei Jahrzehnten wiedervereinigtem Deutschland bis an die äußerste politische Spitze geschafft hat. Gaucks Vater ist in der Frühphase der DDR 1951 von den Sowjets in ein Straflager entführt worden, was die Familie erst Jahre später erfährt. Gauck, der wie Merkel kein Widerstandskämpfer in der DDR ist, wird später sagen, er sei »mit gut begründetem Antikommunismus« aufgewachsen. Sein Russlandbild ist aus leicht nachvollziehbaren Gründen negativer, er ist skeptischer als die oft als misstrauisch bezeichnete Merkel.

Russlands Rolle in Merkels DDR-Leben

In der ersten Hälfte ihres Lebens – und das ist für alle Menschen eine sehr prägende Zeit – war die Sowjetunion die selbstverständliche Großmacht, die jedenfalls nicht so tief und nachteilig in Merkels Leben eingegriffen hatte wie in das Gaucks. Bei allen Unterschieden zwischen der amerikanischen Demokratie und der sowjetischen Autokratie dürfte für viele DDR-Bürger eine dominierende Rolle Moskaus so selbstverständlich gewesen sein wie für viele Bundesbürger die Rolle der Vereinigten Staaten. Diese haben zwar großen Einfluss auf die bundesdeutsche Politik und bestimmen deren Spielräume bis heute, vor allem in außen- und sicherheitspolitischen Fragen. Washington mischt sich aber nie so autoritär und direkt in die inneren Angelegenheiten der Bundesrepublik ein wie Moskau in diejenigen der DDR. Jedenfalls dürfte die Rolle, die die »eigene Großmacht« im Westen wie im Osten hat, langlebig sein. Das würde erklären, warum Putins Russland zumindest in Teilen der ostdeutschen Bevölkerung immer noch selbstverständlich eine dominante Rolle zugebilligt wird. Der Hesse Roland Koch beschreibt es so: »Ein Drittel unseres Volkes hat ein emotional sehr anderes Verhältnis zu Russland als jemand, der in Frankfurt am Main aufgewachsen ist.«[9]

Es ist allerdings nicht so, als wäre die enge energiepolitische Verbindung Deutschlands zu Russland eine Erfindung der Merkel-Jahre. Die »FAZ«-Journalisten Reinhard Bingener und Markus Wehner zeichnen in ihrem 2023 erschienenen Buch »Die Moskau-Connection« nach, wie die Bundesrepublik schon in den 1950er Jahren die energiewirtschaftliche Annäherung an Moskau sucht. Die westdeutsche Stahlindustrie sollte Röhren an die Sowjetunion liefern, mit der diese Energievorkommen aus Westsibirien hätten erschließen können. Die Welt-

6. PUTIN

politik in Form der Kubakrise kommt dazwischen, Washington drängt Bonn, auf das Geschäft mit den Russen zu verzichten, die Bundesrepublik fügt sich. Erst 1966 wird das Röhrenembargo beendet. Schon damals war der Ost-Ausschuss der deutschen Wirtschaft ein wichtiger Akteur.[10] Diese Grundstrukturen der energiewirtschaftlichen Beziehungen mit ihrem Nutzen und ihren Konflikten haben letztlich bis zum Überfall Putins auf die Ukraine Bestand.

1973 beziehen beide deutsche Staaten erstmals über Pipelines Gas aus dem Ostblock. Gesprochen wird auch über die Einfuhr von Flüssiggas (LNG), wie es die Briten aus Nordafrika erhalten. Doch dazu soll es in Deutschland erst sehr viel später kommen. Zu attraktiv ist der Bezug über die Leitungen aus dem Osten. Bei der Ruhrgas AG, jenem westdeutschen Unternehmen, das im Gasgeschäft mit Russland eine Schlüsselposition innehat, gilt die Devise, dass nicht mehr als 30 Prozent des Gases von einem Lieferanten stammen sollen, schon gar nicht vom russischen. Schon in der zweiten Hälfte des 20. Jahrhunderts kritisieren die Amerikaner die deutsch-russischen Geschäfte wegen der aggressiven russischen Außenpolitik.[11]

Als nach dem Angriff Russlands auf die Ukraine in Deutschland immer öfter die Frage gestellt wird, wie man sich denn so lange und in solchem Ausmaß auf die Russen habe verlassen können, taucht ein Argument der Verteidiger dieser Linie immer wieder auf: Die Russen hätten stets zuverlässig geliefert, durch alle weltpolitischen Krisen hindurch. Diese Behauptung hält jedoch einer näheren Betrachtung nicht stand, wie Bingener und Wehner nachzeichnen. Schon bevor das erste Gas aus der Sowjetunion 1973 nach Deutschland strömt, kommen Klagen aus Wien, dass es allein im Jahr 1969 acht Lieferausfälle gegeben habe. Vor allem mit dem Zerfall des Sowjetimperiums setzt Moskau Unterbrechungen der Gaslieferungen als Druckmittel ein, schon früh gegen die Ukraine, als diese sich Richtung Westen orientiert. Wer sehen wollte, konnte erkennen, dass Wladimir Putins Zusagen keineswegs so unerschütterlich waren, wie man sich das in Deutschland gerne erzählte.[12]

Auch in der Union gibt es eine Nähe zu Russland

In der Union gibt es zwar auch Widerstand gegen einen russlandfreundlichen Kurs, besonders deutlich durch den langjährigen Russland-Beauftragten der Bundesregierung Andreas Schockenhoff. Aber insgesamt muss Merkel keine Sorge haben, unter Druck gesetzt zu werden. Ist die Nähe vieler Sozialdemokraten, angefangen bei Schröder bis hin zu ihrem Außenminister Frank-Walter Steinmeier, zum Kreml stärker ideologisch unterfüttert, so ist sie in der Union pragmatisch. Vor allem Philipp Mißfelder, langjähriger Vorsitzender der Jungen Union und im Bundestag außenpolitischer Sprecher der Unionsfraktion, sucht den Kontakt nach Moskau. Sogar nach der Annexion der Krim durch Russland im Jahr 2014 nimmt er an einer privaten Feier des 70. Geburtstags von Gerhard Schröder in Sankt Petersburg teil, zu der Wladimir Putin erscheint. Auch die CSU-Granden haben keinerlei Berührungsängste. Die Ministerpräsidenten Edmund Stoiber und Horst Seehofer suchen die Nähe Putins. Seehofer spricht sich nach der Besetzung der Krim durch Russland für eine Lockerung der Sanktionen gegen das Land aus.[13]

Diejenigen, die den Kurs der Kanzlerin gegenüber dem aggressiven Russland verteidigen wollen, weisen nach dem Ende ihrer Kanzlerschaft und dem Überfall Putins auf die Ukraine darauf hin, dass sie dem russischen Präsidenten gegenüber eine klare Position bezogen habe. Auf ihre Russischkenntnisse hinweisend sagt ihr erster Chef des Kanzleramts, Thomas de Maizière: »Es gab den Verdacht, sie sei zu russophil.« Er be-

6. PUTIN

müht sich jedoch umgehend, diesen Vorwurf zu entkräften. »Aber sie hat hart mit Putin verhandelt, wahrscheinlich härter als viele andere im Westen.« Nach der Krimeroberung ist Deutschland nach Einschätzung de Maizières sogar »am härtesten aufgetreten in der EU«. Andere europäische Staaten hätten nicht so weit gehen wollen. Die deutschen Sanktionsforderungen seien auf Widerstand gestoßen. Dann aber doch eine Relativierung: »Aus heutiger Sicht wäre es allerdings besser gewesen, Nord Stream 2 – spätestens danach – nicht zu bauen.«

De Maizière bestreitet, dass das Konzept Merkels und ihrer Regierungen »Wandel durch Handel« gewesen sei. Vielmehr habe man angenommen, dass die gegenseitige Abhängigkeit die Sicherheit erhöhe. Dann noch ein Eingeständnis. »Das war gut überlegt, aber die Fehleinschätzung war, dass Putin bereit war, seine eigene Bevölkerung zu schädigen, indem er seine Abhängigkeit ignoriert.«[14]

Im Jahr nach Putins Überfall auf die Ukraine sehen selbst Merkels loyale Weggefährten mit einem Ja-aber auf die Russlandpolitik der Bundeskanzlerin. »Es herrschte allgemein die Meinung, dass wir von Russland nichts zu befürchten haben. Das war auch meine Meinung«, sagt Volker Kauder im Gespräch mit dem Autor. »Allerdings habe ich auf vielen Veranstaltungen gesagt: 37 Prozent Russengas, das reicht.« Der enge Vertraute Merkels beschreibt die Hoffnung gegenüber dem Russland Wladimir Putins, die die damalige Politik beeinflusst hat: »Man hatte auch geglaubt, dass mit dem Geld, das Russland aus dem Gasgeschäft bekommt, eine gesellschaftliche Transformation dort stattfindet.« Dazu kam es bekanntlich nicht. Und er beschreibt die Ängste, die das Berliner Verhalten steuerten: »Außerdem bestand die Angst, dass Russland ohne das Gasgeschäft noch aggressiver wird.«[15] Diese Formulierung zeigt, wie unsicher die Regierung Merkel im Umgang mit Moskau war.

HAT MERKEL PUTIN FALSCH EINGESCHÄTZT?

Volker Bouffier, der im Jahr 2011 noch der Auffassung war, von den Russen gehe keine Gefahr mehr aus, macht im Rückblick aus dem Jahr 2023 deutlich, dass man in Berlin Moskau gegenüber zwar skeptisch war, aber letztlich doch darauf vertraute, es werde nicht zum ganz großen Schaden kommen. »Ich war bei Nord Stream 2 der Meinung, dass das ein Fehler war«, sagt Bouffier im Gespräch mit dem Autor. Da sei er »ausnahmsweise« mal mit seinem Parteifreund Norbert Röttgen einer Meinung gewesen. »Mein Hauptargument lautete: wir isolieren uns in Europa und gegenüber Amerika. Deswegen war ich dagegen.« Dann aber sagt Bouffier, er habe das »intern« thematisiert. Laut geworden ist er nicht. Angela Merkels Argumente für mehr russisches Gas hätten gelautet, die deutsche Wirtschaft wolle und brauche Verlässlichkeit, und die Russen hätten immer geliefert. Nach der Besetzung der Krim 2014 sei es dann zum Minsk-Prozess gekommen. »Öffentlich dazwischenzugrätschen war nicht an mir und auch nicht mein politischer Stil«, beschreibt der hessische Christdemokrat seine Haltung. »Wir waren froh, dass Angela Merkel sich da so engagiert hat.«

»Putin war auch nach 2014 kein beherrschendes Thema«

Diejenigen in der CDU, die Druck auf Merkel hätten ausüben können, tun es nicht einmal nach der Besetzung der Krim. »Putin war auch nach 2014 kein beherrschendes Thema«, erinnert sich Bouffier. Die Außenpolitik habe in der CDU »leider« nur eine geringe Bedeutung, man habe »nicht so viel« darüber gesprochen, sagt der damalige CDU-Vize. »Das Auswärtige Amt war immer in der Hand der FDP oder der SPD, und die Außenpolitik war Sache der Kanzlerin.« Außenminister Steinmeier sei der Auffassung gewesen, die Russen seien vertragstreu.[16]

6. PUTIN

Roland Koch, der damals wie heute einen kritischen Blick auf Merkel hat, verteidigt im Rückblick ihre Reaktion auf die Krimbesetzung 2014. Mit dem Abkommen von Minsk, für das Merkel viel getan hat, sei die Möglichkeit entstanden, »die Ukraine militärisch so zu stärken, dass sie nicht überrannt werden konnte«, sagt Koch.[17] Jemand anders, der damals nah dabei ist, bestreitet jedoch, dass das die Absicht der Kanzlerin und ihres Engagements für den Minsk-Prozess gewesen sei. Gegen diese These spricht auch, dass Deutschland selbst keinen Beitrag zur militärischen Ertüchtigung der Ukraine leistet, sondern das im Wesentlichen den Amerikanern und den Briten überlässt.

Markus Söder, der gerade in den Jahren der Flüchtlingskrise oft sehr kritisch gegenüber Merkels Kurs ist, verteidigt im Nachhinein ihre Russlandpolitik. Merkel sei diejenige von allen Politikern gewesen, die Putin am besten habe einschätzen können. Er traut ihr sogar zu, sie hätte mehr ausrichten können, wenn nicht das Virus die Weltpolitik gelähmt hätte. »Vielleicht hätte sie ihn in ein paar Punkten zu einer anderen Haltung bringen können, wenn es die Coronapandemie nicht gegeben hätte und persönliche Treffen möglich gewesen wären.«[18]

Tatsächlich hat sich Wladimir Putin während der Pandemie über zwei Jahre »in kompletter Isolation« befunden, wie sich Heusgen erinnert. Auch Merkel habe er in diesem Zeitraum nicht persönlich getroffen. »Da sie nie ein Blatt vor den Mund nahm und Klartext redete, hätte sie ihn vielleicht von seinen abenteuerlichen Plänen abbringen können«, schreibt Heusgen ein Jahr nach Putins Angriff auf die gesamte Ukraine. Der Vertraute der Kanzlerin hält es für möglich, dass diese den russischen Herrscher mit einem persönlichen Gespräch und dem Hinweis auf die ukrainische Widerstandskraft, die Geschlossenheit des Westens und die drohenden harten Sanktionen von seinem Vorhaben hätte abbringen können. Doch fest überzeugt scheint Heusgen davon nicht zu sein, denn umgehend fügt er hinzu: »Auf der anderen Seite spricht die nach seinem zweiten Amtsantritt eingeschlagene aggressive außenpolitische Linie gegen eine solche Vermutung und eher dafür, dass Putin früher oder später eine weitere Aggression gegen die Ukraine unternommen hätte.« Sicher ist sich Heusgen im Rückblick darüber, dass die »von Politik und Wirtschaft getragene Entscheidung, die Energieversorgung Deutschlands immer mehr in russische Hände zu geben, falsch war«.[19] Dass Merkel und ihre Regierung nicht mit letzter Entschlossenheit gegen Moskaus Kurs vorgehen, liegt allerdings auch daran, dass man in Berlin nicht annimmt, der russische Herrscher werde zum Äußersten gehen und einen großen Krieg vom Zaun brechen. So jedenfalls wird es berichtet.

Ein hartes Urteil fällt Horst Seehofer. Er hat die Kanzlerin in jener Zeit nicht als scharfe Putin-Kritikerin wahrgenommen. Zum Ende ihrer Amtszeit habe sie den russischen Präsidenten »als sehr gefährlich« eingeschätzt, sagt Seehofer im Gespräch mit dem Autor. »Aber in den 20 Jahren davor habe ich das nie von ihr gehört.«[20]

Joachim Gauck, der einzige ostdeutsche Toppromi in der Politik zu Zeiten Merkels und keiner ihrer Parteifreunde, hat einen klaren Blick auf das Verhältnis seiner ostdeutschen Landsleute auf jene Großmacht, die das Leben der DDR-Bürger so geprägt hat. »Bei vielen Ostdeutschen ist das gute Verhältnis zu Russland ein Stockholm-Syndrom«, sagt der Alt-Bundespräsident und zielt damit auf das nach einer Geiselnahme in der schwedischen Hauptstadt benannte Phänomen, dass Geiseln irgendwann Sympathien für ihre Geiselnehmer entwickeln können. Dabei gebe es für Ostdeutsche keinen Grund, Russland dankbar zu sein.[21]

Gauck vermutet bei der Kanzlerin fehlende Bereitschaft zur Konfrontation mit Moskau. Das wäre ein sehr westdeutsches Verhalten. Die Außenpolitik der Bundesrepublik, die Angela

6. PUTIN

Merkel in erheblichem Maße kopiert, ist stets auf Ausgleich ausgerichtet. »Im Interesse des Friedens hat Merkel bei Russland im Sinne des Mainstreams gehandelt«, sagt Gauck und spricht von »Frieden um des Friedens willen«. Der einstige Bundespräsident sagt: »Wir wollen immer die Guten sein. Das könnte auch bei Merkel ein Motiv sein.« Ein hartes Urteil fällt Gauck zur Entscheidung Merkels, auch am Bau der zweiten Gasleitung von Russland nach Deutschland festzuhalten. »Nord Stream 2 nicht auszubauen wäre eine leichtere Entscheidung gewesen als etwa das Durchsetzen der Agenda 2010«, sagt er. »Ich denke, dass der Einfluss der Wirtschaft größer war als alles andere.«[22]

Nimmt man die breite Palette von Bewertungen sowohl aus der Gegenwart als auch aus der Rückschau von den ihr Gewogenen ebenso wie von ihren Kritikern zusammen, so entsteht auch in der Russlandpolitik Angela Merkels nicht das Bild einer politischen Anführerin, die ein klares Ziel mit Entschlossenheit und Härte verfolgt. Vielmehr achtet sie wie etwa in der Energiepolitik oder im Umgang mit der Bundeswehr darauf, dass sie die Interessen der Bevölkerungsmehrheit mit der Stimmung in den eigenen Reihen verbindet und mit möglichst wenig Widerstand durchkommt. Joachim Gauck nennt das Handeln im »Sinne des Mainstreams«. Das ist grundsätzlich ein unter Politikern weit verbreitetes Vorgehen und nicht verwerflich. Es verringert die Risiken, in der Situation zu scheitern. Es vergrößert jedoch die Gefahr, die Interessen des Landes dabei aus den Augen zu verlieren.

7. Die Täuschung

Die Flüchtlingskrise entzweit die Union und rettet die AfD

Am 4. Juli 2015 wird die Reichstagskuppel gesperrt. Es ist zu heiß. Die Temperaturen liegen weit über 30 Grad. Hochsommer herrscht nicht nur in der Hauptstadt, sondern auch im Westen. Dort hat sich die AfD getroffen. Kein idealer Zeitpunkt für einen Parteitag. Aber die Hitze in der Essener Grugahalle passt zur Stimmung. Es herrscht in jeder Hinsicht dicke Luft. Die erst zwei Jahre zuvor gegründete Alternative für Deutschland zelebriert ihre Spaltung zwischen den Eurokritikern rund um den Vorsitzenden Bernd Lucke und den Nationalkonservativen, die dem stellvertretenden Parteichef Alexander Gauland und der Co-Vorsitzenden Frauke Petry folgen. Lucke merkt, dass akademische Kritik am Euro nicht mehr reicht, um die Partei hinter sich zu bringen. Er kommt auf das Thema Zuwanderung und auf Überfremdungsängste zu sprechen. Er warnt aber auch, dass Fremdenfeindlichkeit und Rechtsradikalismus keinen Platz in der AfD haben dürften. Doch da ist dem eigenbrötlerischen Vorsitzenden die Macht längst entglitten. Bei der Vorstandswahl wird er nicht im Amt bestätigt.

Damit ist eingetreten, was viele befürchtet haben. Wenn in Deutschland rechts von CDU und CSU erst eine Partei entstehen würde, die nicht nur eine kleine Zahl radikaler oder gar extremistischer Hardliner vereint, wie die NPD es tut, sondern

7. DIE TÄUSCHUNG

konservative Bürgerliche zusammenführt, um die im jungen 21. Jahrhundert immer größer werdende Lücke rechts der Union zu füllen, dann dauert es nicht lange, bis die Kritik von Professoren wie Lucke oder Joachim Starbatty an der Euro-Politik verdrängt wird durch einen rechtsradikalen, nationalistischen und fremdenfeindlichen Kurs. Die einmal gerufenen Geister zeigen in Essen, wohin die Reise geht. Zwar wird es noch drei Jahre dauern, bis Gauland den Nationalsozialismus als »Vogelschiss in über tausend Jahren erfolgreicher deutscher Geschichte« bezeichnen wird. Aber die Richtung ist gewiesen.

Gut zwei Jahre ist es her, dass die AfD gegründet wurde. Unmittelbar ist es eine Reaktion auf Merkels Politik der Euro-Rettung gewesen. Für die Kanzlerin ist keine bundesrepublikanische Kuh so heilig wie die Einbettung Deutschlands in die Europäische Union. In der Familienpolitik mutet sie den Konservativen in der CDU einiges zu, Atomstromerzeugung und Wehrpflicht setzt sie ein Ende, obwohl sie weiß, wie wichtig diese Themen vielen Christdemokraten weit über den ohnehin schrumpfenden konservativen Flügel der Partei hinaus sind. Doch bei Europa bleibt sie hart. Es entspricht ihrer inneren Überzeugung, dass Deutschland nur eingebunden in Europa eine gute Existenz haben kann. Als Merkel das Ruder übernimmt, liegt der Gründungsimpetus der Europäischen Union, die Einhegung des gerade noch so aggressiven Deutschlands, schon tief in der Geschichte. Was aber Bestand hat, ist die weit verbreitete Überzeugung, dass die Bundesrepublik von der Europäischen Union profitiert.

Merkel bleibt allerdings eine »Vernunfteuropäerin«, wie ihr Biograf Ralph Bollmann schreibt. »Eine Herzenseuropäerin war Merkel nie gewesen, das lag schon in ihrer Sozialisation begründet.« Der einstigen DDR-Bürgerin sei Helmut Kohls europäisches Pathos fremd geblieben.[1] Ob Vernunft oder Herz, eines will die Ostdeutsche, die zum Ende ihrer Kanzlerschaft

DIE FLÜCHTLINGSKRISE ENTZWEIT DIE UNION UND RETTET DIE AFD

offenbart, wie wichtig es ihr ist, eine echte und nicht nur eine »angelernte« Bundesdeutsche und Europäerin zu sein, ganz sicher nicht das europäische Erbe ihrer großen Vorgänger Adenauer und Kohl zerstören. Vieles schlucken ihre Parteifreunde im Namen der Macht, die Merkel ein ums andere Mal sichert. Aber bei Europa hört der Spaß auf. Volker Kauder formuliert es so: »Merkel hat, wie jeder große Kanzler, Entscheidungen treffen müssen gegen die Stimmung in Partei und Bevölkerung.« Die Euro-Rettung sei so ein Fall gewesen. »Konrad Adenauer hat Deutschland in Europa verankert, Helmut Kohl hat den europäischen Zusammenschluss vertieft, und Angela Merkel wollte nicht diejenige sein, bei der Europa auseinanderfällt.«[2]

Zwar gibt es einige Bundestagsabgeordnete, die sich der Euro-Rettungspolitik der Kanzlerin verweigern. Aber zu einer Massenabwanderung zur AfD aus den Reihen der CDU kommt es bei der Gründung der Anti-Euro-Partei im Februar 2013 nicht. Lange tun Merkel und ihre Getreuen im Kanzleramt die Kritik von konservativen Christdemokraten ab. Nach denen könne man sich nicht richten, lautet die zwischen Selbstbewusstsein und Arroganz pendelnde Devise in der Regierungszentrale noch in ihrer zweiten Amtszeit. Dabei wird das Ausmaß unterschätzt, in dem die zunehmende Ausrichtung der Unionspolitik zur Mitte und weiter nach links auf Unbehagen stößt. Wo die Parteifreunde noch knurrend an Bord bleiben und Merkel immer wieder zur Vorsitzenden wählen, gehen Wähler nach rechts verloren.

Schon der Name der neuen Partei macht deutlich, dass ihre Mitglieder weniger für, sondern vielmehr gegen etwas eintreten wollen. Gegen Angela Merkel, gegen ihre Politik, gegen ihr Weltbild. Die Parole »Merkel muss weg!« ist nicht nur ein Kampfspruch, der auf Kundgebungen skandiert wird. Sie ist der Gründungsmythos der AfD. Angela Merkel stellt ihre Politik immer wieder als alternativlos dar. Das geht vom Gesetz zur

7. DIE TÄUSCHUNG

Bankenenteignung bis hin zum Afghanistaneinsatz der Bundeswehr. Nun bietet jemand einen anderen Weg an. Von da bis zu der in aller Regel vom rechten Rand kommenden Schmähung, die in einer Diktatur groß gewordene Merkel verhalte sich selbst wie eine Diktatorin, ist es nicht mehr weit. Von der Gründung der Alternative für Deutschland bis zum Ende von Merkels Kanzlerschaft vergehen fast neun Jahre. Diese nutzt die AfD, um auf dem Sockel der Merkel-Beschimpfung zum festen Bestandteil der Parteienlandschaft zu werden. Als die Forderung »Merkel muss weg!« im Dezember 2021 gegenstandslos wird, weil sie tatsächlich weg ist, kommt die Partei am rechten Rand ohne den Hass auf die Kanzlerin zurecht.

Im Juli 2015 kann Merkel noch einmal hoffen

Für einen kurzen Moment kann Merkel im Sommer 2015 noch hoffen. Zwar ist die AfD bei der Bundestagswahl 2013 auf 4,7 Prozent der Wählerstimmen gekommen. Aber das waren eben doch 0,3 Prozentpunkte zu wenig, um in den Bundestag einzuziehen. Da die FDP ebenfalls knapp an der Fünf-Prozent-Hürde scheitert und wie üblich einige Stimmen an die »Sonstigen« verloren gehen, werden damals mehr als 15 Prozent der Stimmen nicht in Mandate umgewandelt. Die Union verfehlt nur knapp die absolute Mehrheit. Für Angela Merkel scheint daraus kein Grund zu entstehen, nach der eigenen Verantwortung für die Gründung und das Wachsen einer Partei rechts der CDU zu fragen. Als die Truppe sich dann noch als intern ausgesprochen streitlustig erweist, kann man im Kanzleramt der Meinung sein, ganz so schlimm werde es schon nicht kommen. Im Juli 2015 steht die AfD in den Umfragen bei vier, im August sinkt sie sogar auf drei Prozent. Doch der Schein trügt. So, wie die Euphorie ein Glücksgefühl vor dem Tod ist.

Am 5. Juli 2015, einem Sonntag, endet der AfD-Parteitag in

Essen. Das Hitzewochenende mündet in das Unwetter »Siegfried«. Bäume stürzen auf die Oberleitungen der Bahn, auf dem Rückweg nach Berlin stranden viele Parteitagsbesucher in Hannover. Wer sich von dort in die Nacht hinein mit Mietwagen oder Taxi Richtung Berlin durchschlägt, fährt einem Spektakel Wagner'schen Ausmaßes entgegen. Stundenlang tobt am östlichen Horizont ein Gewitter. Die Optimisten mögen hoffen, Mutter Natur liefere das Begleitprogramm zum Verschwinden des rechten Spuks nach nicht einmal zweieinhalb Jahren. Den Realisten schwant, dass »Siegfried« den Untergang der bürgerlichen Parteienlandschaft und Wählerschaft, wie sie bis dahin galt, mit Blitz und Donner einläutet. Die Götterdämmerung naht.

Die Talfahrt der Alternative für Deutschland währt nur zwei Monate. Schon im September steigen die Werte wieder. Das ist die Folge einer Entwicklung, die seit Beginn des Jahrzehnts nicht zu übersehen ist. Die Zahl der nach Deutschland strebenden Flüchtlinge wächst und wächst. Werden im Jahr 2010 noch nicht einmal 50 000 Asylanträge in Deutschland gestellt, so hat sich die Dimension bis 2014 schon mehr als vervierfacht. Immer mehr Menschen vom Balkan, aber auch aus Syrien drängen in Richtung Deutschland. Sind die Steigerungen zwischen dem Beginn des Jahrzehnts bis 2014 schon groß, so explodieren die Werte 2015 geradezu. 476 000 Asylanträge werden in dem Jahr gestellt. Die Zahl der Menschen, die tatsächlich nach Deutschland kommen, ist sehr viel höher, denn zwischen der Ankunft und dem Stellen eines Asylantrags vergehen viele Monate. Zunächst lautet die offizielle Angabe, dass es 2015 mehr als eine Million Migranten sind. Später, als exaktere Zahlen vorliegen, wird die Größenordnung auf knapp 900 000 korrigiert. Immer noch eine unvorstellbare Dimension, die nicht nur in der AfD, sondern bis tief hinein in die Union für eine Überforderung des Landes gehalten wird.

7. DIE TÄUSCHUNG

Zwei Monate nach dem Treffen in der Essener Grugahalle kommt es zu einer Spaltung. Nicht der AfD, sondern der Union. Diese findet abseits aller Öffentlichkeit statt, nicht auf offener Bühne, wie wenige Monate später beim CSU-Parteitag in München. Aber die Akteure sind bereits dieselben: Angela Merkel, die CDU-Vorsitzende und Bundeskanzlerin, und Horst Seehofer, Chef des christlich-sozialen Koalitionspartners und Ministerpräsident von Bayern. Von jener Nacht vom 4. auf den 5. September bis zum Ende der Ära Merkel wird es nicht wieder zu einer wirklichen Versöhnung zwischen den beiden Schwesterparteien kommen, zwischen deren beiden Vorsitzenden erst recht nicht.

Die Migrationspolitik der Kanzlerin treibt nicht nur einen Spalt in die deutsche Gesellschaft, sondern ebenso in die Union. Merkels Rede am 3. Oktober 2021 in Halle ist an alle Deutschen gerichtet. Natürlich, sie ist (noch) die Bundeskanzlerin. Aber ganz speziell dürfen sich ihre Parteifreunde angesprochen fühlen. Merkels Fremdheit gegenüber einem erheblichen Teil der CDU, mehr noch der CSU, besteht von Beginn ihrer Zeit in der Bundesrepublik an. Aber mit der Flüchtlingskrise erreicht sie ein bis dahin nicht gekanntes Ausmaß. Personifiziert wird sie im Streit zwischen ihr und Seehofer. Es geht um nicht weniger als darum, wer die Deutschen besser kennt. Beide stehen für einen bestimmten Teil Deutschlands.

Horst Seehofer kommt 1949 im oberbayerischen Ingolstadt zur Welt und wächst in konservativen, katholischen Verhältnissen auf. Die Mutter ist Hausfrau, der Vater arbeitet als Lastwagenfahrer und Bauarbeiter. Nach dem Realschulabschluss absolviert Horst Seehofer eine Lehre als Amtsbote, besteht anschließend die Verwaltungsprüfung für den mittleren Dienst an der Bayerischen Verwaltungsschule in München. Neben dem Beruf besucht er die Verwaltungs- und Wirtschaftsakademie. Mit Anfang zwanzig tritt er der CSU bei, in der er bis zum Vorsitzenden aufsteigen wird.

Seehofer erlebt aus der Nähe, welche Sorgen Menschen aus wenig privilegierten Verhältnissen haben. Er wird zwar bis zum Bundesminister aufsteigen, wird eine Welt mit großen Limousinen und Chauffeuren kennenlernen, mit Kameras und Journalisten, die hören wollen, was er sagt. Aber wie bei Merkel, wie im Übrigen bei jedem Menschen, findet auch bei ihm die Prägung zu Beginn des Lebens statt. Seehofer weiß, wie in einem CSU-Ortsverband gedacht, wie an einem Stammtisch geredet wird. Er bringt das als Prägung und Erfahrung mit, als er neun Jahre vor dem Mauerfall in den Deutschen Bundestag einzieht. 1992 wird er Bundesgesundheitsminister. Am Kabinettstisch von Helmut Kohl trifft er auf die Frauenministerin Angela Merkel.

Sie ist die Tochter einer die englische Sprache unterrichtenden Mutter und eines evangelischen Pfarrers, der aus Überzeugung von Hamburg in die DDR geht. Merkel ist nur fünf Jahre jünger als Seehofer, aber in völlig anderen Verhältnissen groß geworden. Sie studiert Physik, lebt das Leben einer Intellektuellen in einer sozialistischen Diktatur, ohne SED-Mitglied zu sein. Unterschiedlicher als im Fall von Seehofer und Merkel könnte das Verhältnis zu einer Partei nicht sein. Haben die meisten Christdemokraten und Christsozialen sich früh und neugierig in eine demokratische Partei hineingelebt, haben diese als Ort der Freundschaften oder gar als eine Art zweite Familie erlebt, als demokratisches Instrument zur Gestaltung der Lebenswirklichkeit, so bemüht sich Merkel, in der Diktatur weder in offenen Konflikt noch in zu große Nähe zur Sozialistischen Einheitspartei Deutschlands zu kommen.

7. DIE TÄUSCHUNG

Merkel hat die Partei nicht von unten kennengelernt

In einem Alter, in dem ihre Parteifreunde schon viele Jahre voller Orts- oder Kreisverbandssitzungen hinter sich haben, in einem Landesverband mitwirken oder sogar auf der Bundesebene lernt Merkel die CDU-Welt überhaupt erst kennen. Allerdings nie von unten. Wer als Schützling des übermächtigen Parteivorsitzenden und Bundeskanzlers ganz oben einsteigt, hat erheblich weniger Möglichkeiten, zu verstehen, wie das einfache Parteimitglied denkt und fühlt, das im Ortsverband oder der Bezirksvertretung jahrelang für eine Umgehungsstraße kämpft.

Während der CSU-Politiker Seehofer mit Anfang vierzig die bundesrepublikanische Wirklichkeit genau kennt, mit ihren Selbstverständlichkeiten, aber auch Sorgen und Ängsten, mit Weltoffenheit auf der einen, Skepsis gegenüber Fremden auf der anderen Seite, ist Angela Merkel in einer schwierigeren Situation. Einerseits hat sie gelernt, sich in einer Diktatur zu bewegen, ohne ihre christlichen Werte zu verlieren oder zynisch zu werden. Andererseits muss sie mit Mitte dreißig in sehr kurzer Zeit die Regeln, mehr noch die Emotionen der westdeutschen Gesellschaft erlernen. Ihre Vergangenheit im Sozialismus soll keine Rolle spielen in ihrem neuen Leben.

Mit dem Zusammenbruch der DDR und der Sowjetunion kommen Ende der Achtziger- und zu Beginn der Neunzigerjahre sehr viele Flüchtlinge nach Deutschland. Seehofer sitzt schon im Bundestag, als die Debatte über eine Veränderung des Asylrechts tobt. In Bayern haben bereits 1983 ehemalige CSU-Politiker die hart rechte Partei »Die Republikaner« gegründet. Seehofer kann zuschauen, wie das Migrationsthema gleichzeitig mit dem wächst, was die CSU immer verhindern will: eine demokratisch legitimierte Partei rechts von ihr selbst. Er kann auch sehen, wie die 1992 nach erbitterten Debatten beschlossene neue Asylgesetzgebung die Lage wieder befriedet. Die Republikaner verschwinden nicht sofort, sitzen sogar bis zur Jahrtausendwende noch im baden-württembergischen Landtag. Aber durch eine rasche Einschränkung des Asylrechts durch den Gesetzgeber kann verhindert werden, dass eine rechte oder rechtsradikale Partei das Migrationsthema ausschlachtet und sich mit dessen Hilfe im Parteiensystem festsetzt, wie es 20 Jahre später der AfD gelingen wird.

Angela Merkel kommt zwar eigentlich gerade rechtzeitig in die Bundesrepublik, um diesen Prozess mitzuerleben. Aber die Vibrationen in der deutschen Gesellschaft, an den bayerischen Stammtischen, gerade denjenigen der CSU, kann die in Bonn mit vielen Lernprozessen gut ausgelastete Ministerin nicht spüren. Hinzu kommt, dass eine DDR-Bürgerin, allemal eine Wissenschaftlerin aus Ostberlin, kaum Gelegenheit hatte, Erfahrungen damit zu sammeln, wie ihre Landsleute – begründet oder nicht – Angst vor Überfremdung entwickelten. Denn die gab es in der DDR nicht. Was die gesellschafts- und parteipolitischen Folgen einer starken Zuwanderung angeht, so hat Seehofer also bei Weitem den größeren Erfahrungsschatz als Merkel.

Die Flüchtlingskrise, die in den Jahren 2015 und 2016 ihren Höhepunkt hat, ist vielschichtig. Einer der wesentlichen Ausgangsorte der großen Wanderung ist das bürgerkriegsgeschüttelte Syrien, aus dem viele Menschen fliehen. Als sie ihre Heimat verlassen haben die meisten zunächst vermutlich nicht München oder Münster als Ziel vor Augen. Sie bleiben in der Region, in Nachbarländern, wo sie nicht so fremd sind, wie sie es in Deutschland sein werden. Der Rückweg ist in jeder Hinsicht kürzer, wenn er irgendwann beschritten werden kann.

7. DIE TÄUSCHUNG

Vor allem die Türkei nimmt viele Flüchtlinge auf. Im Herzen Europas übersieht man die Zuspitzung der Lage. Später wird zu hören sein, es sei ein Fehler gewesen, nicht mehr zu tun, um die Lage der vielen Migranten in der Region zu verbessern und damit deren Wunsch weiterzureisen zu verringern.

Je mehr die Migrationsbewegung und die politische Debatte über sie voranschreiten, desto intensiver wird darüber nachgedacht, was Deutschland an seinen Grenzen tun kann, um den Zustrom zu kontrollieren und zu vermindern. Für Angela Merkel ist das ein ganz besonderer Punkt. Im Laufe des 4. Septembers 2015 spitzt sich die Lage dramatisch zu. Der ungarische Ministerpräsident Viktor Orbán setzt sowohl die Regierung in Wien als auch diejenige in Berlin unter Druck. Im Bahnhof Keleti in Budapest kommen immer mehr Flüchtlinge zusammen. Als Orbán irgendwann aufhört, Züge nach Österreich und Deutschland fahren zu lassen, wird die Fülle immer dramatischer.

Die Flüchtlinge machen sich auf den Weg

Schließlich macht sich eine große Gruppe der Migranten zu Fuß auf den Weg. Orbán hat mit Kalkül eine dramatische Lage erzeugt, von der er hofft, dass sie vor allem bei Merkel nicht ohne Wirkung bleiben wird. Flüchtlinge in Zügen sind etwas anderes als Flüchtlinge, die zu Fuß an der Autobahn entlangziehen. Robin Alexander schreibt in seiner minutiösen Aufarbeitung jener Tage und Wochen, Orbán bewerte die deutsche Haltung als »schizophren«: einerseits Ungarn zu drängen, die Flüchtlinge zu behalten und zu registrieren, sich andererseits über jeden zu freuen, der es bis nach Deutschland schafft. Merkel, schreibt Alexander, habe sich schon länger gefragt, wann die Flüchtlinge aus dieser Falle ausbrechen und zu Fuß weiterwandern würden. Sie sei schon vor dem 4. September entschlossen gewesen, keinen Migranten auf der Straße sterben zu lassen.³

Der Plan des ungarischen Regierungschefs wird im Laufe des Tages und der Nacht aufgehen. Am Mittag des 4. Septembers lässt die Kanzlerin den Regierungssprecher noch mitteilen, Ungarn habe die »rechtlich verbindliche Pflicht«, die im Land befindlichen Flüchtlinge ordnungsgemäß zu registrieren und die Asylverfahren unter Einhaltung der europäischen Standards in Ungarn durchzuführen.⁴ Damit ist die Dublin-Verordnung gemeint, die festlegt, dass ein Asylverfahren in demjenigen Land stattzufinden hat, in dem ein Migrant erstmals den Boden der Europäischen Union betreten hat.

Die Kanzlerin ist nicht in Berlin, sondern unterwegs in Süd- und Westdeutschland. Bemerkenswert ist nicht, wo sie hinfährt, sondern wo sie nicht hinfährt. Sie fliegt zunächst nach München und besucht eine Mittelschule. Es geht um die Bedeutung von Mathematik, Informatik, Naturwissenschaft und Technik für junge Menschen. Ganz Merkels Sache. Wo sie schon in Bayern ist, läge es nah, an der Feier anlässlich des hundertsten Geburtstags von Franz Josef Strauß, dem Übervater der CSU, teilzunehmen. Merkel sagt »aus Termingründen« ab. Die CSU-Feier ist eben nicht ihre Sache.

Stattdessen fährt sie nach Garching bei München und spricht am »Zentrum für Innovation und Gründung – UnternehmerTUM« der Technischen Universität mit Wissenschaftlern und Unternehmern.⁵ Deutlicher als mit einer verweigerten Ehrerbietung gegenüber Strauß kann eine CDU-Vorsitzende die CSU-Führung nicht düpieren. Ob Merkel ohne den sich zuspitzenden Streit über die Flüchtlingspolitik zum 100-Jahr-Gedenken gekommen wäre, ist eine theoretische Überlegung. Aber in dieser Situation ist ihre Absage zugleich ein deutlicher Kommentar zur Linie der CSU in der Migrationspolitik.

7. DIE TÄUSCHUNG

Das ist der eine Teil der Metaebene, auf der dieser für Deutschland und Europa so bedeutende 4. September stattfindet. Der andere hat noch mehr mit Merkels Vergangenheit zu tun als das Fremdeln mit der CSU. Es ist die Erfahrung, dreieinhalb Jahrzehnte in einem Land gelebt zu haben, dessen Grenzen nicht verhindern, dass zu viele Menschen von außen hereinkommen, sondern die vor allem dazu da sind, die eigene Bevölkerung daran zu hindern, das Land zu verlassen. Jedenfalls Richtung Westen.

Hat der Regierungssprecher am Vormittag jenes Freitags noch auf die Rechtslage hingewiesen, die eine Registrierung und Versorgung der Flüchtlinge in Ungarn vorschreibe, so wird Merkel am Nachmittag grundsätzlich. Nach einer Veranstaltung in Essen ist sie weitergeflogen nach Köln, wo die nordrhein-westfälische CDU ihren 70. Geburtstag begeht. Lässt sie Strauß rechts liegen, so hält sie hier eine Rede. Sie geht auf die sich zuspitzende Lage auf der Flüchtlingsroute von Ungarn Richtung Österreich und Deutschland ein. Sie zitiert das Grundgesetz, das das Wertefundament der Bundesrepublik Deutschland in dem Satz festschreibt: Die Würde des Menschen ist unantastbar. »Wer vor Not, politischer Verfolgung flieht, da haben wir die Verpflichtung, auf der Grundlage der Genfer Flüchtlingskonventionen, unseres Asylrechts und des Artikels 1 unseres Grundgesetzes Hilfe zu leisten – ob es uns passt oder nicht!« Dann erinnert sie an die Grenzöffnung durch Ungarn, die es den DDR-Bürgern ein Vierteljahrhundert zuvor ermöglicht hat, in die Freiheit zu gelangen. »Es ist schon schwierig zu sehen, dass diejenigen, die uns vor 25 Jahren die Grenze aufgemacht haben, heute doch zum Teil sehr hart sind zu denen, die nun erkennbar aus Kriegsumständen zu uns kommen.«[6]

Der unterschiedliche Blick auf Grenzen

Eines wird sehr deutlich in diesem Moment: Für einen Westdeutschen wie Horst Seehofer sind offene Grenzen normal, das Gefühl, sie nicht mehr schließen oder wenigstens kontrollieren zu können, hat aber etwas Bedrohliches. Für die Ostdeutsche Angela Merkel sind dagegen offene Grenzen auch ein Vierteljahrhundert nach dem Mauerfall immer noch ein nicht als selbstverständlich empfundenes Glück. Das Bedrohliche ist der Gedanke an die Schließung.

Es erleichtert die Regierungsarbeit nicht, dass die Kanzlerin an jenem Tag mit Auto und Hubschrauber kreuz und quer durch Deutschland eilt, statt mit ihren wichtigsten Ministern und Mitarbeitern im Kanzleramt die Lage beurteilen zu können. Aber wann solche Ereignisse auf die Verantwortlichen treffen, lässt sich nicht planen. Merkel scheint innerlich entschlossen, die Flüchtlinge, die sich von Ungarn aus Richtung Österreich auf den Weg gemacht haben, nach Deutschland zu lassen. Doch sie will nicht allein handeln. Zunächst spricht sie mit dem auf rasches Handeln dringenden österreichischen Bundeskanzler Werner Faymann. Dann geht es ihr darum, sich in ihrer Regierung abzusichern. Es gelingt ihr, den SPD-Vorsitzenden Sigmar Gabriel zu erreichen und den Außenminister Frank-Walter Steinmeier. Beide fallen der Kanzlerin nicht in den Arm.

Einen jedoch bekommt Angela Merkel nicht ans Telefon: CSU-Chef Horst Seehofer. Schon im Gespräch mit Gabriel sagt die Kanzlerin, sie könne den CSU-Vorsitzenden nicht erreichen. Vielleicht wolle er sich auch gar nicht erreichen lassen. Merkel hatte ihm eine Nachricht geschickt, ohne eine Antwort zu erhalten. Seehofer ist in seinem Ferienhaus im Altmühltal. Merkels Kanzleramtschef Peter Altmaier versucht,

7. DIE TÄUSCHUNG

die Amtschefin des Ministerpräsidenten zu erreichen. Auch vergebens. Schließlich entscheidet Merkel ohne die Zustimmung des Chefs der Schwesterpartei, obwohl sie sich leicht ausmalen kann, dass von dort der heftigste Widerstand droht. Am nächsten Morgen meldet sich Seehofer bei ihr und sagt, er habe jetzt erst gesehen, dass Merkel versucht habe, ihn zu erreichen.[7]

Diese Unerreichbarkeit ist weit mehr als ein operatives Detail in jener Nacht, in der die Kanzlerin der Bundesrepublik Deutschland die Grenzen des Landes – je nach Betrachtungsweise – geöffnet oder nicht geschlossen hat. Die Sprachlosigkeit zwischen dem bayerischen Katholiken und der aus der DDR stammenden Protestantin symbolisiert den Startpunkt einer Entzweiung der deutschen Gesellschaft in einer sehr grundsätzlichen Frage: Wie weltoffen wollen, wie weltoffen müssen wir sein? Beide Spitzenpolitiker sind christlich geprägt. Zu beider Wertvorstellung gehört es, dass eines der reichsten und sichersten Länder der Welt Menschen in existenzieller Not nicht die Tür weist. Beide haben ein aus unterschiedlichen Quellen gespeistes soziales Empfinden. Nur haben Merkel und Seehofer eine unterschiedliche Vorstellung davon, was der deutschen Gesellschaft zuzumuten ist, ohne dass sie rebellisch wird.

Die »sagenumwobene« Nacht

Dass über die Sache kein Gras gewachsen ist, zeigt sich daran, dass auch acht Jahre nach jener Nacht nicht ganz klar ist, was passierte. Als Seehofer 2023 mit dem Autor dieses Buches spricht, macht er Merkel immer noch Vorhaltungen. Die Bundeskanzlerin habe erst am Tag nach »ihrer Entscheidung, die Grenzen zu öffnen«, dem Samstag, mit ihm gesprochen. »Es stimmt nicht, dass sie mich nicht hat erreichen können. Das war eine Schutzbehauptung«, wirft Seehofer Merkel vor. »Man kann, wenn man einen Politiker unbedingt erreichen will, auch die örtliche Polizei schicken.« Er habe erst am Samstag auf dem Display seines Handys gesehen: »Ein Anruf vom Bundeskanzleramt.«[8]

Der CDU-Bundestagsabgeordnete Helge Braun war damals Staatsminister bei der Bundeskanzlerin, zuständig unter anderem für die Bund-Länder-Beziehungen in der Flüchtlingskrise. Auch er erinnert sich im Sommer 2023. »Wir haben in jener sagenumwobenen Nacht alles versucht, um Horst Seehofer zu erreichen, auch über die Lagezentren des Bundesinnenministeriums und der bayerischen Staatskanzlei.« Es sei nicht dabei geblieben, »ihm einfach eine SMS zu schicken«.[9] Nach allem, was bisher über jene Stunden bekannt ist, stand jedoch kein von Merkel geschickter Polizist vor dem Haus Seehofers. Er hat recht, hätte Merkel ihn unbedingt sprechen wollen, wäre das eine Möglichkeit gewesen.

Hat Merkel recht mit ihrem Verdacht, Seehofer habe gar nicht erreicht werden wollen? Das ist zwar eine Unterstellung, aber sie entbehrt nicht einer gewissen Plausibilität. Der CSU-Vorsitzende ist ein erfahrener Politiker. Er weiß an jenem 4. September, dass eine Entscheidung gefällt werden muss. Sagt Deutschland Nein zur Aufnahme der aus Ungarn Richtung Deutschland laufenden Flüchtlinge, entstehen daraufhin hässliche Bilder von der Zurückweisung von Frauen und Kindern an der Grenze, kommt es gar zu Gewaltszenen, wäre das für eine Regierung, die von zwei sich christlich nennenden Parteien getragen wird, sehr nachteilig. Würde Seehofer jedoch Merkel zustimmen und sagen, die Flüchtlinge könnten ins Land kommen, müsste er sich viel Kritik gefallen lassen, aus der CSU, aus Bayern, auch aus anderen Teilen des Landes, in denen man sich darauf verlässt, dass wenigstens die Partei von Franz Josef Strauß noch etwas gegen eine allzu liberale Migra-

7. DIE TÄUSCHUNG

tionspolitik tut. Alles zusammengenommen, ergibt das einen guten Grund, sich eine Nacht lang taub zu stellen.

Und Merkel? Will sie Seehofer um jeden Preis sprechen an jenem 4. September? Was, wenn er Nein sagen würde zu ihrem Vorhaben, die Dublin-Regel außer Kraft zu setzen und so die aus Ungarn kommenden Flüchtlinge nicht zurückzuschicken, sondern ins Land zu lassen? Sie hätte dann nur zwei Handlungsmöglichkeiten. Ihre Koalition erhalten und gegen ihre Überzeugung und die von ihr wahrgenommene Mehrheitsmeinung der Deutschen handeln. Oder Seehofer, wenn er sich widersetzen würde, klarmachen, wer die Chefin ist, und dass die Flüchtlinge nun ins Land kämen. Das wäre mutmaßlich das Ende des Regierungsbündnisses. Also hat es für beide Parteivorsitzende Vorteile, sich nicht zu sprechen.

Was sind Merkels Motive? Der bis heute beeindruckendste und wichtigste Satz dazu fällt Mitte September, als der österreichische Bundeskanzler Faymann zu Besuch in Berlin ist. »Ich muss ganz ehrlich sagen, wenn wir jetzt anfangen, uns noch entschuldigen zu müssen dafür, dass wir in Notsituationen ein freundliches Gesicht zeigen, dann ist das nicht mein Land«, sagt Merkel auf eine Frage des Journalisten Nico Fried von der »Süddeutschen Zeitung«. Sie freut sich öffentlich darüber, dass die Bilder von den bei der Ankunft der Flüchtlinge jubelnden Deutschen weltweit ein positives Echo erzeugt hätten. Und sie verteidigt ihre schnelle Entscheidung. Manchmal müsse das eben sein und man könne nicht zwölf Stunden warten. Sie kann sich angesichts der im Fernsehen vielfach verbreiteten Freude vieler Deutscher und der Umfragen zur Stimmung in der Bevölkerung, die sie sich regelmäßig vom Bundespresseamt liefern lässt, mit den von ihr regierten Menschen im Einklang fühlen.[10] Seehofer hat da schon deutlich Kritik an Merkels Vorgehen geübt. »Das war ein Fehler, der uns noch lange beschäftigen wird«, sagt der CSU-Vorsitzende. »Ich sehe keine Möglichkeit, den Stöpsel wieder auf die Flasche zu kriegen.«[11]

Merkel handelt, weil sie handeln muss in jener Nacht vom 4. auf den 5. September. Sie trifft ihre Entscheidung aus sachpolitischen Zwängen, weil Orbán Druck aufgebaut hat und Faymann sich hilfesuchend an sie wendet. Sie tut es auch, weil sie es aus humanitären Gründen für geboten hält. »An ihrer Linie in der Flüchtlingspolitik hat sich gezeigt, dass mehr von der evangelischen Pfarrerstochter in ihr steckt, als mancher meint«, sagt Helge Braun im Rückblick. Ihre Entscheidung »in jener Nacht Anfang September 2015«, die Flüchtlinge nach Deutschland zu lassen, sei eine »typische Entscheidung Angela Merkels« gewesen, ergänzt ihr letzter Kanzleramtsminister. »Sie denkt die Dinge vom Ende her.« Jedes andere Verhalten der Bundesregierung hätte auch zur Gewaltanwendung führen können, ist Braun überzeugt. »Das hätte Deutschland sehr schaden können.« Nachteile im Verhalten der Kanzlerin sieht er nicht. »Wir haben die Flüchtlingszahlen auch ohne Grenzschließungen von 2015 bis 2018 wieder runterbekommen. Im Sommer 2018 war die Lage doch stabil.«[12]

Die Meinungen darüber, wie sehr ihre ostdeutsche Vergangenheit, also das lange Leben hinter einer kaum überwindbaren Grenze ihre Entscheidung beeinflusst hat, gehen auseinander. Thomas de Maizière, jener Westdeutsche in Merkels enger Umgebung, der besonders viel Gespür für den Osten und damit auch Merkels Vergangenheit hat, sieht hier ein wichtiges Argument. »Beim Thema Grenzschließung spielte es sicher eine große Rolle, dass sie Ostdeutsche ist«, sagt ihr erster Kanzleramtschef zurückblickend. »Sie hatte erlebt, was geschlossene Grenzen und was Grenzöffnung bedeuten. Sie wollte nicht diejenige sein, die die Grenzen schließt.«[13] Volker Kauder bezieht sich bei seiner Bewertung im Rückblick zwar nicht ausdrücklich auf Merkels ostdeutsche Herkunft. Aber er

7. DIE TÄUSCHUNG

schätzt ihre Haltung zu Grenzen grundsätzlich ein: »Angela Merkel wäre eher zurückgetreten als in der Flüchtlingskrise die Grenzen zu schließen. Ein hartes Grenzregime hätte es mit ihr nicht gegeben.«[14] Das kommt ihrer Formulierung, dann wäre es nicht mehr ihr Land, sehr nahe.

Und mittelbar? Will sie, der die Bezeichnung »ostdeutsche Kanzlerin aller Deutschen« so gut gefällt, die zeigen will, dass sie trotz ihrer dreieinhalb Jahrzehnte in der DDR eine Bundesdeutsche ist, die nicht nur für die Gegenwart, sondern ebenso für die Vergangenheit des Landes Verantwortung trägt, mit ihrem Verhalten genau das zeigen? Jedenfalls verbinden sich hier ihre DDR-Vergangenheit – keine Grenzschließung! – mit ihrer bundesdeutschen Gegenwart: Offenheit für Geflüchtete. Kritik zieht sie damit allerdings in beiden Teilen des Landes auf sich.

»Merkel wollte ihre Entscheidung aus dem Sommer 2015, die Flüchtlinge ins Land zu lassen, nicht als falsch dastehen lassen«, ist Horst Seehofer überzeugt. »Sie sagte: Wir haben eine belastete Geschichte. Sie wollte Verantwortung für die deutsche Geschichte übernehmen, wollte zeigen, dass hinter ihrem Vorgehen eine Grundüberzeugung, eine Haltung steht«, beschreibt der langjährige CSU-Vorsitzende seine Sicht der Dinge.[15]

Helge Braun dagegen hält eine historisch geprägte Motivation des Handelns der Bundeskanzlerin in der Zeit des großen Flüchtlingszustroms zumindest nicht für ausschlaggebend. »Es ging Angela Merkel bei ihrer Entscheidung, die Menschen aufzunehmen, nicht in erster Linie um den Blick zurück auf die deutsche Geschichte«, sagt Braun. Das hätte seiner Meinung nach als Argument auch in der Unionsfraktion nicht gereicht. »Es ging ihr um ein verantwortliches Verhalten Deutschlands in Europa.«[16]

Es ist eher die Regel als die Ausnahme, dass sich das Handeln eines Regierungschefs aus mehreren Motiven speist. Für

DIE FLÜCHTLINGSKRISE ENTZWEIT DIE UNION UND RETTET DIE AFD

die Entscheidungen in der besonders vielschichtigen Flüchtlingskrise der Jahre 2015 und 2016 gilt das allemal. Insofern ist es nicht verwunderlich, dass diejenigen, die Merkel auf die eine oder andere Weise eng begleitet haben, ihr Verhalten unterschiedlich interpretieren. In einem jedoch sind sich Seehofer und Braun einig: Die Folgen für den Zusammenhalt in der Union sind erheblich, und sie sind nicht positiv. »Natürlich hat Angela Merkel verstanden, dass das eine Zerreißprobe für die Union war«, sagt Helge Braun. »Das Gegenteil zu behaupten ist komplett falsch.«[17]

Seehofer dagegen zweifelt an dieser Erkenntnis Merkels. »Die Entscheidung von 2015 hat die AfD in die Parlamente gespült«, ist er überzeugt. Er macht sie also verantwortlich für den Sündenfall, dass sich knapp 65 Jahre nach Gründung der Bundesrepublik doch eine rechte und immer mehr rechtsextreme Partei in den Parlamenten und in erheblicher Größe etablieren kann. Merkel habe über die Dinge gerne prinzipiell diskutiert, sagt Seehofer. »Sie hat groß gedacht, was ihr oft abgesprochen worden ist.« Sie habe die Bankenkrise, die Weltwirtschaftskrise, die Euro-Rettung und Corona gemanagt. »Diese vier Dinge hat sie nicht schlecht gemacht«, findet Seehofer lobende Worte. Doch dann die harte Kritik: »Ihr Verhalten im Jahr 2015 hat mich dagegen sehr enttäuscht. Für sie war die Entwicklung vor dem Hintergrund der deutschen Geschichte entscheidend. Sie hat aber nicht verstanden, dass durch ihr Verhalten die politischen Ränder, vor allem der rechte, enorm gestärkt werden.«[18]

Diese Entwicklung ist es schließlich, die die Union entzweit hat. Es geht Seehofer und dem Mann, der ihm im Nacken sitzt, Markus Söder, nicht um Details der Migrationspolitik, des Grenzregimes oder des Asylrechts. Entscheidender Antrieb für ihr Anrennen gegen Merkel ist das Ziel, die bestimmende Kraft in jenem Teil der Wählerschaft zu bleiben, in dem sich mit den

Themen Flüchtlinge, Ausländer, Überfremdung Stimmen gewinnen lassen. Das sehen sie durch die Kanzlerin gefährdet.

Ein Weiteres kommt hinzu. Politiker behaupten – gerade Journalisten gegenüber – gerne, sie richteten ihr Handeln immer nur an Inhalten aus, das Persönliche sei zweitrangig. Damit soll die Bedeutung von Streitigkeiten und Konkurrenz zwischen den Akteuren kleingeredet werden. Abgesehen davon, dass das immer nur höchstens die halbe Wahrheit ist, weil Politik nun mal von Menschen gemacht und bestimmt wird, stimmt es für die Situation in der Union in der Zeit des großen Flüchtlingszustroms ganz besonders wenig. Der Konflikt zwischen den Unionsparteien und vor allem derjenige zwischen Merkel und Seehofer gehört mit zu den härtesten Zerwürfnissen, die die bundesdeutsche Spitzenpolitik erlebt hat. Noch Jahre später sagt Merkels letzter Kanzleramtschef, Helge Braun: »Das Verhältnis zwischen Angela Merkel und Horst Seehofer war schon vor dem September 2015 nicht gut. Aber der Streit über den Umgang mit den Asylsuchenden hat noch mal zu einem neuen Tiefpunkt geführt.«[19] Selbst aus der Distanz von einigen Jahren ist eine solche Offenheit ungewöhnlich.

Merkels hässlicher Deal zeigt Wirkung

Der 7. September 2015 ist ein Montag. Die Deutschen beginnen zu begreifen, dass die Flüchtlingsbewegung mit der Entscheidung ihrer Kanzlerin, eine große Zahl von Migranten aus Ungarn aufzunehmen, eine neue Dimension bekommen hat. An diesem Tag erscheint in der »Frankfurter Allgemeinen Zeitung« ein Gastbeitrag des türkischen Ministerpräsidenten Ahmet Davutoğlu. Liest man ihn Jahre später in dem Wissen, was die Bundesregierung getan hat, um den Zustrom der Menschen vor allem aus Syrien, dem Irak und Afghanistan zu

MERKELS HÄSSLICHER DEAL ZEIGT WIRKUNG

begrenzen, so hat man den Eindruck, Angela Merkel habe Davutoğlus Worte eins zu eins umsetzen wollen. Als sei ihr der Vorschlag des türkischen Regierungschefs eine hochwillkommene Blaupause gewesen. Merkel lebt zu diesem Zeitpunkt seit dreieinhalb Jahrzehnten in der Bundesrepublik, kennt die CDU und regiert – ihre Ministerzeit mit eingerechnet – fast zwei Jahrzehnte mit der CSU. Niemand sollte ihr absprechen, dass sie weiß, welche Konflikte in der Union auf sie zukommen. Welches Ausmaß die gesellschaftlichen Verwerfungen annehmen werden, ist Anfang September 2015 noch nicht im vollen Umfang zu erkennen.

Was Davutoğlu in der »FAZ« schreibt, klingt wie das, was Merkel noch oft sagen wird. Die Millionen Menschen, seien es Afrikaner oder Asiaten, Muslime oder Christen, Araber oder Kurden, Pakistaner oder Afghanen, wanderten nicht aus freiem Willen aus, schreibt der türkische Regierungschef. »Sie sind aufgrund von Krieg, Streit zwischen Bevölkerungsgruppen, Gewalt, Hungersnöten, Krankheiten und Diskriminierung dazu gezwungen. Sie brauchen unsere Hilfe.« Den Menschen in Not zu helfen, sei eine »moralische Pflicht für alle zivilisierten Gesellschaften, unabhängig von ihrer Rasse, ihrer Religion oder ihrem Glauben«. Wenn »Anstand« nicht Grund genug sei, um diese Situation menschenwürdig zu bekämpfen, »dann sollte jeder wissen, dass auch die höchste Mauer oder der schärfste Stacheldraht diese Welle nicht mehr aufhalten werden.« Davutoğlu fordert: Wir brauchen sinnvolle, menschliche und nachhaltige Lösungen, und wir brauchen sie jetzt sofort.

Dann wird sein Ton schärfer. Er erwähnt die Rolle, die sein Land jetzt schon beim Umgang mit den Flüchtlingsströmen spiele. Er nennt die Türkei eine Pufferzone, die bereits zwei Millionen Syrer und Iraker aufgenommen habe. Und er schreibt übers Geld. Bereits sechs Milliarden Euro habe sein Land für die Bewältigung dieser Situation aufgebracht. Aus der inter-

7. DIE TÄUSCHUNG

nationalen Gemeinschaft seien nur 417 Millionen Dollar gekommen, ganze 165 Millionen davon aus der Europäischen Union. »Das Konzept der Lastenaufteilung ist zu einer bedeutungslosen Worthülse verkommen.«[20] Die Botschaft ist eindeutig: Wir können weiter helfen, dann muss Europa aber zahlen. Auch das »sonst« ist leicht zu verstehen durch den Hinweis auf die Zäune, die die Menschen nicht hindern werden weiterzuziehen. Einen Tag nach Erscheinen seines Gastbeitrags in der »FAZ« ruft Merkel Davutoğlu an, um ihm deutlich zu machen, dass sie verstanden hat.[21] Wolfgang Schäuble wird es im Rückblick so darstellen, als habe er Merkel schon vor dem September 2015 gedrängt, mit der türkischen Regierung nach Lösungen in der Flüchtlingsfrage zu suchen. Sie habe sich jedoch gesträubt und sei »bedauerlicherweise eher zu spät« in die Türkei gereist.[22]

Es soll hier nicht im Einzelnen nachgezeichnet werden, wie Merkel und ihre Regierung auf den Vorschlag der Türkei eingehen. Letztlich bedeutet er: Wir bekommen sechs Milliarden Euro und drosseln dafür den Flüchtlingszustrom aus der Türkei in Richtung Europa und damit vor allem in Richtung Deutschland. Nachdem gerade die Union im Namen der eigenen Wählerschaft die Verhandlungen mit Ankara über einen EU-Beitritt des an der Grenze Europas zu Asien liegenden Landes über viele Jahre ausgebremst hat, ist man nun in Berlin bereit, viele Zugeständnisse an die Türkei zu machen. Das sind nicht nur finanzielle, sondern auch andere, etwa die Beschleunigung der Verhandlungen über eine Visa-Freiheit für die Türken.

Angela Merkel muss nicht nur in der eigenen Parteienfamilie zwischen Skylla und Charybdis hindurch, sondern auch in der Bevölkerung. Vor allem deren linksliberalen Teil, in dem viele zwar der Migration gegenüber offen sind, aber der Türkei in Sachen Menschenrechte nicht über den Weg trauen, muss die Kanzlerin davon überzeugen, dass die türkischen Sicherheitskräfte sich zumindest einigermaßen an europäische Maßstäbe von Recht und Gesetz halten, wenn sie Migranten daran hindern, in die Boote nach Europa zu steigen. Merkel setzt daher von Anfang an darauf, das Abkommen europäisch zu verhandeln und nicht als Angelegenheit zwischen Berlin und Ankara. Dabei ist sie eindeutig die treibende Kraft in den Verhandlungen mit dem türkischen Präsidenten Recep Tayyip Erdoğan. Zur Beruhigung des migrationsfreundlichen Teils der Bevölkerung sieht das Abkommen mit Ankara vor, dass man der Türkei Flüchtlinge geordnet abnimmt, damit sie nicht in die Hände von Schleppern und Schleusern geraten.

Die Vereinbarung mit der Türkei ist eine der wesentlichen Säulen des schnell errichteten Systems zur Eindämmung der Migrationsströme. Merkel setzt sich wie niemand sonst für die Stabilität dieser Säule ein. Mit der zweiten, ebenso wichtigen, will sie dagegen möglichst wenig in Verbindung gebracht werden. Es ist die Blockade der Fluchtroute über den Balkan mithilfe von den bei der Kanzlerin so verhassten Grenzschließungen. Als mächtigste Akteurin in Brüssel weiß sie zwar um jeden Schritt, der in Richtung Sperrung der Balkanroute gegangen wird. Aber sie versucht alles, um diese Maßnahme rhetorisch weniger hart erscheinen zu lassen.

Merkels Denken in Lagerkategorien

Wie sehr Merkel dabei auch in Lagerkategorien gedacht hat, beschreibt Thomas de Maizière in einem 2019 erschienenen Buch. Er, der frühzeitig entschiedenere Schritte zur Eindämmung des Flüchtlingsstroms forderte, sei auch offener gewesen für ein Schließung der Balkanroute. Das habe schließlich zu einer Aussprache mit der Kanzlerin geführt, in der diese ihren langjährigen Mitstreiter nach dessen Loyalität gefragt habe.

7. DIE TÄUSCHUNG

»Sie war in Zweifel geraten, ob ich mit meinen Auffassungen in ein politisches Lager der CDU/CSU gewechselt war, das auch einen Teil meiner Auffassungen vertrat, im Übrigen aber eine ganz andere Richtung der Flüchtlingspolitik wollte.« Als er Merkel »und mir selbst gegenüber« diese Frage nach der »Grundloyalität« positiv habe beantworten können, habe man »alle Meinungsverschiedenheiten wie auch schon zuvor immer vertrauensvoll, ja geradezu freundschaftlich besprechen und lösen können«.[23] Das klingt allerdings etwas zu harmonisch. De Maizières Vorschlag, den Umgang mit den Migrationsfragen breiter auf die Ressorts zu verteilen, selbstverständlich unter der Koordinierung des Kanzleramts, führt rasch dazu, dass sein Nachnachfolger als Kanzleramtschef, Peter Altmaier, zu einem selbstbewussten Flüchtlingskoordinator wird und der damalige Innenminister de Maizière als von Merkel entmachtet dasteht.

Im März 2016, ein halbes Jahr nach Merkels Entscheidung zur Aufnahme der Flüchtlinge aus Ungarn, wird nicht nur das Migrationsabkommen mit der Türkei geschlossen. Auf einem EU-Gipfel in Brüssel wird die Schließung des Wegs über die Balkanstaaten verkündet. Merkel gelingt es immerhin noch, die ursprüngliche Formulierung im Abschlusskommuniqué »diese Route ist nun geschlossen« gegen den Widerstand anderer EU-Staaten sprachlich aufzuweichen. Am Ende heißt es: »Bei den irregulären Migrationsströmen entlang der Westbalkanroute ist nun das Ende erreicht.« Inhaltlich ist es dasselbe wie die kurze Formulierung. Aber es klingt weniger hart.[24] Merkel, so beschreibt es Volker Kauder, habe dafür gesorgt, »dass Europa nicht ins Schleudern« kommt. Sie habe es nie so gesehen, dass ihre Flüchtlingspolitik den Zusammenhalt Europas gefährdet habe. Vielmehr habe sie deutlich machen wollen, dass es eine europäische Asylregelung geben müsse.[25] Das gelingt jedoch erst, als sie schon nicht mehr Kanzlerin ist.

Das Ergebnis der beiden Maßnahmen – Türkei-Abkommen

und Schließung der Balkanroute – ist jedenfalls das gewünschte. Das EASY-System des Bundesamts für Migration und Flüchtlinge, das die Erstverteilung von Asylsuchenden in Deutschland registriert, verzeichnet allein für den November 2015 die enorme Zahl von 206 101 Asylgesuchen. Im April 2016 liegt diese bei knapp 16 000.[26]

Genauer als das EASY-System ist das Kerndatensystem. Auf dieses bezieht sich de Maizière, als er im Januar 2017 die Migrationsbewegungen des Jahres 2016 bilanziert. Neu im Kerndatensystem registriert wurden demnach 280 000 Asylsuchende. 2015 sind es 890 000 gewesen. Rechnet man noch den Familiennachzug hinzu, Kontingentflüchtlinge und unbegleitete Minderjährige, so kommt man für das Jahr 2016 auf 350 000 Neuzugänge.[27] Es kommen also weniger Migranten an als im Vorjahr, allerdings liegt die Zahl der Asylanträge 2016 weit über der für das Jahr 2015. Das hat seinen Grund darin, dass es oft lange dauert, bis Menschen, die nach Deutschland gekommen sind, registriert werden. 2016 wird also ein Großteil der Neuzugänge von 2015 verarbeitet und taucht in der Asylstatistik auf. Aber eines ist unbestreitbar: Unter der Führung derselben Angela Merkel, die 2015 eine große Zahl von Flüchtlingen ins Land gelassen hat, wird diese Zahl schon im Jahr darauf enorm verringert. De Maizière führt das im Januar 2017 ausdrücklich auf das Abkommen der EU mit der Türkei sowie die Schließung der Balkanroute zurück.[28]

Am 7. Oktober 2015, gut einen Monat nach ihrer weitreichenden Entscheidung, die Flüchtlinge nicht streng nach der Dublin-Regel in das Land zurückzuschicken, in dem sie erstmals europäischen Boden betreten haben, spricht Angela Merkel zum ersten Mal öffentlich über die Rolle der Türkei in der Flüchtlingspolitik. Bei der Talkshow »Anne Will« teilt sie einem Millionenpublikum mit, dass man der Türkei für die Versorgung der Flüchtlinge mehr Geld geben müsse. Wer

7. DIE TÄUSCHUNG

wenigstens so fair ist, der Kanzlerin nicht böse Absichten im Zusammenhang mit der Flüchtlingsaufnahme zu unterstellen, wie AfD, Pegida oder andere Verschwörungstheoretiker das tun, kann merken, dass die Regierungschefin an einer Lösung arbeitet. Dass sie verstanden hat: Hier muss ein Problem gelöst werden.

Wieso also lädt sich die Stimmung in der Union, vor allem zwischen CDU und CSU, so rasend schnell auf? Wieso unterstellt die bayerische Schwesterpartei der Kanzlerin, die doch auch ihre Minister- und andere Posten in Berlin schon so lange sichert, die Krisen bewältigt und das Land ökonomisch stabil hält, sie verhalte sich in der Flüchtlingskrise verantwortungslos? Spricht man Jahre später mit denjenigen, die damals eng dabei waren, über jene Zeit, so wird klar: Es ist die Kommunikation. Vielen fehlt im Herbst 2015, spätestens im Jahr 2016, das deutliche Signal. Selbst wer nicht erwartet, dass die Kanzlerin ein lautes Mea Culpa ausruft, der will doch, dass sie den Skeptikern ihrer Flüchtlingspolitik ein öffentlich vernehmliches Verständnis entgegenbringt.

Sogar unter denjenigen, die in den Jahren der großen Flüchtlingskrise zu den Kritikern Merkels gehören, die mehr Grenzschutz fordern, gibt es solche, die im Rückblick loben, was die Kanzlerin zur Begrenzung der Migrationsströme getan hat. Etwa Armin Schuster, der 2015 CDU-Bundestagsabgeordneter ist. »Es war kein Zufall, dass die Flüchtlingszahlen 2017 und 2018 nachhaltig einbrachen«, sagt Schuster, inzwischen sächsischer Innenminister, im Jahr 2024. »Das war die klare Folge des von Merkel verhandelten EU-Türkei-Abkommens gewesen in Kombination mit der Schließung der Balkanroute.« Wenn der türkische Präsident Erdoğan »wackelte«, habe Merkel »regelmäßig selbst verhandelt«.[29]

Auch Michael Kretschmer, als sächsischer Ministerpräsident Chef von Schuster, lobt Merkels Vorgehen. Er hätte sich aber eine andere Vermittlung gewünscht. »In der Flüchtlingspolitik hat sie nach außen gesagt ›Wir schaffen das‹. Hinter den Kulissen hat sie den Türkei-Deal eingefädelt. Aber vielleicht hätte sie ihr Vorgehen doch besser kommunizieren müssen.«[30] Ähnlich verbindet Wolfgang Schäuble Lob für und Kritik an Merkel. »Dass sie in der Flüchtlingskrise die Grenzen nicht geschlossen hat, war in der Akutsituation 2015 nachvollziehbar«, sagt Schäuble, der 2015 ihr Finanzminister ist, wenige Monate vor seinem Tod im Gespräch mit dem Autor. »Sie hat danach aber nicht Sorge dafür getragen, dass es bei vielen den Eindruck erweckt hat, alle könnten kommen – ganz nach dem Motto ›Germany is open‹.«[31]

In seinen Erinnerungen, die im April 2024 erscheinen, wird die Ambivalenz des erfahrenen Christdemokraten beim Blick auf Merkels Vorgehen noch deutlicher. Ihren Satz »Wir schaffen das!« habe er richtig gefunden, schreibt Schäuble, auch das Bekenntnis zum »freundlichen Gesicht Deutschlands«, ohne welches es ›nicht mein Land« sei. »Das waren starke Statements«, ist in den Erinnerungen des auf seine Loyalität Merkel gegenüber pochenden CDU-Abgeordneten aus dem Südwesten zu lesen. Da bahnt das Aber sich allerdings schon an. »Sie hätten eben nur von einer Vielzahl weiterer Maßnahmen und Anstrengungen begleitet werden müssen.«

Merkels Flüchtlingspolitik kritisiert Schäuble in seinen Erinnerungen deutlich. Sie und ihr Kanzleramtsminister Peter Altmaier hätten sich »verrannt«. Merkels »zögerliche Haltung« habe nicht nur ihn, sondern auch die Partei belastet. Vor allem aber wirft der Finanzminister des dritten Merkel-Kabinetts der Regierungschefin eine Täuschung der Menschen vor: »Im Unterschied zur Kanzlerin hielt ich es für richtig, den Bürgerinnen und Bürgern reinen Wein einzuschenken und klarzumachen, dass der Einsatz für die Flüchtlinge eben auch mit Kosten und Opfern verbunden ist. Appelle allein nützten nichts.« Dass

7. DIE TÄUSCHUNG

Merkel seiner Meinung nach nicht mit offenen Karten spielt, findet Schäuble vor allem deswegen falsch, weil nur so »Zustimmung für bestimmte Maßnahmen« zu bekommen gewesen wäre. Er habe etwa einen Solidarbeitrag für Flüchtlinge über eine Benzinabgabe angeregt, was auf den »Opfersinn« der Bürger habe zielen sollen. Auch habe Merkel dadurch Spielräume bekommen sollen. Offenbar stößt er auf taube Ohren. »Und so war ich gelegentlich frustriert darüber, dass Merkel in mancherlei Hinsicht beratungsresistent blieb. Nach meiner Einschätzung hätte sie ganz andere Möglichkeiten gehabt, um wirklich politisch zu führen und nicht nur zu reagieren.«[32] Schäuble erinnert daran, wie »führende Intellektuelle des Landes, die unverdächtig waren, auf der politischen Rechten zu reüssieren«, von »Staatsversagen« gesprochen hätten. Er spricht von »begründeten Vorwürfen«.[33]

Der erfahrene Christdemokrat versucht nicht, zu erklären, warum Merkel den Deutschen das Ausmaß der Herausforderung durch die große Zahl von Flüchtlingen verschwiegen hat. Es kann jedoch ausgeschlossen werden, dass er ihr düstere Absichten unterstellt, wie es die AfD tut. Es geht Merkel bei dieser Täuschung nicht um so etwas wie »Umvolkung«, wie ihr von rechts unterstellt wird. Vielmehr will sie offenkundig nicht zugeben, dass sie sich ihrerseits von der zunächst erfreuten, zum Teil begeisterten Stimmung in einem Teil der Bevölkerung hat täuschen lassen. Dass sie nicht viel früher geahnt hat, dass diese Stimmung nicht von Dauer sein würde. Dass sie die Deutschen nicht so gut kennt, wie ihre Kritiker aus CDU und CSU es von sich behaupten.

Schäuble erinnert daran, wie der einstige bayerische Ministerpräsident Edmund Stoiber ihn damals aufgefordert habe, Merkel zu stürzen und ihren Posten zu übernehmen. Er habe entschieden abgelehnt, schreibt Schäuble. »Wie Jahrzehnte zuvor blieb ich bei meiner Überzeugung, dass der Sturz der eigenen Kanzlerin unserer Partei langfristig nur schaden könnte, ohne das Problem wirklich zu lösen.« Das sei sein Verständnis von Loyalität gewesen, »das nach heutigen Maßstäben vielleicht ein wenig antiquiert erscheint«. Damit sagt er nicht, dass er sie verschonte, weil ihre Politik richtig gewesen wäre, sondern nur, dass der Vorgang der CDU auf die Füße gefallen wäre. »Eigentlich« habe Merkel »in jeder Phase« wissen können, dass sie sich auf ihren Finanzminister habe verlassen können, bilanziert Schäuble. »Aber natürlich hatte unser Arbeitsverhältnis aus vielerlei Gründen die beste Zeit hinter sich.«[34] Worauf diese Bemerkung im Einzelnen zielt, bleibt an der Stelle des Buches offen. Aber sicherlich dürfte der Streit über die Euro-Rettung auch gemeint sein.

»Von Berlin kam da nichts«

Die Kritik, Merkel habe in der Flüchtlingskrise unzureichend kommuniziert, ist weit verbreitet. Volker Bouffier, der seit 2013 mit den migrationsfreundlichen Grünen in Hessen regiert, schildert seinen Eindruck, dass das Flüchtlingsthema im Jahr 2015 von der Bundesregierung »völlig unterschätzt« worden sei. »In Berlin wurde die Dimension nicht erkannt, auch die Eigendynamik nicht«, sagt Bouffier. In Hessen habe man mit den Grünen bereits im Oktober 2015 ein Programm mit dem Titel »Unterbringung der Flüchtlinge und Zusammenhalt der Gesellschaft« erarbeitet. »Von Berlin kam da nichts.« Es habe »irgendeine geordnete Migrationspolitik des Bundes« nicht gegeben. Bouffier berichtet, dass er die Kanzlerin ausdrücklich aufgefordert habe, anders zu kommunizieren. »Das Bild, dass alle ›welcome‹ riefen, als die Flüchtlinge ankamen, verschwand relativ schnell.« Er habe Angela Merkel zum Jahreswechsel 2015/16 aufgefordert, »sie müsse mal öffentlich sagen, dass es so nicht weitergeht«, erinnert sich Bouffier. »Das hat sie aber nicht

7. DIE TÄUSCHUNG

gemacht.« Allerdings bescheinigt Bouffier der Bundeskanzlerin eine »innere Entwicklung«, die zum »Türkei-Deal« geführt habe. Dieser sei »richtig« gewesen. »Ich glaube, dass es auch nur so geht.«[35]

Besonders deutlich schildert Joachim Gauck die Schwierigkeiten Merkels beim Kommunizieren ihrer Flüchtlingspolitik. Der zunächst nicht von Merkel gewollte Bundespräsident zieht den Vergleich mit der Bankenkrise. »Als Angela Merkel mit Peer Steinbrück aufgetreten ist und den Menschen gesagt hat, ihre Ersparnisse seien sicher, hat das großes Vertrauen erzeugt«, erinnert sich der Alt-Bundespräsident an den Oktober 2008. »Als sie in der Flüchtlingskrise sagte, ›wir schaffen das‹, reichte dieses Vertrauen nicht mehr. Die Menschen wollten wissen, wie sie es schaffen will.« Gauck bemühte sich auf dem Höhepunkt der Flüchtlingskrise darum, die zunehmend polarisierte Debatte zumindest ein wenig auszubalancieren mit seinem berühmten Satz: »Unser Herz ist weit, aber unsere Möglichkeiten sind endlich.« Als er das sagt, so erinnert sich Gauck, »hat sie mich nicht darauf angesprochen«. Er habe damit eine Brücke bauen wollen. »Ich wollte die Debatte in die Mitte bekommen«, begründet er seine Formulierung. »Es war absehbar, dass die Willkommenskultur nicht ewig währen würde.« Er habe sich dabei »nicht als Merkel-Gegner gesehen«.[36]

All diese Äußerungen stimmen in einem überein: Offenbar gibt es in jener Zeit der Flüchtlingskrise auch bei denjenigen, die Merkels Entscheidung in der Nacht vom 4. auf den 5. September 2015 gutheißen, das dringende Gefühl, dass man die Verunsicherung, die Ängste der Menschen weit ernster nehmen muss, als es zumindest nach außen geschieht. Dieses Gefühl wird getragen von der Sorge, dass die freundliche Stimmung in Deutschland spätestens dann abnehmen wird, wenn die Belastungen im Alltag überall sichtbar werden: enorme Kosten, Turnhallen, die nicht mehr für den Sport genutzt werden können, weil Migranten dort untergebracht sind, offensichtliche Integrationsprobleme, die in der Sorge vor zunehmender Kriminalität durch Migranten gipfeln.

Die massenhaften Vorfälle, Sexual- und Eigentumsdelikte in der Silvesternacht 2015 rund um den Kölner Dom, die vornehmlich von jungen Männern aus dem arabischen und nordafrikanischen Raum begangen werden und zu mehr als tausend Strafanzeigen führen, schockieren ganz Deutschland. Sie führen dazu, dass sich diejenigen bestätigt fühlen, die Merkels Flüchtlingspolitik für naiv und gefährlich halten. Dass die Kanzlerin zu diesem Zeitpunkt schon lange hart an einem Abkommen mit der Türkei arbeitet, geht in der Erregung unter. Gesteigert wird diese dadurch, dass die Polizei erst beschönigende Berichte verfasst und einige Zeit braucht, um die Vorfälle in der gebotenen Deutlichkeit darzustellen, und daher auch die Medien erst spät berichten.

Das Zerwürfnis zwischen Merkel und Seehofer ist da schon weit gediehen. Seinen Höhepunkt hat es fünf Wochen vor der Kölner Silvesternacht am Nachmittag des 20. Novembers 2015, einem Freitag, in der Halle C1 der Münchner Messe. Einen vergleichbaren Fall von einem auf offener Bühne ausgetragenen Grundsatzstreit zwischen den Oberhäuptern der sogenannten Schwesterparteien CDU und CSU gibt es in den gesamten 16 Merkel-Jahren sonst nicht. Die CSU hat sich zum Parteitag getroffen. Schon an den »Fachpolitischen Foren«, die ab 12:30 Uhr der Plenarsitzung vorgeschaltet sind, lässt sich leicht ablesen, was der ewigen bayerischen Regierungspartei auf den Nägeln brennt. Thema Nummer eins ist die Migration, zwei die Leitkultur und drei die Integration. Nach der Eröffnung des Parteitags durch Generalsekretär Andreas Scheuer, den Berichten aus den Foren und der Beratung des Leitantrags kommt hoher Besuch nach München.

Merkel könnte den verärgerten Seehofer und die CSU am

7. DIE TÄUSCHUNG

20. November zumindest etwas besänftigen, wo sie schon mal in der Gegend ist. Es wäre eine Kleinigkeit, sich vor dem Besuch des Parteitags anzuschauen, wie an der bayerischen Grenze zu Österreich die ankommenden Flüchtlinge aufgenommen werden. Im Gegensatz zum Land Berlin, wo im Landesamt für Gesundheit und Soziales (LaGeSo) chaotische Zustände herrschen, haben die Bayern ein System aufgebaut, das bestens funktioniert.

Geordnete Abläufe in Rosenheim

Beispielsweise in Rosenheim, das nicht weit von München entfernt ist. Jede volle Stunde, 20-mal am Tag kommt ein Zug aus Österreich, in dem 50 Flüchtlinge sitzen. Sie werden geordnet in ein Zelt geführt, mit Wasser und Nahrung versorgt, registriert und weitertransportiert. Bis zur Ankunft des nächsten Zuges bleibt gerade genug Zeit, um wieder Ordnung herzustellen und die Wasservorräte aufzufüllen. Ein Besuch der Kanzlerin wäre ein Signal, dass sie anerkennt, was bei aller Kritik an der Flüchtlingspolitik vom besonders belasteten Freistaat im Süden Deutschlands geleistet wird, um für geordnete Abläufe zu sorgen. Aber Merkel kommt direkt aus ihrem Wahlkreis in Mecklenburg-Vorpommern nach München geflogen. Sie wird etwa eine Stunde bleiben.

Als sie aus dem strömenden Regen in die Parteitagshalle kommt, gibt es keine Pfiffe, aber auch nur wenig Applaus. Mitglieder der bayerischen Jungen Union halten Pappschilder hoch: »Klarer Kurs nur mit der CSU«, »Zuwanderung begrenzen«. Da die Verantwortlichen damit rechnen müssen, dass die Bundeskanzlerin nicht begeistert empfangen wird, haben sie dafür gesorgt, dass jede möglicherweise unangenehme Geräuschkulisse, sei es Stille, seien es Buhrufe, übertönt wird. Als Merkel durch die Halle läuft, ist die Musik so laut, dass die

MERKELS HÄSSLICHER DEAL ZEIGT WIRKUNG

Schwäche des Applauses zumindest akustisch nicht auffällt. Vor Merkels Ankunft haben die Delegierten mit überwältigender Mehrheit einen Leitantrag beschlossen, in dem eine nationale Obergrenze für Flüchtlinge gefordert wird. Eine Zahl findet sich nicht, aber es ist ein Signal. Die CSU weiß, dass es Merkels Kurs widerspricht.

Falls doch jemand noch Hoffnungen auf ein Umschwenken der Kanzlerin gehabt haben sollte, macht sie diese in einer etwa zwanzigminütigen Rede zunichte. Man müsse die Fluchtursachen bekämpfen, die Außengrenzen der Europäischen Union schützen und mit der Türkei zusammenarbeiten. Immerhin stimmt sie zu, dass die Zahl der nach Deutschland kommenden Flüchtlinge begrenzt werden soll. Von einer Obergrenze aber will sie nichts wissen. Der Beifall ist mäßig.[37]

Anschließend spielt sich vor laufenden Kameras, für ein Millionenpublikum sichtbar, eine Szene ab, die heute noch oft geschildert wird, wenn von der Zerrüttung zwischen CDU und CSU, Merkel und Seehofer, in der Migrationspolitik die Rede ist. Üblich ist nach solchen Auftritten ein kurzer Dank des Gastgebers, freundliche Worte, ein Scherz, vielleicht eine kleine Stichelei, alles wohlwollend und gerne untermalt mit einem Strauß Blumen oder einem Korb voller Köstlichkeiten der Region.

Stattdessen hebt Seehofer zu einer viertelstündigen Gegenrede an. Erst lobt der CSU-Vorsitzende die Leistungen Merkels, die zu diesem Zeitpunkt schon auf ein Jahrzehnt Kanzlerschaft mit mehreren bewältigten Krisen blicken kann. Dann aber kommt er auf die Migrationspolitik zu sprechen. Seehofer spürt den heißen Atem seines Finanzministers Markus Söder im Nacken. Der will Seehofer beerben und führt in der Migrationspolitik ein scharfes rhetorisches Schwert. Seehofer muss also die Muskeln spielen lassen, und das tut er, als Merkel neben ihm steht. »Ich habe die große Bitte und Forderung, dass

7. DIE TÄUSCHUNG

wir weiter reden über Obergrenzen«, sagt der CSU-Vorsitzende.[38] Das ist in der Sache nicht überraschend. Schlimmer als der Inhalt der Rede des CSU-Vorsitzenden ist, dass er die Kanzlerin der Bundesrepublik Deutschland zwingt, sich 15 Minuten lang im Stehen anhören zu müssen, wie er ihr ein schlechtes Zeugnis ausstellt. Was soll sie machen? Von der Bühne gehen? Der Eklat wäre noch viel größer gewesen. Die Stimme gegen den Redner erheben? Unvorstellbar. Also verschränkt sie die Arme vor der Brust und guckt trotzig geradeaus, während Seehofer spricht.

Am nächsten Morgen steht die Wahl des Vorsitzenden auf der Tagesordnung. Seehofer erhält 87,2 Prozent der Delegiertenstimmen. Das schlechteste Ergebnis, das er je bekommt. Wer weiß: Vielleicht wäre es ohne den groben Umgang mit der Kanzlerin noch schlechter ausgefallen? Jedenfalls hinterlässt die Sache Spuren. »An überbordender Eitelkeit leidet Merkel nicht«, sagt Volker Bouffier zurückblickend. »Aber der Auftritt im November 2015 beim CSU-Parteitag hat innerliche Wunden geschlagen bei ihr.«[39]

Merkels ohnehin geringe Bereitschaft, Fehler öffentlich einzugestehen, ist ein wichtiger Grund dafür, dass der Streit über die Flüchtlingspolitik weiter brodelt und Jahre später, im Sommer 2018, von der CSU auf dem Weg zur bayerischen Landtagswahl wieder so befeuert wird, dass fast die Unionsfraktion im Bundestag auseinanderbricht. Die Kanzlerin hat zwar nicht nur viel dafür getan, die Zuzugszahlen zu senken. Sie hat auch zu erkennen gegeben, die Entscheidung in der Nacht vom 4. auf den 5. September 2015 sei eine Ausnahme gewesen. Allerdings dauert diese lange an.[40]

Ein Jahr später, Anfang September 2016, berichten ihr Abgeordnete in einer Sitzung der Unionsfraktion, sie würden gefragt, ob sich die Vorgänge des Jahres 2015 wiederholen würden. Merkel versichert, dass das nicht wieder geschehen werde.⁴¹ Aber das alles bedeutet kein Fehlereingeständnis. Man darf gerade bei der Beurteilung von Merkels Handeln in der Migrationsfrage und dem Streit mit der CSU einen Charakterzug von ihr nicht außer Acht lassen. Im November 1998, als die Flüchtlingspolitik keine dominante Rolle spielt, beschreibt Merkel sich selbst folgendermaßen: »Ich bin schon sehr störrisch, wenn es um bestimmte Grundlagen und Grundpositionen geht.«⁴²

Merkel war nicht von Gutmenschentum getrieben

Sind es tatsächlich die »Grundpositionen«, die zu Merkels Weigerung führen, ihr Verhalten in der Migrationspolitik unter dem Druck ihrer Kritiker als falsch einzugestehen? Oder ist sie, wie sie sich selbst nennt, »störrisch«? Sicherlich ist sie von humanitären Motiven geleitet. Aber dass sie dabei von naivem Gutmenschentum angetrieben wäre, stimmt nicht. Das belegt schon ein Blick zurück. Im Herbst 2000, als Merkel gerade ein halbes Jahr CDU-Vorsitzende ist, streitet die Partei über den Begriff der Leitkultur. Er wird mit Friedrich Merz verbunden, der damals Fraktionsvorsitzender ist und den Begriff der »deutschen Leitkultur« geprägt hat. Als Teile der Partei in der Flüchtlingskrise eineinhalb Jahrzehnte später kritisch auf Merkel und verklärt auf Merz schauen, scheint ihre vermeintlich liberale Haltung in der Migrationspolitik der Gegenentwurf zu Merz zu sein.

Tatsächlich aber passt im Herbst 2000 in dieser Frage kein Blatt zwischen die beiden. In dem wochenlangen Streit der Partei über das Thema, in dem sich etwa der saarländische Ministerpräsident Peter Müller skeptisch gegenüber dem Begriff Leitkultur zeigt, tritt Merkel dafür ein, die Leitkultur zur Richtlinie für die deutsche Zuwanderungspolitik zu machen. Die CDU wolle damit ein sehr klares Bekenntnis zur Nation

7. DIE TÄUSCHUNG

ablegen, sagt sie am 6. November nach der Zusammenkunft der Führungsgremien der CDU. Sie folgt damals Merz, der die »deutsche Leitkultur« zur Richtschnur für die Integration von Zuwanderern gemacht hat, wie er es 24 Jahre später als Parteivorsitzender wieder tun wird. Die Vorsitzende kämpft dafür, dass der Ausdruck gegen den Wunsch seiner Kritiker in einem Eckwertepapier festgeschrieben wird.

Merkel geht im Jahr 2000 noch weiter. Die Partei werde der Debatte darüber, »was das Land zusammenhält«, nicht ausweichen. »Nur wer bei sich selber ist, kann auch bei anderen sein«, äußert sie. Eine multikulturelle Gesellschaft nennt sie eine »Lebenslüge«. Die CDU sei für Zuwanderung, diese könne aber nur geregelt stattfinden. Den Sozialdemokraten wirft sie vor, zum Teil ein gestörtes Verhältnis zum Wort Vaterland zu haben.[43] Merkel geht sogar noch einen Schritt weiter. Als der Präsident des Zentralrats der Juden, Paul Spiegel, den Begriff Leitkultur kritisiert, wirft die CDU-Vorsitzende ihm vor, diesen bewusst missverstanden zu haben.

Welches also ist die wirkliche Überzeugung von Angela Merkel in dieser Frage? Leitkultur als Richtschnur und Multikulti als Lebenslüge? Oder das freundliche Gesicht gegenüber Flüchtlingen, ohne das Deutschland nicht mehr ihr Land ist? Wie stets müssen die Umstände berücksichtigt werden. Als sie zu Beginn ihrer Zeit als Vorsitzende für den Begriff Leitkultur kämpft, ist es gerade ein Jahr her, dass Roland Koch mithilfe einer Unterschriftenaktion gegen die von der rot-grünen Bundesregierung beschlossene doppelte Staatsbürgerschaft die Landtagswahl in Hessen gewonnen hat. Merkel ist zwar – wie Wolfgang Schäuble es in seinen Erinnerungen beschreibt – gegen die Unterschriftenkampagne, trägt sie aber mit.[44] Und sie muss erkennen, dass man in der CDU-Wählerschaft mit einer solchen – mindestens in der Wirkung – ausländerkritischen Aktion eine wichtige Wahl gewinnen kann. Im Spätsommer

2015 hingegen entscheidet sie vor dem Hintergrund der zunächst vorherrschenden öffentlichen Zustimmung.

Eines jedenfalls ist klar: Die Behauptung, Merkel verfolge mit ihrer Flüchtlingspolitik seit 2015 langfristige Ziele, die deutsche Gesellschaft umzustrukturieren, entbehrt jeder Grundlage. Sie handelt reaktiv, 2000 ebenso wie 2015. Als Kanzlerin orientiert sie sich hier wie bei anderen Themen an der Mehrheitsgesellschaft.

Kritik an ihrer Migrationspolitik erfährt Merkel in ganz Deutschland, besonders stark jedoch im Osten. Zum Symbol dafür werden die Ereignisse in der kleinen Stadt Heidenau im Südosten der sächsischen Landeshauptstadt Dresden. Einige Tage vor ihrer Entscheidung, die Migranten aus Ungarn ins Land zu lassen, fährt Merkel dorthin, um sich eine Flüchtlingsunterkunft anzusehen. Wütende Menschen bereiten ihr einen hässlichen Empfang. Vor Kameras und Mikrofonen werden Beleidigungen gerufen. Es sind unpolitische Wutausbrüche wie »Du blöde Schlampe«, aber auch »Wir sind das Pack«. Das bezieht sich auf eine Äußerung des SPD-Vorsitzenden und Vizekanzlers Sigmar Gabriel, der kurz zuvor in Heidenau gewesen ist und von »rechtsradikalem Mob« sowie vom »Pack, das sich hier herumgetrieben hat« spricht.[45]

Als »Volksverräterin« beschimpft

Was Merkel aber besonders trifft, ist das Schimpfwort »Volksverräterin«. Das ist nicht ein beliebiger Schmäh, der jedem Politiker an jedem Ort Deutschlands zugerufen werden könnte. Hier stehen Merkels Landsleute, die sich als Gralshüter des Erbes jener »Wir sind das Volk«-Rufer aufführen, die ein Vierteljahrhundert zuvor mit einer friedlichen Revolution die sozialistische Diktatur beendet haben. Wie viele von denen, die Merkel im Jahr 2015 übelst beschimpfen, einst Honecker nie-

7. DIE TÄUSCHUNG

derskandiert haben, ist nicht zu überprüfen. Aber die Wut auf Merkels Flüchtlingspolitik rührt auch daher, dass viele der Kanzlerin vorwerfen, sich zu sehr an den Interessen der westdeutschen Mehrheitsgesellschaft zu orientieren, statt auf die Kritiker ihrer Asylpolitik zu hören, von denen es im Osten viele gibt. Hätte eine westdeutsche Kanzlerin dieselbe Politik gemacht, wären die Menschen im Osten sicher auch wütend gewesen. Als Verräterin hätten sie sie vermutlich nicht beschimpft. Hier bricht sich Enttäuschung Bahn, dass eine der Ihren nicht auf ihrer Seite kämpft.

Angela Merkel hat es sehr genutzt, dass sie die Machtmechanismen der westdeutsch geprägten Bundesrepublik so schnell gelernt und verinnerlicht hat. Der Preis dafür ist, ihre ostdeutsche Herkunft möglichst wenig zu thematisieren. Während der ersten zehn Kanzlerinnenjahre wird das nicht zu einem großen Thema. Mit dem Streit über die Flüchtlingspolitik ändert sich das. An Merkel geht das nicht spurlos vorbei. »Es hat sie besonders getroffen, wenn der Hass Ostdeutscher auf sie traf. Etwa in Heidenau, wegen ihrer Flüchtlingspolitik«, sagt Thomas de Maizière. »Viele Ostdeutsche haben sich von Merkel gerade durch diesen Teil ihrer Politik verraten gefühlt.«[46]

Der sächsische Landtag ist der erste, in den die AfD einzieht, das ist bereits im September 2014. Die anderen folgen wie die Dominosteine. Obwohl das Kabinett Merkel III über das Türkei-Abkommen und die Schließung der Balkanroute hinaus zahlreiche asylrechtliche Verschärfungen beschließt, obwohl die Zahlen der neu nach Deutschland kommenden Migranten sinkt, zieht die AfD in einen Landtag nach dem anderen ein. Seehofers Ahnung, dass der »Stöpsel« nicht wieder in die Flasche zu bekommen sei, bewahrheitet sich.

Genau ein Jahr nach Merkels folgenreicher Entscheidung wählt am 4. September Mecklenburg-Vorpommern, wo Merkel ihren Bundestagswahlkreis hat und einst CDU-Landesvorsitzende gewesen ist. Abgesehen von der Tierschutzpartei, die auf 1,2 Prozent kommt, verlieren alle anderen etablierten Parteien. Die AfD schießt dagegen im ersten Anlauf auf sensationelle 20,8 Prozent. Die SPD liegt zwar noch knapp zehn Prozentpunkte vor der rechten Partei, die übrigen aber hinter ihr, auch die CDU. Dass Merkel kurz vor der Wahl noch einmal die Willkommenskultur hochhält, ist nicht gerade Wahlkampfhilfe für ihre Parteifreunde im Nordosten. Auf der Wahlparty der AfD am Sonntagabend sagt der thüringische AfD-Vorsitzende Björn Höcke, in Mecklenburg-Vorpommern sei über die »desaströse Politik der Kanzlerdiktatorin in Berlin« abgestimmt worden. Aus dem Publikum echot es: »Merkel muss weg!«

Die ist tatsächlich nicht da, sondern in China. Am Montag nach der Wahl lässt sie sich zur Sitzung des CDU-Vorstands zuschalten. Die Leitung ist schlecht. Dennoch verstehen die Parteifreunde, dass sie das Ergebnis zwar bedauert, aber keine Konsequenzen für ihre Migrationspolitik ziehen will. Immerhin habe die SPD mehr Stimmen verloren als die CDU, versucht die Kanzlerin die Katastrophe irgendwie abzumildern. Es ist ein unedler Wettstreit zwischen minus vier und minus fünf Prozentpunkten. Jens Spahn, Parlamentarischer Staatssekretär im Bundesfinanzministerium, wird mit den Einlassungen vernommen, statt immer nur »Wir schaffen das« zu sagen, müsse man überlegen, wie man es hinbekommen könne, dass die Menschen auch auf diese Worte vertrauten.[47]

Am 24. September 2017 wird ein neuer Bundestag gewählt. In ihrem zweiten Anlauf zieht die AfD mit 12,6 Prozent der Stimmen ins höchste deutsche Parlament ein. Zwar liegen CDU und SPD noch weit vor der Alternative für Deutschland. Grüne, Linke und FDP jedoch dahinter. Die Redner von rechtsaußen werden fortan erhebliche Fantasie an den Tag

7. DIE TÄUSCHUNG

legen, von noch so entlegenen Themen aus den Bogen zur Migrationspolitik Merkels und den Defiziten der Integration zu schlagen.

Wagnis und Ende

Am 27. September 2009 ist der Grundstein dafür gelegt, dass aus der Kanzlerschaft Merkels eine Ära wird, ganz gleich, wie man sie bewertet. Die erste Wiederwahl ist ihr gelungen. Die Gefahr, als Zufall in die Geschichtsbücher einzugehen, ist gebannt. Die Wiederwahl ist für einen Kanzler noch wichtiger als die erste Wahl. Diese findet oft aus den Umständen heraus statt und bedeutet noch nicht, dass die Wähler die Leistung des Regierungschefs gut genug finden, um ihn wiederzuwählen. Der Beleg dafür ist erst mit mindestens einer Folgewahl erbracht. Olaf Scholz ist ein Beispiel dafür. Hätte die SPD ihren Vorrat an kanzlertauglichem Führungspersonal nicht komplett verschlissen, wäre der in der Partei lange unbeliebte Scholz kaum zum Kanzlerkandidaten geworden. Und hätte die Union unter Führung des bayerischen Ministerpräsidenten Söder die Aussichten auf einen Wahlsieg ihres Kandidaten Armin Laschet nicht selbst systematisch torpediert, wäre Scholz kaum Kanzler geworden. Mit der ihm eigenen Fähigkeit zur Autosuggestion hat der Sozialdemokrat seinen Sieg jedoch als Produkt seiner Fähigkeiten und seines Wahlkampfes dargestellt. Schon ein Jahr nach seiner Wahl legt er sich fest, in der rot-grün-gelben Koalition auch nach der nächsten Wahl weiterregieren zu wollen. Er will auf keinen Fall ein Unterkapitel der bundesrepublikanischen Geschichte bleiben.

Solche Befürchtungen muss Angela Merkel spätestens ab 2013 nicht mehr haben. Sie kann sich in ihrer dritten Legislaturperiode auf den geplanten selbstbestimmten Abgang konzentrieren. Die Jahre 2015 und 2016 gehören zu den schwierigsten ihrer Kanzlerschaft. Für einen Teil der Deutschen und viele Menschen im Ausland ist sie zwar durch ihre Flüchtlingspolitik zu einer Ikone der Menschlichkeit geworden. Dessen ungeachtet wächst im eigenen Land nach dem enormen Zustrom von Migranten jedoch das Gefühl der Überforderung. Merkel denkt sehr ernsthaft darüber nach, ob sie es ein viertes Mal wagen soll. Einer, der ihr zu einer weiteren Kandidatur rät, ist Wolfgang Schäuble.[48] Sein Urteil hat Gewicht. Auch Volker Kauder hält einen Verzicht für problematisch. »Nach der ganzen Flüchtlingskrise konnte man nicht im Sommer 2016 sagen, wir gehen«, erinnert er sich. »Ich weiß nicht, was letztendlich Angela Merkels Überzeugung war, aber ich habe ihr immer gesagt, das könnte auch so interpretiert werden, dass wir uns vom Acker machen.«[49] Also tritt Merkel noch einmal an. Das Risiko des Scheiterns wirkt dieses Mal schwerer als bislang.

Die Union wird bei der Bundestagswahl 2017 trotz eines Verlusts von mehr als acht Prozentpunkten deutlich stärkste Kraft. Obwohl auch die Sozialdemokraten kräftig verlieren, wäre eine dritte schwarz-rote Koalition möglich. Dieses Mal aber wollen die Genossen wirklich nicht mehr. Sie haben die Nase voll davon, der kleine Partner einer CDU-Kanzlerin zu sein, die erfolgreich auf den sozialdemokratischen Themenfeldern wildert und sie damit immer kleiner macht. Merkel versucht, erstmals in der Geschichte der Bundesrepublik, ein Bündnis von Union, Grünen und FDP zu bilden, nach den Farben der Flagge Jamaika-Koalition genannt. Lange sieht es so aus, als käme man zusammen. Bis der FDP-Vorsitzende Christian Lindner im letzten Moment von Bord springt. Mithilfe des sozialdemokratischen Bundespräsidenten Frank-Walter Steinmeier wird die SPD mühsam dazu bewegt, doch noch ein drittes Bündnis mit Merkel einzugehen. Fast ein halbes Jahr

7. DIE TÄUSCHUNG

wird seit der Wahl im September 2017 vergangen sein, bis im März 2018 das Kabinett Merkel IV steht.

Hinter der Kanzlerin liegen mehr als zwölf Jahre des Regierens voll mit fordernden Krisen, die letzten Koalitionsverhandlungen sind ihre bislang strapaziösesten gewesen, und im Bundestag sitzen annähernd 100 Abgeordnete der AfD, denen der offen artikulierte Hass der Partei auf Merkel den Weg unter die Reichstagskuppel geebnet hat. Die Kanzlerin ist 63 Jahre alt. Zumindest mal ein halbes Jahr ruhiges Regieren hätte sie sich nach bürgerlichen Normalvorstellungen vom Arbeitsleben verdient. Sie sind ihr nicht vergönnt. Der Streit mit der CSU über die Migrationspolitik wird mit einer solchen Schärfe wieder aufbrechen, dass sogar die Ereignisse in der zweiten Hälfte des Jahres 2015 in den Schatten gestellt werden.

Dabei sind die Asylbewerberzahlen deutlich auf dem Weg nach unten seit 2016. Aber im Oktober wählen die Bayern einen neuen Landtag. In der CSU ist der zweite Teil des Machtkampfs zwischen Markus Söder und Horst Seehofer in vollem Gange. Das Amt des Ministerpräsidenten hat Söder bereits erobert. Nun will er von Seehofer noch den Parteivorsitz. Dafür ist ein gutes CSU-Ergebnis bei der Landtagswahl noch wichtiger, als es ohnehin immer für die Partei ist, die es als selbstverständlich betrachtet, den Ministerpräsidenten zu stellen.

Würde man sich die vierte Regierung Merkel als klassisches Drama vorstellen, so wäre der Sommer 2018 der Höhepunkt, bevor alles über das retardierende Moment geradewegs in die Katastrophe mündet. Vordergründig geht es bei der Neuauflage des Asylstreits um die sogenannte Dublin-III-Verordnung, also die Frage, ob Migranten an der deutschen Grenze zurückgewiesen werden können in das Land, in dem sie erstmals als Asylsuchende erfasst wurden, oder ob sie einen Anspruch haben, in Deutschland ihr Asylverfahren durchführen zu lassen. Das kann Monate, im äußersten Fall Jahre dauern.

Seehofer verlangt die Möglichkeit der Zurückweisung, sollte Merkel nicht eine gleichwertige europäische Lösung präsentieren können. Die Kanzlerin ist strikt gegen Seehofers Forderung und setzt auf eine europäische Lösung. Es ist Juni 2018, Merkels dritte Koalition mit den Sozialdemokraten regiert gerade mal seit einem Vierteljahr.

In Wirklichkeit geht es bei dem Streit nicht um die Zurückweisung von Flüchtlingen, sondern es tobt ein Kampf darum, wer das Sagen hat im Land. Wer hat die Interpretationshoheit darüber, in welche Richtung Deutschland sich entwickelt? Soll es weltoffener und liberaler werden oder soll mehr Rücksicht auf diejenigen genommen werden, die diese Entwicklung skeptisch sehen? Dieser Konflikt wird am Beispiel der Flüchtlingspolitik ausgetragen. Merkels Formulierung, wenn man kein »freundliches Gesicht« zeigen könne, dann »ist das nicht mein Land«, prallt auf eine Haltung in konservativen Unionskreisen, die lautet, das sei auch nicht ihr Land. Die Kanzlerin und ihr Innenminister wissen, dass sie beide ihre letzte große politische Schlacht schlagen, in der sie Einfluss auf diese Entwicklung nehmen können. Grenzen auf oder Grenzen zu ist weit mehr als ein operatives Detail der Asylpolitik. Es ist in Deutschland wie in anderen Ländern nur die emotional hoch aufgeladene Spitze eines Eisbergs.

Merkel droht mit ihrer Richtlinienkompetenz

Die Geschütze, die Merkel wie Seehofer auffahren, sind die größten, die die Politik zu bieten hat. Schon Mitte des Monats lässt Merkel ihren Regierungssprecher Steffen Seibert an den Artikel 65 des Grundgesetzes erinnern, der festlegt, dass die Kanzlerin die Richtlinien der Politik bestimmt. Seibert setzt hinzu, dass diese Richtlinien für die Bundesminister verbindlich seien. Merkel selbst droht ihrem Innenminister unmiss-

7. DIE TÄUSCHUNG

verständlich: Wenn die Zurückweisung von Flüchtlingen an der nationalen Grenze ohne Absprache mit den anderen EU-Staaten von ihm angeordnet würde, würde das zur Frage ihrer Richtlinienkompetenz.[50] Seehofer jongliert einerseits öffentlich mit Rücktrittsgedanken, verbreitet andererseits, dass er sich nicht von einer Kanzlerin rauswerfen lasse, die nur seinetwegen im Amt sei. Söder gießt eimerweise Öl in das lodernde Feuer, etwa indem er vor »Asyltourismus« warnt.

Irgendwann ist außerhalb der Kampfarena kaum noch zu begreifen, wer gerade welchen Plan entwirft oder welche Bedingungen stellt. Es geht nur noch ums Rechthaben. Seehofer weiß, dass ihm die Macht in Bayern entglitten, dass Söder der neue starke Mann ist. Merkel spürt zwar auch, wie der Boden unter ihren Füßen bebt, aber das ganze Ausmaß ihres Machtverfalls scheint ihr nicht klar zu sein. Oder sie nimmt es hin. Jedenfalls kämpft sie nicht mit aller Kraft für die Wiederwahl ihres engen Vertrauten Kauder zum Fraktionsvorsitzenden, als diese im September ansteht. Der nordrhein-westfälische CDU-Abgeordnete Ralph Brinkhaus hat seine Kandidatur gegen Kauder angemeldet. Er wirbt für sich. Das Merkel-Lager müsste gewarnt sein, müsste sich zumindest anstrengen beim Werben um eine abermalige Amtszeit für Kauder. Schon, um zu zeigen, dass man die Macht nicht für selbstverständlich hält. Doch das geschieht nicht. Nach fast drei Jahrzehnten erfolgreichen Kampfs in der Bundespolitik scheint der Machtinstinkt Merkels, eines der nach Helmut Kohl größten Talente auf diesem Gebiet, zu schwinden. Am 25. September 2018 wird Brinkhaus mit 125 gegen 112 Stimmen zum neuen Vorsitzenden der CDU/CSU-Fraktion gewählt. Das ist der Paukenschlag, der den Anfang vom Ende Angela Merkels nun unüberhörbar verkündet.

Jetzt wird es höchste Zeit für Merkel, den Weg nach draußen zu finden, bevor ihre Parteifreunde ihr noch deutlichere Sig-

WAGNIS UND ENDE

nale geben. Am 28. Oktober 2018 wählen die Hessen einen neuen Landtag. Die CDU stürzt ab und verliert mehr als elf Prozentpunkte, ihr bisheriger Koalitionspartner, die Grünen, gewinnen fast neun hinzu. Auch die AfD legt kräftig zu. Allerdings reicht es noch knapp für eine Fortsetzung des schwarzgrünen Regierungsbündnisses in Wiesbaden. Typen wie Helmut Kohl oder Gerhard Schröder hätten vermutlich versucht, die Sache herunterzureden. Dass sie eine solche Landtagswahl als Anlass genommen hätten, das Ende ihrer eigenen Kanzlerschaft einzuläuten, ist nahezu ausgeschlossen. Dafür waren sie bis zu ihrem Ende wider Willen zu selbstverständlich davon überzeugt, die Richtigen für die Führung des Landes zu sein. Lieber in der offenen Feldschlacht mit dem Wähler unterliegen als aufgeben.

Merkel ist anders. Meistens weisen Bundespolitiker bei schlecht verlaufenen Landtagswahlen auf landesspezifische Gründe hin. Doch nach einem solchen Sommer des permanent öffentlich zelebrierten Missvergnügens in der Union, das deren wichtigste Politikerin nicht unter Kontrolle bekommen hat, versucht diese erst gar nicht, die Verantwortung auf die Hessen abzuschieben. Bevor es jemand anders tun kann, zieht Angela Merkel sich am Tag nach der Wahl in den Sitzungen der CDU-Führungsgremien selbst den Stecker.

»Wenn die Menschen uns also ins Stammbuch schreiben, was sie von den Vorgängen mit der Regierungsbildung auf der Bundesebene und von der Arbeit der Bundesregierung in den ersten sieben Monaten halten, dann ist das ein deutliches Signal, dass es so nicht weitergehen kann«, sagt sie in einer vorbereiteten Erklärung gleich nach den Gremiensitzungen. Und weiter: »Das Bild, das die Regierung abgibt, ist inakzeptabel.« Sie kündigt nicht nur an, dass sie im Dezember auf dem CDU-Parteitag in Hamburg nicht wieder für den Parteivorsitz kandidieren werde. Auch wolle sie sich bei der nächsten Bundestags-

7. DIE TÄUSCHUNG

wahl im Herbst 2021 nicht noch einmal um die Kanzlerschaft bewerben.

Angela Merkel hat sich vor allem nach dem Ende ihrer Kanzlerschaft den Ruf erworben, dass Selbstkritik nicht zu ihren bevorzugten Disziplinen gehört. Gemessen daran, ist der Vorgang am 29. Oktober 2018 eine Sensation. Ein gutes halbes Jahr nach ihrer vierten Wahl zur Bundeskanzlerin stellt sie die Leistung ihrer Bundesregierung anlässlich einer nicht gut, letztlich aber doch siegreich für die CDU verlaufenen Landtagswahl als so miserabel dar, dass ihr nur noch die Kapitulation als angemessene Reaktion erscheint. Sie zieht sich nicht nur vom Parteivorsitz zurück. Sie beansprucht nicht einmal mehr, die verbleibenden drei Jahre weiter zu regieren, sie bietet es lediglich an. »Für den Rest der Legislaturperiode bin ich bereit, weiter als Bundeskanzlerin zu arbeiten.« Für ein Amt, das zu erlangen und auszuüben immer den hundertprozentigen Willen und Einsatz fordert, ist das eine sehr zurückhaltende Formulierung. Die meisten ihrer Vorgänger dürften bis zum letzten Tag zu jeder Tages- und Nachtzeit ein unbedingtes »ich will« ausgesprochen haben.

»Das ist ein Wagnis, keine Frage«

Dann kommt Merkel an jenem Tag darauf zu sprechen, was ihre Entscheidung für die nächsten drei Jahre bedeutet. Sie weiche von ihrer »tiefen Überzeugung« ab, dass Parteivorsitz und Kanzleramt in einer Hand sein sollten, sagt sie. Sie konnte mit ansehen, wie die Macht von Gerhard Schröder verfiel, als er 2004 den SPD-Vorsitz abgab. Er tat das allerdings in der Hoffnung, seinen wegen der Arbeitsmarktreformen bröckelnden Rückhalt in der SPD noch einmal zu stabilisieren, um weiter an der Macht zu bleiben. Weil Merkel dagegen ihren Schritt mit der Ankündigung des etappenweisen Endes aller politischen Ambitionen verbindet, scheint er ihr vertretbar. Obwohl, so äußert sie, er »ohne Beispiel« in der Geschichte der Bundesrepublik sei. »Das ist ein Wagnis, keine Frage«, sagt sie am Tag nach der hessischen Landtagswahl. »Aber unter Abwägung aller Vor- und Nachteile bin ich dennoch zu dem Ergebnis gekommen, dass es vertretbar ist, dieses Wagnis einzugehen.«

Aber für wen ist dieses Wagnis vertretbar? Merkel behauptet, dass ihr Vorgehen »viel mehr Chancen als Risiko« biete, »für unser Land, die Bundesregierung und auch für meine Partei«.[51] In Punkt eins und zwei ihrer Aufzählung ist ihr schwer zu widersprechen. Die Regierung Merkel IV bleibt trotz des Zerwürfnisses in der Union bis zu ihrem Ende stabil. Das gilt allemal, wenn man den Vergleich mit der nachfolgenden Koalition von Merkels einstigem Vizekanzler Olaf Scholz zieht, die schon vom zweiten Jahr an durch dauerhaften Streit einen Gutteil ihrer Handlungsfähigkeit einbüßt. Merkel und ihre Regierung hingegen bringen die Deutschen durch die schwierige Phase der Covid-Pandemie. Dabei vertrauen die Menschen ihr wieder wie einst, als sie in der Bankenkrise die Sparguthaben für sicher erklärte.

Sogar das exekutive Handeln mit der CSU gelang in den letzten Jahren wieder besser. »In der Coronazeit habe ich allerhöchsten Respekt für Angela Merkel entwickelt. Ich konnte mich immer auf die Kanzlerin verlassen«, sagt im Rückblick der in der Flüchtlingspolitik Merkel gegenüber so kritische bayerische Ministerpräsident und CSU-Vorsitzende Söder. »Wir hatten den richtigen Kurs und haben auch gut kommuniziert.« Er habe während der Pandemie abends viel mit Merkel geschrieben, erinnert sich Söder. »Sie gab mir jedes Mal gute Ratschläge, ich sage dazu immer: Konfuzius-SMS.«[52]

Was die parteipolitische Seite angeht, so hat sich mit Merkels persönlichem Ausstiegsbeschluss jedoch viel getan. Ex-Kanz-

7. DIE TÄUSCHUNG

leramtschef Helge Braun beschreibt es so: »Durch die Entscheidung Merkels im Oktober 2018, nicht wieder als CDU-Vorsitzende und auch nicht wieder als Kanzlerin zu kandidieren, hat sich in der Regierungsarbeit nicht so viel verändert. Wohl aber im inneren Gefüge der Union und der Koalition.«[53] Letzteres ist unbestreitbar. Noch während der Zusammenkunft der CDU-Führungsgremien am Tag nach der Hessenwahl bricht der Kampf um die Nachfolge der scheidenden Königin aus.

Dieser Streit wird mehr als drei Jahre dauern und einer der zerstörerischsten der Unionsgeschichte werden. Anders als die Spendenaffäre findet er statt, während die Union noch regiert, allerdings mit einer Kanzlerin, die ihr eigenes Verfallsdatum verkündet hat. Für einen kurzen Moment wirkt es so, als könne die Sache gut ausgehen. Am 7. Dezember 2018 wird CDU-Generalsekretärin Annegret Kramp-Karrenbauer auf dem Parteitag in Hamburg zur neuen Parteivorsitzenden gewählt. Sie kann sich gegen die Konkurrenten Friedrich Merz und Jens Spahn durchsetzen, nachdem sich alle drei vorher auf Regionalkonferenzen den Parteimitgliedern und der Öffentlichkeit präsentiert haben. Das wird als offener Wettbewerb im besten Sinne dargestellt und kann nach 18-jähriger Herrschaft einer einzigen Vorsitzenden auch so empfunden werden. Als Kramp-Karrenbauer gewählt ist und mit Merkel in Hamburg auf der Bühne steht, wirkt alles harmonisch.

Doch das Glück währt nicht lange. Die neue Vorsitzende glaubt, ihrer Partei eine offene Debatte über Merkels Flüchtlingspolitik zu schulden, und lädt zu diesem Zweck in die Parteizentrale, das Konrad-Adenauer-Haus, ein. Obwohl das Treffen keineswegs zu einem Scherbengericht wird, macht Merkel keinen Hehl daraus, dass sie diese Form der Beschäftigung mit ihrer Politik für »verplemperte« Zeit hält. Statt sich der Diskussion zu stellen, setzt sie sich mit Kulturstaatsministerin Monika Grütters und ihrer einstigen Bildungsministerin Annette Schavan unübersehbar in eine nahe gelegene Hotelbar und nimmt dort einen Drink. Ein in dieser Öffentlichkeit höchst ungewöhnlicher Vorgang, der schnell den Weg in die »Bild«-Zeitung findet und das wohl auch soll. Merkel demonstriert, was sie von kritischen Diskussionen über ihre Leistung als Kanzlerin hält.[54]

Für einen kurzen Moment wirkt es dennoch so, als könne die CDU durchlüften und durch eine Neuordnung der Machtstrukturen frischen Schwung bekommen. Doch diese Illusion dauert nur wenige Monate. Schon im Sommer 2019 ist Kramp-Karrenbauer verunsichert, ob sie nur mit dem Parteivorsitz gegen die nach wie vor mächtige Kanzlerin genügend Gewicht auf die Waagschale bringen kann. Sie greift nach dem Verteidigungsministerium. Damit ist sie, die ihre Macht eigentlich aus dem Votum der Mitglieder ziehen müsste, zugleich abhängig von der Regierungschefin. Diese kann ihre Ministerin feuern, wann sie will. Merkel, die sich mit aller Härte durchgesetzt hat in einer ihr lange Zeit skeptisch gegenüberstehenden CDU, spürt immer deutlicher, dass die einstige saarländische Landespolitikerin diese Härte nicht mitbringt und somit als Kanzlerin nicht taugt. Als es Kramp-Karrenbauer nicht gelingt, die Wahl des FDP-Politikers Thomas Kemmerich zum Ministerpräsidenten in Thüringen mithilfe von Stimmen der CDU und der AfD zu verhindern, reichen ein paar kritische Sätze Merkels von Südafrika aus, um das Schicksal der glücklosen Parteivorsitzenden zu besiegeln. Genau ein Jahr nach dem Treffen zur Migrationspolitik kündigt Kramp-Karrenbauer ihren Rücktritt an.

Kurz darauf beginnt die Coronapandemie. Die CDU kann für lange Zeit nicht mehr zu einem Parteitag zusammenkommen, die Suche nach einem Nachfolger für Kramp-Karrenbauer wird dadurch erheblich erschwert. Als schließlich der nordrhein-westfälische Ministerpräsident Armin Laschet ge-

7. DIE TÄUSCHUNG

wählt ist, stellt sich rasch heraus, dass auch er nicht das richtige Kaliber für den Kampf ums Kanzleramt ist. Nachdem CSU-Chef Markus Söder lange gezögert hat, offenbart er seine Kanzlerambitionen. Die Union rutscht im Wahljahr 2021 endgültig ins Chaos, sodass der lange Zeit chancenlose Sozialdemokrat Olaf Scholz schließlich Bundeskanzler wird.

8. Wie es euch gefällt – eine Bilanz

Schon lange, bevor Angela Merkel es ins Kanzleramt schafft, denkt sie darüber nach, wie sie politisch enden will. Kaum ist Kohl nicht mehr Kanzler und sie nicht mehr Ministerin, prägt sie den Begriff, sie wolle kein »halbtotes Wrack« sein, wenn sie aus der Politik ausscheide. Es gebe viele Beispiele von Frauen, die von heute auf morgen aus der Politik ausgestiegen seien. Das falle ihnen leichter als den Männern, weil sie auch während der Zeit als Politikerinnen einen größeren Zug zum praktischen Leben spürten, sagt die von ihren Kochkünsten zumindest bei der Kartoffelsuppe überzeugte Merkel. »Die haben nicht so viel Angst.«[1] Michael Kretschmer, der sächsische Ministerpräsident, unterstreicht diese Selbsteinschätzung Merkels. »Angela Merkel hatte nicht das Ziel, die Kanzlerin mit der längsten Dienstzeit zu sein«, sagt er zwei Jahre nach dem Ende ihrer 16-jährigen Amtszeit. »Sie hatte immer auch ein eigenes Leben. Etwa wenn sie wandern war, dann war sie ganz bei sich.« Dass sie dabei von der Presse auch noch fotografiert wurde, findet Kretschmer »respektlos«.[2]

Als sie Kanzlerin ist, werden die Gedanken konkreter. Aus dem Erleben und aus den Geschichtsbüchern weiß sie, wie die Kanzlerschaften in der Bundesrepublik bisher endeten. Adenauer wehrte sich noch im Greisenalter dagegen, die Macht abzugeben, Erhard und Kiesinger blieben Episoden, Brandt stolperte über einen Spion, Schmidt über die eigene Partei und den abtrünnigen Koalitionspartner, Kohl wollte nicht sehen,

8. WIE ES EUCH GEFÄLLT – EINE BILANZ

dass die Deutschen seiner überdrüssig waren, und Schröder verweigerte sich noch am Wahlabend vor einem staunenden Fernsehpublikum der Einsicht in seine Niederlage. Angela Merkel ist entschlossen, sich nicht vom Wähler, aber schon gar nicht von ihren ganz überwiegend westdeutschen und männlichen Kritikern in der eigenen Partei oder mehr noch in der CSU vom Hof jagen zu lassen. Das ist ihr gelungen.

Um dieses Ziel zu erreichen, legt sie eine ungeheure Beweglichkeit an den Tag. Sie handelt nach dem Motto: Wie es euch gefällt. Mithilfe von Umfragen und Umsicht achtet sie peinlich darauf, keine Entscheidungen zu treffen, die sie den Rückhalt in den eigenen Reihen oder in der Wählerschaft kosten könnten. Das macht sie nicht erst als Kanzlerin. Schon im ersten bundespolitischen Amt, als Frauenministerin, zeigt sie sich etwa im Zusammenhang mit dem Abtreibungsrecht so geschmeidig, dass man sie nicht festnageln kann und sie nicht strauchelt.

Andere Politiker gehen auch so vor. Doch Merkel geht es nicht nur um den normalen Wunsch von Politikern, sich durchzusetzen. Die Rede, die sie kurz vor dem Ende ihrer Kanzlerschaft am 3. Oktober 2021 in Halle hält, zeigt, dass sie sich auch nach 30 Jahren noch nicht mit der Selbstverständlichkeit in der Bundesrepublik bewegt, wie das deren westdeutsche Mehrheit tut. Sie will nicht nur als Politikerin nicht scheitern. Sie will vor allem als Ostdeutsche nicht scheitern.

Dafür ist sie bereit, gegen ihre Überzeugung zu handeln. Besonders deutlich wird das nach der Katastrophe im japanischen Fukushima, als sie in kürzester Zeit von der Befürworterin von Atomstromerzeugung zur Anführerin des Ausstiegs wird, weil sie befürchtet, weder in der eigenen Partei noch in der Wählerschaft den erforderlichen Rückhalt für ihre bisherige Position zu haben. Obwohl sie es besser weiß, geht sie einen Weg, den sie für falsch hält. Das ist eine Täuschung der von ihr regierten Menschen.

8. WIE ES EUCH GEFÄLLT – EINE BILANZ

Nicht einmal ein Vierteljahr ist Angela Merkel raus aus dem Kanzleramt, da verkündet ihr sozialdemokratischer Nachfolger Olaf Scholz eine Sensation. »Wir erleben eine Zeitenwende. Und das bedeutet: Die Welt danach ist nicht mehr dieselbe wie die Welt davor«, sagt der Kanzler am 27. Februar 2022 vor dem Bundestag. Drei Tage vorher hat Russland die Ukraine überfallen. Hätte Scholz recht, müsste Merkel sich nicht grämen. Wenn die Welt erst nach dem Ende ihrer Kanzlerschaft eine andere geworden wäre, wenn die Zeiten sich erst im Februar 2022 gewendet hätten, dann hätte sie in 16 Jahren als Regierungschefin nichts anders machen müssen, als sie es getan hat. Sie hätte gar nichts anders machen können.

Aber die Zeiten haben sich nicht am 24. Februar 2022 geändert. Putins Überfall auf die Ukraine ist lediglich ein weiterer Höhepunkt einer Zeitenwende, die sich mit dem Beginn des neuen Jahrtausends vollzieht. Mal laut, wie am 11. September 2001, als ein Teil der muslimischen Welt der Lebensform der westlichen Demokratie den Krieg erklärt. Mal leiser, wie durch das Verhalten Chinas, das sich endgültig vom Entwicklungsland zur Wirtschaftsnation mit weltweitem Machtanspruch entwickelt. Immer wieder zeigt die Zeitenwende ihr Gesicht: Russland rüstet für alle Welt gut erkennbar auf, Amerika stellt unter Führung des populistischen Republikaners Donald Trump die NATO und den Zusammenhalt des Westens infrage und ermuntert Rechtspopulisten auf der ganzen Welt, nach der Macht zu greifen. Die Briten rütteln mit ihrem Austritt aus der Europäischen Union an deren Zusammenhalt, und andere Partner Deutschlands in Europa fühlen sich unter Druck gesetzt in der Euro- und der Asylpolitik von einem als dominant empfundenen Berlin. Die zu Beginn von Merkels Zeit in der Bundespolitik durch ihren Parteifreund Volker Rühe, den Verteidigungsminister, ausgegebene Parole, Deutsch-

8. WIE ES EUCH GEFÄLLT – EINE BILANZ

land sei »von Freunden umzingelt«, hat gerade ein gutes Jahrzehnt gegolten, vom Mauerfall bis zum Einsturz der Türme des World Trade Centers.

Ein Land voll unerledigter Aufgaben

Auf einige der Krisen, die unmittelbar oder mittelbar aus diesen globalen Umwälzungen entspringen, reagiert Merkel als Kanzlerin erfolgreich. Sie hilft, das strauchelnde Bankensystem zu stabilisieren, kämpft als wichtigste europäische Akteurin für den Zusammenhalt der Euro-Zone, stabilisiert mit der Durchsetzung der Schuldenbremse den deutschen Haushalt und sorgt dafür, dass die Wirtschaft sich gut entwickeln kann. Ökonomisch ist Deutschland in Merkels Zeit weitgehend stabil, weshalb es auf die wirtschaftlichen Einbrüche durch die Coronapandemie gut reagieren kann.

Aber sie hinterlässt auch ein Land voller unerledigter Aufgaben. Einiges kann nachgeholt werden. Dass die Straßen und das Bahnnetz immer noch in teilweise desolatem Zustand sind, obwohl Merkel und ihre Regierungsmannschaft die Mängel von Anfang an gesehen haben, ist sehr ärgerlich, aber mit großem Aufwand und über Jahre hinweg reparabel. Die Energiewende ist in den 16 Jahren Kanzlerschaft vorangetrieben, aber nicht annähernd auf einen Stand gebracht worden, der für ein auf Atomkraft und Kohle gleichzeitig verzichtendes großes Industrieland erforderlich ist. Auch hier kann vieles nachgeholt werden, allerdings macht jeder versäumte Tag das ökologische Erbe für die nachkommenden Generationen hässlicher.

Doch gibt es Versäumnisse, von denen nicht klar ist, ob sie noch rechtzeitig korrigiert werden können. Angela Merkel hat weder den Willen noch die Kraft, ihre Deutschen mit der neuen, unschönen Wahrheit zu konfrontieren, deren Herauf-

8. WIE ES EUCH GEFÄLLT – EINE BILANZ

ziehen sie spätestens mit der Einnahme der Krim durch Putins Russland sehen muss. In der Folge vernachlässigt sie auf dramatische Weise die militärische Stärke Deutschlands. Trotz des Drängens vor allem der Amerikaner, Deutschland möge endlich mehr in seine Verteidigung investieren, ist das in einem viel zu geringen Ausmaß geschehen. Wie das Kind, dem die Warnung vor der heißen Herdplatte nicht reicht, das erst drauffassen muss, um die Gefahr zu begreifen, genügten die Mahnungen Washingtons und die mit der Besetzung der Krim 2014 endgültig offenkundige Aggressivität Moskaus nicht, um einen Kurswechsel in Berlin herbeizuführen. Erst als Putin die gesamte Ukraine angreift mit dem Anspruch, sie als eigenständigen Staat auszulöschen, begreifen die Deutschen, wie sehr sie den militärischen Aspekt der Politik missachtet haben. Angela Merkel ist da schon Kanzlerin a. D. Ob ihr Nachfolger die Kraft hat, wirklich eine dauerhafte Wende herbeizuführen, lassen schon die zähen Bemühungen um einen strukturellen Aufwuchs des Verteidigungshaushalts in einem annähernd ausreichenden Umfang zweifelhaft erscheinen.

Es ist die schwierigste von allen Wenden für die Deutschen. Das erste Jahrzehnt seiner Existenz hat die mit einem so schweren Erbe beladene Bundesrepublik keine Armee. Dann gewöhnen sich die Deutschen langsam an eine Wehrpflichttruppe. Aber der Gedanke an Krieg bleibt ihnen fremd. Mag das anfangs als eine von den Siegermächten des Zweiten Weltkriegs aufgezwungene Einschränkung aus Misstrauen gegenüber einer zum Militarismus neigenden Nation verstanden worden sein, so empfinden es die Deutschen spätestens nach der Studentenrevolution als eine Selbstverständlichkeit und ein Privileg. Selbst wer Wehrdienst leistet, muss nicht fürchten, in einem Krieg zu sterben. Das übernehmen schon die anderen, allen voran die Amerikaner. Zwar endet das 20. Jahrhundert mit einer Teilnahme Deutschlands am Kosovokrieg und das 21. beginnt mit dem Afghanistaneinsatz. Aber von einem Kriegsszenario, wie es Russlands Überfall auf die Ukraine über Nacht wieder realistisch werden lässt, ist das weit entfernt.

Der Vormarsch der Rechtsextremen

Auf einem zweiten Feld, das genauso wenig ohne den dunkelsten Teil der deutschen Geschichte zu verstehen ist, hinterlässt Angela Merkel ebenfalls ein schweres Erbe. Auch hier ist sie wie beim Widerstand gegen das Militärische nicht allein schuld, sondern findet eine gesellschaftliche Wirklichkeit vor, die sie in ihrem gesamten Umfang entweder nicht erkennen will oder kann. Als in ihren ersten Kanzlerinnenjahren, besonders in der hessischen CDU, Parteifreunde eine stärkere Berücksichtigung des konservativen Flügels fordern, wischen Merkel und ihre Getreuen im Kanzleramt das beiseite. Sie glauben, es mit einer vernachlässigbaren Größe zu tun zu haben. Horst Seehofer wird ihr später, als die Flüchtlingskrise die AfD hat groß werden lassen, vorwerfen, durch ihre Migrationspolitik trage sie dafür Verantwortung, dass die äußerst rechte Partei in die Landesparlamente und den Bundestag eingedrungen sei. Auch nach Merkels Ausscheiden geht dieser Vormarsch weiter. Im Juni 2024 wird die AfD bei der Europawahl zweitstärkste Kraft hinter der CDU. Merkels Weigerung, Verständnis für den sorgenvollen Blick vieler Deutscher auf den großen, vielfach ungesteuerten Zustrom von Migranten aufzubringen, hat erheblichen Anteil am Erstarken der extremen Rechten.

Angela Merkel hat keine Neigung, kritisch auf ihre Entscheidungen zurückzublicken. Ein Jahr nach ihrem Ausscheiden aus dem Amt erscheint in der Wochenzeitung »Die Zeit« ein Interview, in dem sie auf die »Spaltung des Landes« infolge ihrer Flüchtlingspolitik angesprochen wird. Auf die Frage, ob sie »heute an irgendeiner Stelle« etwas anders machen würde,

8. WIE ES EUCH GEFÄLLT – EINE BILANZ

antwortet sie mit einem einzigen Wort: »Nein!« Es werde »heute sehr schnell über politische Entscheidungen der Vergangenheit gerichtet«, ohne sich den »Kontext in Erinnerung zu rufen und Alternativen kritisch zu prüfen«.[3] Das erinnert an Wolfgang Schäuble, der diese fehlende Lust, kritisiert zu werden, deutlich drastischer ausdrückt. »Im Nachhinein unbedingt besser zu wissen, wie politisch hätte gehandelt werden können, gehört zu der Form von Klugscheißerei, die schon im Privaten nur schwer erträglich ist«, schreibt er schon auf den ersten Seiten seiner Erinnerungen.[4] Das hindert ihn jedoch nicht daran, auf den folgenden 600 Seiten ausgiebig das Verhalten anderer Politiker zu kritisieren. Auch dasjenige Angela Merkels.

Schäuble schreibt viel über sie, auch viel Gutes. Doch wie er eben war, nimmt er das Lob als Anlauf zur Kritik. Als er über eines der großen Streitthemen zwischen ihr und ihm schreibt, schildert er nicht nur inhaltliche Schwächen Merkels, sondern mehr noch fundamentale methodische. Er habe die »vielleicht naive« Hoffnung gehabt, die Anfangsphase der europäischen Währungskrise dazu zu nutzen, eine Währungsunion mit einer gemeinsamen Finanz-, Wirtschafts- und Sozialpolitik zu schaffen. Das sei aber mit Merkel nicht zu machen gewesen. Er unterstellt ihr fehlende Konfliktbereitschaft. »Die Strapazen um den Lissabon-Vertrag, mit dem die Scherben der gescheiterten europäischen Verfassung gerade erst mühsam aufgekehrt worden waren, hingen ihr vermutlich noch nach.« Sie habe den Streit mit den anderen EU-Mitgliedstaaten nicht wieder anfachen wollen. Dann aber und wichtiger: »Vor allem hatte sie kein Interesse am absehbaren Konflikt mit der eigenen Partei und in der Koalition, in der die Skeptiker einer fortschreitenden europäischen Integration stark waren.«[5] Schäuble hält diese Zurückhaltung nicht nur für falsch in der Sache, sondern auch für unnötig. »Dabei hatte der Kanzlerin ihr Erfolg, eine lange nicht mehr für möglich gehaltene schwarz-gelbe Regierungsmehrheit erreicht zu haben, eine solch starke Stellung verschafft, dass sie in dieser Situation den Machtkampf nicht nur hätte wagen, sondern nach meiner Einschätzung auch bestehen können.«

Kanzlerin des Bewahrens

Merkel setzt ihre enormen Kräfte, die sich aus Erfahrung und Willen speisen, fürs Bewahren ein, nicht für die Veränderung. So scheint es Schäuble zu sehen, ihr Parteifreund, der sie seit ihrem Start in Bonn bis zum Ende ihrer Kanzlerschaft aus der Nähe erlebt hat. So sieht es auch Sigmar Gabriel, der während Merkels Kanzlerschaft Umwelt-, Wirtschafts- und Außenminister ist, zudem Vizekanzler, vor allem aber über acht Jahre SPD-Vorsitzender. Im August 2021 veröffentlicht er einen Gastbeitrag im »Handelsblatt«. Nach derselben Methode wie Schäuble beginnt er mit Lob für die scheidende Regierungschefin. »Wo andere wie aufgescheucht durch die Kulisse stolpern, setzt sie auf die Kraft der eigenen Argumente und auf Beharrlichkeit. Vermutlich ist es das, was wir vermissen werden.«

Dann aber kommt Gabriel auf die Defizite zu sprechen. In den 16 Merkel-Jahren habe sich die Welt dramatisch verändert. So wie Merkel ihr Land durch alle Turbulenzen geführt habe, habe sie die Bürger zu wenig auf diesen Wandel vorbereitet. »Ihr Regierungsstil schien eher geeignet, uns vor dem Wandel bewahren zu wollen.« Der Sozialdemokrat beschreibt die Phase, in der Merkel regiert hat, als überwiegend »goldene Zeiten«, geprägt vom lang anhaltenden Wirtschaftsaufschwung. Deutschland sei der Gewinner der Globalisierung gewesen. Das habe dazu verleitet, den rasanten geopolitischen Wandel »zu sehr aus dem Augenwinkel zu sehen, statt ihn ins Zentrum des Gesichtsfelds zu rücken«. Er spricht von einer »Ambiva-

8. WIE ES EUCH GEFÄLLT – EINE BILANZ

lenz« der Regierungszeit Merkels. Sie habe das Land vor den zunehmend harten internationalen Spannungen weitgehend bewahrt. »Die Kehrseite der Medaille: Unsere beschauliche Gesellschaft und unsere staatlichen Institutionen haben sich mental nicht auf die großen globalen ›Schocks‹ eingestellt, die in den nächsten Jahren auch Deutschlands Regierungspolitik prägen werden.« Merkels Regierungspolitik habe es möglich gemacht, über all das nicht wirklich nachzudenken. In Anspielung auf den Spitznamen »Mutti« kommt Gabriel zu dem Schluss, dass Merkel die Rolle einer Mutter, die ihre Kinder vor den Unbilden der Welt schützen wolle, tatsächlich gespielt habe. »Wir sind mental und politisch nicht gut vorbereitet auf eine Welt, die sich in rasantem Tempo verändert.«[6]

Auch Ralph Bollmann nennt Merkel in seiner 2021 erschienenen Biografie eine »Kanzlerin des Bewahrens«. Die Welt, die sie ursprünglich habe verändern wollen, sei so sehr ins Rutschen geraten, »dass das Bewahren zur ersten Politikerinnenpflicht avancierte«. Er sieht also keinen Mangel an Veränderungswillen bei Merkel. Vielmehr habe sich »die Neue, die Physikerin aus dem Osten, an der Stabilisierung des Alten versuchen müssen«, nachdem sie »schmerzhaft« begriffen habe, wie wenig die Bewohner der westlichen Welt auf das Neue eingestellt seien.[7]

Aber war »die Neue, die Physikerin aus dem Osten« wirklich entschlossen, große Veränderungen herbeizuführen, und wurde nur durch die Weltläufe gestoppt? Merkels Klage zum Ende ihrer Kanzlerschaft, dass sie und die anderen ehemaligen DDR-Bürger nicht anerkannt worden seien vom Westen, legt einen anderen Schluss nahe. Die 1965 im sächsischen Freiberg geborene Journalistin Cerstin Gammelin schreibt in ihrem 2021 erschienenen Buch »Die Unterschätzten« über Merkel, dass diese in ihrer Jugend trainiert habe, über lange Strecken diszipliniert und fokussiert zu arbeiten, »sich auf unbekann-

8. WIE ES EUCH GEFÄLLT – EINE BILANZ

tem Terrain in sichere Positionen vorzutasten, schweigend und geduldig auf den richtigen Moment zu warten, um etwas anzustoßen« und nicht gleich panisch zu werden, wenn etwas nicht klappt. Sie habe sich über Fakten und Stimmungen berichten lassen und ihre Politik entlang der Wünsche der Mehrheit ausgerichtet. »Vielleicht war dieses *An die Macht kommen und die Macht behalten* genau das, was sie mit ihrer Osterfahrung und ihrer persönlichen Begabung, den richtigen Moment für eine Entscheidung zu erkennen, leisten konnte«, bilanziert Gammelin. Dass Merkel keine großen inhaltlichen Visionen gehabt habe, habe Menschen im Westen wie auch im Osten enttäuscht.[8]

Enttäuschen mag auch manchen, dass Angela Merkel erst zum Ende ihrer Kanzlerschaft die Bedeutung ihrer ostdeutschen Herkunft für ihren politischen Werdegang in aller Offenheit zum Thema macht. Als ihr Nachfolger schon ein Jahr im Amt ist, offenbart sie ihre Ängste in den frühen Bonner Jahren. Dass sie manchmal Sachen gesagt habe, die »ungewöhnlich für die politischen Gepflogenheiten« gewesen seien, hänge mit ihrer Herkunft zusammen. Sie sei eben nicht von Kindheit an durch die Schüler Union, die Junge Union oder den Ring Christlich Demokratischer Studenten geprägt gewesen. Vielmehr sei sie mit ihrer eigenen Sprache und ihren eigenen Vorstellungen gekommen. »Das fiel manchmal auf und erschien einigen furchtlos«, sagt Merkel und ergänzt: »War es aber nicht.«[9]

Merkel lässt es nicht nur zu, sie betreibt es aktiv, dass der Eindruck von Unsicherheit entsteht, die die Ostdeutsche heute noch in der westlich geprägten bundesdeutschen Gesellschaft empfindet. Sie hätte das zum Ende einer der spektakulärsten politischen Karrieren der jüngeren Geschichte nicht tun müssen. Dass sie ihre Herkunft trotzdem so thematisiert, mag dem Gefühl geschuldet sein, die Position der Kanzlerin nicht genug dafür eingesetzt zu haben, ihre ostdeutschen Landsleute zu för-

8. WIE ES EUCH GEFÄLLT – EINE BILANZ

dern. 16 Jahre lang konnte Merkel bestimmen, welche CDU-Minister in ihre Kabinette kamen. Nur einmal traf ihre Wahl auf jemanden aus Ostdeutschland: Bildungsministerin Johanna Wanka. Das ist eine schwache Bilanz.

Wie fremd sich beide Teile des Landes auch drei Jahrzehnte nach dem Mauerfall und nach so langer Führung durch eine Frau aus dem Osten noch sind, zeigt ein Fehler in den Erinnerungen Schäubles. Dort beschreibt er, wie er die Arbeit Merkels als »Familien- und Umweltministerin« sehr schätzen gelernt habe.[10] Dabei war Merkel Frauen-, nicht Familienministerin. Man könnte sagen, auf mehr als 600 Seiten Zeitgeschichtsschreibung kann so ein kleiner Schnitzer unterlaufen. Hätte er geschrieben, Volker Rühe sei Außen- und nicht Verteidigungsminister gewesen, hätte es sich um einen solch kleinen Fehler gehandelt. Aber Schäuble hat es offenbar gar nicht überrissen, dass eine kinderlose Frau aus einem zusammengebrochenen sozialistischen Staat zu Beginn der Neunzigerjahre nach Auffassung der Christdemokraten keine Chance hatte, für die Familienpolitik des westdeutschen Bürgertums zu stehen.

Merkel thematisiert diese Ausgrenzung noch Jahrzehnte später. Als sie anlässlich des 100. Geburtstags des 1918 eingeführten Wahlrechts für Frauen im Fraktionssaal der Union vor einem überwiegend weiblichen Publikum spricht, erzählt sie, dass sie damals als Ostdeutsche »selbstverständlich« nicht gleich das Ressort Familie habe übernehmen dürfen. Zum Ende der Ära Merkel entsteht der Eindruck, dass Ost- und Westdeutschland sich immer noch nicht verstehen, sich sogar voneinander weg statt zueinander hin entwickelt haben.

Angela Merkel aber scheint ihr persönliches Ziel erreicht zu haben. Wenn es stimmt, was in ihrem Umfeld über die Jahre verbreitet worden ist, ging es ihr zuerst darum, nach einem selbstbestimmten Ende die Regierungsgeschäfte geordnet zu übergeben. Angeblich hätte sie sich zwar gefreut, wenn das

8. WIE ES EUCH GEFÄLLT – EINE BILANZ

Kanzleramt bei der Union geblieben wäre, es ist ihr aber nicht vordringlich. Nimmt man all die beschriebenen Zeichen der Fremdheit zwischen ihr und ihrer Partei in den Blick, so scheint diese Darstellung glaubhaft. Insofern wird das nach der Hessenwahl 2018 von ihr verkündete »Wagnis« – den Parteivorsitz abzugeben, aber Kanzlerin zu bleiben – für sie zum Erfolg. Die Wähler, ihre Deutschen, haben nicht mehr die Möglichkeit, zu zeigen, ob sie ihrer am Ende überdrüssig sind. Angela Merkel wird nie abgewählt.

Das Institut für Demoskopie Allensbach präsentiert drei Tage vor Merkels letztem Amtstag eine Umfrage zum Trennungsschmerz der Deutschen. In der Gesamtbevölkerung ist das Verhältnis ausgewogen: 40 Prozent der Befragten sagen, sie würden Merkel vermissen, 41 Prozent verneinen das. Der Graben zwischen den Werten wird mit zunehmendem Alter der Befragten größer. Die Hälfte derjenigen, die 30 bis 44 Jahre alt sind, gibt an, Merkel nicht zu vermissen. Sie spüren, was unerledigt geblieben ist. Bei den Befragten über 60 Jahre weinen hingegen 45 Prozent Merkel hinterher und mit ihr einer Zeit, in der sich ihr Land neben der Bewältigung vieler Krisen vor großen Herausforderungen gedrückt hat.

Wenn Merkel will, kann sie in der Überzeugung weiterleben, sie wäre ein weiteres Mal gewählt worden, wäre sie angetreten. Sie ist jedoch erfahren genug, um gewusst zu haben, was sie in ihren 16 Jahren an der Spitze des Landes im Namen des eigenen politischen Überlebens hat liegen lassen. Wo sie sich und ihre dazu bereiten Deutschen getäuscht hat hinsichtlich der Herausforderungen einer Zeitenwende, die schon seit zwei Jahrzehnten in vollem Gange ist.

Dank

Wer neben einem intensiven Berufsleben ein Buch schreibt, braucht nicht nur Freude daran und Durchhaltevermögen. Er braucht einen Begleiter, der Ideengeber und Antreiber ist, der keine Diskussion scheut, auch mal provokante Vorstöße macht, um eine Grenze auszuloten, ebenso aber einen Schritt zurückgehen kann. Das alles hat Stefan Ulrich Meyer als Lektor geleistet, nun schon zum vierten Mal. Dafür danke ich ihm herzlich.

Ebenso wichtig ist ein Vorgesetzter, der das Vertrauen hat, dass die tägliche Arbeit unter dem Buchschreiben nicht leidet. Dieses Vertrauen hat FAZ-Herausgeber Berthold Kohler mir auch dieses Mal wieder entgegengebracht. Dafür bin ich ihm sehr dankbar. Gespräche mit meinen Kollegen haben mir über viele Jahre und während des Buchschreibens geholfen, mein Bild von Angela Merkel zu schärfen. Auch dafür danke ich. Dieses Buch hätte nicht entstehen können ohne das großartige Archiv der Frankfurter Allgemeinen Zeitung. Mein besonderer Dank gilt Paul Rissmann, der mit seinem Wissen, seinem Interesse am Untersuchungsgegenstand und seiner Hilfsbereitschaft zum Gelingen des Unterfangens wesentlich beigetragen hat.

Für das Buch konnte ich mit zahlreichen Weggefährten Angela Merkels sprechen, solchen, die ihr nahestanden und gewogen sind, aber auch mit ihren Kritikern. Manche baten darum, nicht namentlich genannt zu werden. Das ändert nichts an meiner Dankbarkeit für viele wertvolle Einblicke und Bewertungen. Andere hatten nichts dagegen, zitiert zu werden. Ausdrücklich möchte ich folgenden meiner Gesprächspartner,

DANK

in alphabetischer Reihenfolge, danken: Peter Altmaier, Volker Bouffier, Helge Braun, Joachim Gauck, Reiner Haseloff, Volker Kauder, Roland Koch, Michael Kretschmer, Thomas de Maizière, Armin Schuster, Horst Seehofer, Markus Söder. Einen Namen möchte ich hervorheben. Das letzte zahlreicher interessanter Gespräche, die ich über viele Jahre mit Wolfgang Schäuble führen durfte, war das zu diesem Buch. Dafür bin ich besonders dankbar.

Nico Fried, mit dem ich Angela Merkel auf vielen ihrer Reisen begleitet habe und der sie kennt wie wenige, hat das Manuskript gründlich gelesen, hat Fragen gestellt, Anmerkungen gemacht und schließlich genickt. Britta Nehlsen-Marten hat es genau gelesen und an Stellen, an denen doch eigentlich kein Fehler mehr hätte sein können, doch noch einen gefunden. Beiden danke ich sehr.

Mit niemandem habe ich so viel und intensiv über Angela Merkel und ihre Deutschen gesprochen wie mit meiner Frau Andrea. Mal stimmten wir überein, mal nicht, wie das in guten Diskussionen ist. Von dem Moment an, da die Idee für das Buch entstand, hat sie mich bei der Umsetzung ermuntert und unterstützt. Auch weil sie weiß, wie viel Freude mir das Bücherschreiben macht. Dafür danke ich ihr von ganzem Herzen.

Anmerkungen

Einleitung
1 Gespräch des Autors mit Roland Koch am 15.09.2023
2 Gespräch des Autors mit Markus Söder am 25.01.2024
3 Gespräch des Autors mit Peter Altmaier am 05.07.2023

1. Merkel trifft auf Deutschland
1 Vor 20 Jahren: Als der Doppelpass möglich wurde, Vorwärts, 19.07.2019
2 Haffert, Lukas: Die »Schwarze Null« ist Geschichte, Aus Politik und Zeitgeschichte, 20.11.2020, S. 4–10
3 Haffert: Die »Schwarze Null« ist Geschichte
4 Haffert, Lukas: Die schwarze Null. Über die Schattenseiten ausgeglichener Haushalte, Berlin 2016, S. 40
5 Haffert: Die schwarze Null, S. 16 f.
6 Haffert: Die »Schwarze Null« ist Geschichte
7 Fuest, Clemens: Die Mär vom Kaputtsparen, Capital, 19.01.2006, S. 32
8 Lohse, Eckart/Wehner, Markus: Steinbrück. Biographie, München 2012, S. 222 ff.
9 Merkel verteidigt schwarze Null, FAZ, 07.11.2019
10 Koelbl, Herlinde: Angela Merkel, Portraits 1991–2021, Köln 2021, S. 98
11 Aus der Bahn geraten, FAZ, 26.10.2023
12 Aus der Bahn geraten
13 Mängel, Mängel, Mängel, Süddeutsche Zeitung, 17.03.2023
14 Kollaps im Streckennetz, Der Spiegel, 21.01.2023
15 Kollaps im Streckennetz, Der Spiegel, 21.01.2023
16 Die große Mängelverwaltung, FAZ, 13.09.2021
17 Lohse, Eckart/Wehner, Markus: Guttenberg. Biographie, München, 2. Auflage 2011, S. 299 ff.
18 Alexander, Robin: Die Getriebenen. Merkel und die Flüchtlingspolitik. Ein Report aus dem Innern der Macht, München 2017

ANMERKUNGEN

19 Deutschland kann seine Zusagen nicht einhalten, NZZ, 19.11.2020 und: Neu ausrichten bitte, Die Welt, 16.02.2021
20 Militärisches Leichtgewicht, FAZ, 22.11.2019
21 SPD fordert Abzug der US-Atomwaffen aus Deutschland, Süddeutsche Zeitung, 08.04.2009
22 Militärisches Leichtgewicht
23 Schnelles Geld, Süddeutsche Zeitung, 27.09.2014
24 Gabriel gegen Zwei-Prozent-Ziel, FAZ, 28.03.2017
25 Werde ich Kanzler, wird es keine Aufrüstung geben, Die Welt, 01.07.2017
26 Feuer frei, Süddeutsche Zeitung, 16.8.2017
27 Gespräch mit Roland Koch
28 Gespräch des Autors mit Volker Kauder am 19.09.2023
29 Robert Habeck im Deutschlandfunk, 26.05.2021
30 Selenskyj spricht sich für deutsche Rüstungslieferungen aus, AFP, 31.05.2021, Ressort Politik
31 »Hätten wir das geahnt, hätten wir anders gehandelt«, Tagesspiegel Online, 27.09.2023

2. Die Kanzlerin

1 Gespräch des Autors mit Reiner Haseloff am 18.09.2023
2 Merkel, Angela: Was also ist mein Land? Drei Reden, Berlin, 1. Auflage 2021, S. 12
3 Das ist jetzt der Nachruf, den sie wollten, FAS, 24.10.2010
4 Merkel: Was also ist mein Land?, S. 15 f.
5 Gespräch des Autors mit Helge Braun am 19.07.2023
6 Gespräch mit Reiner Haseloff
7 Gespräch mit Reiner Haseloff
8 Gespräch mit Helge Braun
9 Merkel, Angela: Mein Weg. Ein Gespräch mit Hugo Müller-Vogg, Hamburg, 1. Auflage 2004, S. 73
10 Koelbl: Angela Merkel, S. 23 ff.
11 Bollmann, Ralph: Angela Merkel. Die Kanzlerin und ihre Zeit, München 2021, S. 95 f.
12 Gespräch des Autors mit Thomas de Maizière am 31.08.2023
13 Gespräch mit Thomas de Maizière
14 Koelbl, Herlinde: Spuren der Macht, Einmalige Sonderausgabe, München 2002, S. 61

ANMERKUNGEN

15 Bollmann: Angela Merkel, S. 93 ff.
16 Merkel: Mein Weg, S. 71
17 Reuth, Ralf Georg: Merkels doppelte Biographie. Welche Folgen haben ihre DDR-Prägungen bis heute?, in: Plickert, Philip (Hrsg.): Merkel. Die kritische Bilanz von 16 Jahren Kanzlerschaft, München, 2. Auflage 2021, S. 62
18 Bollmann: Angela Merkel, S. 218
19 »Niemand hat mich gezwungen, Kanzlerin zu werden«, Stern, 23.05.2013
20 Angela Merkel über den Osten, Süddeutsche Zeitung, 09.11.2019
21 Angela Merkel über den Osten
22 Angela Merkel über den Osten
23 Angela Merkel über den Osten
24 Eine von 16 Millionen, Die Zeit, 41/2021
25 »Und trotzdem muss man entscheiden«, FAS, 31.10.2021
26 »Jetzt bin ich frei«, Spiegel Online, 18.06.2022
27 »Jetzt bin ich frei«
28 Etwa: Mau, Steffen: Lütten Klein. Leben in der ostdeutschen Transformationsgesellschaft, Sonderausgabe für die Bundeszentrale für politische Bildung, Bonn 2019
29 Oschmann, Dirk: Der Osten: eine westdeutsche Erfindung, 10. Auflage, Berlin 2023
30 Oschmann: Der Osten, S. 19
31 Oschmann: Der Osten, S. 31
32 Oschmann: Der Osten, S. 119
33 Oschmann: Der Osten, S. 185
34 Oschmann: Der Osten, S. 85 und 185
35 Mau: Lütten Klein, S. 135 ff.
36 Merkel: Was also ist mein Land?, S. 23
37 Heckel, Margaret: So regiert die Kanzlerin. Eine Reportage, München 2009, S. 225
38 Merkel: Mein Weg, S. 118
39 Merkel: Was also ist mein Land?, S. 41
40 Mendel, Meron: Über Israel reden. Eine deutsche Debatte, Köln 2023
41 »Warum sollen unsere Soldaten in den Libanon, Frau Merkel?«, Welt am Sonntag, 20.08.2006
42 Mendel: Über Israel reden, S. 377 ff.

ANMERKUNGEN

43 »Verstehen Sie das, Herr Schmidt?«, Die Zeit, 22.04.2010
44 Verhandlungen des Deutschen Bundestages, 1. Wahlperiode, 165. Sitzung, 27.09.1951, S. 6698

3. Machtgewinn und Machterhalt

1 Koelbl: Angela Merkel, S. 27, 38, 49
2 Langguth, Gerd: Angela Merkel, 2. Auflage, München 2005, S. 170
3 Langguth: Angela Merkel, S. 171
4 Koelbl: Angela Merkel, S. 40
5 Koelbl: Angela Merkel, S. 58 f.
6 Koelbl: Angela Merkel, S. 77
7 Koelbl: Angela Merkel, S. 77 f. u. 89
8 Gespräch des Autors mit Wolfgang Schäuble am 07.09.2023
9 Gespräch des Autors mit Horst Seehofer am 10.07.2023
10 Gespräch mit Roland Koch
11 Gespräch mit Roland Koch
12 Gespräch mit Thomas de Maizière
13 Gespräch mit Reiner Haseloff
14 Gespräch mit Thomas de Maizière
15 Gespräch des Autors mit Joachim Gauck am 04.10.2023
16 Gespräch mit Thomas de Maizière
17 Gespräch mit Thomas de Maizière
18 Gespräch mit Helge Braun
19 Koelbl: Angela Merkel, S. 101
20 An der Knatter, FAS, 13.12.2015
21 Koelbl: Angela Merkel, S. 88 f. u. 98 f.
22 Gespräch des Autors mit Volker Bouffier am 20.10.2023
23 Heckel: So regiert die Kanzlerin, S. 240 ff.
24 Gespräch mit Wolfgang Schäuble
25 Gespräch mit Wolfgang Schäuble
26 Gespräch mit Roland Koch
27 Gespräch mit Helge Braun
28 Gespräch mit Wolfgang Schäuble
29 Gespräch mit Roland Koch
30 Gespräch mit Wolfgang Schäuble
31 Koelbl: Angela Merkel, S. 98
32 Gespräch mit Roland Koch
33 Gespräch mit Roland Koch

ANMERKUNGEN

34 Gespräch mit Wolfgang Schäuble
35 Koelbl: Angela Merkel, S. 99
36 Gespräch mit Wolfgang Schäuble
37 Gespräch mit Roland Koch
38 Gespräch mit Roland Koch
39 Gespräch mit Roland Koch
40 Gespräch mit Volker Kauder
41 Gespräch mit Volker Kauder
42 »Eine Mehrheit für Merz wäre das Beste für das Land«, FAZ, 05.12.2018
43 Bollmann: Angela Merkel, S. 246 ff.
44 Merkel: Mein Weg, S. 126 f.
45 Gespräch mit Markus Söder.
46 Gespräch mit Roland Koch
47 Gespräch mit Horst Seehofer
48 Gespräch mit Thomas de Maizière
49 Gespräch des Autors mit Michael Kretschmer am 29.09.2023

4. Gegen die eigene Überzeugung: der Atomausstieg

1 Ich kann auch anders, Süddeutsche Zeitung, 06.03.2012
2 Ich kann auch anders
3 Bollmann: Angela Merkel, S. 172 f.
4 Merkel: Atomausstieg ist lächerlich, FazNet, 22.05.2008
5 Mishra, Robin (Hrsg.): Angela Merkel – Machtworte. Die Standpunkte der Kanzlerin, Freiburg 2010, S. 75
6 Mishra: Angela Merkel, S. 75 ff.
7 Mishra: Angela Merkel, S. 76 ff.
8 Mishra: Angela Merkel, S. 76
9 Angela Merkel: Mein Weg, S. 141
10 »Wir wollen die Kernkraft ablösen«, Süddeutsche Zeitung, 06.02.2010
11 Röttgen rät Union zum Atomausstieg, Süddeutsche Zeitung, 17.05.2010
12 »Die Kernkraft ist nicht die Zukunftsoption«, Süddeutsche Zeitung, 30.07.2010
13 »Die Wehrpflicht wird abgeschafft«, Der Spiegel, 37/2010
14 »Ausbüxen gib's nicht mehr«, Die Zeit, 12.05.2011
15 CDU: Kernkraft ist schuld an Niederlage, Die Welt, 29.03.2011

ANMERKUNGEN

16 »Das kostet Glaubwürdigkeit«. Der Spiegel, 30.05.2011
17 Gespräch mit Roland Koch
18 Gespräch mit Thomas de Maizière
19 Deutscher Realitätsverlust, Wirtschaftswoche, 13.09.2010
20 Unvollendete Wende, Wirtschaftswoche, 19.03.2012
21 Hier Mehrheit, dort Minderheit, Der Spiegel, 35/1983
22 Gespräch mit Joachim Gauck
23 Ein bisschen Ausstieg, taz, 29.03.2011
24 Deutscher Bundestag, 17. Wahlperiode, 114. Sitzung, 9. Juni 2011, S. 12960
25 Deutscher Bundestag, 17. Wahlperiode, 114. Sitzung, 9. Juni 2011, S. 12960
26 Deutscher Bundestag, 17. Wahlperiode, 114. Sitzung, 9. Juni 2011, S. 12960/12961
27 Deutscher Bundestag, 17. Wahlperiode, 114. Sitzung, 9. Juni 2011, S. 12964/12965
28 Deutscher Bundestag, 17. Wahlperiode, 114. Sitzung, 9. Juni 2011, S. 12978/12979
29 Gespräch mit Volker Bouffier
30 Gespräch mit Volker Bouffier
31 Gespräch mit Markus Söder.
32 Gespräch mit Volker Bouffier

5. Auf halbem Wege stecken geblieben: die Energiewende

1 Merkel, Angela: Der Preis des Überlebens. Gedanken und Gespräche über zukünftige Aufgaben der Umweltpolitik, Stuttgart 1997
2 Merkel: Der Preis, S. 25 ff.
3 Merkel: Der Preis, S. 274 ff.
4 Merkel: Der Preis, S. 27
5 ZDF-Pressemitteilung, KW 21, 27.05.2005
6 Grüner Kurzschluss, Die Welt, 23.02.2009
7 Grüne Ausbauziele mit Schwäche, Börsen-Zeitung, 27.08.2021
8 »Ausbüxen gibt's nicht mehr«
9 »Ausbüxen gibt's nicht mehr«
10 »Energiewende könnte bis zu einer Billion Euro kosten«, FazNet, 19.02.2013
11 »Energiewende könnte bis zu einer Billion Euro kosten«

ANMERKUNGEN

12 Kostentreiber Ökostrom, Handelsblatt, 05.10.2016
13 Gespräch mit Volker Bouffier

6. Putin
1 Bezahlter Flirt, Focus, 01.08.2012
2 Bezahlter Flirt
3 »Das kostet Glaubwürdigkeit«, Der Spiegel, 30.05.2011
4 Gespräch mit Roland Koch
5 »Europa ist der größte Absatzmarkt«, Welt am Sonntag, 13.11.2011
6 Bärbel Höhn: Billigen Strom gibt es nur mit billigem Gas, Handelsblatt, 26.05.2011
7 Heusgen, Christoph: Führung und Verantwortung. Angela Merkels Außenpolitik und Deutschlands künftige Rolle in der Welt, München 2023, S. 176
8 Heusgen: Führung und Verantwortung, S. 176 ff.
9 Gespräch mit Roland Koch
10 Bingener, Reinhard/Wehner, Markus: Die Moskau-Connection, München 2023, S. 75 ff.
11 Bingener/Wehner: Die Moskau-Connection, S. 77 ff.
12 Bingener/Wehner: Die Moskau-Connection, S. 86 ff.
13 Bingener/Wehner: Die Moskau-Connection, S. 142 ff.
14 Gespräch mit Thomas de Maizière
15 Gespräch mit Volker Kauder
16 Gespräch mit Volker Bouffier
17 Gespräch mit Roland Koch
18 Gespräch mit Markus Söder
19 Heusgen: Führung und Verantwortung, S. 195 f.
20 Gespräch mit Horst Seehofer
21 Gespräch mit Joachim Gauck
22 Gespräch mit Joachim Gauck

7. Die Täuschung
1 Bollmann: Angela Merkel, S. 375 f.
2 Gespräch mit Volker Kauder
3 Alexander: Die Getriebenen, S. 50 f.
4 Bollmann: Angela Merkel, S. 516

ANMERKUNGEN

5 Alexander: Die Getriebenen, S. 51 ff.
6 Alexander: Die Getriebenen, S. 54; Bollmann: Angela Merkel, S. 516
7 Bollmann: Angela Merkel, S. 516; Alexander: Die Getriebenen, S. 55 ff.
8 Gespräch mit Horst Seehofer
9 Gespräch mit Helge Braun
10 Alexander: Die Getriebenen, S. 66 f.
11 Bollmann: Angela Merkel, S. 519
12 Gespräch mit Helge Braun
13 Gespräch mit Thomas de Maizière
14 Gespräch mit Volker Kauder
15 Gespräch mit Horst Seehofer
16 Gespräch mit Helge Braun
17 Gespräch mit Helge Braun
18 Gespräch mit Horst Seehofer
19 Gespräch mit Helge Braun
20 Der Verlust der Unschuld, FAZ, 07.09.2015
21 Alexander: Die Getriebenen, S. 189
22 Schäuble, Wolfgang: Erinnerungen. Mein Leben in der Politik, Stuttgart 2024, S. 543 f.
23 De Maizière, Thomas: Regieren. Innenansichten der Politik, Freiburg 2019, S. 216
24 Die Entmachtung, Der Spiegel, 12.03.2016
25 Gespräch mit Volker Kauder
26 Zweckehe mit Hindernissen, Handelsblatt, 12.05.2016
27 Zwei Rekorde und noch nicht am Ziel, Die Welt, 12.01.2017
28 Zwei Rekorde und noch nicht am Ziel
29 Gespräch mit Armin Schuster am 12.02.2024
30 Gespräch mit Michael Kretschmer
31 Gespräch mit Wolfgang Schäuble
32 Schäuble: Erinnerungen, S. 545
33 Schäuble: Erinnerungen, S. 546
34 Schäuble: Erinnerungen, S. 544 ff.
35 Gespräch mit Volker Bouffier
36 Gespräch mit Joachim Gauck
37 Die Kanzlerin am bayerischen Pranger, FAS, 22.11.2015
38 Die Kanzlerin am bayerischen Pranger

ANMERKUNGEN

39 Gespräch mit Volker Bouffier
40 Alexander: Die Getriebenen, S. 65 f.
41 Merkel: 2015 wiederholt sich nicht, FazNet, 01.09.2016
42 Koelbl: Angela Merkel, S. 98
43 Merkel verknüpft Zuwanderungspolitik mit »Leitkultur«, Reuters-Meldung L06388778, 06.11.2000
44 Schäuble: Erinnerungen, S. 364
45 Bollmann: Angela Merkel, S. 512
46 Gespräch mit Thomas de Maizière
47 Herbst der Macht, Der Spiegel, 10.09.2016
48 »Eine Mehrheit für Merz wäre das Beste für das Land«, FAZ, 05.12.2018
49 Gespräch mit Volker Kauder
50 Jemand nicht einverstanden, FAZ, 19.06.2016
51 Angela Merkel über ihren Rückzug vom CDU-Vorsitz, dpa LNr. 7273 Ressort Politik, 29.10.2018
52 Gespräch mit Markus Söder
53 Gespräch mit Helge Braun
54 Alexander, Robin: Machtverfall. Merkels Ende und das Drama der deutschen Politik. Ein Report, München 2021, S. 87 f.

8. Wie es euch gefällt – eine Bilanz

1 Koelbl: Angela Merkel, S. 102
2 Gespräch mit Michael Kretschmer
3 »Hatten Sie gedacht, ich komme mit Pferdeschwanz?«, Die Zeit, 08.12.2022
4 Schäuble: Erinnerungen, S. 11
5 Schäuble: Erinnerungen, S. 496 f.
6 Das Ende der Beschaulichkeit, Handelsblatt, 05.08.2021
7 Bollmann: Angela Merkel, S. 709 f.
8 Gammelin, Cerstin: Die Unterschätzten. Wie der Osten die deutsche Politik bestimmt, Berlin 2021, S. 143 ff.
9 »Hatten Sie gedacht, ich komme mit Pferdeschwanz?«
10 Schäuble: Erinnerungen, S. 363

Verwendete Literatur und Gesprächspartner

Alexander, Robin: Die Getriebenen. Merkel und die Flüchtlingspolitik. Ein Report aus dem Innern der Macht, München 2017

Alexander, Robin: Machtverfall. Merkels Ende und das Drama der deutschen Politik. Ein Report, München 2021

Bingener, Reinhard/Wehner, Markus: Die Moskau-Connection, München 2023, S. 75 ff.

Bollmann, Ralph: Angela Merkel. Die Kanzlerin und ihre Zeit, München 2021

De Maizière, Thomas: Regieren. Innenansichten der Politik, Freiburg 2019

Gammelin, Cerstin: Die Unterschätzten. Wie der Osten die deutsche Politik bestimmt, Berlin 2021

Haffert, Lukas: Die schwarze Null. Über die Schattenseiten ausgeglichener Haushalte, Berlin 2016

Heckel, Margaret: So regiert die Kanzlerin. Eine Reportage, München 2009

Heusgen, Christoph: Führung und Verantwortung. Angela Merkels Außenpolitik und Deutschlands künftige Rolle in der Welt, München 2023

Koelbl, Herlinde: Angela Merkel, Portraits 1991–2021, Köln 2021

Koelbl, Herlinde: Spuren der Macht, Einmalige Sonderausgabe, München 2002

Langguth, Gerd: Angela Merkel, 2. Auflage, München 2005

Lohse, Eckart/Wehner, Markus: Guttenberg. Biographie, München, 2. Auflage 2011

Lohse, Eckart/Wehner, Markus: Steinbrück. Biographie, München 2012

Mau, Steffen: Lütten Klein. Leben in der ostdeutschen Transformationsgesellschaft, Sonderausgabe für die Bundeszentrale für politische Bildung, Bonn 2019

VERWENDETE LITERATUR UND GESPRÄCHSPARTNER

Mendel, Meron: Über Israel reden. Eine deutsche Debatte, Köln 2023
Merkel, Angela: Der Preis des Überlebens. Gedanken und Gespräche
  über zukünftige Aufgaben der Umweltpolitik, Stuttgart 1997
Merkel, Angela: Mein Weg. Ein Gespräch mit Hugo Müller-Vogg,
  Hamburg, 1. Auflage 2004
Merkel, Angela: Was also ist mein Land? Drei Reden, Berlin,
  1. Auflage 2021
Mishra, Robin (Hrsg.): Angela Merkel – Machtworte. Die Standpunkte
  der Kanzlerin, Freiburg 2010
Oschmann, Dirk: Der Osten: eine westdeutsche Erfindung,
  10. Auflage, Berlin 2023
Reuth, Ralf Georg: Merkels doppelte Biographie. Welche Folgen haben
  ihre DDR-Prägungen bis heute?, in: Plickert, Philip (Hrsg.):
  Merkel. Die kritische Bilanz von 16 Jahren Kanzlerschaft.
  2. Auflage 2021
Schäuble, Wolfgang: Erinnerungen. Mein Leben in der Politik,
  Stuttgart 2024

Interviews mit

Peter Altmaier am 05.07.2023
Volker Bouffier am 20.10.2023
Helge Braun am 19.07.2023
Thomas de Maizière am 31.08.2023
Joachim Gauck am 04.10.2023
Reiner Haseloff am 18.09.2023
Volker Kauder am 19.09.2023
Roland Koch am 15.09.2023
Michael Kretschmer am 29.09.2023
Armin Schuster am 12.02.2024
Horst Seehofer am 10.07.2023
Markus Söder am 25.01.2024
Wolfgang Schäuble am 07.09.2023